◇ 21 世纪高职高专规划教材·财经管理系列

U0366477

涉外会计实务

（第 2 版第 3 次修订）

主　编　李晓红

副主编　李贵芬　王　珏　陈金仓

清 华 大 学 出 版 社

北京交通大学出版社

·北京·

内容简介

本教材通过对涉外会计工作岗位进行调研和分析，基于典型岗位工作任务进行课程的开发建设，主要阐述外币收支、商品进出口、技术进出口、进出口税务、加工贸易、样展品及物料用品收发、对外承包工程、专项会计报表的编制等涉外业务的会计处理；介绍涉外会计工作岗位之间的业务衔接关系；重点进行涉外业务核算中涉及的进出口单据的审核、特种凭证的填制、专项报表编制等技能的传授与训练；培养从事涉外会计工作应具备的基本知识、岗位技能和职业素质，并为取得外贸会计专业证书、涉外会计岗位证书打下基础。

本教材既可以作为涉外会计相关专业的教学用书，也可以供会计相关专业进修自学使用。

图书在版编目（CIP）数据

涉外会计实务/李晓红主编. —2 版 .—北京：北京交通大学出版社：清华大学出版社，2017.9（2019.9重印）

（21 世纪高职高专规划教材·财经管理系列）

ISBN 978 - 7 - 5121 - 2228 - 4

Ⅰ. ① 涉… Ⅱ. ① 李… Ⅲ. ① 外贸企业会计-高等职业教育-教材 Ⅳ. ①F740.45

中国版本图书馆 CIP 数据核字（2015）第 075434 号

涉外会计实务
SHEWAI KUAIJI SHIWU

责任编辑：谭文芳

出版发行：清 华 大 学 出 版 社　　邮编：100084　　电话：010－62776969
　　　　　北京交通大学出版社　　邮编：100044　　电话：010－51686414
印　刷　者：北京时代华都印刷有限公司
经　　销：全国新华书店
开　　本：185 mm×230 mm　　印张：20.75　　字数：556 千字
版　　次：2015 年 6 月第 2 版　　2019 年 9 月第 3 次修订　　2019 年 9 月第 6 次印刷
书　　号：ISBN 978 - 7 - 5121 - 2228 - 4/F · 1474
印　　数：13 001～16 000 册　　定价：49.00 元

本书如有质量问题，请向北京交通大学出版社质监组反映。对您的意见和批评，我们表示欢迎和感谢。

投诉电话：010－51686043，51686008；传真：010－62225406；E-mail：press@bjtu.edu.cn。

出　版　说　明

　　高职高专教育是我国高等教育的重要组成部分，它的根本任务是培养生产、建设、管理和服务第一线需要的德、智、体、美全面发展的高等技术应用型专门人才，所培养的学生在掌握必要的基础理论和专业知识的基础上，应重点掌握从事本专业领域实际工作的基本知识和职业技能，因而与其对应的教材也必须有自己的体系和特色。

　　为了适应我国高职高专教育发展及其对教学改革和教材建设的需要，在教育部的指导下，我们在全国范围内组织并成立了"21世纪高职高专教育教材研究与编审委员会"（以下简称"教材研究与编审委员会"）。"教材研究与编审委员会"的成员单位皆为教学改革成效较大、办学特色鲜明、办学实力强的高等专科学校、高等职业学校、成人高等学校及高等院校主办的二级职业技术学院，其中一些学校是国家重点建设的示范性职业技术学院。

　　为了保证规划教材的出版质量，"教材研究与编审委员会"在全国范围内选聘"21世纪高职高专规划教材编审委员会"（以下简称"教材编审委员会"）成员和征集教材，并要求"教材编审委员会"成员和规划教材的编著者必须是从事高职高专教学第一线的优秀教师或生产第一线的专家。"教材编审委员会"组织各专业的专家、教授对所征集的教材进行评选，对所列选教材进行审定。

　　目前，"教材研究与编审委员会"计划用2~3年的时间出版各类高职高专教材200种，范围覆盖计算机应用、电子电气、财会与管理、商务英语等专业的主要课程。此次规划教材全部按教育部制定的"高职高专教育基础课程教学基本要求"编写，其中部分教材是教育部《新世纪高职高专教育人才培养模式和教学内容体系改革与建设项目计划》的研究成果。此次规划教材按照突出应用性、实践性和针对性的原则编写并重组系列课程教材结构，力求反映高职高专课程和教学内容体系改革方向；反映当前教学的新内容，突出基础理论知识的应用和实践技能的培养；适应"实践的要求和岗位的需要"，不依照"学科"体系，即贴近岗位，淡化学科；在兼顾理论和实践内容的同时，避免"全"而"深"的面面俱到，基础理论以应用为目的，以必要、够用为度；尽量体现新知识、新技术、新工艺、新方法，以利于学生综合素质的形成和科学思维方式与创新能力的培养。

　　此外，为了使规划教材更具广泛性、科学性、先进性和代表性，我们希望全国从事高职高专教育的院校能够积极加入到"教材研究与编审委员会"中来，推荐"教材编审委员会"成员和有特色的、有创新的教材。同时，希望将教学实践中的意见与建议，及时反馈给我们，以便对已出版的教材不断修订、完善，不断提高教材质量，完善教材体系，为社会奉献更多更新的与高职高专教育配套的高质量教材。

　　此次所有规划教材由全国重点大学出版社——清华大学出版社与北京交通大学出版社联合出版，适合于各类高等专科学校、高等职业学校、成人高等学校及高等院校主办的二级职业技术学院使用。

21世纪高职高专教育教材研究与编审委员会

2013年1月

第2版前言

伴随着改革开放的不断深入，利用外资和对外投资得到了空前发展，对外贸易的方式更加灵活多样，涉外企业数量大幅增加。既懂涉外会计知识，又能进行涉外会计实务工作的高素质、专业化的涉外会计人才需求规模骤升。为缓解涉外会计人才缺口较大的困境，促进涉外企业的健康发展，结合全国外贸会计专业证书、涉外会计岗位证书考试的需要，特组织编写本教材。

本书有如下特色：

（1）结合"涉外会计实务"精品课建设的经验，吸纳高职示范院校会计专业改革的最新成果，工学结合，以就业为导向、以岗位能力培养为本位进行编写；

（2）吸纳新会计准则体系的内容，及时进行会计知识的更新，删除和先修课程"企业财务会计"相重复的内容，主要阐述企业涉外经济业务的核算；

（3）考虑双语教学的需要，书中采用关键词汇英汉对照的编写体例；

（4）引入大量仿真涉外原始凭证，结合相关实例详述涉外经济业务流程和涉外单据的应用，强调实践动手能力的培养；

（5）注重"课证融合"，紧密结合专业考证对知识、技能的要求；

（6）主要章后附有"本章小结"、练习题，进行归纳总结，以提升学习效果。

本书通过对涉外会计工作岗位进行调研和分析，基于典型岗位工作任务进行教材的开发建设，力求结合新会计准则、国际贸易法规政策以及专业考证要求深入浅出地阐述企业外币业务、出口商品业务、进口商品业务、加工贸易业务、技术进出口业务，以及进出口税务、样展品和物料用品的收发、对外承包工程、专项会计报表编制等业务的会计处理。重点进行涉外业务核算中涉及的进出口单据的审核、特种凭证的填制、涉外企业专项报表的编制等技能的传授与训练；培养学生从事涉外会计工作应具备的基本知识、岗位技能和职业素质，并为取得外贸会计专业证书、涉外会计岗位证书打下基础。

本书适应了急需培养高技能涉外会计从业人员的社会需求和专业考证培训的需要，适用于应用型本科、高职涉外会计专业的教学需要，也可作为涉外会计工作人员继续教育、参加考证指导用书，同时对于从事会计研究的科研工作者以及企业财务工作者也有一定的参考价值。

本教材由李晓红负责总纂、定稿。本书编者分工如下：第1、2、4、5章，各章后习题，李晓红；第 3 章，陈金仓、裴俊红；第 6 章，王珏、李晓红；第 7 章，李银平；第 8 章，王瑞迎；第 9 章，李士森；第 10 章，李贵芬。

由于时间仓促，水平所限，书中不当之处，竭诚欢迎不吝指正！

相关教学课件可以从北京交通大学出版社网站（http://www.bjtup.com.cn）下载，也可以发邮件至 cbstwf@jg.bjtu.edu.cn 索取。

编 者

2015 年 1 月

目　录

第1章

涉外会计概论

知识目标：

1. 明确涉外经济业务、涉外企业、涉外会计的含义；
2. 掌握涉外会计的对象；
3. 掌握涉外会计的特点；
4. 了解涉外企业和内贸企业在会计科目设置上的区别。

能力目标：

1. 能合理设置涉外企业常用会计科目；
2. 能根据涉外会计的特点合理建账。

1.1 涉外会计的对象及特点

涉外经济业务，是指我国企业跨国或国际性的经济业务，这种经济业务通常以外币计价反映。它所涉及的另一方当事人一般是其他国家和地区的政府机构、公司、企业、其他经济组织或个人。

涉外企业，简言之，是指具有涉外业务的企业，既包括经营进出口的外贸企业，还包括对外工程承包、对外劳务合作、国际旅游服务等其他行业的涉外企业。涉外企业的经营活动面临着国内和国际两个市场；外汇收支、外币交易和外币折算等业务量较大。

1.1.1 涉外会计的含义

涉外会计是指对企业涉外经济业务采用复币记账法核算，提供涉外企业财务状况、经营成果和现金流量等会计信息，旨在反映企业管理层受托责任履行情况，从而有助于财务报表使用者作出经济决策的经济信息系统。

需要说明的是，涉外会计是财务会计的组成部分，是财务会计的特殊领域。

涉外会计业务主要包括外币交易业务核算、商品进出口核算、技术进出口核算、加工贸易核算、样展品及物料用品收发核算、对外承包工程核算、进出口税金核算、专项财务报表编制、外币财务报表折算等几个方面的内容。

1.1.2　涉外会计的对象

会计的对象是指会计所要核算与监督的内容，是企业在再生产过程中的资金运动。涉外企业的经营活动是组织国际之间的进出口商品流通、对外经济合作。涉外会计的对象就是进出口商品流转、对外经济合作过程中的资金运动。

以商品进出口业务为例，商品进出口业务面临着国内和国际两个市场，包括进口和出口两种业务经营过程，涉及本国货币与外币两种以上的货币形式。进口和出口业务中可能存在着结汇和购汇问题。此外，商品定价中的国外价格需要运用一定的价格条款（贸易术语），与国内价格有所不同；货款结算中的国际结算方式与国内结算方式也存在一定的差异。因此，商品进出口业务经营资金的循环与内贸企业有着明显的差异。实行结、售汇的企业，商品进出口业务资金运动过程的特点如图1-1和图1-2所示。

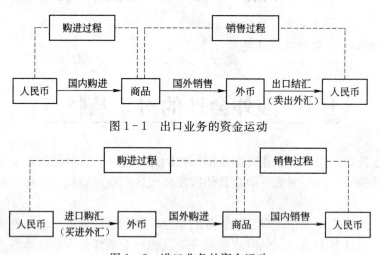

图1-1　出口业务的资金运动

图1-2　进口业务的资金运动

1.1.3　涉外会计的特点

涉外企业因其特殊的资金流转环节，形成了有别于其他企业的会计特点。

1. 涉外业务原始凭证复杂

涉外业务原始凭证大量来自境外，多为电传和报文形式，格式繁多，规格不一，涉及外币。受理单证除正规种类外，还有许多特需单证、票据、核准件等。因此，涉外业务原始凭证的辨识、审核就显得相当重要。

2. 外汇收支核算占有重要地位

涉外业务都是通过外汇收支来完成的，例如买入或者卖出以外币计价的商品或者劳务、借入或者借出外币资金以及其他以外币计价或者结算的交易等。涉外企业要严格遵循外币账户的管理规定以及外汇收支业务的管理规定，如实反映外汇收支情况，防范外汇风险。

3. 采用复币核算（即两种或多种货币单位并存，既有本币核算，又有外币核算）

由于涉外企业面临着国内和国际两个市场，在对外贸易、经济合作活动中客观上存在外币计价，使用两种货币进行结算的问题。因此，涉外会计涉及的外汇业务在填制凭证、登记账簿时，必须采用复币形式，以收支的外币数额为基数，按照外汇汇率折算为记账本位币数额，同时核算本币和外币，即采用复币式凭证和账簿，对涉外业务做出"双重记录"。

涉外业务会计处理时，多采用特种凭证（复币记账凭证），如表 1-1 所示；涉外企业所需账簿，多采用"双三栏式"，如表 1-2 所示。

表 1-1　记账凭证①

特 种 凭 证

第 18 号

SPECIAL VOUCHER　　　外币

Date 2007 年 4 月 14 日　　　　　For C _____

摘要 Explanation	总账科目 Gen Leg A/C	明细科目 Sub Leg A/C	外币金额 For C Amount	兑换率 Rate of Ex	记账 P R	借方金额 Debit	记账 P R	贷方金额 Credit
购买办公用品	管理费用					694.00		
	库存现金							694.00
合计 Total						￥694.00		￥694.00

附单据 1 张　　Attachments

会计主管　　　　　记账　　　　　审核　　　　　　　　制单
Chief Accountant　　Entered by　　Checked　　　　　　Prepared by

---

① 于强. 外经贸会计实务. 天津：天津大学出版社，2008：26.

表 1－2　银行存款日记账①

外币　美元
Foreign Currency

银行：交通银行　　　　　　账号 96889－45670002

2007 年		凭证号数	摘要	借方			贷方			借或贷	余额		
月	日			外币	汇率	人民币	外币	汇率	人民币		外币	汇率	人民币
5	1		月初余额							借	140 000	7.703 5	1 078 490
	8	1	收回货款	40 000	7.696	307 840				借	180 000		1 386 330
	14	3	兑换港元				10 000	7.673 9	76 739	借	170 000		1 309 591
	20	4	偿还借款				32 000	7.668 3	245 385.6	借	138 000		1 064 205.4
	27	5	收回欠款	14 500	7.655 1	110 998.95				借	152 500		1 175 204.4
	31	6	月末调整						9 113.5	借	152 500	7.646 5	1 166 091.25
5	31		本月合计	54 500		418 838.95	42 000		331 237.75	借	152 500		1 166 091.25

为此，涉外企业会计核算相应设置了一些复币记账的账户，如"银行存款——××外币户""应收外汇账款""应付外汇账款"等。

4. 存在"多借多贷"和"同借同贷"的记账现象

在涉外会计实务中，为了完整、简明地反映一些复杂的业务情况，允许使用"多借多贷"和"同借同贷"的会计分录。具体表现有两种情况：一是在经济业务十分复杂，分解后不便于反映账户之间的对应关系时，可以采用"多借多贷"的形式以保证有关会计科目之间的关联；二是为了说明经济业务的实际情况，在完整、准确地反映有关账户的本期发生额时，采用"同借同贷"的会计分录（金额有红有蓝），以简化会计核算工作。例如，涉外企业对外理赔，在以蓝字贷记"应付外汇账款"科目的同时，以红字贷记"自营出口销售收入"科目，表示理赔支出对销售收入的冲减，准确反映"自营出口销售收入"科目的本期发生额。

5. 结算价格不同，账务处理也不同

在涉外企业的进出口业务中，对于相同的经济业务会涉及不同的价格条件，如 FOB 价、CIF 价、CFR 价等，不同价格条件下的交易条件及价值构成不尽相同，导致出口商品销售收入和进口商品成本的确认与计量也有很大差别，账务处理的内容和方法都会有所不同。

6. 反映汇兑差额

在浮动汇率制度下，外币与人民币的汇率经常会发生波动，从而产生了汇兑差额。为了反映汇兑差额对涉外企业经营成果的影响，根据重要性原则，需要单独设置"财务费用——汇兑差额"二级账户进行核算。这样，涉外企业既要核算营业损益，还要核算汇兑损益。

7. 核算出口退税

国家为了使涉外企业能够公平地在国际市场上参与竞争，对出口商品采取了国际上通行

---

① 于强. 外经贸会计实务. 天津：天津大学出版社，2008：63.

的退税政策。涉外企业应根据自身企业性质和所出口货物确认本企业适用的退税办法，正确进行出口退税的核算，以掌握出口退税额对企业利润的影响。出口退税，直接影响涉外企业的经营成果，也是涉外企业的一大特色。

8. 企业境外经营存在外币财务报表折算问题

企业境外经营的记账本位币如果不同于企业的记账本位币，在将企业的境外经营通过合并、权益法核算等纳入到企业的财务报表中时，需要将企业境外经营的财务报表折算为以企业记账本位币反映的财务报表。

9. 综合考核涉外企业经营成果

涉外企业的经营活动要受到政治环境、国家外汇政策和国际经济环境变化的影响，为综合反映涉外企业进出口业务的经营成果，涉外企业既要考核以人民币计量的进出口盈亏；又要从人民币与外币的对比角度考核进出口效益。为此，除了进行进出口商品销售收入与销售成本核算外，还要设置特定的考核指标，如出口每美元换汇成本、进口每美元盈亏额等同时考核人民币与外币的经济效益，并编制专项报表予以反映。

1.2　涉外企业会计科目

会计科目是对会计对象所做的进一步分类。这种分类可使会计所提供的信息能够满足企业内部经营管理的需要，满足对外提供财务报表的需要。涉外企业的业务具有特殊性，涉及外汇收支的情况较多，在不违背会计科目适用原则的基础上，可以补充、变通、增加一些涉外企业常用的会计科目。涉外企业常用会计科目如表 1-3 所示（带 * 号者，表示增设的常用会计科目）。

表 1-3　涉外企业会计科目

顺序号	编号	会计科目名称	会计科目适用范围说明
		一、资产类	
1	1001	库存现金	
2	1002	银行存款	
	100201	本币存款 *	
	100202	外币存款 *	
3	1003	存放中央银行款项	银行专用
4	1011	存放同业	银行专用
5	1012	其他货币资金	
6	1021	结算备付金	证券专用
7	1031	存出保证金	金融共用

顺序号	编号	会计科目名称	会计科目适用范围说明
		一、资产类	
8	1101	交易性金融资产	
9	1111	买入返售金融资产	金融共用
10	1121	应收票据	
11	1122	应收账款	
12		应收外汇账款 *	
13	1123	预付账款	
14		预付外汇账款 *	
15	1131	应收股利	
16	1132	应收利息	
17		应收退货成本	
18	1201	应收代位追偿款	保险专用
19	1211	应收分保账款	保险专用
20	1212	应收分保合同准备金	保险专用
21	1221	其他应收款	
22	1231	坏账准备	
23	1301	贴现资产	银行专用
24	1302	拆出资金	
25	1303	贷款	银行和保险共用
26	1304	贷款损失准备	银行和保险共用
27	1311	代理兑付证券	银行和证券共用
28	1321	代理业务资产	
29	1401	材料采购	
30		商品采购 *	
31	1402	在途物资	
32	1403	原材料	
33	1404	材料成本差异	
34	1405	库存商品	
35	1406	发出商品	
36		待运和发出商品 *	
37	1407	商品进销差价	
38	1408	委托加工物资	

顺序号	编号	会计科目名称	会计科目适用范围说明
		一、资产类	
39	1411	周转材料	
40	1421	消耗性生物资产	农业专用
41	1431	贵金属	银行专用
42	1441	抵债资产	金融共用
43	1451	损余物资	保险专用
44	1461	使用权资产	
45	1471	存货跌价准备	
46	1481	持有待售资产	
47	1482	持有待售资产减值准备	
48		合同资产	
49		合同资产减值准备	
50		合同取得成本	
51		合同取得成本减值准备	
52	1501	债权投资	
53	1502	债权投资减值准备	
54	1503	其他债权投资	
55	1504	其他权益工具投资	
56	1511	长期股权投资	
57	1512	长期股权投资减值准备	
58	1518	继续涉入资产	
59	1521	投资性房地产	
60	1531	长期应收款	
61	1532	未实现融资收益	
62	1541	存出资本保证金	保险专用
63	1601	固定资产	
64	1602	累计折旧	
65	1603	固定资产减值准备	
66	1604	在建工程	
67	1605	工程物资	
68	1606	固定资产清理	
69	1611	未担保余值	租赁专用

顺序号	编号	会计科目名称	会计科目适用范围说明
一、资产类			
70	1621	生产性生物资产	农业专用
71	1622	生产性生物资产累计折旧	农业专用
72	1623	公益性生物资产	农业专用
73	1631	油气资产	石油天然气开采专用
74	1632	累计折耗	石油天然气开采专用
75	1701	无形资产	
76	1702	累计摊销	
77	1703	无形资产减值准备	
78	1711	商誉	
79	1801	长期待摊费用	
80	1811	递延所得税资产	
81	1821	独立账户资产	保险专用
82	1901	待处理财产损溢	
二、负债类			
83	2001	短期借款	
84		短期外汇借款 *	
85	2002	存入保证金	金融共用
86	2003	拆入资金	金融共用
87	2004	向中央银行借款	银行专用
88	2011	吸收存款	银行专用
89	2012	同业存放	银行专用
90	2021	贴现负债	银行专用
91	2101	交易性金融负债	
92	2111	卖出回购金融资产款	金融共用
93	2201	应付票据	
94	2202	应付账款	
95		应付外汇账款 *	
96	2203	预收账款	
97		预收外汇账款 *	
98	2211	应付职工薪酬	
99	2221	应交税费	

续表

顺序号	编号	会计科目名称	会计科目适用范围说明
		二、负债类	
100	2231	应付利息	
101	2232	应付股利	
102	2241	其他应付款	
103	2245	持有待售负债	
104		合同负债	
105	2251	应付保单红利	保险专用
106	2261	应付分保账款	保险专用
107	2311	代理买卖证券款	证券专用
108	2312	代理承销证券款	证券和银行共用
109	2313	代理兑付证券款	证券和银行共用
110	2314	代理业务负债	
111	2401	递延收益	
112	2501	长期借款	
113		长期外汇借款 *	
114	2502	应付债券	
115		租赁负债	
116	2504	继续涉入负债	
117	2601	未到期责任准备金	保险专用
118	2602	保险责任准备金	保险专用
119	2611	保户储金	保险专用
120	2621	独立账户负债	保险专用
121	2701	长期应付款	
122	2702	未确认融资费用	
123	2711	专项应付款	
124	2801	预计负债	
125	2901	递延所得税负债	
		三、共同类	
126	3001	清算资金往来	银行专用
127	3002	货币兑换	金融共用
128	3101	衍生工具	
129	3201	套期工具	

顺序号	编号	会计科目名称	会计科目适用范围说明
三、共同类			
130	3202	被套期项目	
四、所有者权益类			
131	4001	实收资本	
132	4002	资本公积	
133	4003	其他综合收益	
134	4101	盈余公积	
135		专项储备	
136	4102	一般风险准备	金融共用
137	4103	本年利润	
138	4104	利润分配	
139	4201	库存股	
140	4401	其他权益工具	
五、成本类			
141	5001	生产成本	
142	5101	制造费用	
143	5201	劳务成本	
144	5301	研发支出	
145	5401	合同履约成本	建造承包商专用
146		合同履约成本减值准备	建造承包商专用
147	5402	合同结算	建造承包商专用
148	5403	机械作业	建造承包商专用
六、损益类			
149	6001	主营业务收入	
150		自营出口销售收入*	
151		自营进口销售收入*	
152		代理出口销售收入*	
153		代理进口销售收入*	
154	6011	利息收入	金融共用
155	6021	手续费及佣金收入	金融共用
156	6031	保费收入	保险专用
157	6041	租赁收入	租赁专用

顺序号	编号	会计科目名称	会计科目适用范围说明
		六、损益类	
158	6051	其他业务收入	
	60511	来料加工出口销售收入 *	
	60512	进料加工出口销售收入 *	
	60513	援外出口销售收入 *	
	60514	易货贸易销售收入 *	
159	6061	汇兑损益	金融专用
160	6101	公允价值变动损益	
161	6111	投资收益	
162	6115	资产处置损益	
163	6117	其他收益	
164	6201	摊回保险责任准备金	保险专用
165	6202	摊回赔付支出	保险专用
166	6203	摊回分保费用	保险专用
167	6301	营业外收入	
168	6401	主营业务成本	
169		自营出口销售成本 *	
170		自营进口销售成本 *	
171		代理出口销售成本 *	
172		代理进口销售成本 *	
173	6402	其他业务成本	
	64021	来料加工出口销售成本 *	
	64022	进料加工出口销售成本 *	
	64023	援外出口销售成本 *	
	64024	易货贸易销售成本 *	
174	6403	税金及附加	
175	6411	利息支出	金融共用
176	6421	手续费及佣金支出	金融共用
177	6501	提取未到期责任准备金	保险专用
178	6502	提取保险责任准备金	保险专用
179	6511	赔付支出	保险专用
180	6521	保单红利支出	保险专用

顺序号	编号	会计科目名称	会计科目适用范围说明
		六、损益类	
181	6531	退保金	保险专用
182	6541	分出保费	保险专用
183	6542	分保费用	保险专用
184		套期损益	
185		净敞口套期损益	
186	6601	销售费用	
187	6602	管理费用	
188	6603	财务费用	
189	6604	勘探费用	
190	6701	资产减值损失	
191	6702	信用减值损失	
192	6711	营业外支出	
193	6801	所得税费用	
194	6901	以前年度损益调整	

习　题

一、单项选择题

1. 经济业务十分复杂，分解后不便于反映账户之间的对应关系时，可以采用（　　）的会计分录形式。

A. 多借多贷　　　B. 同借同贷　　　C. 一借多贷　　　D. 一贷多借

2. 外贸企业资金运动的主要内容是（　　）。

A. 组织国际间的进出口商品流通，其主要经营活动包括出口业务与进口业务

B. 组织国际间和国内的进出口商品流通，其主要经营活动包括出口业务与进口业务

C. 组织国际间的进出口商品流通，其主要经营活动包括收购业务与销售业务

D. 组织国际间和国内的进出口商品流通，其主要经营活动包括收购业务与销售业务

3. 涉外企业的会计对象是（　　）。

A. 涉外经济活动中的物资运动　　　B. 涉外经济活动中的资金及其运动

C. 涉外经济活动　　　D. 外币业务

二、多项选择题

1. 涉外企业的经营活动具有的主要特点是（　　　）。

A. 可以编制"多借多贷"和"同借同贷"的会计分录

B. 面临着国内和国际两个市场

C. 在国际结算中需要同时使用本国货币和外币结算

D. 结算价格不同、账务处理也不同

2. 涉外会计在进行账务处理时可以编制的会计分录是（　　　）。

A. 多借多贷　　　　B. 一贷多借　　　　C. 一借多贷　　　　D. 同借同贷

3. 涉外会计主要在以下方面有不同于国内一般企业会计的特色（　　　）。

A. 外币账簿按复币式设计并进行登记

B. 反映汇兑差额

C. 核算出口退税

D. 经济业务采用外币核算

4. 涉外会计的内容主要包括（　　　）以及涉外业务融资等。

A. 商品进出口核算　　　　　　B. 商品采购与销售核算　　　　C. 技术进出口核算

D. 无形资产核算　　　　　　　E. 加工贸易核算　　　　　　　F. 进出口税金的核算

5. 涉外企业增设的反映涉外经济活动的常用会计科目有（　　　）等。

A. 银行存款——外币存款　　　B. 固定资产　　　　　　　　　C. 短期外汇借款

D. 盈余公积　　　　　　　　　E. 自营出口销售收入

三、判断题

1. 涉外商品流通企业和一般内贸企业同处于商品流通领域，因此涉外企业经营资金的循环与一般内贸企业没有差异。　　　　　　　　　　　　　　　　　　　　　（　　　）

2. 涉外企业允许使用"同借同贷"（金额有红有蓝）的会计分录是为了简化会计核算工作。　　　　　　　　　　　　　　　　　　　　　　　　　　　　　　　　　（　　　）

3. 涉外企业进出口业务中，采用的价格条件不同，账务处理的内容和方法也会有所不同。　　　　　　　　　　　　　　　　　　　　　　　　　　　　　　　　　　（　　　）

4. 涉外企业仅从人民币计量的角度考核进出口业务的经营成果。　　　　　　（　　　）

5. 涉外企业会计既要核算营业损益，还要核算汇兑损益。　　　　　　　　　（　　　）

四、简答题

1. 涉外经济业务、涉外企业、涉外会计的含义分别是什么？

2. 说明涉外会计与财务会计的区别与联系。

3. 简述涉外会计的对象。

4. 涉外会计的特点主要表现在哪些方面？

第2章

外币业务核算

知识目标：

1. 知悉外汇、外币、汇率、记账本位币、汇兑差额的基本概念；

2. 了解外汇的种类、汇率的分类；

3. 了解外汇账户开立和管理的规定；

4. 明确结售汇制对会计核算的影响；

5. 了解外汇收入、支出的管理规定；

6. 掌握货币兑换业务的会计处理；

7. 掌握交易日外币业务的会计处理；

8. 明确汇兑差额的逐笔、集中结转法及其区别；

9. 掌握期末或结算日对外币交易余额的会计处理；

10. 掌握涉外融资业务的会计处理。

能力目标：

1. 能申请开立和按规定使用外汇账户；

2. 能设置外币核算账户；

3. 能选择外币业务的折算汇率；

4. 能进行汇兑差额的确认、结转与账务处理；

5. 能进行货币兑换业务的账务处理；

6. 能进行交易日、结算日外币业务的账务处理；

7. 能在期末进行外币交易余额的调整处理；

8. 能进行涉外融资业务的账务处理。

2.1　外汇概述

2.1.1　外汇

1. 外汇的概念

外汇（Foreign Exchange，FX）是"国际汇兑"的简称，是指以外币表示的金融资产，可用作国际清偿的支付手段。

"汇"是国际间货币异地移动；"兑"是货币之间进行转换；"国际汇兑"是指国家货币相互兑换的金融活动。外汇的动态含义是指把一国货币兑换成另一国货币的国际汇兑行为和过程，即借以清偿国际债权和债务关系的一种专门性经营活动。外汇的静态含义是指以外币表示的可用于对外支付的金融资产。

根据《中华人民共和国外汇管理条例》（2008 年 8 月 1 日修订，8 月 5 日发布实施）第三条规定，外汇具体包括：

① 外币现钞（Foreign Currency Note），包括纸币和铸币（Paper Currency and Coin）；

② 外币支付凭证（Payment Vouchers）或者支付工具，包括票据（Foreign Notes）、银行存款凭证（Bank Certificates of Deposit）、银行卡（Bank Cards）等；

③ 外币有价证券（Foreign Marketable Security），包括债券（Foreign Bonds）、股票（Foreign Stocks）等；

④ 特别提款权（Special Drawing Rights，SDR）；

⑤ 其他外汇资产。

在涉外会计工作中，经常接触到的是外国货币和外币支付凭证。

2. 外汇的特点

外汇必须同时具备以下两个条件。

① 以外币表示的国外资产，凡是用本国货币表示的信用工具或支付凭证不能作为外汇。

② 必须可以自由兑换成其他形式的支付手段，即只有在国际间可以流通的外币资产才能视为外汇。

外币则是国外货币的简称，它是指本国货币以外的其他国家和地区的货币。不能自由兑换成其他国货币的外币，不能视为外汇。

3. 外汇的种类

1）自由外汇、记账外汇

根据限制性（外汇能否自由兑换来划分）不同，外汇分为自由外汇和记账外汇。

自由外汇（Convertible Foreign Exchange）又称现汇，是指不需经过货币当局批准，在国际金融市场上可以自由兑换成任何一种外国货币或用于第三国支付的外国货币及其支付手段。自由外汇具有可自由兑换性，在国际间债权债务清偿中被广泛地使用。目前全世界属于自由外汇的货币有 50 多种，使用最多的是美元（US＄）、港元（HK＄）、欧元（€）、日元（J￥）、英镑（￡）、澳大利亚元（A＄）、加拿大元（Can＄）和瑞士法郎（SF）。

记账外汇（Accounting Foreign Exchange），也称协定外汇、清算外汇或双边外汇，是指不经货币当局批准，不能自由兑换成其他货币或对第三国进行支付的外汇。记账外汇是在签有清算协定的两个国家之间，由于进出口贸易引起的债权债务不用现汇逐笔结算，而是通过当事国的中央银行账户相互冲销所使用的外汇。记账外汇是记载在双方指定银行账户上的外汇，它可以是交易双方中某一方的本国货币，也可能是第三国的货币。

2）贸易外汇、非贸易外汇

按照外汇的来源和用途不同，外汇分为贸易外汇和非贸易外汇。

贸易外汇（Trade Foreign Exchange），是指专门用于国际贸易结算的外汇，包括货款及其从属费用。从属费用是指除进出口货物货款以外必须支付的其他外汇费用，如运费、保险费、广告宣传费、佣金、出国推销费、样品费以及与商品进出口有关的其他费用等。涉外企业使用的外汇主要是贸易外汇。

非贸易外汇（Non‐Trade Foreign Exchange），是指进出口贸易以外的其他方面所收付的外汇，如侨汇、旅游外汇、劳务外汇、驻外机构经费，以及交通、邮电、银行、保险等部门收入和支出的外汇。

3）即期外汇、远期外汇

按照外汇买卖的交割期限不同，外汇分为即期外汇和远期外汇。

交割（Settlement），是指本币和外币所有者相互交换货币所有权的行为，也就是外汇买卖中外汇的实际收支活动。交割期限就是指从签订合同到实际收付的这段期限。

即期外汇（Spot Foreign Exchange），是指外汇买卖成交后即行交割的外汇。买卖双方一般在 2 个工作日内交割完毕。

远期外汇（Forward Foreign Exchange），是指外汇买卖双方根据外汇买卖合同，不需立即进行交割，而是在将来某个时间进行交割的外汇。交割期限一般为 1～12 个月，但以3～6 个月居多。

4）硬货币、软货币

按外汇的升值与贬值趋势不同，外汇分为硬货币和软货币。

硬货币（Strong Currency），也称强币，是指在一定时期内币值坚挺，汇价趋于上升的自由兑换货币。

软货币（Weak Currency），也称弱币，是指在一定时期内币值疲软，汇价趋于下跌的自由兑换货币。

汇价的升跌取决于该国在一定时期内的经济状况、国际收支差额以及黄金外汇储备等诸多因素。我国在出口贸易中应力争采用硬货币进行货款的结算。

5）外币现钞、外币现汇

按外币形态不同，分为外币现钞和外币现汇。

外币现钞是指外国钞票、铸币。现钞主要由境外携入。

外币现汇是指其实体在货币发行国本土银行的存款账户中的自由外汇。现汇主要由国外汇入，或由境外携入、寄入的外币票据，经银行托收，收妥之后存入。

2.1.2　外汇汇率

1. 汇率的含义

外汇汇率（Foreign Exchange Rate）又称外汇行市（Foreign Exchange Quotation），是指两种货币相兑换的比率，是一种货币单位用另一种货币单位所表示的价格。它是不同货币之间进行兑换的折算标准；它为涉外企业在国际贸易中的外汇结算提供了依据。

长期以来我国的官方汇率都是定期挂牌公布，所以汇率又称牌价。

2. 汇率的标价方法

在确定两种不同货币之间的比价时，按照以哪国货币作为计价标准，分为两种不同的标价方法。

1）直接标价法

直接标价法（Direct Quotation），也称直接汇率、本国币汇价、应付标价法（Giving Quotation）。它是指以一定单位（1 个、100 个、10 000 个）的外国货币作为标准，折成若干单位的本国货币来表示的汇率。如 1 美元＝6.80 元人民币。直接标价法的特点是：外币的数额固定不变，汇率的升降均以本币数额的变化来表示。

一定单位外币所折算的本币增多，说明外币币值上升，本币币值下降，汇率上升；反之，说明外币币值下降，本币币值上升，汇率下降。外币汇率的升降与本国货币数额增减变动的方向是一致的，与本国货币对外价值的高低成反比例变化。目前世界上大多数国家，采用的都是直接标价法。我国人民币对美元、欧元、日元、港元、英磅等 9 种货币汇率中间价采取直接标价法。

2）间接标价法

间接标价法（Indirect Quotation），也称间接汇率、外币汇价、应收标价法（Receiving Quotation）、倒数标价法。它是指以一定单位的本国货币为标准，折成若干单位的外国货币来表示的汇率。如 1 元人民币＝0.147 美元。间接标价法的特点是：本币的数额固定不变，汇率的升降均以外币数额的变化来表示。

一定单位的本币可兑换的外币增多，说明本币币值上升，外币币值下降，汇率上升；反之，说明本币币值下降，外币币值上升，汇率下降。间接标价法是直接标价法的倒数，外币汇率的升降与外国货币数量增减变动的方向是相反的，与本国货币对外价值的高低成正比例变化。目前在国际外汇市场上，欧元、英镑、澳元等均为间接标价法。我国人民币对林吉特、卢布汇率中间价，采取间接标价法。

3. 汇率的分类

1）现行汇率与历史汇率

按照时间划分，汇率可分为现行汇率与历史汇率。

现行汇率（Current Rate）是指现在某一具体时点的汇率，是指企业发生涉及外币经济业务时的市场汇率。

历史汇率（Historical Rate）是指过去某一时点的汇率，是指企业以前涉及外币经济业务发生时所使用的汇率。

现行汇率与历史汇率是相对的，前一交易日的市场汇率相对于当日来说是历史汇率，当日的现行汇率相对于次日来说又是历史汇率。

2）记账汇率与账面汇率

按照记账所依据的汇率划分，汇率可分为记账汇率与账面汇率。

记账汇率（Bookkeeping Rate）是指企业发生外币经济业务进行会计账务处理所采用的汇率。记账汇率可以分为变动汇率（浮动记账汇率）和固定汇率两种。会计记账时，变动汇率是根据银行每天公布的市场汇价的变动而变动，指外币业务发生当日的市场汇率（即现行汇率）；固定汇率是记账汇率在一定时期内保持不变，通常指外币业务发生当期的平均汇率（即历史汇率），一般是周平均汇率或月平均汇率。采用变动汇率记账比较接近实际，但记账汇率变动较多，核算手续较烦琐。采用固定汇率记账，记账汇率一周（月）一变，核算比较简便。

账面汇率（Book Rate）是指企业以往发生的外币业务登记入账时所采用的汇率，即过去的记账汇率（历史汇率）。账面汇率需要采用一定的方法确定，如先进先出法、加权平均法等。对于不同的外币账户，可以采用不同的方法确定账面汇率，如外币存款的账面汇率可以采用先进先出、加权平均、移动平均等方法确定；应收外汇账款、应付外汇账款的账面汇率可以采用先进先出法确定或以原入账时的记账汇率作为账面汇率等。具体采用哪种方法确定账面汇率，由企业自行选定。但一经确定，就不得随意改变。账面汇率在汇兑差额采用集中结转核算法下使用。

3）即期汇率与远期汇率

按照外汇买卖交割时间不同划分，汇率可分为即期汇率与远期汇率。

即期汇率（Spot Rate）又称现汇汇率，是指外汇买卖双方成交后在当日或两个营业日内（考虑地球时差、适度的准备交付时间）进行交割所使用的汇率。

远期汇率（Forward Rate）又称期汇汇率，是指外汇买卖双方成交后在约定的日期办理交割所使用的汇率，用于远期外汇合同的汇率。

远期汇率与即期汇率之间的价差，称为远期差额（Forward Margin），也称远期汇水。

远期汇率有时高于即期汇率，有时低于即期汇率，有时两者相同。远期汇率高于即期汇率的差额称为升水（at premium），远期汇率低于即期汇率的差额称为贴水（at Discount），二者相同，称为平价（at par）。

4）买入汇率、卖出汇率和中间汇率

按照银行买卖外汇的角度不同，汇率可分为买入汇率、卖出汇率、中间汇率和现钞汇率。

买入汇率（Buying Rate）也称外汇买入价，是指银行向客户买入外汇时所使用的汇率，即银行收取外汇时愿意支付的价格。买入价又称出口汇率，因它多用于出口商将外汇卖给银行时所使用的汇率。

卖出汇率（Selling Rate）也称外汇卖出价，是指银行向客户出让外汇时所使用的汇率，即银行出让某种外汇时愿意接受的价格。卖出价又称进口汇率，因它是进口商向银行购买外汇时采用的汇率，也就是指企业向外汇指定银行购入外汇时使用的汇率。通常，银行卖出汇率一般高于买入汇率，其差额"买卖差价"构成了银行买卖外汇的收益。

中间汇率（Medial Rate）也称中间价，是指银行买入汇率与卖出汇率之间的平均汇率，即根据某日的买入汇率与卖出汇率之和计算的平均数。中间价，即银行未扣手续费以前的汇率，它是纯真的汇率，但不用于外汇交易，只用于记账和纳关税等场合。

现钞汇率（Bank Notes Rate），也称现钞价，是指银行买入外币现钞时所使用的汇率。指外币现钞到中国银行兑换人民币的价格，是汇价中最低的一种。现钞买入价一般要比外汇买入价低 2%～3%，但现钞卖出价则与外汇卖出价相同。

5）电汇汇率、信汇汇率和票汇汇率

按照外汇交易支付通知方式划分，汇率分为电汇汇率、信汇汇率和票汇汇率。

电汇汇率（Telegraphic Transfer Rate，T/T Rate）是指经营外汇业务的银行在卖出外汇后即以电报方式通知其国外分支机构或代理行付款给收款人所使用的汇率。使用电汇方式，电汇由于要在外汇卖出当天划拨，银行无法占用客户的资金，加上国际电信收费高，所以电汇汇率较高。国际上大额汇款大都采用电汇（进出口商为避免外汇汇率波动带来的风险，在买卖合同中使用交款最快的电汇方式），因而电汇汇率为基本汇率，其他汇率以此为基础进行换算。西方外汇市场上公布的汇率当系银行电汇买卖价。

信汇汇率（Mail Transfer Rate，M/T Rate）是指经营外汇业务的银行在卖出外汇后以信函方式通知其国外分支机构或代理行付款给收款人所使用的汇率。信汇由于邮程时间较长，在这段时间里银行可以占用客户的资金，所以信汇汇率低于电汇汇率。

票汇汇率（Draft Rate，D/D Rate）是指银行在卖出外汇时，开立 1 张由其国外分支机构或代理行付款的汇票交给汇款人，由其自带或寄往国外取款所使用的汇率。由于从卖出外汇到实际支付外汇之间间隔的时间较长，银行可以占用客户的资金，因此票汇汇率一般也低于电汇汇率。由于票汇比信汇时间短，所以票汇汇率高于信汇汇率。按照票汇期限长短的不同，票汇汇率分为即期票汇汇率和远期票汇汇率。后者在前者的基础上扣除远期付款的贴现利息。

6）固定汇率和浮动汇率

按照国际汇率制度的不同划分，汇率分为固定汇率和浮动汇率。

固定汇率（Fixed Rate）是指一国货币与外国货币的兑换比率基本固定的汇率。它以货币的含金量为基础，而各国货币的法定含金量轻易不作变动，因此这种汇率波动的幅度较小。政府用行政或法律手段选择一基本参照物，并确定、公布和维持本国货币与该参照物的固定比价。

浮动汇率（Floating Rate）是指一国货币同外国货币的兑换比率由市场的供求自发决定、基本不固定的汇率。包括自由浮动和管理浮动两种。自由浮动（Freely FXR）是指政府货币当局对本国货币与外国货币的汇率不采取任何干预措施，汇率完全由外汇市场的供求决定；管理浮动（Managed FXR）是指政府货币当局对汇率进行公开或隐蔽的干预，以使汇率向有利于本国的方向浮动。

自2005年7月21日起，我国开始实行以市场供求为基础、参考"一篮子"货币进行调节、有管理的浮动汇率制度。

7）基本汇率和套算汇率

按照制定汇率的方法不同划分，汇率分为基本汇率和套算汇率。

基本汇率（Basic Rate）是指本国货币对关键货币（Key Currency）的汇率。关键货币是指制定基本汇率时所选用的某一种外币，这种外币必须具备三个条件：在本国国际收支中使用最多，国际上普遍接受并可以自由兑换，在本国外汇储备中比重最大。目前国际上多数国家都以本国货币对美元的汇率作为基本汇率。

套算汇率（Cross Rate）是指通过基本汇率套算出来的本币对其他外国货币的汇率。

中国人民银行授权中国外汇交易中心于每个工作日上午9时15分对外公布当日人民币对美元、欧元、日元、港元、英镑、林吉特、卢布、澳大利亚元、加元、新西兰元、瑞士法郎、新加坡元汇率中间价，作为当日银行间即期外汇市场（含OTC方式和撮合方式）以及银行柜台交易汇率的中间价。企业发生的外币交易只涉及人民币与这十二种货币之间折算的，可直接采用公布的人民币汇率的中间价作为即期汇率进行折算；企业发生的外币交易涉及人民币与其他货币之间折算的，应以国家外汇管理局公布的各种货币对美元折算率采用套算的方法进行折算，发生的外币交易涉及人民币以外的货币之间折算的，可直接采用国家外汇管理局公布的各种货币对美元折算率进行折算。

某种货币对人民币的汇率＝美元对人民币的基准汇率÷美元对该种货币的汇率

货币A对货币B的汇率＝美元对货币B的汇率÷美元对货币A的汇率

8）市场汇率和挂牌汇率

根据我国外汇管理体制改革的有关规定，市场汇率（Market Rate）是指中国人民银行公布的人民币对其他主要货币的汇率。挂牌汇率（Listing Rate）则是指各外汇指定银行根据市场汇率，在规定的浮动幅度范围0.25％内自行挂牌对客户买卖外汇的汇率。

此外，汇率还可分为单一汇率（Single Rate）与复汇率（Multiple Rate）；官方汇率

（Official Rate）与市场汇率（Market Rate）；开盘汇率（Opening Rate）与收盘汇率（Closing Rate）等。

2.1.3 外汇账户的开立和管理

1. 外汇账户的概念和分类

外汇账户是指境内机构、驻华机构、个人及来华人员以可自由兑换货币在开户金融机构开立的账户。

"开户金融机构"是指经批准经营外汇业务的银行和非银行金融机构。

外汇账户按性质或外汇资金来源，分为经常项目账户和资本项目账户；外汇账户按功能分为外汇结算账户和外汇专项账户。

经常项目账户的收入来源于贸易、服务等经常项目外汇，如外汇结算账户等；资本项目账户的收入来源于资本项目外汇，如外债专户等。外汇结算账户用于经常项目下频繁的收支结算；外汇专项账户是用于存放特定外汇收入或用于特定外汇支出的账户，如代理进口外汇专项账户等。

2. 外汇账户的开立

境内机构开立经常项目外汇账户应当经外汇局批准。

境内机构（外商投资企业除外）应当持下列材料向外汇局申请开户，并填写《国家外汇管理局开立外汇账户批准书》，经批准后在 30 个工作日内到中资开户金融机构开立外汇账户，开户后 10 日内凭开户回执向外汇局领取《外汇账户使用证》：

① 申请开立外汇账户的报告；

② 根据开户单位性质分别提供工商行政管理部门颁发的营业执照或者民政部门颁发的社团登记证或者国家授权机关批准成立的有效批件；

③ 国务院授权机关批准经营业务的批件；

④ 外汇局要求提供的相应合同、协议或者其他有关材料。

中资开户金融机构为境内机构开立外汇账户后，应当在开户回执上注明账号、币种和开户日期，并加盖该金融机构戳记。

3. 外汇账户的管理

开户单位办理账户收付时，必须向银行出具《外汇账户使用证》。

境内机构、驻华机构应当按照规定申请和办理开户手续，并按照外汇局核定的收支范围、使用期限、最高金额使用外汇账户。不得擅自开立外汇账户；不得出租、出借或者串用外汇账户；不得利用外汇账户代其他单位或者个人收付、保存或者转让外汇；不得将单位外汇以个人名义私存；不得擅自超出外汇局核定的使用期限、最高金额使用外汇账户。

2.1.4 外汇收支业务的管理

《外汇管理条例》（2008）对经常性国际支付和转移不予限制，经常项目外汇收入可以按规定保留，也可以卖给合格金融机构。外汇收入可以按规定调回境内，也可以存放境外。我国实行的是意愿结售汇制度。

1. 相关术语

（1）结汇

在银行结售汇制度下，结汇是指外汇收入所有者将外汇卖给外汇指定银行，外汇指定银行根据交易行为发生之日的人民币汇率付给等值人民币的行为。

（2）售汇

售汇是指外汇指定银行将外汇卖给外汇使用者，并根据交易行为发生之日的人民币汇率收取等值人民币的行为。从用汇单位和个人的角度讲，售汇即是购汇。

（3）付汇

付汇是指经批准经营外汇业务的金融机构，根据有关售汇以及付汇的管理规定，审核用汇单位和个人提供的规定的有效凭证和商业单据后，从其外汇账户中或将其购买的外汇向境外支付的行为。

（4）经常项目

经常项目，是指国际收支中涉及货物、服务、收益及经常转移的交易项目等。

（5）资本项目

资本项目，是指国际收支中引起对外资产和负债水平发生变化的交易项目，包括资本转移、直接投资、证券投资、衍生产品及贷款等。

2. 外汇收支业务的管理

经常项目外汇收入，可以按照国家有关规定保留或者卖给经营结汇、售汇业务的金融机构。

企业发生外汇收入业务，外汇开户企业收入现汇时，借记"银行存款——××外币户"，贷记"应收外汇账款"等账户；非外汇开户企业收入现汇时，立即结汇，借记"银行存款——人民币户"，贷记"应收外汇账款"等账户。

企业经常项目外汇支出，可凭有效商业单据和有效凭证（需经外汇管理部门审核的，审核后才能对外支付）以自有外汇支付或者向经营结汇、售汇业务的金融机构购汇支付。

企业向金融机构购（付）汇，需办理名录登记手续，并将充足的配套人民币资金存放于指定的银行账户中，提供银行要求的进口商业单据和有效凭证，填写银行购汇（付汇）申请书，提交银行审核给付。

2.2　外币业务的核算方法

2.2.1　记账本位币与外币业务

1. 记账本位币的确定

作为一个会计主体，所发生的经济业务涉及多种外币计价核算时，必然要选取一个统一的作为会计计量基本尺度的记账货币，并以该货币来表示和处理各项经济业务，这就产生了记账本位币的问题。

记账本位币（Recording Currency）是企业经营所处的主要经济环境中的货币，是一个企业选定的用于反映企业经营业绩和财务状况的货币。通常这一货币是企业主要收、支现金的经济环境中的货币。例如，我国企业一般以人民币作为记账本位币。业务收支以人民币以外的货币为主的企业，可以选定其中一种货币作为记账本位币。但是，编报的财务报表应当折算为人民币。

外币（Foreign Currency）一般是指记账本位币以外的货币。企业规定的记账本位币不同，其外币范围也不同。在会计上，"人民币"也可能成为外币。

企业选定记账本位币，应当综合考虑下列因素：

一是该货币主要影响商品和劳务销售价格，通常以该货币进行商品和劳务销售价格的计价和结算；

二是该货币主要影响商品和劳务所需人工、材料和其他费用，通常以该货币进行上述费用的计价和结算；

三是融资活动获得的货币以及保存从经营活动中收取款项时所使用的货币，即根据融资活动获得的资金占销售收入比重大小，或企业通常留存的销售收入的货币情况来确定。

例如，国内甲公司为外贸自营出口企业，超过 70% 的营业收入来自向欧盟各国的出口，其商品销售价格主要受欧元的影响，以欧元计价，因此，从影响商品和劳务销售价格的角度看，甲公司应选择欧元作为记账本位币。

如果甲公司除厂房设施、30% 的人工成本在国内以人民币采购外，生产所需原材料、机器设备及 70% 以上的人工成本以欧元在欧盟市场采购，则可确定甲公司的记账本位币是欧元。但是，如果甲公司的人工成本、原材料及相应的厂房设施、机器设备等 95% 以上在国内采购并以人民币计价，则难以判定甲公司的记账本位币应选择欧元还是人民币，还需要兼顾考虑融资活动获得的资金以及保存从经营活动中收取款项时所使用的货币等因素，以确定甲公司的记账本位币。如果甲公司取得的欧元营业收入在汇回国内时直接换成了人民币存款，且甲公司对欧元波动产生的外币风险进行了套期保值，甲公司可以确定其记账本位币为人民币。

又如，乙公司为国内一家婴儿配方奶粉加工企业，其原材料牛奶全部来自澳大利亚，主要加工技术、机器设备及主要技术人员均由澳大利亚方面提供，生产的婴儿配方奶粉面向国内出售。企业依据第一、二项因素难以确定记账本位币，需要考虑第三项因素。假定为满足采购原材料牛奶等所需澳元的需要，乙公司向澳大利亚某银行借款10亿澳元，期限为20年，该借款是乙公司当期流动资金净额的4倍。由于原材料采购以澳元结算，且企业经营所需要的营运资金，即融资获得的资金也使用澳元，因此，乙公司应当以澳元作为记账本位币。

需要说明的是，在确定企业的记账本位币时，上述因素的重要程度因企业具体情况不同而不同，需要企业管理层根据实际情况进行判断。此外，记账本位币是可以选择的，但我国企业的正式的编表货币，只能是人民币。

2. 记账本位币的变更

企业管理层根据实际情况确定的记账本位币只能有一种货币。企业选择的记账本位币一经确定，不得改变，除非与确定记账本位币相关的企业经营所处的主要经济环境发生了重大变化。主要经济环境发生重大变化，通常是指企业主要产生和支出现金的环境发生重大变化，使用该环境中的货币最能反映企业的主要交易业务的经济结果。

企业因经营所处的主要经济环境发生重大变化，确需变更记账本位币的，应当采用变更当日的即期汇率将所有项目折算为变更后的记账本位币，折算后的金额作为以新的记账本位币计量的历史成本。由于采用同一即期汇率进行折算，因此，不会产生汇兑差额。

企业需要提供确凿的证据证明企业经营所处的主要经济环境确实发生了重大变化，并应当在附注中披露变更的理由。

企业记账本位币发生变更的，在按照变更当日的即期汇率将所有项目折算为变更后的记账本位币时，其比较财务报表应当以可比当日的即期汇率折算所有资产负债表和利润表项目。

3. 外币交易与折算

外币交易（Foreign Currency Transaction），是指以外币计价或者结算的交易。

外币折算准则规范的外币交易包括：买入或者卖出以外币计价的商品或者劳务；借入或者借出外币资金；其他以外币计价或者结算的交易。

买入或者卖出以外币计价的商品或者劳务，通常情况下指以外币买卖商品，或者以外币结算劳务合同。这里所说的商品是一个泛指的概念，可以是有实物形态的存货、固定资产等，也可以是无实物形态的无形资产、债权或股权等。例如：以人民币为记账本位币的国内甲公司向国外乙公司出口商品，以美元结算货款；再如，甲公司购买境内某公司发行的B股股票，或者购买海外某公司发行的欧元债券等，上述交易均属于甲公司的外币交易。企业与银行发生货币兑换业务，包括与银行进行结汇或售汇，也属于外币交易。

借入或者借出外币资金，指企业向银行或非银行金融机构借入以记账本位币以外的货币表示的资金，或者银行或非银行金融机构向人民银行、其他银行或非银行金融机构借贷以记账本位币以外的货币表示的资金，以及发行以外币计价或结算的债券等。

其他以外币计价或者结算的交易，指以记账本位币以外的货币计价或结算的其他交易。例如，接受外币现金捐赠等。

此外，外币折算是指将外币交易或外币财务报表（以外币反映的财务报表）折算为以记账本位币反映的过程。

外币交易折算的会计处理主要涉及两个环节，一是在交易日对外币交易进行初始确认，将外币金额折算为记账本位币金额；二是在资产负债表日对相关项目进行折算，因汇率变动产生的差额记入当期损益。

2.2.2　外币业务的核算方法

1. 外币业务的记账方法

外币业务的记账方法一般有外币统账法和外币分账法两种。

1）外币统账法

外币统账法（Unified Accounting Method for Allocated Foreign Currency）也称记账本位币法，是指以某一种货币（比如人民币）作为记账本位币统一设账和记账，企业发生外币业务时必须及时折算为记账本位币记账，非记账本位币金额只在账上作辅助记录的一种记账方法。这种方法又分为两种，以人民币作为记账本位币统一设账和记账的，称为人民币记账法；以某种外币作为记账本位币统一设账和记账的，称为单一外币记账法。

采用外币统账法时，所发生的外币业务必须按确定的汇率及时折算为记账本位币记账。这种方法主要适用于涉及外币种类少，且外币业务量不多的企业。

按我国的涉外会计实务来说，多是以人民币作为记账本位币来记录企业所发生的外币业务的，将发生的多种外币金额均折合成人民币加以反映，外币在账上仅作辅助记录。所以，这种方法又称为"记账本位币法"。

2）外币分账法

外币分账法（Separate Accounting Method for Allocated Foreign Currency）也称多种货币法、原币记账法，是以人民币和外币作为记账本位币分别记账和设账，外币业务日常核算时按外币原币记账的一种记账方法。

采用这种方法，要求对每种货币都单独设置账户，分别反映其增减变化情况。在外币业务发生时，直接用原币记入账户，而不需要按一定汇率折算成记账本位币。遇到不同货币兑换业务，应增设"货币兑换"账户进行核算。期末时，应将所有以外币记账的各账户的外币金额按期末即期汇率折算成记账本位币金额，并汇总计算汇兑差额。

采用外币分账法，减少了日常的外币金额的折算工作，简化了核算手续，并能准确、及时地反映外币资金的增减变化情况，因此，这种方法适用于外币业务繁多的企业。

从我国目前的情况来看，一般企业都采用外币统账法核算外币业务，只有银行等少数金融企业由于外币收支频繁而采用外币分账法核算其外币业务。本书主要介绍外币统账法下的会计处理。

2. 一项业务观与两项业务观

对于外币交易所涉及的外币债权债务账户，在交易发生和结算时因汇率不同形成的汇兑差额，是单独予以确认，还是调整原来业务的对应账户，在会计处理上有两种方法：一项业务观和两项业务观。

1）一项业务观

一项业务观（Single - Transaction Idea）主张将外币计价的商品或劳务的购销业务，与其以后发生的外币债权债务结算业务视为同一笔业务，即将购货付款或销货收款视为一体。汇兑差额则不应予以单独确认。

这一观点认为，结算时产生的汇兑差额源于以往发生的交易业务，故应追溯调整原购销业务涉及的采购成本和销售收入等账户。

【例2-1】 国内 A 企业以人民币为记账本位币。20×9 年 4 月 5 日销售一批价款为 3 000 美元的货物。当日即期汇率为 1 美元＝6.80 元人民币，企业在确认销售时，作会计分录如下：

借：应收外汇账款（US＄3 000×6.80）　　　　　　　　　20 400
　　贷：自营出口销售收入　　　　　　　　　　　　　　　　　　　　　20 400

日后收到该项货款时，汇率上升为 6.90 元，汇兑差额采用逐笔核算法，则作会计分录如下：

借：银行存款——美元户（US＄3 000×6.90）　　　　　20 700
　　贷：应收外汇账款（US＄3 000×6.80）　　　　　　　　　　　　　20 400
　　　　自营出口销售收入　　　　　　　　　　　　　　　　　　　　　　300

可见，在一项业务观下，实际上将原来购销业务的价格看作一项估计数，等到有关应收或应付账款清算后，再根据实际收到或付出的现金对原来销售收入或采购成本进行调整，才认为这一外币业务完成。一项业务观下，手续较为麻烦；不单设账户反映汇兑差额，而是将其掩盖在其他账户之中，不能清晰地反映汇率变动对企业损益的影响，不能集中反映外币风险程度和提供对外币业务有用的决策信息。

2）两项业务观

目前，世界上大多数国家，包含我国在内，外币业务的会计处理采用的是两项业务观。

两项业务观（Two - Transaction Idea）主张将以外币计价的商品或劳务的购销业务与其以后发生的债权债务的结算业务视为两笔相对独立的经济业务，即将购货与付款、销货与收款作为两笔会计业务处理，汇兑差额予以单独确认。

这种观点认为，在交易发生时，所购商品的成本或所销商品的收入，已按当时的汇率将外币金额折合成记账本位币确定下来，与以后货款的结算业务无关。

至于在报表编制日和交易结算日由于汇率变动而发生的汇兑差额，可以当即确认，或在月末调整后确认，在"财务费用——汇兑差额"账户中单独核算，而不再调整原来的销售收入或购货成本账户。

【例2-2】　承例2-1，在两项业务观处理下，A企业销售业务在取得货款时，逐笔结转法下，作会计分录如下：

借：银行存款——美元户（US＄3 000×6.90）　　　　　20 700

贷：应收外汇账款（US＄3 000×6.80）　　　　　　　20 400

财务费用——汇兑差额　　　　　　　　　　　　　　300

一项业务观和两项业务观在外币交易业务债权债务结算的处理上是不同的。但两种方法在其他外币业务，包括在不同货币之间的直接兑换业务处理上则是相同的，即都要单独确认汇兑差额，并要计入当期损益。

由于一项业务观在汇兑差额的揭示上只反映货币直接兑换的损益，而将外币交易业务产生的汇兑差额潜在地调整其销售收入或采购成本，故称之为部分揭示法。而两项业务观则将各类外币业务发生的汇兑差额都加以反映，故又称全部揭示法。

3. 外币业务核算账户的设置

涉外企业经常发生以外币计价、核算的经济业务，这就需要设立专门的账户对其进行记录和反映。

1）外币账户

外币账户是指按外币进行计价和结算的账户。具体包括以下几个方面。

① 外币货币资金账户：库存现金——××外币现金、银行存款——××外币户。

② 外币结算的债权账户：应收外汇账款、应收外汇票据、预付外汇账款、合同资产（外币）等。

③ 外币结算的债务账户：应付外汇账款、应付外汇票据、应付职工薪酬（外币）、合同负债（外币）、短期外汇借款、长期外汇借款、长期应付外汇款等。

外币账户在进行登记时除记载实际发生的外币金额外，还应同时记载相应折算的记账本位币金额，通常采用"双三栏式"。

2）非外币账户

非外币账户是指同外币业务有关但不按外币进行计价和结算，只按记账本位币进行记账的账户。如发生进口业务的"库存商品"账户、"固定资产"账户；发生出口业务的"自营出口销售收入"账户等。涉外企业的大量账户都属于非外币账户。

3）"财务费用——汇兑差额"账户

"财务费用——汇兑差额"账户核算涉外企业外币货币性项目因汇率变动引起的记账本位币价值变动而形成的差额（收益或损失）。本账户借方反映因汇率变动而产生的汇兑损失，贷方反映因汇率变动而产生的汇兑收益。期末，应将本账户的余额转入"本年利润"账户，结转后本账户应无余额。

4. 折算汇率选择和外币业务核算程序

1）折算汇率的选择

无论是在交易日对外币交易进行初始确认时，还是在资产负债表日对外币交易余额进行处理，抑或对外币财务报表进行折算时，均涉及折算汇率的选择，外币折算准则规定了两种折算汇率，即：即期汇率和即期汇率的近似汇率。

准则中企业用于记账的即期汇率一般指当日中国人民银行公布的人民币汇率的中间价。企业发生单纯的货币兑换交易或涉及货币兑换的交易时，仅用中间价不能反映货币买卖的损益，需要使用买入价或卖出价折算。无论是买入价，还是卖出价均是立即交付的结算价格，都是即期汇率。

中国人民银行授权中国外汇交易中心每日仅公布银行间外汇市场人民币兑美元、欧元、日元、港元、英镑、澳大利亚元、新西兰元、新加坡元、瑞士法郎、加元、林吉特、卢布的中间价。企业发生的外币交易只涉及人民币与这十二种货币之间折算的，可直接采用公布的人民币汇率的中间价作为即期汇率进行折算；企业发生的外币交易涉及人民币与其他货币之间折算的，应以国家外汇管理局公布的各种货币对美元折算率采用套算的方法进行折算；企业发生的外币交易涉及人民币以外的货币之间折算的，可直接采用国家外汇管理局公布的各种货币对美元折算率进行折算。

当汇率变动不大时，为简化核算，企业在外币交易日或对外币报表的某些项目进行折算时也可以选择即期汇率的近似汇率折算。即期汇率的近似汇率是"按照系统合理的方法确定的、与交易发生日即期汇率近似的汇率"，通常是指当期平均汇率或加权平均汇率等。

以美元兑人民币的周平均汇率为例，假定美元兑人民币每天的即期汇率为：周一7.8，周二7.9，周三8.1，周四8.2，周五8.15，周平均汇率为$(7.8+7.9+8.1+8.2+8.15)\div5=8.03$。月平均汇率的计算方法与周平均汇率的计算方法相同。月加权平均汇率需要采用当月外币交易的外币金额作为权重进行计算。

无论是采用平均汇率，还是加权平均汇率，或者其他方法确定的即期汇率的近似汇率，该方法应在前后各期保持一致。如果汇率波动使得采用即期汇率的近似汇率折算不适当时，应当采用交易发生日的即期汇率折算。至于何时不适当，需要企业根据汇率变动情况及计算即期汇率的近似汇率的方法等进行判断。

企业所得以人民币以外的货币计算的，预缴企业所得税时，应当按照月度或者季度最后一日的人民币汇率中间价，折合成人民币计算应纳税所得额。年度终了汇算清缴时，对已经按照月度或者季度预缴税款的，不再重新折合计算，只就该纳税年度内未缴纳企业所得税的部分，按照纳税年度最后一日的人民币汇率中间价，折合成人民币计算应纳税所得额。

经税务机关检查确认，企业少计或者多计所得的，应当按照检查确认补税或者退税时的上一个月最后一日的人民币汇率中间价，将少计或者多计的所得折合成人民币计算应纳税所得额，再计算应补缴或者应退的税款。

2）企业外币业务的核算程序

在外币统账法、两项业务观下，外币业务的核算程序如下。

① 发生外币业务时，根据确定的外币折算汇率，将外币业务的外币金额折算为记账本位币的金额，按照折算后的记账本位币的金额登记有关记账本位币账户；在登记有关记账本位币账户的同时，还应按照外币业务的外币币种和金额登记相应的外币账户，即要对外币账

户做出双重记录。

将外币业务的外币金额折算为记账本位币金额时，应当在初始确认时采用交易日的即期汇率或即期汇率的近似汇率。所选用的折算汇率通常也要登记在外币账户中。

对于非外币账户则可直接登记所折算的记账本位币金额，当然为了全面记录经济业务的来龙去脉，实际工作中，也可对非外币账户进行双重记录。

结清某一外币账户时，集中结转法下除货币兑换业务外无汇兑差额；逐笔结转法下可能会产生汇兑差额。

② 期末（指月末、季末或年末，下同），外币账户的期末外币余额，应当按照期末即期汇率折合为记账本位币金额。按照期末即期汇率折合的记账本位币金额与原账面记账本位币金额的差额，作为汇兑差额，进行相应的账务处理。

2.2.3　交易日外币交易初始确认的账务处理

企业发生外币交易的，应当在初始确认时采用交易日的即期汇率或即期汇率的近似汇率将外币金额折算为记账本位币金额。

1. 外币购销业务的账务处理

1）进口商品业务

企业从国外或境外购进原材料、商品或引进设备时，应当按照当日的即期汇率（或即期汇率的近似汇率）将实际支付的外币或应支付的外币折算为记账本位币记账，以确定购入原材料等货物的入账价值和发生债务的入账价值，同时还应按照外币的金额登记有关外币账户，如外币银行存款账户和外币应付账款账户等。

【例 2-3】　国内甲企业的记账本位币为人民币。20×9 年 5 月 12 日，从国外乙公司购入某商品，共计 50 000 美元，当日即期汇率为 1 美元＝6.8 元人民币，货款尚未支付。假设不考虑增值税、进口关税等相关税费。甲企业应作会计分录如下：

借：商品采购　　　　　　　　　　　　　　　　　　　　　340 000

　　贷：应付外汇账款——国外乙公司（US＄50 000×6.8）　　　340 000

此项经济业务的发生，一方面使甲企业的存货增加，按照业务发生时汇率将外币金额折算为记账本位币；另一方面，甲企业的应付外汇账款增加，应付外汇账款账户为一外币账户，对外币账户应做出双重记录。

2）出口商品业务

企业对外销售商品时，应当按照当日的即期汇率（或即期汇率的近似汇率）将实际收到的外币或应收的外币折算为记账本位币记账，以确定销售收入的入账价值和发生的债权的入账价值，同时还应按照外币的金额登记有关外币账户，如外币银行存款账户和外币应收账款账户等。

【例 2-4】　国内甲企业的记账本位币为人民币。20×9 年 12 月 26 日，向国外乙公司出口商品 2 000 件，每件售价 150 美元，货款尚未收到，当日即期汇率 1 美元＝6.85 元人民币。假设不考虑增值税等相关税费。甲企业应作会计分录如下：

借：应收外汇账款——国外乙公司（US＄300 000×6.85）　　　2 055 000
　　贷：自营出口销售收入　　　　　　　　　　　　　　　　　　2 055 000

此项经济业务的发生，一方面使甲企业的自营出口销售收入增加，按照业务发生时汇率将外币金额折算为记账本位币金额；另一方面，甲企业的应收外汇账款增加，应收外汇账款账户为一外币账户，对外币账户应做出双重记录。

2. 接受外币资本投资业务的账务处理

外汇投资包括外商在中国境内投资和中国企业在境外投资。外商在中国境内投资的形式主要是兴办中外合资经营企业、中外合作经营企业、外资企业和举办中外合资、合作项目。

按照规定，企业的投资人可以现金、实物或无形资产出资或提供合作条件。现金投资是指投资人以现金和银行存款向企业投资，也即货币出资。外国投资人以现金出资或提供合作条件的，应当是外汇；但其从中国境内举办的其他外商投资企业分得的人民币利润也可作为资本出资或合作条件。

实收资本是指投资人按照合同、协议或者企业申请书的约定实际缴入的出资额，通过"实收资本"账户进行核算。按规定，企业收到以外币投入的资本，无论是否有合同约定汇率，均不得采用合同约定汇率和即期汇率的近似汇率折算，而是采用交易日即期汇率折算，这样，外币投入资本与相应的货币性项目的记账本位币金额相等，不产生外币资本折算差额。

【例2-5】 国内甲企业的记账本位币为人民币。甲企业与某外商签订投资合同，20×9年12月12日收到外商投入资本20 000美元，当日即期汇率为1美元＝6.85元人民币，合同约定的汇率为1美元＝6.9元人民币。甲企业收到出资额时根据银行收款凭证作会计分录如下：

借：银行存款——美元户（US＄20 000×6.85）　　　　　137 000
　　贷：实收资本——外方××公司　　　　　　　　　　　　137 000

2.3　汇兑差额的核算

2.3.1　汇兑差额的概述

1. 汇兑差额的含义

汇兑差额（Exchange Difference）指的是对同样数量的外币金额采用不同的汇率折算为记账本位币金额所产生的差额。例如，资产负债表日或结算日，以不同于交易日即期汇率或前一资产负债表日即期汇率的汇率折算同一外币金额产生的差额即为汇兑差额。

例如，甲公司20×8年12月1日购入商品一批，其价值为10 000美元，双方约定20×9

年 1 月 31 日付款。在商品交易日（12 月 1 日）、财务报表编制日（12 月 31 日）和货款结算日（1 月 31 日）三个时点上美元对人民币的即期汇率分别为：US$1＝¥6.80、US$1＝¥6.87、US$1＝¥6.85。该公司以人民币作为记账本位币。此项交易应付外汇账款 10 000 美元，在交易发生日折合人民币为 68 000 元，在报表编制日应折合人民币 68 700 元，由于汇率变动产生汇兑差额 700 元（损失）；在交易结算日折合人民币 68 500 元，与原记账本位币对比产生汇兑差额 200 元（收益）。

汇兑差额按经济业务是否已结算分为已实现汇兑差额和未实现交易汇兑差额。

已实现汇兑差额是指外币交易事项的发生和结算在本期内全部完成，由于外币交易发生日汇率与外币结算日汇率不同而产生的汇兑差额。上例中，甲公司本期发生外币债务 10 000 美元，业务发生日的汇率为 US$1＝¥6.80，假设在本期 12 月 23 日直接偿还了该外币债务，外币偿还日的汇率为 US$1＝¥6.81，逐笔结转法下交易日与结算日汇率不同产生的折合记账本位币的差额为：10 000×(6.81－6.80)＝100(元)，这 100 元即为已实现的汇兑差额（损失）。

未实现交易汇兑差额是指由于会计期末确认汇率变动引起的外币金额折合记账本位币的差额，如果外币交易事项在本期没有全部完成，交易发生日与财务报表编制日的汇率不同就会产生汇兑差额。上例中，甲公司该项业务的发生日和货款结算日不在同一会计期间，由于交易发生日与会计报表编制日的汇率不同，所产生的折合记账本位币的差额为：10 000×(6.87－6.80)＝700(元)，就属于未实现的汇兑差额（损失）。即外币账户内的有关项目发生额到期末尚未结算，保留在期末余额中，业务发生时采用的折算汇率和期末的折算汇率可能不一致，在期末调整时也给予一并显示，是并未实现的汇兑差额。

产生汇兑差额的主要是货币性项目：外币货币性资产在持有期间外币汇率上升时，产生汇兑收益；在外币汇率下降时，产生汇兑损失。外币货币性负债在持有期间外币汇率上升时，产生汇兑损失；在外币汇率下降时，产生汇兑收益。此外，非货币性项目也会产生汇兑差额。从财务角度讲，汇兑差额是企业最终财务成果的构成要素。

2. 汇兑差额的产生

汇兑差额发生在企业外币交易、兑换业务、期末账户调整及外币报表折算时。企业在生产经营期间发生汇兑差额的情况如下：

1）企业向银行结汇、购汇发生的汇兑差额

企业向银行结汇或购入外汇时，由于银行采用买入和卖出价计算，而企业外币账户采用会计折算汇率（中间价）核算，二者如果不一致就会产生汇兑差额。

2）不同外币兑换发生的汇兑差额

如果企业的货币兑换是不同外国货币间的兑换，应按实际兑入的外币金额和企业选用的汇率折算成记账本位币金额，按实际兑出的外币金额和企业选用的汇率折算成记账本位币金额，两者之差，产生外币兑换汇兑差额。

3）会计期末或结算日对外汇账户余额调整时产生的汇兑差额

企业平时发生的外币业务应按业务发生时即期汇率（或即期汇率的近似汇率）折算为记

账本位币金额；至期末，各外币账户原币金额必须按期末即期汇率折算为记账本位币金额，届时因汇率不同产生外币调整汇兑差额。

结算日，因收回或偿付债权债务时的汇率与外币交易日汇率不同而产生交易外币汇兑差额，并在逐笔结转法下予以计算结转。

这样，按照汇兑差额的产生来源，正常经营期间内发生的一般外币业务汇兑差额可分为：交易汇兑差额（发生以外币计价的购销业务时，由于收回或偿付债权债务而产生的汇兑差额）、兑换汇兑差额（外币之间或外币与记账本位币兑换时产生的汇兑差额）、调整汇兑差额（期末将外币账户的余额按期末市场汇率进行调整时而产生的汇兑差额）。其中，"兑换汇兑差额""交易汇兑差额"是已实现汇兑差额；"调整汇兑差额"属于未实现交易汇兑差额。

2.3.2　汇兑差额的确认观点与结转方法

1. 汇兑差额的确认

对于汇兑差额的确认，主要有以下两种观点。

1）实际实现观点

实际实现观点（Cash Basis Opinion）认为，汇兑差额应以实际实现数为准，即对已发生的汇兑差额确认入账；而对尚未使用的外币货币资金和尚未结算的债权债务，不应确认汇兑差额，这样可以同汇兑差额的真正含义相吻合。但是按照这种观点，不利于外汇风险的充分体现和及时防范。

2）应列计观点

应列计观点（Accrual Basis Opinion）认为，不论是实际实现的汇兑差额，还是因为汇率波动引起的尚未实现的汇兑差额，最终都与汇率波动有关，只要有汇率波动，就会产生汇兑差额，都应在会计核算中及时反映。这样，不仅符合权责发生制会计核算基础和客观性会计信息质量的要求，而且也可及时、充分地反映外汇风险，满足会计信息使用者的需要。我国会计核算采用应列计观点确认汇兑差额。

2. 汇兑差额的结转方法

在外币统账法、两项业务观下，外币业务按汇兑差额计算和结转的时间不同，可以分为逐笔结转法和集中结转法两种。

1）逐笔结转法

逐笔结转法（Decentralization Method of Carrying over）是指企业外币业务每结算一次或收付一次，就计算并结转一次汇兑差额的方法。即每次有汇兑差额发生，都予以结转入账。

采用逐笔结转法，交易发生日，外币账户增加按记账汇率（即期汇率或即期汇率的近似汇率）折算入账；外币账户减少，按原账面汇率核销相关外币账户的原账面金额。记账汇率如与原账面汇率不同，就立即计算并结转该笔业务的汇兑差额。至期末，再将所有的外币账户的期末原币金额按当日公布的市场汇率的中间价（即期汇率）折算的余额作为该外币账户的记账本位币余额。该余额与外币账户原记账本位币余额之间的差额作为"财务费用——汇兑差额"予以转销。对外币存款的账面汇率，可以采用先进先出法，也可以采用加权平均法计算。对逐项收回和偿付的债权债务可按计算的平均汇率或具体辨认法等计算。

这样，逐笔结转法下，一笔外币业务所涉及两个或两个以上外币账户，如果有增有减，外币账户增加按记账汇率记账，外币账户减少则按账面汇率记账，就会产生汇兑差额；一笔外币业务引起两个或两个以上外币账户同时减少，若外币账户的账面汇率不同，也会产生汇兑差额。

逐笔结转法能够分别反映各笔外币业务发生的汇兑差额和期末因汇率变动而发生的汇兑差额；但核算的工作量较大。这种方法适用于外币业务不多，但每笔业务交易金额较大的企业。不同货币兑换即采用此方法。

【例 2－6】　国内某进出口公司的记账本位币为人民币。20×9 年 9 月 5 日出口商品形成应收外汇账款 2 000 000 美元，当日即期汇率 6.8，9 月 20 日收到其中 1 000 000 美元，当日美元即期汇率 6.9。9 月 30 日美元即期汇率 7.0。采用逐笔结转法核算汇兑差额。

9 月 5 日出口商品，作会计分录如下：

借：应收外汇账款（US＄2 000 000×6.8）　　　　　　　　13 600 000
　　贷：自营出口销售收入　　　　　　　　　　　　　　　　　　13 600 000

9 月 20 日收到部分货款，作会计分录如下：

借：银行存款——美元户（US＄1 000 000×6.9）　　　　　　6 900 000
　　贷：应收外汇账款（US＄1 000 000×6.8）　　　　　　　　　6 800 000
　　　　财务费用——汇兑差额　　　　　　　　　　　　　　　　100 000

9 月 30 日，"应收外汇账款"人民币余额为：13 600 000－6 800 000＝6 800 000 元；"应收外汇账款"原币余额 US＄1 000 000，按当日美元即期汇率 7.0 折算成人民币为 7 000 000 元；产生汇兑差额：7 000 000－6 800 000＝200 000 元，本月共产生汇兑差额：100 000＋200 000＝300 000 元。作会计分录如下：

借：应收外汇账款　　　　　　　　　　　　　　　　　　　200 000
　　贷：财务费用——汇兑差额　　　　　　　　　　　　　　　　200 000

2）集中结转法

集中结转法（Centralization Method of Carrying over）是指企业发生外币业务时，按选择的折算汇率将外币金额折算为记账本位币金额，将汇兑差额集中在期末结转的方法。

采用集中结转法，交易发生日的外币业务，相关的外币账户均按记账汇率（即期汇率或即期汇率的近似汇率）折算入账，不注销原账户的账面汇率，除外币兑换业务外，平时不计算结转汇兑差额。至期末，再将所有的外币账户的期末原币金额按当日公布的市场汇率的中间价（即期汇率）计算的金额作为该外币账户的记账本位币余额，该余额与外币账户原记账本位币余额之间的差额作为"财务费用——汇兑差额"，予以集中一次转销。

集中结转法下，由于一笔外币业务的借贷双方都采用相同的汇率折合为记账本位币，因此不论汇率是否发生变动，在记账的同时，除不同货币兑换业务外，一般不会产生汇兑差额。

集中结转法能够集中一次结转汇兑差额，简化了核算工作，但平时不能反映各笔外币业务的汇兑差额。这种方法适用于外汇业务较多，但每笔业务交易金额不大的企业。

【例2-7】 承例2-6，采用集中结转法核算汇兑差额。

9月5日出口商品，作会计分录如下：

借：应收外汇账款（US＄2 000 000×6.8）　　　　　　　　　13 600 000
　　贷：自营出口销售收入　　　　　　　　　　　　　　　　　　13 600 000

9月20日收到部分货款，企业直接保留现汇，作会计分录如下：

借：银行存款——美元户（US＄1 000 000×6.9）　　　　　　　6 900 000
　　贷：应收外汇账款（US＄1 000 000×6.9）　　　　　　　　　6 900 000

9月30日，"应收外汇账款"人民币余额为：13 600 000－6 900 000＝6 700 000元；"应收外汇账款"原币余额US＄1 000 000，按当日美元即期汇率7.0折算成人民币为7 000 000元；月末产生汇兑差额：7 000 000－6 700 000＝300 000元。作会计分录如下：

借：应收外汇账款　　　　　　　　　　　　　　　　　　　　300 000
　　贷：财务费用——汇兑差额　　　　　　　　　　　　　　　　300 000

无论采用集中结转法还是采用逐笔结转法，平时，企业都可以选用即期汇率或即期汇率的近似汇率作为记账汇率，期末，选用即期汇率作为记账汇率。无论采用逐笔结转法还是集中结转法计算汇兑差额，最终结果是相同的，只是集中结转法下平时除货币兑换业务外不必逐笔计算结转汇兑差额，较为简单。

2.3.3　汇兑差额的账务处理

① 外币专门借款汇兑差额。借款费用准则规定，在资本化期间内，外币专门借款本金及其利息的汇兑差额，应当予以资本化，计入符合资本化条件的资产的成本，记入"在建工程""制造费用"等账户。而除外币专门借款之外的其他外币借款本金及其利息所产生的汇兑差额应当记入"财务费用——汇兑差额"账户。

② 企业经营期间外币货币性项目业务，因汇率波动而产生的汇兑差额；银行结售汇或者不同币种之间兑换而产生的汇兑差额，应记入"财务费用——汇兑差额"账户。

③ 企业在筹建期间内，发生的不计入固定资产价值的外币借款汇兑差额，记入"管理费用"账户。

④ 企业在清算期间发生的汇兑差额，记入"清算损益"账户。

此外，对于外币非货币性项目的期末外币调整差额，则另有规定。

2.3.4　会计期末或结算日对外币交易余额的会计处理

企业在资产负债表日，应当分别外币货币性项目和外币非货币性项目进行处理。

1. 外币货币性项目的处理

货币性项目（Monetary Items），是指企业持有的货币和将以固定或可确定金额的货币收取的资产或者偿付的负债。货币性项目分为货币性资产和货币性负债。货币性资产包括库存现金、银行存款、应收账款、应收票据、其他应收款、长期应收款，以及准备持有至到期的债券投资等；货币性负债包括应付账款、其他应付款、短期借款、长期借款、应付债券、长期应付款等。

资产负债表日或结算日，因汇率波动而产生的予以确认的汇兑差额作为财务费用处理，同时调增或调减外币货币性项目的原记账本位币金额。

【例 2-8】 国内甲公司的记账本位币为人民币。20×8 年 12 月 4 日，向国外乙公司出口商品一批，货款共计 80 000 美元，货款尚未收到，当日即期汇率为 1 美元＝6.8 元人民币。假定 20×8 年 12 月 31 日的即期汇率为 1 美元＝6.9 元人民币（假定不考虑增值税等相关税费），则：

对该笔交易产生的外币货币性项目"应收外汇账款"采用 20×8 年 12 月 31 日的即期汇率 1 美元＝6.9 元人民币折算为记账本位币为 552 000 元人民币（US＄80 000×6.9），与其交易日折算为记账本位币的金额 544 000 元人民币（US＄80 000×6.8）的差额为 8 000 元人民币，应当计入当期损益，同时调整货币性项目的原记账本位币金额。作会计分录如下：

借：应收外汇账款——国外乙公司 8 000

　　贷：财务费用——汇兑差额 8 000

假定 20×9 年 1 月 31 日收到上述货款（即结算日），当日的即期汇率为 1 美元＝6.85 元人民币，甲公司实际收到的货款 80 000 美元折算为人民币为 548 000（US＄80 000×6.85）元人民币，与当日应收外汇账款中该笔货币资金的原账面金额 552 000 元人民币的差额为 -4 000 元人民币。逐笔结转法下，甲公司作会计分录如下：

借：银行存款——美元户（US＄80 000×6.85） 548 000

　　财务费用——汇兑差额 4 000

　　贷：应收外汇账款——国外乙公司（US＄80 000×6.9） 552 000

【例 2-9】 国内 A 公司的记账本位币为人民币。20×9 年 8 月 24 日，向国外 B 供货商购入商品一批，商品已经验收入库。根据双方供货合同，货款共计 100 000 美元，货到后 10 日内 A 公司付清所有货款。当日即期汇率为 1 美元＝6.8 元人民币。假定 20×9 年 8 月 31 日的即期汇率为 1 美元＝6.9 元人民币（假定不考虑增值税等相关税费），则：

对该笔交易产生的外币货币性项目"应付外汇账款"采用 8 月 31 日即期汇率 1 美元＝6.9 元人民币折算为记账本位币为 690 000 元人民币（US＄100 000×6.9），与其交易日折算为记账本位币的金额 680 000 元人民币（US＄100 000×6.8）的差额为 10 000 元人民币，应计入当期损益，作会计分录如下：

借：财务费用——汇兑差额 10 000

　　贷：应付外汇账款 10 000

9月3日，A公司根据供货合同以自有美元存款付清所有货款（即结算日）。假设银行存款美元户的账面汇率为1美元＝6.85元人民币。逐笔结转法下，A公司作会计分录如下：

借：应付外汇账款（US$100 000×6.9） 690 000
　　贷：银行存款——美元户（US$100 000×6.85） 685 000
　　　　财务费用——汇兑差额 5 000

2. 外币非货币性项目的处理

非货币性项目（Non - Monetary Items）是货币性项目以外的项目，如：存货、长期股权投资、交易性金融资产（股票、基金）、固定资产、无形资产等。

1）以历史成本计量的外币非货币性项目的处理

对于以历史成本计量的外币非货币性项目，已在交易发生日按当日即期汇率折算，资产负债表日不应改变其原记账本位币金额，不产生汇兑差额。

【例2-10】　国内B企业的记账本位币是人民币。20×9年8月15日，进口一台机器设备，设备价款500 000美元，尚未支付，当日的即期汇率为1美元＝6.8元人民币。20×9年8月31日的即期汇率为1美元＝6.9元人民币。假定不考虑其他相关税费，该项设备属于企业的固定资产，在购入时已按当日即期汇率折算为人民币3 400 000（US$500 000×6.8）元。由于"固定资产"属于非货币性项目，因此，20×9年8月31日，不需要按当日即期汇率进行调整。

2）计提外币存货跌价准备项目的处理

由于存货在资产负债表日采用成本与可变现净值孰低计量，因此，在以外币购入存货并且该存货在资产负债表日的可变现净值以外币反映的情况下，在计提存货跌价准备时应当考虑汇率变动的影响。

【例2-11】　国内乙公司以人民币为记账本位币。20×9年11月20日以每台2 000美元的价格从美国某供货商手中购入国际最新型号H商品10台，并于当日支付了相应货款（假定乙公司有美元存款）。20×9年12月31日，已售出H商品2台，国内市场仍无H商品供应，但H商品在国际市场的价格已降至每台1 950美元。

11月20日的即期汇率是1美元＝6.8元人民币，12月31日的即期汇率是1美元＝6.9元人民币。假定不考虑增值税等相关税费。

11月20日，购入H商品，汇兑差额采用集中核算法，作会计分录如下：

借：库存商品——H 136 000
　　贷：银行存款——美元户（US$2 000×10×6.8） 136 000

12月31日，由于库存8台H商品市场价格下跌，表明其可变现净值低于成本，应计提存货跌价准备，作会计分录如下：

借：资产减值损失 1 160
　　贷：存货跌价准备 1 160
　　　　US$2 000×8×6.8－US$1 950×8×6.9＝1 160（元）

本例中，期末，在计算库存商品——H 商品的可变现净值时，在国内没有相应产品的价格，因此，只能依据 H 商品的国际市场价格为基础确定其可变现净值，但需要考虑汇率变动的影响，期末，以国际市场价格为基础确定的可变现净值应按照期末汇率折算，再与库存 H 商品的记账本位币成本相比较，确定其应提的跌价准备。

3）以公允价值计量的股票、基金等外币非货币性项目的处理

对于以公允价值计量的股票、基金等非货币性项目，如果期末的公允价值以外币反映，则应当先将该外币金额按照公允价值确定当日的即期汇率折算为记账本位币金额，再与原记账本位币金额进行比较，其差额作为公允价值变动损益，计入当期损益。如属于其他债权投资、其他权益工具投资外币非货币性项目的，形成的汇兑差额，记入"其他综合收益""盈余公积""利润分配——未分配利润"账户。

【例 2 - 12】　国内甲公司的记账本位币为人民币。20×8 年 12 月 5 日以每股 1.5 美元的价格购入乙公司 B 股 10 000 股作为交易性金融资产，当日即期汇率为 1 美元＝6.8 元人民币，款项已付。20×8 年 12 月 31 日，由于市价变动，当月购入的乙公司 B 股的市价变为每股 2 美元，当日即期汇率为 1 美元＝6.6 元人民币。假定不考虑相关税费的影响。

20×8 年 12 月 5 日，该公司对上述交易应作会计分录如下：

借：交易性金融资产　　　　　　　　　　　　　　　　　　　102 000
　　贷：银行存款——美元户（US＄10 000×1.5×6.8）　　　　　102 000

按规定，交易性金融资产以公允价值计量。由于该项交易性金融资产是以外币计价，在资产负债表日，不仅应考虑美元市价的变动，还应一并考虑美元与人民币之间汇率变动的影响，上述交易性金融资产在资产负债表日的人民币金额为 132 000（即 US＄2×10 000×6.6）元，与原账面价值 102 000 元（即 US＄1.5×10 000×6.8）的差额为 30 000 元人民币，应记入"公允价值变动损益"账户。作会计分录如下：

借：交易性金融资产　　　　　　　　　　　　　　　　　　　30 000
　　贷：公允价值变动损益　　　　　　　　　　　　　　　　　30 000

30 000 元人民币既包含甲公司所购乙公司 B 股股票公允价值变动的影响，又包含人民币与美元之间汇率变动的影响。

20×9 年 2 月 27 日，甲公司将所购乙公司 B 股股票按当日市价每股 2.2 美元全部售出（即结算日），所得价款为 22 000 美元，按当日汇率为 1 美元＝6.4 元人民币折算为人民币金额为 140 800 元，与其原账面价值人民币金额 132 000 元的差额为 8 800 元人民币，对于汇率的变动和股票市价的变动不进行区分，均作为投资收益进行处理。因此，售出当日，甲公司作会计分录如下：

借：银行存款——美元户（US＄22 000×6.4）　　　　　　　140 800
　　贷：交易性金融资产　　　　　　　　　　　　　　　　　　132 000
　　　　投资收益　　　　　　　　　　　　　　　　　　　　　8 800
借：公允价值变动损益　　　　　　　　　　　　　　　　　　30 000
　　贷：投资收益　　　　　　　　　　　　　　　　　　　　　30 000

3. 外币兑换业务的处理

外币兑换业务是指企业从银行等金融机构购入外币或向银行等金融机构卖出外币。企业发生的外币兑换业务，应当以交易实际采用的汇率，即银行买入价或卖出价折算。由于汇率变动产生的折算差额计入当期损益。

企业卖出外币（即银行买入外币）时，一方面将实际收入的人民币的数额（即按照银行买入价计算的人民币数额）登记入账；另一方面按照企业选择的折算汇率将卖出的外币折算为人民币并登记入账，同时按照卖出的外币金额登记相应的外币账户。实际收入人民币数额与付出的外币按照折算汇率折算为人民币数额之间的差额，则作为当期汇兑差额处理。

【例 2 - 13】 国内某企业以人民币作为记账本位币。该企业 20×9 年 12 月 1 日由银行存款美元户中支出 60 000 美元兑换为人民币，实际收到人民币 411 000 元，当日的银行美元买入价为 1 美元＝6.85 元人民币，按当日的即期汇率（中间价）为 1 美元＝6.9 元人民币折算外币美元户。汇兑差额采用集中结转法核算。

此时，该企业应在银行存款美元账户记录美元的减少，同时按照企业选用的即期汇率（中间价 6.9）将售出的美元折算为人民币，在银行存款美元账户中同时记录外币和人民币的减少；按照实际收到的人民币金额，在银行存款人民币账户记录人民币的增加；两者的差额作为当期的汇兑差额处理。该企业作会计分录如下：

借：银行存款——人民币户（US＄60 000×6.85）　　　　　411 000
　　财务费用——汇兑差额　　　　　　　　　　　　　　　3 000
　　贷：银行存款——美元户（US＄60 000×6.9）　　　　　　　414 000

企业买入外币（即银行卖出外币）时，一方面将实际付出的人民币的数额（即按照银行卖出价计算的人民币的数额）登记入账；另一方面按照买入外币当日企业记账用的即期汇率将买入的外币折算为人民币并登记入账，同时按照买入的外币金额登记相应的外币账户。实际付出的人民币的数额与收入的外币按照折算汇率折算为人民币数额之间的差额，则作为当期汇兑差额处理。

【例 2 - 14】 国内某企业以人民币作为记账本位币。20×9 年 12 月 10 日，因外汇支付需要，由银行存款户中支出人民币，兑换 30 000 美元，当日银行美元卖出价为 1 美元＝6.95 元人民币，当日的即期汇率（中间价）为 1 美元＝6.9 元人民币。

此时，该企业应记录银行存款人民币的减少，同时记录美元的增加。在对美元存款账户作增加记录的同时，按照当日的即期汇率（中间价 6.9）折算为人民币金额。银行存款美元户所折算的人民币金额和人民币户的人民币金额之间的差额作为汇兑差额处理。该企业作会计分录如下：

借：银行存款——美元户（US＄30 000×6.9）　　　　　　207 000
　　财务费用——汇兑差额　　　　　　　　　　　　　　　1 500
　　贷：银行存款——人民币户（US＄30 000×6.95）　　　　　208 500

发生的外币交易涉及人民币以外的货币之间折算的，按开户银行卖出价计算换出外币的人民币价值，再将换得人民币按开户银行买入价计算换入外币的价值，但登记外币账户时均按选用的折算汇率（中间价）入账，差额计入汇兑差额。

【例 2-15】 国内某企业以人民币为记账本位币。该企业将 10 万港元兑换日元，开户银行港元买入价 1.02，日元卖出价 0.065，中国人民银行当日即期汇率（中间价）：港元1.04，日元 0.063。汇兑差额采用集中结转法核算。

① 10 万港元换得人民币：HK＄100 000×1.02＝¥102 000

换得人民币换入日元：¥102 000÷0.065＝J¥1 569 230.77

即 10 万港元可兑换 1 569 230.77 日元。

上式也可以：HK＄100 000×1.02÷0.065＝J¥1 569 230.77

② 按即期汇率计算：10 万港元折算人民币：HK＄100 000×1.04＝¥104 000

1 569 230.77 日元折算人民币：J¥1 569 230.77×0.063＝¥98 861.54

该企业根据银行的兑换结果，作会计分录如下：

借：银行存款——日元户（J¥1 569 230.77×0.063）　　　98 861.54

　　财务费用——汇兑差额　　　　　　　　　　　　　　5 138.46

　　贷：银行存款——港元户（HK＄100 000×1.04）　　　　　104 000

2.3.5　汇兑差额结转综合举例

在外币统账法、两项业务观、按照应列计观点确认汇兑差额的情况下，外币业务按汇兑差额计算和结转的时间不同，可以分为逐笔结转法和集中结转法两种。在记账汇率的选择上，由于企业可以选用业务发生时的即期汇率作为折算汇率记账，也可以考虑选用即期汇率的近似汇率作为折算汇率。这样便产生了四种外汇业务的账务处理方法：外币账户按即期汇率折算下的逐笔结转法；外币账户按即期汇率的近似汇率折算下的逐笔结转法；外币账户按即期汇率折算下的集中结转法；外币账户按即期汇率的近似汇率折算下的集中结转法。

【例 2-16】 资料：20×9 年 9 月 1 日，ABC 电器进出口公司外币账户期初余额如表 2-1 所示。

表 2-1　外币账户期初余额表

项　　目	外币账户金额/美元	汇　　率	记账本位币/人民元
银行存款——美元户	56 000	6.28	351 680
应收外汇账款——长虹公司	42 000	6.28	263 760
应付外汇账款——格利公司	36 000	6.28	226 080

9 月份接着发生下列有关的经济业务：

（1）2 日，支付上月所欠格利公司外汇账款 36 000 美元，当日美元即期汇率为 6.29 元。

（2）4 日，销货给美亚公司电器一批，发票金额为 68 000 美元，当日美元即期汇率为6.29 元，款项尚未收到，已办妥交单手续。

（3）7 日，向海力公司进口电器（存货）一批，发票金额为 50 000 美元，款项尚未支付，当日美元即期汇率为 6.29 元。

（4）9 日，向银行购汇 30 000 美元，以备支付前欠海力公司货款，当日美元卖出价 6.4 元，当日美元即期汇率中间价为 6.30 元。

（5）10 日，支付前欠海力公司货款 50 000 美元，当日美元即期汇率为 6.28 元。

（6）12 日，银行收妥上月长虹公司所欠款项 42 000 美元，送来收汇通知，当日美元即期汇率为 6.28 元。

（7）16 日，银行收妥美亚公司款项 68 000 美元，送来收汇通知，当日美元即期汇率为 6.28 元。

（8）20 日，将 10 000 美元向银行办理结汇手续，当日美元买入价为 6.27 元，美元即期汇率中间价 6.37 元。

（9）23 日，销售给长虹公司电器一批，发票金额为 62 000 美元，当日美元即期汇率为 6.28 元，款项尚未收到，已办妥交单手续。

（10）27 日，向吉瑞公司购进电器（存货）一批，发票金额为 47 500 美元，款项尚未支付，当日美元即期汇率为 6.28 元。

（11）30 日，美元市场即期汇率为 6.27 元，调整各外币账户的期末余额。

1. 逐笔结转法下的账务处理

ABC 公司外币账户按当日即期汇率折算，银行存款美元户账面汇率的计算采用先进先出法，债权债务类账户账面汇率的计算采用具体辨认法，用逐笔结转法编制会计分录如下：

（1）借：应付外汇账款——格利公司（US $ 36 000×6.28）　　　226 080
　　　　贷：银行存款——美元户（US $ 36 000×6.28）　　　　　226 080

（2）借：应收外汇账款——美亚公司（US $ 68 000×6.29）　　　427 720
　　　　贷：自营出口销售收入　　　　　　　　　　　　　　　　427 720

（3）借：商品采购——海力公司　　　　　　　　　　　　　　　314 500
　　　　贷：应付外汇账款——海力公司（US $ 50 000×6.29）　　314 500

（4）借：银行存款——美元户（US $ 30 000×6.30）　　　　　　189 000
　　　　　财务费用——汇兑差额　　　　　　　　　　　　　　　　3 000
　　　　贷：银行存款——人民币户（US $ 30 000×6.40）　　　　192 000

（5）借：应付外汇账款——海力公司（US $ 50 000×6.29）　　　314 500
　　　　　财务费用——汇兑差额　　　　　　　　　　　　　　　　　100
　　　　贷：银行存款——美元户　　　　　　　　　　　　　　　314 600
　　　　314 600＝[US $（56 000－36 000）×6.28＋US $ 30 000×6.30]

（6）借：银行存款——美元户（US $ 42 000×6.28）　　　　　　263 760
　　　　贷：应收外汇账款——长虹公司（US $ 42 000×6.28）　　263 760

（7）借：银行存款——美元户（US $ 68 000×6.28）　　　　　　427 040
　　　　　财务费用——汇兑差额　　　　　　　　　　　　　　　　　680
　　　　贷：应收外汇账款——美亚公司（US $ 68 000×6.29）　　427 720

（8）借：银行存款——人民币户（US＄10 000×6.27）　　62 700

　　　　财务费用——汇兑差额　　　　　　　　　　　　　100

　　　　贷：银行存款——美元户（US＄10 000×6.28）　　　　　62 800

（9）借：应收外汇账款——长虹公司（US＄62 000×6.28）　389 360

　　　　贷：自营出口销售收入　　　　　　　　　　　　　　　389 360

（10）借：商品采购——吉瑞公司　　　　　　　　　　　　298 300

　　　　贷：应付外汇账款——吉瑞公司（US＄47 500×6.28）　　298 300

（11）30 日调整美元项下各外币账户余额

银行存款——美元户

期初余额 ＄56 000	6.28	351 680		（1）＄36 000	6.28	226 080	
（4）＄30 000	6.30	189 000		（5）＄50 000		314 600	
（6）＄42 000	6.28	263 760		（8）＄10 000	6.28	62 800	
（7）＄68 000	6.28	427 040					
期末余额 ＄100 000		628 000					

汇兑差额＝US＄100 000×6.27－628 000＝－1 000(元)（损失）

应收外汇账款

期初余额 ＄42 000	6.28	263 760		（6）＄42 000	6.28	263 760
（2）＄68 000	6.29	427 720		（7）＄68 000	6.29	427 720
（9）＄62 000	6.28	389 360				
期末余额 ＄62 000		389 360				

汇兑差额＝US＄62 000×6.27－389 360＝－620(元)（损失）

应付外汇账款

（1）＄36 000	6.28	226 080		期初余额 ＄36 000	6.28	226 080
（5）＄50 000	6.29	314 500		（3）＄50 000	6.29	314 500
				（10）＄47 500	6.28	298 300
				期末余额 ＄47 500		298 300

汇兑差额＝US＄47 500×6.27－298 300＝－475(元)（收益）

根据上列各账户结出的汇兑差额，作调整分录如下：

借：应付外汇账款　　　　　　　　　　　　　　　　　　475

　　财务费用——汇兑差额　　　　　　　　　　　　　　1 145

　　贷：银行存款——美元户　　　　　　　　　　　　　　　1 000

　　　　应收外汇账款　　　　　　　　　　　　　　　　　　620

ABC公司以当日即期汇率为记账汇率，逐笔结转法下，本月共发生汇兑差额：1 145（期末调整差）＋3 000（兑换差）＋100（交易差）＋680（交易差）＋100（兑换差）＝5 025（元）。

2. 集中结转法下的账务处理

ABC公司外币账户按当日即期汇率折算，用集中结转法编制会计分录如下：

（1）借：应付外汇账款——格利公司（US＄36 000×6.29）　　226 440
　　　　贷：银行存款——美元户（US＄36 000×6.29）　　　　226 440

（2）借：应收外汇账款——美亚公司（US＄68 000×6.29）　　427 720
　　　　贷：自营出口销售收入　　　　　　　　　　　　　　427 720

（3）借：商品采购——海力公司　　　　　　　　　　　　　314 500
　　　　贷：应付外汇账款——海力公司（US＄50 000×6.29）　314 500

（4）借：银行存款——美元户（US＄30 000×6.30）　　189 000
　　　　财务费用——汇兑差额　　　　　　　　　　　　　3 000
　　　　贷：银行存款——人民币户（US＄30 000×6.40）　　192 000

（5）借：应付外汇账款——海力公司（US＄50 000×6.28）　　314 000
　　　　贷：银行存款——美元户（US＄50 000×6.28）　　　　314 000

（6）借：银行存款——美元户（US＄42 000×6.28）　　263 760
　　　　贷：应收外汇账款——长虹公司（US＄42 000×6.28）　263 760

（7）借：银行存款——美元户（US＄68 000×6.28）　　427 040
　　　　贷：应收外汇账款——美亚公司（US＄68 000×6.28）　427 040

（8）借：银行存款——人民币户（US＄10 000×6.27）　　62 700
　　　　财务费用——汇兑差额　　　　　　　　　　　　　1 000
　　　　贷：银行存款——美元户（US＄10 000×6.37）　　　63 700

（9）借：应收外汇账款——长虹公司（US＄62 000×6.28）　　389 360
　　　　贷：自营出口销售收入　　　　　　　　　　　　　389 360

（10）借：商品采购——吉瑞公司　　　　　　　　　　　　298 300
　　　　贷：应付外汇账款——吉瑞公司（US＄47 500×6.28）　298 300

（11）30日调整美元项下各外币账户余额

银行存款——美元户

期初余额 ＄56 000	6.28	351 680	（1）＄36 000	6.29	226 440
（4）＄30 000	6.30	189 000	（5）＄50 000	6.28	314 000
（6）＄42 000	6.28	263 760	（8）＄10 000	6.37	63 700
（7）＄68 000	6.28	427 040			
期末余额 ＄100 000		627 340			

汇兑差额＝US＄100 000×6.27－627 340＝－340（元）（损失）

应收外汇账款

期初余额 $42 000	6.28	263 760	(6) $42 000	6.28	263 760
(2) $68 000	6.29	427 720	(7) $68 000	6.28	427 040
(9) $62 000	6.28	389 360			
期末余额 $62 000		390 040			

汇兑差额＝US$62 000×6.27－390 040＝－1 300(元)（损失）

应付外汇账款

(1) $36 000	6.29	226 440	期初余额 $36 000	6.28	226 080
(5) $50 000	6.28	314 000	(3) $50 000	6.29	314 500
			(10) $47 500	6.28	298 300
			期末余额 $47 500		298 440

汇兑差额＝US$47 500×6.27－298 440＝－615(元)（收益）

根据上列各账户结出的汇兑差额，作调整分录如下：

借：应付外汇账款　　　　　　　　　　　　　　　　　　　615
　　财务费用——汇兑差额　　　　　　　　　　　　　　　1 025
　　贷：银行存款——美元户　　　　　　　　　　　　　　　　340
　　　　应收外汇账款　　　　　　　　　　　　　　　　　　　1 300

ABC 公司以当日即期汇率为记账汇率，集中结转法下，本月共发生汇兑差额：1 025(期末调整差)＋3 000(兑换差)＋1 000(兑换差)＝5 025(元)，与逐笔结转法相同。

2.4　涉外业务融资的核算

2.4.1　外汇借款的概述

1. 外汇借款的种类

企业借入外币资金，基本都用于支付境外出口商，同时相应地从境外取得技术、设备和原材料。

外汇借款的种类主要包括外汇现汇贷款、外汇转贷款、外汇质押贷款、外汇打包放款和备用信用证担保贷款等。贷款的主要币种有美元、欧元、日元、港元、英镑。在各类外汇借款中外汇现汇贷款占有很大的比重，它是涉外企业在开展进出口业务中普遍选择的融资方式之一。现汇贷款用途广泛，可用于向任何国家或地区采购设备和材料。

一般来说，外汇现汇贷款既可以满足企业流动资金方面的需求，也可以满足企业固定资产投资的需求，贷款种类既包括短期贷款，也包括中长期贷款。

2. 外汇借款的条件

外汇现汇贷款只对企业发放，凡是具有企业法人资格的经济实体，在中国银行开立账户，具有偿还贷款能力的均可以申请现汇贷款。申请贷款的主要条件是：

① 借款人应当是经工商行政管理机关（或主管机关）核准登记的企（事）业法人、其他经济组织、个体工商户等，拥有工商行政管理部门颁发的"企业法人营业执照"。

② 借款用途必须正当合理，具有经济效益。

③ 借款人应有相应的外汇资金来源，如借款人没有外汇收入，则应有外汇管理部门同意购汇还贷的证明文件。

④ 符合银行其他有关贷款规定的要求。

3. 外汇借款的使用范围

涉外企业得到的外汇贷款一般用于在进出口贸易中的对国外支付，不允许在境内结汇成人民币使用。使用范围具体主要有：

① 原辅材料、包装物料。

② 引进或进口国外技术、设备、零部件。

③ 支付外币运费、保险费和佣金。

④ 其他经外汇局和银行同意的用途。

外汇借款的清偿根据"借外汇，用外汇，还外汇"的原则，贷款的发放和收回要求币种一致，外汇贷款的偿还可以用借款人的自有外汇归还外汇贷款本息，借款人如没有外汇，或自有外汇不足的，可以购汇还贷。

因此，外汇清偿的来源主要有：

① 出口收汇归还贷款。这是涉外企业主要的还贷方式，即出口的外汇销售收入到账后不予结汇，直接归还银行的外汇借款。

② 借款到期外汇短缺，可以用人民币向银行买汇归还贷款。

③ 偿债基金方式，即企业按照外债余额的一定比例建立基金，将出口收入直接存入偿债现汇专户，专门用于归还外汇借款。

由于外币借款业务所涉及的账户均为外币账户，都要做出双重记录进行反映。

2.4.2 短期外汇贷款的核算

1. 现汇短期贷款的核算

企业借入的外汇资金，按偿还期限长短可分为长期外汇借款和短期外汇借款两种。短期外汇借款是指企业借入的期限在一年以下的外汇借款，可通过"短期借款"账户核算，或增设"短期外汇借款"账户进行核算。

【例 2-17】 国内甲企业选定的记账本位币是人民币。20×9 年 7 月 1 日甲企业从中国工商银行借入 12 000 欧元，期限为 6 个月，年利率为 6%，当日的即期汇率为 1 欧元=9.9

元人民币。借入的欧元存入银行。作会计分录如下：

　　借：银行存款——欧元户（€12 000×9.9）　　　　　　　　　118 800
　　　　贷：短期外汇借款——欧元户（€12 000×9.9）　　　　　　　　118 800

　　20×9年12月31日，该项短期借款到期，偿还本息12 360欧元，当日即期汇率为1欧元＝10.0元人民币。汇兑差额采用逐笔结转法，银行存款欧元户账面汇率的计算采用先进先出法，账面汇率为1欧元＝10.0元人民币。作会计分录如下：

　　借：短期外汇借款——欧元户（€12 000×9.9）　　　　　　　118 800
　　　　财务费用——利息支出（€360×10.0）　　　　　　　　　　3 600
　　　　　　　　——汇兑差额　　　　　　　　　　　　　　　　　1 200
　　　　贷：银行存款——欧元户（€12 360×10.0）　　　　　　　123 600

　　2. 其他短期外汇贷款的核算

　　1）打包贷款的核算

　　打包贷款是依据出口方提供的境外信用证正本、国内销售合同等逐笔审批贷款，签订贷款合同。贷款期限以预计信用证收汇期限为基础，另加合理工作日，利率一般以LIBOR为基础来确定，计息期从放款日起至出运交单日扣还为止，最长不超过6个月。打包贷款一般通过"短期外汇借款"账户核算。

　　【例2-18】 国内甲企业选定的记账本位币是人民币。20×9年1月1日，甲企业将在出口货物前收到的进口方开来的信用证（金额80 000美元）向银行办理打包贷款，银行审核后同意按信用证的80％发放贷款，并扣手续费400美元，贷款存入银行。当日汇率为1美元＝6.0元人民币，作会计分录如下：

　　借：银行存款——美元户[（US$80 000×80％－US$400）×6.0]　381 600
　　　　财务费用——手续费　　　　　　　　　　　　　　　　　　2 400
　　　　贷：短期外汇借款——打包贷款（US$80 000×80％×6.0）　　384 000

　　偿还打包贷款时，借记"短期外汇借款""财务费用——利息支出"账户，贷记"银行存款"账户，差额记入"财务费用——汇兑差额"账户。

　　2）出口押汇的核算

　　出口押汇是指出口商以出口货运单据作为抵押，向出口地银行申请融通资金，因期限较短，一般通过"短期外汇借款"账户核算。

　　【例2-19】 国内甲企业选定的记账本位币是人民币。20×9年5月1日，甲企业出口货物FOB价50 000美元，甲企业以出口货运单据向银行申请出口押汇贷款，银行审核后同意，并扣手续费200美元，利息300美元。余款存入银行。当日汇率为1美元＝6.0元人民币，作会计分录如下：

　　借：银行存款——美元户[（US$50 000－US$200－US$300）×6.0]　297 000
　　　　财务费用——手续费　　　　　　　　　　　　　　　　　　1 200
　　　　　　　　——利息支出　　　　　　　　　　　　　　　　　1 800
　　　　贷：短期外汇借款——出口押汇（US$50 000×6.0）　　　　　300 000

3）进口押汇的核算

进口押汇一般不超过 6 个月，最多 1 年，一般通过"短期外汇借款"账户核算。

4）远期汇票贴现的核算

远期汇票贴现是信用证下的一种融资方式，一般通过"应收外汇票据"或"短期外汇借款"账户核算。

5）保理业务的核算

保理业务是由专门的代办应收款项的保理行经营，一般通过"应收外汇票据"账户核算。

2.4.3　长期外汇借款的核算

长期外汇借款是指企业借入的期限在一年以上的外汇借款，可通过"长期借款"账户核算，或增设"长期外汇借款"账户进行核算。

【例 2-20】　国内甲企业选定的记账本位币是人民币。20×9 年 1 月 1 日甲企业从中国工商银行借入用于生产经营周转借款 100 000 美元，期限为 3 年，年利率为 10%，每年末计息，到期还本付息。借入的美元存入银行。作借入款项及第一年末的会计分录。

（1）借入款项当日汇率为 1 美元＝6.0 元人民币，作会计分录如下：

借：银行存款——美元户（US＄100 000×6.0）　　　　　　　600 000

　　贷：长期外汇借款——美元户（US＄100 000×6.0）　　　　　600 000

（2）第 1 年末，计提借款利息，当日汇率为 1 美元＝6.1 元人民币，作会计分录如下：

借：财务费用——利息支出（US＄10 000×6.1）　　　　　　　61 000

　　贷：长期外汇借款——美元户（US＄10 000×6.1）　　　　　　61 000

（3）第 1 年末，按期末美元汇率调整"长期外汇借款"账面余额，作会计分录如下：

借：财务费用——汇兑差额　　　　　　　　　　　　　　　10 000

　　贷：长期外汇借款——美元户　　　　　　　　　　　　　　10 000

汇兑差额＝（US＄100 000＋US＄10 000）×6.1-（600 000＋61 000）＝10 000（元）

2.4.4　偿债基金的核算

经批准，涉外企业可在银行建立偿债基金专项账户，用于筹集和归还外汇借款。其来源包括经批准不予结汇的出口收入、经批准以人民币购入的外汇以及从一般外汇存款账户转入的外汇等。

【例 2-21】　国内甲企业选定的记账本位币是人民币。20×9 年 1 月 1 日，甲企业用出口收汇 20 000 美元，作为偿债基金；同时，从美元存款账户划出 10 000 美元，转入偿债基金专户，以备归还外汇借款，当日汇率为 1 美元＝6.0 元人民币，汇兑差额采用集中结转法，作会计分录如下：

借：银行存款——偿债基金（US＄30 000×6.0）　　　　　　　180 000

　　贷：应收外汇账款（US＄20 000×6.0）　　　　　　　　　　　　120 000

　　　　银行存款——美元户（US＄10 000×6.0）　　　　　　　　　60 000

　　以偿债基金归还外汇借款时，借记"短期外汇借款""长期外汇借款""财务费用——利息支出"等账户，贷记"银行存款——偿债基金"账户，差额记入"财务费用——汇兑差额"账户。

本 章 小 结

外币交易业务核算程序如图 2-1 所示。

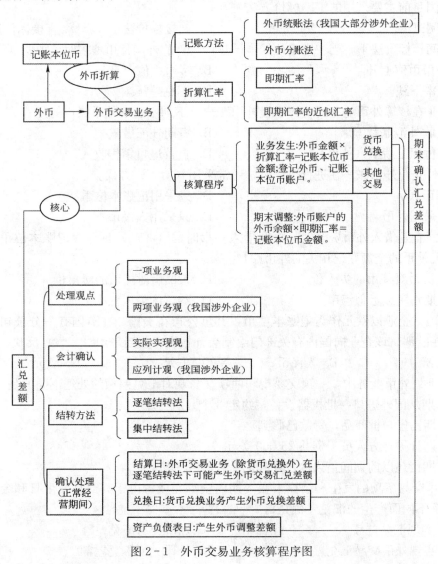

图 2-1　外币交易业务核算程序图

习　　题

一、单项选择题

1. 按外汇买卖的交割期限不同，外汇可分为（　　　）。

A. 贸易外汇与非贸易外汇　　　　　　　B. 即期外汇与远期外汇

C. 现汇与非现汇　　　　　　　　　　　D. 自由外汇与记账外汇

2. 我国目前主要采用的汇率标价方法是（　　　）。

A. 记账汇率　　　　B. 现行汇率　　　　C. 间接标价法　　　　D. 直接标价法

3. 在间接标价法下，当一定单位的本国货币折算的外国货币增多时，说明（　　　）。

A. 外币币值上升　　　　　　　　　　　B. 本币币值上升

C. 汇率下跌　　　　　　　　　　　　　D. 汇兑差额减少

4. 企业在核算外币业务时应当设置外币账户，下列不属于外币账户的是（　　　）。

A. 应收外汇账款　　　　　　　　　　　B. 短期外汇借款

C. 应付职工薪酬（外币）　　　　　　　D. 自营进口销售收入

5. 涉外企业外币账户在进行登记时，通常采用（　　　）方式。

A. 复币式　　　　　　　　　　　　　　B. 只采用记账本位币

C. 只采用外币　　　　　　　　　　　　D. 只采用人民币

6. 我国企业借入外币资金时，按照借入外币时的（　　　）折算为记账本位币入账，同时按照借入外币的金额登记相关的外币账户。

A. 人民币对外币的买入价　　　　　　　B. 人民币对外币的卖出价

C. 即期汇率或近似汇率　　　　　　　　D. 约定的借入汇率

7. 我国某企业以欧元作为记账本位币，其母公司在美国，在英国有一分公司，主要客户均分散在欧洲。该企业向国内有关部门编制会计报表，应当采用（　　　）反映。

A. 英镑　　　　　　B. 人民币　　　　　C. 美元　　　　　　D. 欧元

8. 在下列外币业务中，一项交易观和两项交易观对汇兑差额的处理不同的是（　　　）。

A. 本期从国外进口一批机器设备，约定 3 个月后付款

B. 本期销售一批商品，货款已收到

C. 本期计提外方人员工资共 25 000 美元

D. 本期偿还以前期间借入的长期外汇借款

9. 外币交易事项的发生和结算未在本期内全部完成，由于其交易发生日和会计报表编制日的汇率不同而产生的汇兑差额是指（　　　）。

A. 已实现汇兑差额　　　　　　　　　　B. 外币交易汇兑差额

C. 未实现外币交易汇兑差额　　　　　　D. 外币兑换汇兑差额

10. 下列外币业务发生时，一定不会产生汇兑差额的是（　　）。

A. 以人民币向银行购买英镑　　　　　　B. 出口一批丝绸到加拿大

C. 企业把美元向银行结汇　　　　　　　D. 外币账户期末余额调整

11. 在外汇业务中，当企业收到投资方投入的外币资金，应采用的折合汇率是（　　）。

A. 签订投资合同即期汇率　　　　　　　B. 收到投资款项当日即期汇率

C. 收到投资款项期末即期汇率　　　　　D. 合同约定汇率

12. 企业接受外币资本投资产生的汇兑差额，应记入（　　）账户。

A. 财务费用　　　　B. 长期待摊费用　　　C. 不产生　　　　　D. 管理费用

13. 涉外企业资产负债表日对外币货币性项目进行折算所选用的汇率是（　　）。

A. 当日即期汇率　　　B. 即期汇率的近似汇率　　　　C. 卖出价

D. 买入价　　　　　　E. 账面汇率

14. 企业因经营所处的主要环境发生重大变化确需要变更记账本位币的，将所有项目折算为变更后的记账本位币应当采用的汇率是（　　）。

A. 资产负债表日汇率

B. 变更当期期初的市场汇率

C. 变更当期即期汇率的近似汇率

D. 变更当日的即期汇率

15. 涉外企业借入外汇借款用于购建固定资产，其汇率变动产生的差额在固定资产达到预定可使用状态前应记入（　　）账户。

A. 固定资产　　　　　B. 财务费用　　　　C. 管理费用　　　　D. 在建工程

16. 企业所得以人民币以外的货币计算的，预缴企业所得税时，应当按照（　　）折合成人民币计算应纳税所得额。

A. 月度第一日的人民币即期汇率中间价

B. 季度第一日的人民币即期汇率中间价

C. 月度或者季度最后一日的人民币即期汇率中间价

D. 年度最后一日的人民币即期汇率中间价

17. 某公司决定将 50 000 美元兑换为人民币，若银行当天的美元买入价为 1 美元＝6.38 元人民币，中间价为 1 美元＝6.42 元人民币，则该公司在账务处理时，"财务费用——汇兑差额"的金额为（　　）。

A. 20 元　　　　　　B. 2 元　　　　　　C. 2 000 元　　　　D. 200 元

18. 某公司对外币业务采用业务发生时的即期汇率折算，按月结算汇兑损益。8 月 20 日，该公司自银行购入 40 万美元，银行当日的美元卖出价为 1 美元＝6.325 元人民币，当日市场汇率中间价为 1 美元＝6.323 元人民币。8 月 31 日的市场汇率为 1 美元＝6.322 元人民币。则该公司购入的该 40 万美元于 8 月份所产生的汇兑损失为人民币（　　）。

A. 400 元　　　　　　B. 1 200 元　　　　C. 800 元　　　　　D. 1 000 元

19. 某公司是一家涉外企业，其注册资本为 600 万美元，合同约定分两次投入，约定折算汇率为 1 美元＝6.85 元人民币。中、外投资者分别于某年 3 月 1 日和 5 月 1 日各投入 400 万美元和 200 万美元。该年 3 月 1 日、5 月 1 日、5 月 31 日和 12 月 31 日美元对人民币的即期汇率分别为 1∶6.83、1∶6.82、1∶6.81 和 1∶6.84。假定该公司采用人民币为记账本位币，外币业务采用交易日即期汇率折算，则该公司该年年末资产负债表中"实收资本"项目的金额为人民币（　　）万元。

    A. 4 104　　　　　　　B. 4 086　　　　　　　C. 4 110　　　　　　　D. 4 096

20. 在我国进出口业务中，计价货币选择应（　　）。

A. 力争采用软币收付

B. 力争采用硬币收付

C. 进口时采用软币计价付款，出口时采用硬币计价收款

D. 出口时采用软币计价付款，进口时采用硬币计价收款

二、多项选择题

1. 外汇是指以外币表示的可以用作国际清偿的支付手段和资产，它具体包括（　　）。

    A. 外币现钞　　　　B. 特别提款权　　　C. 外币支付凭证　　　D. 外币有价证券

2. 外汇汇率按企业记账所依据的汇率，可划分为（　　）。

    A. 买入汇率　　　　B. 卖出汇率　　　　C. 记账汇率　　　　D. 账面汇率

E. 即期汇率

3. 下列交易中属于外币交易的有（　　）。

A. 买入以外币计价的商品或劳务

B. 卖出以外币计价的商品或劳务

C. 借入外币资金

D. 接受外币现金捐赠

E. 借出外币资金

4. 下列有关规定中，符合外汇账户管理规定的有（　　）。

A. 不得出租、出借或串用外汇账户

B. 企业要自觉接受外汇管理机关的监督检查，包括对外汇账户的年检及不定期的抽查

C. 企业外汇账户余额如超出限额，超出限额部分必须在超限额之日起 5 个工作日内结汇，如外汇收入发生变化，需要调整限额，应在规定的日期内向外汇管理机关提出申请

D. 要正确核算外汇，建立严格的内部外汇收支管理制度，定期与外汇开户银行进行核对

E. 企业应当按照外汇管理局核定的用途、币种、收支范围、使用期限及结汇方式收支外汇

5. 我国企业会计准则规定，企业在对记账本位币的选用上应考虑下列因素（　　）。

A. 所选的货币能够对企业商品和劳务销售价格起主要作用，即通常以该货币进行商品与劳务销售的计价与结算

B. 所选用的该货币能够影响商品与劳务所需人工、材料和其他费用，即通常以该货币进行商品与劳务费用的计价与结算

C. 融资活动获得的资金以及保存从经营活动中收取款项时所使用的货币，即根据融资活动获得的资金占销售比重大小，或企业通常留存的销售收入的货币情况来确定

D. 所选的货币能够对企业税费缴纳起主要作用

E. 所选的货币能够对企业利润分配起主要作用

6. 企业在核算外币业务时应当设置外币账户，下列属于外币账户的是（　　　）。

A. "银行存款——外币户"　　　　B. "固定资产"　　　　C. "短期外汇借款"

D. "应付外汇账款"　　　　　　　E. "预收外汇账款"

7. 下列情况产生的汇兑差额，应计入当期损益的是（　　　）。

A. 购建的固定资产达到预定可使用状态后发生的汇兑差额

B. 企业在生产经营期间货币兑换发生的汇兑差额

C. 企业在年末因外币会计报表折算产生的汇兑差额

D. 企业在筹建期间发生的不计入长期资产价值的汇兑差额

E. 企业在清算期间发生的汇兑差额

8. 下列账户中，在汇率上升时会产生汇兑收益；在汇率下降时，会产生汇兑损失的有（　　　）。

A. "银行存款——外币户"　　　　B. "应付外汇账款"　　　　C. "应交税费"

D. "预付外汇账款"　　　　　　　E. "其他债权投资（外币）"

9. 外币业务的记账方法有（　　　）。

A. 即期汇率法　　　B. 复币记账法　　　C. 外币分账法　　　D. 外币统账法

10. 下列表述中，属于一项交易观特点的有（　　　）。

A. 在实际操作中比较繁杂，特别是对跨年度的债权债务结算难度更大

B. 不能清晰地反映汇率变动对企业损益的影响

C. 对外币交易产生的债权债务业务所发生的汇兑差额，不单独设账予以确认

D. 对购销债权债务业务以外的其他外币业务产生的汇兑差额，则单独设账予以确认

11. 汇兑差额产生的原因为（　　　）。

A. 债权债务结算过程中采用的汇率不同　　　B. 外币兑换过程中采用的汇率不同

C. 接受外币资产投资时汇率不同　　　　　　D. 外币账户期末余额调整时汇率不同

12. 以人民币为记账本位币的企业，采用逐笔结转法结转汇兑差额的，一笔外币业务如果（　　　），就可能产生汇兑差额。

A. 引起二个或二个以上外币账户同时减少

B. 所涉及的二个或二个以上外币账户有增有减

C. 引起二个或二个以上外币账户同时增加

D. 引起一个外币账户增加或减少，而其对应账户不是外币账户

13. 以人民币为记账本位币的企业，采用集中结转法结转汇兑损益的，应在（　　　）计算确认汇兑差额。

A. 外币业务发生时　　　　　　　　　B. 外币兑换业务发生时

C. 外币账户余额期末调整时　　　　　D. 债权债务结算时

14. 外币交易应当在初始确认时将外币金额折算为记账本位币金额，可以采用的折算汇率有（　　　）。

A. 交易日发生的即期汇率

B. 按照系统合理方法确定的、与交易发生日即期汇率近似的汇率

C. 当年 1 月 1 日的汇率

D. 年平均汇率

15. 企业进行折算汇率选择时，只能选用即期汇率的业务有（　　　）。

A. 外币兑换

B. 接收外币资本投资

C. 资产负债表日折算外币账户余额

D. 企业所得以人民币以外的货币计算的，预缴企业所得税

三、判断题

1. 我国目前实行的是以市场供求为基础的、参考"一篮子"货币进行调节、有管理的浮动汇率制。　　　　　　　　　　　　　　　　　　　　　　　　　　　　（　　）

2. 买入汇率是指客户向银行买入外汇时的价格或汇率。　　　　　　　（　　）

3. 即期汇率的近似汇率，是指按照系统合理的方法确定的、与交易发生日即期汇率近似的汇率，通常采用当期平均汇率或加权平均汇率等。　　　　　　　（　　）

4. 记账本位币，是指企业经营所处的主要经济环境中的货币，人民币就是记账本位币。　　　　　　　　　　　　　　　　　　　　　　　　　　　　　　　（　　）

5. 企业以美元为记账本位币时，在会计上人民币就属于外币。　　　　（　　）

6. 不允许开立现汇账户的企业，可以设置外币现金和外币银行存款以外的其他外币账户。　　　　　　　　　　　　　　　　　　　　　　　　　　　　　（　　）

7. 我国会计制度规定，企业的会计核算可以选定某种外币作为记账本位币，编制的会计报表也可用此种货币反映。　　　　　　　　　　　　　　　　　　（　　）

8. 货币性项目，是指企业持有的货币资金和将以固定或可确定的金额收取的资产或者偿付的负债。　　　　　　　　　　　　　　　　　　　　　　　　　（　　）

9. 我国会计核算采用实际实现观点确认汇兑差额。　　　　　　　　　（　　）

10. 一项交易观和两项交易观，除了在外币交易业务产生的购销债权债务结算方面，对汇兑差额的处理不同外，对其他外币业务的处理都是相同的。　　　　（　　）

11. 以人民币为记账本位币的企业，采用逐笔结转法与集中结转法计算的汇兑差额，其最终结果是相同的。 （ ）

12. 集中结转法下，平时（非期末）账务处理中不会产生汇兑差额。 （ ）

13. 企业向银行购汇时，集中结转法与逐笔结账法下账务处理的金额一致；而企业向银行结汇时，集中结转法与逐笔结账法下账务处理的金额可能不一致。 （ ）

14. 对于以历史成本计量的外币非货币性项目，如汇率发生变化，资产负债表日应改变其原记账本位币金额，产生汇兑差额。 （ ）

15. 以公允价值计量的股票等外币非货币性项目期末产生的汇兑差额，包含在"公允价值变动损益"或"其他综合收益"科目内。 （ ）

四、计算题（请写出计算过程及结果）

1. 某合资企业以人民币为记账本位币，外币交易采用交易日即期汇率折算。20×1 年 12 月 31 日各有关外币账户的余额如下：

	原　币	账面汇率	人民币（元）
银行存款——美元户	560 000 美元	6.05 元	借方　3 388 000
银行存款——港元户	400 000 港元	0.75 元	借方　300 000
应收外汇收款——A 公司（美元户）	0	6.05 元	借方　34 000
——B 公司（美元户）	52 000 美元	6.05 元	借方　314 600
应付外汇账款——甲公司（美元户）	8 000 美元	6.05 元	贷方　48 400

假设 12 月 31 日期末即期汇率为 1 美元＝6.01 元人民币，1 港元＝0.77 元人民币。

要求：计算上列各外币账户期末应调整的汇兑差额并指明是收益还是损失。

2. 某公司对外币业务采用发生时的市场汇率折算，按月计算汇兑差额。20×1 年 9 月 30 日即期汇率为 1 美元＝6.85 元人民币。20×1 年 9 月 30 日有关外币账户期末余额如下：

项　　目	外币（美元） 金　　额	折 算 汇 率	折合人民币（元） 金额
银行存款——美元户	100 000	6.85	685 000
应收外汇账款	350 000	6.85	2 397 500
应付外汇账款	200 000	6.85	1 370 000

该公司 20×1 年 10 月份发生以下外币业务（不考虑增值税等相关税费）：

（1）10 月 15 日收到外商投入的外币资本 400 000 美元，当日即期汇率为 1 美元＝6.84 元人民币，款项已由银行收存。

（2）10 月 18 日，进口一台机器设备，设备价款 300 000 美元，尚未支付，当日即期汇率为 1 美元＝6.83 元人民币。该机器设备正处在安装调试过程中，预计将于 11 月完工交付使用。

（3）10 月 20 日，对外销售产品一批，价款共计 300 000 美元，货款尚未收到。当日即期汇率为 1 美元＝6.81 元人民币。

（4）10 月 28 日，以外币存款偿还 9 月份发生应付外汇账款 200 000 美元，当日即期汇率为 1 美元＝6.81 元人民币。

（5）10 月 31 日，收到 9 月份发生的应收外汇账款 350 000 美元，当日即期汇率为 1 美元＝6.80 元人民币。

要求：（1）根据上述资料，作出相关会计分录。

（2）计算出 10 月份发生的汇兑差额（集中结转法）。

3. 甲公司的记账本位币为人民币，外币交易采用交易日即期汇率折算，该公司根据其与外商签订的投资合同，外商将分两次投入外币资本，投资合同约定的汇率是 1 美元＝6.28 元人民币。20×1 年 3 月 1 日第一次收到外商投入资本 30 万美元，当日即期汇率 1 美元＝6.31 元人民币；20×1 年 4 月 3 日第二次收到外商投入资本 50 万美元，当日即期汇率 1 美元＝6.36 元人民币。

要求：计算甲公司两次一共收到的美元股本与人民币股本各为多少？

4. 甲公司外币业务采用业务发生时的汇率进行折算，按月计算汇兑差额。20×1 年 5 月 20 日对外销售产品发生应收外汇账款 600 万欧元，当日的市场汇率为 1 欧元＝10.30 元人民币。5 月 31 日的市场汇率为 1 欧元＝10.28 元人民币；6 月 1 日的市场汇率为 1 欧元＝10.32 元人民币；6 月 30 日市场汇率为 1 欧元＝10.35 元人民币。7 月 10 日收到应收外汇账款，当日市场汇率为 1 欧元＝10.34 元人民币。

要求：计算该应收外汇账款 5 月份、6 月份应当确认的汇兑差额分别为多少？

计算该应收外汇账款 7 月 10 日收到时在逐笔结转法下发生的汇兑差额是多少？

5. A 公司为一般纳税企业，选择确定的记账本位币为人民币，其外币交易采用交易日即期汇率折算。该公司 20×1 年 3 月份银行存款（美元户）期初余额为 0，该公司 3 月 21 日向银行购入 60 万美元，银行当日卖出价 1 美元＝6.31 元人民币，中间价 6.30 元人民币，5 月 31 日当日银行中间价 1 美元＝6.32 元人民币。

要求：（1）计算该公司 3 月份银行存款（美元户）所发生的汇兑差额（兑换差）是多少？

（2）计算该公司 3 月份银行存款（美元户）所发生的汇兑差额（调整差）是多少？

（3）计算 3 月份银行存款（美元户）的汇兑差额总额是多少？

五、业务处理题

1. 20×1 年 12 月 15 日，某企业以赊销方式向海外企业销售商品一批，共计 50 000 美元，当日市场汇率为 1 美元＝6.03 元人民币；12 月 31 日的市场汇率为 1 美元＝6.025 元人民币；结算日为 20×2 年 1 月 25 日，其市场汇率为 1 美元＝6.01 元人民币。双方约定以美元结算货款，该企业选择人民币作为记账本位币。

要求：根据上述资料，分别用一项业务观和两项业务观（逐笔结转法）编制有关会计分录。

2. 某外资进出口公司为一般纳税企业，以人民币作为记账本位币，外币业务采用当日即期汇率作为记账汇率，该企业 6 月份发生的外币经济业务如下：

（1）6 月 1 日收到外方投资机器一批，作价 80 万美元，专有技术一项作价 25 万美元，美元银行存款 20 万美元。当日美元市场汇率为 6.07 元人民币，合同约定汇率为 6.06 元人民币。

（2）6 月 3 日从美元存款户中支出 4 000 美元，向银行兑换成人民币。当日银行美元买入汇率为 6.03 元，卖出汇率为 6.06 元。

（3）6 月 4 日，向美国甲公司出口产品一批，售价 10 000 美元，货款尚未收到，当日美元市场汇率为 6.31 元。

（4）6 月 5 日，从境外购入材料一批，价款为 245 000 美元，款未付，另以人民币支付进口关税 210 000 元，支付增值税 270 368 元。购入材料时的市场汇率为 1 美元＝6.04 元人民币。

同日，从境外进口不需安装的机器设备一台，价值 200 000 美元。购入该设备时市场汇率为 1 美元＝6.04 元人民币，货款尚未支付。另以人民币支付进口关税 160 000 元，支付增值税218 880 元。

（5）6 月 19 日，支付外方人员工资共计 2 000 美元，当日美元市场汇率为 6.33 元。

（6）6 月 21 日，用 20 000 港元兑换成美元，当日港元中间价为 1.02 元，美元中间价为 6.02 元，外汇指定银行港元买入汇率为 1.01 元，美元卖出汇率为 6.03 元。

（7）6 月 24 日，以外汇银行存款支付上月所欠丙企业货款 4 000 美元，当日美元的市场汇率为 6.05 元。

（8）6 月 28 日，借入短期借款 50 000 港元存入银行，当日港元的市场汇率为 1.03 元。

（9）3 个月前从银行借入 100 000 港元，年利率为 6%，借入时的市场汇率为 1 港元＝1.04 元人民币。本期到期，还本付息，假设还本付息日市场汇率为 1 港元＝1.05 元人民币。

（10）企业因购建固定资产而借入的长期美元借款，在期末按期末汇率对"长期外汇借款"账户进行调整时，应增加 2 500 元人民币。（固定资产已达到预定可使用状态。）

要求：根据上述资料，作出相关会计分录（汇兑差额采用集中结转法）。

3. 某涉外企业以人民币为记账本位币，外币交易采用交易日即期汇率折算。20×1 年 11 月 30 日各有关外币记账的账户余额如下：

	原　币	账面汇率	人民币（元）	
银行存款——美元户	300 000 美元	7.85 元	借方	2 355 000
银行存款——港元户	60 000 港元	0.91 元	借方	54 600
应收外汇账款——A 公司（美元户）	40 000 美元	7.85 元	借方	314 000
应付外汇账款——B 公司（美元户）	30 000 美元	7.85 元	贷方	235 500

12 月份发生的有关外币业务如下：

（1）2 日，A 公司上月所欠销货款 40 000 美元，今日收到，存入银行，当日即期汇率

1 美元＝7.86 元。

（2）5 日，向 A 公司出口销售产品一批，价款 70 000 美元，货款尚未收到，当日即期汇率 1 美元＝7.85 元。

（3）10 日，以银行美元存款支付上月欠 B 公司的款项 20 000 美元，当日即期汇率 1 美元＝7.84 元。

（4）13 日，向国外 G 公司购入材料一批，价款 20 000 美元，尚未支付。后以银行存款 20 000 美元支付货款，当日即期汇率 1 美元＝7.86 元。

（5）15 日，以美元银行存款 9 000 美元兑换成人民币，银行当日即期汇率美元买入价 1 美元＝7.84 元，中间价 1 美元＝7.85 元。

（6）20 日，今日收到本月 5 日向 A 公司销售产品的销货款 70 000 美元，存入银行，当日即期汇率 1 美元＝7.84 元。

（7）26 日，以 7 000 美元兑换成港元存入银行，当日银行的港元卖出价 1 港元＝0.92 元，港元的中间价 1 港元＝0.915 元；美元买入价 1 美元＝7.82 元，中间价为 1 美元＝7.85 元。

（8）31 日，当日美元即期汇率 1 美元＝7.86 元，港元即期汇率 1 港元＝0.92 元。

要求：（1）分别采用逐笔结转法和集中结转法，作出必要的会计分录，并开设外币银行存款和应收、应付外汇账款的明细账户，逐笔登记入账，结出余额。银行存款美元账面汇率的计算采用先进先出法，债权债务账面汇率的计算采用个别辨认法。

（2）月末对有关外币货币资金、债权债务账户余额进行调整。

4. 某商业外贸公司为一般纳税人企业，以人民币为记账本位币，对外币交易采用交易日即期汇率折算，汇兑差额采用集中结转法。该公司 20×1 年 3 月 1 日有关外币账户期初余额资料如下：

银行存款——美元户（待核查账户）	US$ 0	6.3000	￥0
应收外汇账款——A 公司	US$ 300 000	6.3000	￥1 890 000
应付外汇账款——B 公司	US$ 150 000	6.3000	￥945 000

该公司 20×1 年 3 月份发生有关业务如下：

（1）3 月 1 日，向银行借入外汇现汇贷款 300 000 港元，期限 3 个月，年利率 5.8%，当日港元即期汇率中间价 1 港元＝0.8700 元人民币。

（2）3 月 5 日，以人民币向银行购入 50 000 美元，并用以归还所欠国外 B 公司部分货款。当日美元即期汇率为卖出价 1 美元＝6.3060 元人民币，中间价为 1 美元＝6.2950 元人民币。

（3）3 月 11 日，接到银行通知，收到国外 A 公司所欠货款 300 000 美元已转入公司"待核查账户"，当日美元即期汇率中间价 1 美元＝6.2800 元人民币。

（4）3 月 16 日，根据合同规定对国外 A 公司出口甲商品一批计 190 000 件，该商品每件采购成本计人民币 21 元（不含增值税）。上列出口甲商品外销发票金额为每件 9.5 美元 CIF

纽约，当日交单出口并结转出口商品销售成本，出口货款尚未收到。当日美元即期汇率中间价 1 美元＝6.3080 元人民币。

（5）3 月 20 日，收到银行结汇通知，于 3 月 11 日公司"待核查账户"所收国外 A 公司 300 000 美元已经结汇，当日美元即期汇率买入价 1 美元＝6.2780 元人民币，中间价为 1 美元＝6.2800 元人民币。

（6）3 月 24 日，从英国 C 公司进口工业原料 170 公吨，价格条款为每公吨 1600 港元 FOB 伦敦，今接到银行转来的全套进口单证，经审核无误后对外付款。当日港元即期汇率中间价为 1 港元＝0.8900 元人民币。

（7）3 月 26 日，将 28 000 港元兑成美元，当日美元即期汇率卖出价 1 美元＝6.3080 元人民币，中间价为 1 美元＝6.2960 元人民币；港元即期汇率买入价 1 港元＝0.8700 元人民币，中间价为 1 港元＝0.8950 元人民币。

（8）3 月 31 日，计提本月外汇贷款利息，当日港元中间价为 1 港元＝0.8800 元人民币。

（9）3 月 31 日，期末当日美元即期汇率为 1 美元＝6.2850 元人民币；港元即期汇率为 1 港元＝0.8800 元人民币。

要求：（1）根据该公司上列各项业务，编制必要的会计分录。

（2）计算上列各外币账户期末应调整的汇兑差额（应列示计算过程），并编制期末调整会计分录。

六、简答题

1. 什么是外汇？外汇可分为哪些种类？

2. 什么是汇率？汇率的标价方法有哪些？汇率可分为哪些种类？

3. 试述外汇账户的开立和外汇账户管理的相关规定。

4. 简述进出口结汇及售汇的概念。

5. 如何选定记账本位币？简述涉外企业因经营环境改变确需变更记账本位币的处理原则。

6. 什么是外币交易？外币折算准则规范的外币交易包括哪些内容？

7. 试述一项业务观和两项业务观的区别及对损益的影响。

8. 如何进行折算汇率的选择？

9. 什么是汇兑差额？简述汇兑差额的分类。

10. 试进行逐笔结转法与集中结转法的差异分析。

11. 什么是货币性项目、非货币性项目？资产负债表日或结算日，对于外币货币性项目如何折算？

第3章
出口商品购进业务的核算

▶▶ 学习目标

知识目标：

1. 了解出口商品收购、交接的方式；

2. 了解出口商品收购的程序；

3. 明确出口商品收购业务核算设置的主要账户；

4. 掌握出口商品直接购进业务的核算；

5. 掌握出口商品购进发生短缺和溢余的核算；

6. 掌握出口商品购进发生拒付货款和拒收商品的核算；

7. 掌握出口商品购进发生退、补价款的核算；

8. 掌握出口商品购进发生进货退出、调换的核算；

9. 了解出口商品的加工方式；

10. 掌握出口商品加工业务的核算。

能力目标：

1. 能进行本地、异地商品收购业务的账务处理；

2. 能进行出口商品购进发生短缺和溢余的账务处理；

3. 能进行出口商品购进发生拒付货款和拒收商品的账务处理；

4. 能进行出口商品购进发生退、补价款的账务处理；

5. 能进行出口商品购进发生进货退出、调换的账务处理；

6. 能进行出口商品加工业务的账务处理。

3.1 出口商品国内购进业务的核算

3.1.1 出口商品购进概述

商品采购，是指企业为了销售或加工后销售，通过货币结算而取得货物所有权的交易行为。涉外企业的商品购进，按照购进的地域不同，分为出口商品购进和进口商品购进两种情况。出口商品购进是指向国内收购商品，而后销往国外；进口商品购进则指向国外购进商品，在国内销售或将商品加工改装后再销往国外。

出口商品是进出口企业经营的主要对象。出口商品购进是企业出口业务中首要的环节，是出口贸易的物质基础，直接影响着出口总成本。

1. 出口商品购进的方式

出口商品的购进按照收购方式不同，可分为直接收购和间接收购（委托代购）两种。

1）直接收购

直接收购（Direct Purchase），是指出口企业直接向工矿企业、农场及有关单位直接签订购销合同或协议收购出口产品。它适用于收购大宗工矿产品、统一经营或重要的农副产品和土特产品。

2）间接收购

间接收购（Indirect Purchase），又称委托代购（Commissioned Purchase），是指出口企业以支付手续费的形式委托商业企业和农村基层收购单位等代购单位收购出口产品。它适用于收购货源零星分散的农副土特产品。

此外，还有由内贸企业或其他有关部门直接、主动供货给涉外出口企业的收购方式。

2. 出口商品购进的交接方式

出口商品购进的交接方式是根据商品的特点和运输条件，由交易双方协商决定的。通常采用的交接方式有送货制、提货制、发货制和厂商就地保管制四种。

1）送货制（Delivery System）

它是指供货单位将商品直接送到出口企业仓库或指定的其他地点交货，由出口企业验收入库的一种方式。这是本地直接收购所采取的主要方式。

2）提货制（Picking up System）

它又称取货制，是指出口企业指派专人到供货单位指定的仓库或其他地点提取并验收商品的一种方式。这也是本地采购使用的方式。

3）发货制（Sending out System）

它是指供货单位根据购销合同规定的发货日期、品种、规格和数量等条件，将商品委托运输单位运送到所在地或其他指定地区，如车站或码头等，由出口企业领取并验收入库的一种方式。它适合于外地采购商品。

4）厂商就地保管制（Preserving in Local Manufacturers System）

它是指出口企业委托供货厂商代为保管商品，到时凭保管凭证办理商品交接的一种方式。这种方式本地、异地采购均可适用。

3. 出口商品购进的业务程序

出口商品购进的业务程序主要有签订购销合同、验收出口商品和结算商品货款。

1）签订购销合同、落实货源

出口企业应根据国际市场的需求，按照经济合同法的有关规定，及时与供货单位签订购销合同，明确规定商品的名称、规格、型号、商标、等级和质量标准；商品的数量、计量单位、单价和金额；商品的交货日期、方式、地点、运输和结算方式，以及费用负担、违约责任和索赔条件等，以明确购销双方的权利和义务。

2）进货验收、入库

出口企业对购进的出口商品应按照购销合同、协议的规定进行验收。对于一般的技术性不强的出口商品，应进行品种、规格、型号、商标、等级、花色、质量、包装等方面的检查验收。对出口企业无条件验收的技术复杂、规格特殊的出口商品，如精密仪器、成套设备和化工产品等，应按购销合同或协议的规定，由供货企业提供商品检验证明书，并点验商品的数量，检查商品的包装。

3）结算商品货款

出口企业除了经批准发放的农副产品预购定金，以及订购大型机器设备、船舶、特殊专用材料、设备，可以预付定金或货款外，同城商品采购主要采用支票结算，出口企业在收到商品后，就应支付货款；异地商品采购主要采用托收承付结算方式，出口企业应贯彻"商品发运托收，单货同行，钱货两清"的原则，根据合同的规定，验单或验货合格后付款，以维护购销双方的权益。

3.1.2 出口商品购进一般业务的核算

出口企业商品购进的主要业务是由企业内部的业务、储运和财会等部门共同完成的。

1. 出口商品采购成本的构成

出口商品的采购成本，按以下情况分别确定。

① 国内购进的出口商品，除直接收购或委托收购的农副产品外，一般以进货原价（即专用增值税销货发票中的货价）作为采购成本计价入账。一般纳税人购货时按专用发票注明的增值税税额支付的税款不计入采购成本，作为增值税的进项税额反映。如果购入的商品应交纳消费税，应以含税的买价作为商品的采购成本。

② 在委托代购方式下，一般纳税人企业的采购成本中包括代购费用。此外，发生的代购手续费，记入"销售费用"账户。

③ 购进商品所发生的各项进货费用，如运杂费、装卸费、保险费、手续费、商品入库前的整理挑选费用等其他可归属于存货采购成本的费用，按《企业会计准则第 1 号——存货》的规定，也应当计入存货采购成本，也可以先进行归集，期末根据所购商品的存销情况进行分摊。对于已售商品的进货费用，计入当期损益；对于未售商品的进货费用，计入期末存货成本。企业采购商品的进货费用金额较小的，可以在发生时直接计入当期损益。

2. 农产品进项税额抵扣规定

（1）从一般纳税人购进农产品，按照取得的增值税专用发票上注明的增值税额，从销项税额中抵扣；

（2）进口农产品，按照取得的海关进口增值税专用缴款书上注明的增值税额，从销项税额中抵扣；

（3）从按照简易计税方法依照 3％征收率计算缴纳增值税的小规模纳税人取得增值税专用发票的，用于生产销售其他货物服务的，以增值税专用发票上注明的金额和 9％的扣除率计算进项税额；

（4）纳税人从农业生产者购入的自产免税农产品，取得农业生产者开具的销售发票的，以农产品销售发票上注明的农产品买价和 9％的扣除率计算进项税额；

（5）纳税人从农业生产者个人购入的自产免税农产品，自开农产品收购发票的，以农产品收购发票上注明的农产品买价和 9％的扣除率计算进项税额；

（6）对于纳税人购进用于生产或委托加工 13％税率货物的农产品，允许其按照 10％的扣除率计算进项税额，抵扣凭证为取得适用免税政策开具农产品收购发票或者销售发票、取得一般纳税人开具的增值税专用发票或海关进口增值税专用缴款书、从按照 3％征收率缴纳增值税的小规模纳税人处取得的增值税专用发票；

（7）农产品进项税额核定扣除，按照《农产品增值税进项税额核定扣除试点实施办法》（财税〔2012〕38 号）等文件规定，纳税人购进农产品，不再凭扣税凭证直接抵扣增值税进项税额，而是根据购进农产品所生产的商品或服务的销售情况，按照一定扣除标准，核定出当期农产品可抵扣的进项税额；按照核定扣除管理办法规定，适用核定扣除政策的纳税人购进的农产品，扣除率为销售货物的适用税率。

第一，试点纳税人以购进农产品为原料生产货物的，农产品增值税进项税额可按照以下方法核定：

① 投入产出法。参照国家标准、行业标准（包括行业公认标准和行业平均耗用值）确定销售单位数量货物耗用外购农产品的数量（以下称农产品单耗数量）。

当期允许抵扣农产品增值税进项税额依据农产品单耗数量、当期销售货物数量、农产品平均购买单价（含税，下同）和农产品增值税进项税额扣除率（扣除率为销售货物的适用税率，以下简称"扣除率"）计算。公式为：

当期允许抵扣农产品增值税进项税额＝当期农产品耗用数量×农产品平均购买单价×扣除率÷(1＋扣除率)

当期农产品耗用数量＝当期销售货物数量(不含采购除农产品以外的半成品生产的货物数量)×农产品单耗数量

对以单一农产品原料生产多种货物或者多种农产品原料生产多种货物的，在核算当期农产品耗用数量和平均购买单价时，应依据合理的方法归集和分配。

平均购买单价是指购买农产品期末平均买价，不包括买价之外单独支付的运费和入库前的整理费用。期末平均买价计算公式为：

期末平均买价＝（期初库存农产品数量×期初平均买价＋当期购进农产品数量×当期买价）÷（期初库存农产品数量＋当期购进农产品数量）

如果期初没有库存农产品，当期也未购进农产品的，农产品"期末平均买价"以该农产品上期期末平均买价计算；上期期末仍无农产品买价的依此类推。

② 成本法。依据试点纳税人年度会计核算资料，计算确定耗用农产品的外购金额占生产成本的比例（以下称农产品耗用率）。当期允许抵扣农产品增值税进项税额依据当期主营业务成本、农产品耗用率以及扣除率计算。公式为：

当期允许抵扣农产品增值税进项税额＝当期主营业务成本×农产品耗用率×扣除率÷（1＋扣除率）

农产品耗用率＝上年投入生产的农产品外购金额÷上年生产成本

"主营业务成本""生产成本"中不包括其未耗用农产品的产品的成本。

农产品外购金额（含税）不包括不构成货物实体的农产品（包括包装物、辅助材料、燃料、低值易耗品等）和在购进农产品之外单独支付的运费、入库前的整理费用。

对以单一农产品原料生产多种货物或者多种农产品原料生产多种货物的，在核算当期主营业务成本以及核定农产品耗用率时，试点纳税人应依据合理的方法进行归集和分配。

农产品耗用率由试点纳税人向主管税务机关申请核定。

年度终了，主管税务机关应根据试点纳税人本年实际对当年已抵扣的农产品增值税进项税额进行纳税调整，重新核定当年的农产品耗用率，并作为下一年度的农产品耗用率。

③ 参照法：新办的试点纳税人或者试点纳税人新增产品的，试点纳税人可参照所属行业或者生产结构相近的其他试点纳税人确定农产品单耗数量或者农产品耗用率。次年，试点纳税人向主管税务机关申请核定当期的农产品单耗数量或者农产品耗用率，并据此计算确定当年允许抵扣的农产品增值税进项税额，同时对上一年增值税进项税额进行调整。核定的进项税额超过实际抵扣增值税进项税额的，其差额部分可以结转下期继续抵扣；核定的进项税额低于实际抵扣增值税进项税额的，其差额部分应按现行增值税的有关规定将进项税额做转出处理。

第二，试点纳税人购进农产品直接销售的，农产品增值税进项税额按照以下方法核定扣除：

当期允许抵扣农产品增值税进项税额＝当期销售农产品数量÷（1－损耗率）×农产品平均购买单价×10％÷（1＋10％）

损耗率＝损耗数量÷购进数量

第三，试点纳税人购进农产品用于生产经营且不构成货物实体的（包括包装物、辅助材料、燃料、低值易耗品等），增值税进项税额按照以下方法核定扣除：

当期允许抵扣农产品增值税进项税额＝当期耗用农产品数量×农产品平均购买单价×扣除率÷（1＋扣除率）

【例 3 - 1】　安华公司开具农产品收购发票购进自产免税农产品 1 000 万元入库，该企业未采用核定扣除办法。

安华公司购买农产品入库的会计分录如下：

借：原材料　　　　　　　　　　　　　　　　　　　　　　　9 100 000

　　应交税费——应交增值税（进项税额）　　　　　　　　　　900 000

　　贷：银行存款　　　　　　　　　　　　　　　　　　　　10 000 000

【例 3 - 2】　安华公司 12 月销售 1 000 吨巴氏杀菌牛乳（蛋白质含量≥3.3%），其主营业务成本为 720 万元，农产品耗用率为 70%，原乳单耗数量为 1.196。公司期初库存原乳 1 000 吨，平均单价为 4 100 元/吨，本月购进 1 200 吨，平均单价为 3 900 元/吨，本月单独支付原乳运费 1 200 元。分别用投入产出法、成本法计算允许抵扣农产品增值税进项税额。

① 投入产出法

期末平均买价＝（期初库存农产品数量×期初平均买价＋当期购进农产品数量×当期买价）÷（期初库存农产品数量＋当期购进农产品数量）＝（1 000×4 100＋1 200 ×3 900）÷（1 000＋1 200）＝3 990.91(元/吨)

当期允许抵扣农产品增值税进项税额＝当期农产品耗用数量×农产品平均购买单价×扣除率÷(1＋扣除率)＝1 000×1.196×3 990.91×9%÷(1＋9%)＝394 111.52(元)

安华公司购买原乳入库的会计分录如下：

借：原材料——原乳　　　　　　　　　　　　　　　　　　　4 680 000

　　贷：银行存款　　　　　　　　　　　　　　　　　　　　4 680 000

核定抵扣进项税额：

借：应交税费——应交增值税（进项税额）　　　　　　　　　394 111.52

　　贷：原材料——原乳　　　　　　　　　　　　　　　　　394 111.52

② 成本法

当期允许抵扣农产品增值税进项税额＝当期主营业务成本×农产品耗用率×扣除率÷(1＋扣除率)＝7 200 000×70%×9%÷(1＋9%)＝416 146.79(元)

安华公司购买原乳入库的会计分录如下：

借：原材料——原乳　　　　　　　　　　　　　　　　　　　4 680 000

　　贷：银行存款　　　　　　　　　　　　　　　　　　　　4 680 000

核定抵扣进项税额：

借：应交税费——应交增值税（进项税额）　　　　　　　　　416 146.79

　　贷：原材料——原乳　　　　　　　　　　　　　　　　　416 146.79

此外，取得批发零售环节纳税人销售免税农产品开具的免税发票，以及小规模纳税人开具的增值税普通发票，均不得计算抵扣进项税额。

3. 出口商品购进的入账时间

由于出口商品购进业务所采用的商品交接方式和货款结算方式不尽相同，使商品货款的结算与商品的验收入库的时间也不尽相同。购进出口商品的入账时间应以取得出口商品所有权为准。在结算凭证先到，商品未到的情况下，以收到结算凭证或开出、承兑商业汇票的时间为购进商品的入账时间。在出口商品先到，结算凭证未到的情况下，仍以收到结算凭证的时间为入账时间。但是，对于月末结算凭证仍未到而无法付款或无法开出承兑汇票的入库商品，按暂估价入"库存商品"账，下月初用红字冲回。

4. 出口商品购进核算的账户设置

经营进出口业务的企业，国内购进用于出口的商品，其核算方法与国内购进用于国内销售的商品购进的核算方法相同。出口商品的购进，通过"商品采购——出口商品采购"账户（或"在途物资"账户）和"库存商品——库存出口商品"账户核算，库存出口商品也可以单独设置"库存出口商品"总分类账户进行核算。

1) "商品采购"（Goods Purchased）账户

该账户是资产类账户，用以核算企业购入商品的采购成本。企业购入商品支付货款以及应计入成本的收购费用，在采购商品过程中发生的运输费、保险费以及其他可直接归属于存货采购成本的进货费用等，记入借方；商品验收入库时，已验收入库商品的采购成本记入贷方；余额在借方，表示企业在途商品的成本。该账户按出口商品采购（Export Goods Purchased）、进口商品采购（Import Goods Purchased）分设明细账，并按供货单位名称进行明细分类核算。

出口企业也可通过设置"在途物资"（Material on Way）账户核算企业采用实际成本（或进价）进行商品物资核算的情况下、购入尚在途中或虽已运达但尚未验收入库的购入物资的采购成本。

2) "库存商品"（Goods on Hand）账户

该账户是资产类账户，用以核算企业全部自有的库存商品（包括存放自库、寄存外库、委托其他单位代管代销的商品，以及陈列展览的商品等）。当购进、委托加工收回、销售退回商品到达并验收入库和发生盘盈时，记入借方；商品销售结转成本和发生盘亏时，记入贷方；余额在借方，表示库存商品的结余数额。库存商品一律采用进价核算，按"库存出口商品（Export Goods on Hand）""库存进口商品（Import Goods on Hand）""其他库存商品（Other Goods on Hand）"设明细账，并按商品大类或商品品名进行明细核算。

3) "销售费用"（Sales Expense）账户

该账户是损益类账户，核算企业在销售商品、材料等环节中所发生的应由企业负担的保险费、包装费、展览费、仓储保管费、检验费、广告费、商品维修费、预计产品质量保证损失、商品损耗、进出口累计佣金、代购手续费、运输费、装卸费、销售人员的职工薪酬等。进出口企业采购商品发生的金额较小的进货费用，代购手续费在发生时也可直接计入该账户。期末应将该账户余额转入"本年利润"账户，结转后本账户无余额。本账户应按费用项目设置明细账。

5. 出口商品直接购进业务的核算

1）本地商品收购的核算

本地商品收购，主要是出口企业从当地的生产企业或商业企业购进商品。商品的交接方式一般采用"送货制"或"提货制""厂商就地保管制"。货款的结算方式通常采用转账支票和商业汇票结算，也有采用银行本票结算的。

财会部门根据业务部门送来的增值税专用发票和"进仓单"（结算联），审核无误后，作为付款依据，根据专用发票（发票联）上列明的货款，借记"商品采购"账户；根据列明的增值税额借记"应交税费"（Taxes Payable）账户；根据列明的价税合计额贷记"银行存款"（Cash in Bank）账户。储运部门根据"进仓单"验收商品。财会部门根据储运部门送来的、加盖"收讫"印章的进仓单（入库联），经审核无误后，据以借记"库存商品"账户；贷记"商品采购"账户。

【例 3-3】　20×9 年 7 月 1 日，大连日达进出口公司向大连自行车厂购进用于出口的 28 寸顺天牌自行车 4 000 辆，每辆 300 元，货款计 1 200 000 元，增值税额 156 000 元。

① 财会部门根据业务部门转来的增值税专用发票（发票联）和业务部门自行填制的"进仓单"（结算联），经审核无误后，签发转账支票支付货款和增值税额，共 1 356 000 元，记账时，增值税专用发票未认证，作会计分录如下：

借：商品采购——出口商品采购（大连自行车厂）　　　　1 200 000

　　应交税费——待认证进项税额　　　　　　　　　　　 156 000

　　贷：银行存款　　　　　　　　　　　　　　　　　　　　　1 356 000

如果以商业汇票支付货款，则贷记"应付票据"（Notes Payable）账户。

② 财会部门根据储运部门转来的"进仓单"（入库联），经审核无误后，结转商品采购成本，作会计分录如下：

借：库存商品——库存出口商品　　　　　　　　　　　1 200 000

　　贷：商品采购——出口商品采购（大连自行车厂）　　　　1 200 000

待认证进项税额经认证后，作会计分录如下：

借：应交税费——应交增值锐（进项税额）　　　　　　 156 000

　　贷：应交税费——待认证进项税额　　　　　　　　　　　 156 000

2）异地商品收购的核算

异地商品购进主要是出口企业从其他地区的生产企业或商业企业购进商品。商品的交接方式，一般采用"发货制"或"厂商就地保管制"。货款的结算方式，一般采用托收承付结算。由于运输部门发运商品和银行邮寄托收凭证，在时间上有先后的差异，会发生货到单未到，或单到货未到的情况。

（1）单到货未到的账务处理

异地商品购进，一般是供货单位根据购销合同发运商品后，委托银行向购货企业收取货款。购货企业的财会部门收到银行转来的"托收凭证"及附来的专用发票（发票联）和"运单"时，应先送交业务部门。业务部门经查对购销合同无误后，填制"进仓单"一式数联，送交储运部门，并将"托收凭证"及其附件退还财会部门，财会部门经审核无误后，即支付货款。当商品到达时，由储运部门根据"进仓单"与供货单位随货同行的专用发票（发货联）核对无误后将商品验收入库。财会部门收到储运部门转来的、加盖"收讫"印章的"进仓单"（入库联）、专用发票（发货联），经审核后，据以进行库存商品的总分类核算和明细分类核算。

【例 3 - 4】 厦门丰乐进出口公司向杭州服装厂购进用于出口的女时装 3 000 套，每套 1 000 元，计货款 3 000 000 元，收到增值税专用发票，增值税额 390 000 元；供货方代垫运费 1 000 元，收到增值税专用发票，增值税税率 9％，采用托收承付结算方式。

① 银行转来杭州服装厂托收凭证、已认证相符的增值税专用发票（发票联），经审核无误后，当即承付，作会计分录如下：

借：商品采购——出口商品采购（杭州服装厂）　　　　　　3 000 000
　　应交税费——应交增值税（进项税额）　　　　　　　　390 000
　　贷：银行存款　　　　　　　　　　　　　　　　　　　　　3 390 000

进货费用，金额较小，可直接在发生时计入当期损益。作会计分录如下：

借：销售费用——进货运杂费　　　　　　　　　　　　　　1 000
　　应交税费——应交增值税（进项税额）　　　　　　　　90
　　贷：银行存款　　　　　　　　　　　　　　　　　　　　　1 090

② 上项商品运到，储运部门验收入库后，送来"进仓单"（入库联）及随货同行的专用发票（发货联），审核无误后，作会计分录如下：

借：库存商品——库存出口商品　　　　　　　　　　　　　3 000 000
　　贷：商品采购——出口商品采购（杭州服装厂）　　　　　3 000 000

（2）货到单未到的账务处理

异地商品购进，在商品先到，托收凭证后到的情况下，出口企业根据运输部门的到货通知单，先由储运部门提货验收进仓，财会部门一般暂不做会计处理，待收到有关结算凭证并支付货款时再做有关的会计处理。如至月末结算凭证仍未到达，则应根据入库商品的金额估价借记"库存商品"账户；贷记"应付账款"（Accounts Payable）账户。下月初再编制一笔相同的红字分录，以冲转上月末的会计分录。

3.1.3　出口商品购进其他业务的核算

1. 购进商品发生短缺和溢余的核算

出口企业购进国内商品，由于运输途中不可抗拒的自然条件和商品性质等因素、运输单位的失职或事故、供货单位少发或多发商品等原因，可能发生商品短缺或溢余情况。出口企业除根据实收数量入账外，还应查明溢缺原因，及时予以处理。

储运部门在验收商品时，如发现实收商品与供货单位专用发票（发货联）上所列数量不符时，必须会同运输单位进行核对，作好鉴定证明，以便查明原因后进行处理，并在"收货单"上注明实收数量，填制"商品购进短缺溢余报告单"一式数联。其中一联连同鉴定证明送业务部门，由其负责处理；另一联送交财会部门，审核后作为记账的依据。

1）购进商品发生短缺的核算

出口企业购进国内商品发生短缺时，在查明原因前，应通过"待处理财产损溢"（Asset Gain and Loss in Suspense）账户进行核算。查明原因后，如果是供货单位少发商品，经联系后，可由其补发商品或要求对方退货款处理；如果是运输途中的定额损耗，一般不进行账务处理，提高入库商品的单位成本；如果是运输途中的超定额损耗或已进行短缺发生的账务处理，则应作为"销售费用"列支；如果是责任事故，应由保险公司、运输单位或责任人承担经济责任的，则作为"其他应收款"处理；如果属于自然灾害等原因造成的净损失，作为"营业外支出"（Non-Operating Expenditure）处理；如由本企业承担损失的，报经批准后，在"管理费用"（General and Administrative Expense）账户列支。

【例3-5】　青岛康康食品进出口公司向辽宁松原公司购进松子3 000千克，每千克40元，计货款120 000元，增值税额15 600元；运费700元，增值税额63元，采用托收承付结算方式。

① 接到银行转来的托收凭证、已认证相符的增值税专用发票（发票联），经审核无误后，予以承付。作会计分录如下：

借：商品采购——出口商品采购（辽宁松原公司）　　　　　　　120 000
　　应交税费——应交增值税（进项税额）　　　　　　　　　　15 663
　　销售费用——进货运杂费　　　　　　　　　　　　　　　　700
　　贷：银行存款　　　　　　　　　　　　　　　　　　　　　136 363

② 商品到达后，储运部门验收时，实收2 948千克，发现短缺52千克，计货款2 080元，填制"商品购进短缺溢余报告单"。

财会部门根据储运部门转来的"进仓单"及"商品购进短缺溢余报告单"，复核无误后，结转已入库的商品采购成本，并对短缺商品进行核算。作会计分录如下：

借：库存商品——库存出口商品　　　　　　　　　　　　　　　117 920
　　贷：商品采购——出口商品采购（辽宁松原公司）　　　　　　117 920
借：待处理财产损溢——待处理流动资产损溢　　　　　　　　　2 350.40
　　贷：商品采购——出口商品采购（辽宁松原公司）　　　　　　2 080
　　　　应交税费——应交增值税（进项税额转出）　　　　　　　270.40

③ 经联系后，查明短缺的松子中，有50千克是对方少发商品，已开来退货的红字专用发票，应退货款2 000元，增值税额260元。作会计分录如下：

借：应付账款——辽宁松原公司　　　　　　　　　　　　　　　2 260
　　贷：待处理财产损溢——待处理流动资产损溢　　　　　　　　2 260

若50千克松子的短缺是供货方少发商品造成的，经与对方联系，供货方补发松子，已入库。作会计分录如下：

借：库存商品——库存出口商品 2 000

　　贷：应交税费——应交增值税（进项税额转出） 260

　　　　待处理财产损溢——待处理流动资产损溢 2 260

④ 今查明其余2千克短缺的松子是超定额自然损耗，经批准予以转账。作会计分录如下：

借：销售费用——商品损耗 90.40

　　贷：待处理财产损溢——待处理流动资产损溢 90.40

2）购进商品发生溢余的核算

出口企业购进国内商品发生溢余，在查明原因前，应通过"待处理财产损溢"账户进行核算。查明原因后，如果是运输途中的超定额自然升溢，应冲减"销售费用"账户，如果是供货单位多发商品，可与对方联系，由其补来专用发票，作为商品购进补付货款或溢余商品退货处理。

【例3-6】 青岛康康食品进出口公司向辽宁松原公司购进松子2 000千克，每千克40元，计货款80 000元，增值税额10 400元；运费500元，增值税额45元。采用托收承付结算方式。

① 接到银行转来的托收凭证、已认证相符的增值税专用发票（发票联），经审核无误后，予以承付，作会计分录如下：

借：商品采购——出口商品采购（辽宁松原公司） 80 000

　　应交税费——应交增值税（进项税额） 10 445

　　销售费用——进货运杂费 500

　　贷：银行存款 90 945

② 商品到达后，验收时实收2 021千克，溢余21千克，计货款840元。财会部门根据储运部门转来的"进仓单"及"商品购进短缺溢余报告单"，经复核无误后，结转入库商品采购成本，并对溢余商品进行核算。作会计分录如下：

借：库存商品——库存出口商品 80 840

　　贷：商品采购——出口商品采购（辽宁松原公司） 80 000

　　　　待处理财产损溢——待处理流动资产损溢 840

③ 经联系后查明溢余的松子中，有20千克是对方多发商品，已补来专用发票，开列货款800元，增值税额104元，现作为商品购进，其余1千克系超定额升溢。作会计分录如下：

借：待处理财产损溢——待处理流动资产损溢 840

　　贷：商品采购——出口商品采购（辽宁松原公司） 800

　　　　销售费用——商品溢余 40

④ 从银行汇付辽宁松原公司20千克松子的货款800元及增值税额104元。作会计分录

如下：

借：商品采购——出口商品采购（辽宁松原公司）　　　　　　　800

　　应交税费——应交增值税（进项税额）　　　　　　　　　104

　　贷：银行存款　　　　　　　　　　　　　　　　　　　　　904

若退回 20 千克多发的商品。作会计分录如下：

借：待处理财产损溢——待处理流动资产损溢　　　　　　　　800

　　贷：库存商品——库存出口商品　　　　　　　　　　　　800

2. 购进商品发生拒付货款和拒收商品的核算

出口企业从国内异地购进商品，对于银行转来供货单位的托收凭证及其所附的专用发票（发票联）、运杂费凭证等，必须认真地与合同进行核对，如发现与购销合同不符、重复托收以及货款或运杂费多计等情况，应在银行规定的承付期内填制"拒绝承付理由书"，拒付全部或部分货款。

对于供货单位发来的商品及随货同行的专用发票（发货联），经查验核对，如与购销合同不符，可以拒收商品。在拒收商品时，应由业务部门填制"拒收商品通知单"，尽快通知供货单位，并需填制"代管商品收货单"一式数联，其中两联送交储运部门。储运部门验收后，加盖"已收讫"戳记，将其数量作账外记录，并将拒收商品妥善保管，与库存商品分别存放，不能动用。一联由储运部门转交财会部门，据以记入"代管商品物资"（Merchandise and Physical Assets Held on behalf of Others）账户的借方。"代管商品物资"是表外账户，只作单式记录，不与其他账户发生对应关系。

异地商品购进，由于托收凭证的传递与商品运送的渠道不同，因此，支付货款与商品验收入库的时间往往不一致，从而引起拒付货款与拒收商品有先有后，这样将会出现下列三种情况：

1）先拒付货款，后拒收商品

出口企业收购出口商品，在单到货未到情况下，如果发现银行转来的托收凭证与购销合同不符，拒付货款。等商品到达后，再拒收商品。由于没有发生结算与购销关系，只需在拒收商品时，将拒收商品记入"代管商品物资"表外账户的借方。

2）先拒收商品，后拒付货款

出口企业收购出口商品，在货到单未到情况下，企业收到商品时，发现商品与购销合同不符，可拒收商品，将拒收商品记入"代管商品物资"表外账户的借方，等银行转来托收凭证时，再拒付货款。

3）先承付货款，后拒收商品

出口企业收购出口商品，在单到货未到情况下，企业收到银行转来的托收凭证，将内附的专用发票与购销合同核对相符后，承付货款。等商品到达验收时，发现商品与购销合同不符，除了将拒收商品记入"代管商品物资"表外账户的借方外，还应将拒收商品的货款、增值税额及运杂费，分别从"商品采购"账户、"应交税费"账户和"销售费用"账户一并转入"应付账款"（Accounts Payable）账户。待业务部门与供货单位协商解决后，再进一步作出账务处理。

【例3-7】 烟台电器进出口公司向青岛海尔公司购进冰箱800台，每台3 000元，计货款2 400 000元，增值税额312 000元；运费2 400元，增值税额216元。采用托收承付结算方式。

（1）银行转来青岛海尔公司托收凭证、已认证相符的增值税专用发票（发票联），经审核无误，予以承付。作会计分录如下：

借：商品采购——出口商品采购（青岛海尔公司） 2 400 000
　　应交税费——应交增值税（进项税额） 312 216
　　销售费用——进货运杂费 2 400
　　贷：银行存款 2 714 616

（2）商品到达后，验收时发现其中有10台冰箱质量不符合同规定，予以拒收，由业务部门与对方联系解决，拒收商品代为保管。

① 合格的790台冰箱已验收入库，结转商品采购成本。作会计分录如下：

借：库存商品——库存出口商品 2 370 000
　　贷：商品采购——出口商品采购（青岛海尔公司） 2 370 000

② 将拒收10台冰箱的货款、增值税额及该部分商品应承担的运杂费转入"应付账款"账户。作会计分录如下：

借：商品采购——出口商品采购（青岛海尔公司） 30 000
　　应交税费——应交增值税（进项税额） 3 900
　　销售费用——进货运杂费 30
　　贷：应付账款——青岛海尔公司 33 930

同时，借：代管商品物资 30 000元（10台）

（3）经联系后，对方同意将拒收的10台冰箱退回。

① 以库存现金垫付退回10台冰箱的运杂费100元。作会计分录如下：

借：应付账款——青岛海尔公司 100
　　贷：库存现金 100

② 青岛海尔公司汇来退货款、增值税额及垫付的运杂费计34 030元，存入银行。作会计分录如下：

借：银行存款 34 030
　　贷：应付账款——青岛海尔公司 34 030

同时，贷：代管商品物资 30 000元（10台）

3. 购进商品发生退、补价款的核算

出口企业国内购进的商品，有时由于供货单位疏忽，发生价格错误，需要调整商品货款，因此就发生了商品退补价的核算。另外，在采购新产品，供销双方对该产品尚未核定销售价格时，由于先据以进行货款结算的商品协商暂定价，与后来供销双方正式核定的商品价格不同，就会产生价款多退少补的问题。此外，当生产用料调价，供需双方需要协商调整商品进价时，也会发生购进商品退补价的情况。

购进商品发生退补价时，一般应由供货单位填制退补价发票。退价时填制红字发票，补价时填制蓝字发票送交购货单位。购货单位业务部门按核定价格核实购货数量和金额后，送交财会部门据以收款或付款。

在对所购进商品进行退补价时，有两点需要注意：

一是，退补价只调整商品金额，不涉及数量；

二是，退补价的商品若已部分售出并已结转成本，还应相应调整该部分商品的销售成本。

1）购进商品退价的核算

购进商品退价（Reimbursement）是指原先结算货款的进价高于实际进价，应由供货单位将高于实际进价的差额退还给购货企业。购货单位财会部门接到供货单位送来的红字退价发票，应收对方退回的多收货款。

【例 3 - 8】 北京文化进出口公司向北京文具厂购进 HB 铅笔 1 000 箱，每箱 350 元，已钱货两讫。今收到北京文具厂开来红字更正发票，列明每箱应为 345 元，应退货款 5 000 元，增值税额 650 元，退货和退税款尚未收到。作会计分录如下：

借：应付账款——北京文具厂   5 650

    库存商品——库存出口商品   5 000

    应交税费——应交增值税（进项税额）   650

若上述核定价格的商品中，有 20 箱已售出，则应冲销这部分商品的销售成本，作会计分录如下：

借：应付账款——北京文具厂   5 650

    自营出口销售成本   100

    库存商品——库存出口商品   4 900

    应交税费——应交增值税（进项税额）   650

2）购进商品补价的核算

购进商品补价（Compensation）是指原先结算货款的进价低于实际进价，应由购货企业将低于实际进价的差额补付给供货单位。购货单位财会部门收到购货单位送来的蓝字补价发票经审核同意后，应立即汇出补价货款给供货单位。

【例 3 - 9】 北京文化进出口公司向北京文具厂购进 HB 铅笔 1 000 箱，每箱 350 元，已钱货两讫。今收到北京文具厂更正发票，列明每箱应为 355 元，应补付货款 5 000 元，增值税额 650 元。作会计分录如下：

借：库存商品——库存出口商品 5 000
应交税费——应交增值税（进项税额） 650
贷：应付账款——北京文具厂 5 650

若上述核定价格的商品中，有 20 箱已售出，则应追加这部分商品的销售成本，作会计分录如下：

借：库存商品——库存出口商品 4 900
应交税费——应交增值税（进项税额） 650
自营出口销售成本 100
贷：应付账款——北京文具厂 5 650

4. 购货退回（进货退出）和调换的核算

购货退回（进货退出）和调换是指商品购进验收入库后，经拆包检验，因发现数量、质量、品种、规格与合同不符，再将商品退回原供货单位或调换商品。购货退出多发生于入库后复验商品时。购货企业应及时与供货单位联系，调换或补回商品，或者作进货退出处理。在发生进货退出业务时，由供货单位开出红字专用发票，购货企业业务部门根据供货单位开来的红字专用发票填制"进货退出单"，通知储运部门发运商品，储运部门退货后，加盖"退货"戳记，送交财会部门，财会部门根据储运部门转来的"进货退出单"，据以进行进货退出的核算。

【例 3 - 10】 苏州服装进出口公司 20×9 年 8 月 1 日向苏州服装厂购进真丝睡衣 500 件，每件 600 元，货款已付讫。今拆包复验发现其中 50 件质量不符要求，经联系后同意退货。

① 8 月 25 日，收到苏州服装厂退货的红字专用发票，开列退货款 30 000 元，退增值税额 3 900 元，并收到业务部门和储运部门分别转来的"进货退出单"（结算联）和"进货退出单"（出库联）。作会计分录如下：

借：应付账款——苏州服装厂 33 900
应交税费——应交增值税（进项税额） 3 900
贷：库存商品——库存出口商品 30 000

② 9 月 1 日，收到对方退来货款及增值税额的转账支票 34 800 元，存入银行。作会计分录如下：

借：银行存款 33 900
贷：应付账款——苏州服装厂 33 900

购货企业收购入库的出口商品经检验，发现其数量、质量、品种、规格与合同不符，经与购货单位协商同意，也可调换商品。作会计分录如下：

借：库存商品——库存出口商品（换入商品）
贷：库存商品——库存出口商品（换出商品）

3.2　出口商品加工业务的方式及核算

出口商品加工业务（Export Processing Business）是指将一种商品或原材料加工成另一种商品或原材料的工业性活动。通过商品加工，可以增加出口商品的花色品种，提高产品的档次，增加出口商品的附加值，以增强出口商品的竞争能力。

本章主要介绍收购国内原材料或半成品加工为适合国际市场需要的出口成品的加工业务，如收购毛茶加工成红茶、绿茶等。

3.2.1　出口商品的加工方式

少数出口企业拥有自属加工厂，可以自营加工；而多数出口商品的加工业务是由工业部门进行的，加工方式一般分为以下几种。

1. 作价加工

作价加工（Price Fixed Processing）是指出口企业与加工生产企业通过购销关系加工原材料和半成品的加工方式。采用这种加工方式，首先双方应签订加工协议、合同，由出口企业将原材料或半成品作价销售给加工厂；加工厂按合同要求加工成成品，再作价由出口企业购回。双方都要按合同规定的价格结算价款。

2. 委托加工

委托加工（Commission Processing）是指出口企业将原材料等加工对象拨给加工厂，以支付加工费的形式委托加工厂加工成成品再收回的一种加工方式。采用这种加工方式，双方首先仍应签订委托加工协议、合同，出口企业将原材料等加工对象按合同规定拨付给加工厂，不进行价款结算，不转移货物所有权；加工厂加工成成品后，出口企业收回成品，并按合同规定支付加工费。

3. 自营加工

自营加工（Self - Processing）是指出口企业将原材料等加工对象拨给自属加工厂进行加工的一种加工方式。自属加工厂如实行独立核算，也同样收取加工费；如不独立核算，实际发生的加工费用，向上级企业报账。加工费用，构成加工商品的成本。

3.2.2　出口商品加工业务的核算

1. 作价加工业务的核算

1）作价加工业务的核算程序

作价加工方式的核算程序主要分为以下两步。

（1）作价拨付原材料

出口企业业务部门根据与加工厂签订的作价加工合同的规定，填制注明"作价加工"标记的

"出库通知单"一式数联，分送有关部门，财务部门据以作销售处理，并向加工厂作价结算。

（2）作价购回成品

加工厂按作价加工合同交来成品时，由出口企业业务部门开具"入库通知单"一式数联，分送有关部门。储运部门通知仓库验收入库并开具"入库验收单"一式数联，分送业务、财会部门。财会部门根据"入库通知单""入库验收单"和加工厂转来的销售发票，进行购货处理并办理货款结算。

2）账户设置及账务处理

由于作价拨付原材料不属企业的商品销售业务，因此出口企业通过"其他业务收入"（Revenues from Other Operations）和"其他业务成本"（Cost on Other Operations）账户来核算作价拨付原材料的销售收入和销售成本。

【例 3 - 11】（1）苏州绣品进出口公司为履行与美国出口丝绸的合同，与国内 A 加工厂签订作价加工丝绸合同，并以总价 6 000 元（不含税）作价销售蚕丝一批给 A 加工厂，并当即收到货款。该批蚕丝进价为 5 500 元，适用增值税税率为 13%。

销售蚕丝给 A 加工厂，并收回价税款项。作会计分录如下：

借：银行存款 6 780
　　贷：其他业务收入——作价加工 6 000
　　　　应交税费——应交增值税（销项税额） 780

根据"出库通知单"结转成本。作会计分录如下：

借：其他业务成本——作价加工 5 500
　　贷：原材料——蚕丝 5 500

（2）A 加工厂完工后交回丝绸 800 米，价值 16 000 元（不含税），已验收入库。取得的增值税专用发票已认证相符，当即支付货款，适用增值税税率为 13%。作会计分录如下：

借：库存商品——库存出口商品（丝绸） 16 000
　　应交税费——应交增值税（进项税额） 2 080
　　贷：银行存款 18 080

2. 委托加工业务的核算

1）委托加工业务的核算程序

（1）拨付材料物资

出口企业业务部门根据与加工厂签订的委托加工合同规定，填制"委托加工商品拨料单"一式数联，分送有关部门，财会部门据以结转原材料成本。

（2）收回成品，支付加工费及税金

加工厂交来成品时，由业务部门开具"委托加工成品入库单"一式数联，经仓库点验入库加盖戳记后转交财会部门，财会部门审核无误后，办理加工费、税费的结算。财会部门应按加工商品批次将"加工拨料单""加工费支付通知单""成品入库单"等配对，计算加工商品成本，编制"加工商品成本计算表"，并据以转入商品账。

2）账户设置及账务处理

出口企业设置"委托加工物资"（Commodity on Consignment for Further Processing）账户，核算企业委托其他单位加工或自营加工的各种商品的实际成本。该账户按加工商品的类别、加工合同、加工批次、加工单位等设置明细账。

【例 3-12】　苏州绣品进出口公司与 B 服装厂签订委托加工合同，定做真丝睡衣 500 件。苏州绣品进出口公司提供丝绸 800 米，价值 72 000 元，拨付衣料丝绸时，作会计分录如下：

借：委托加工物资——真丝睡衣　　　　　　　　　　72 000
　　贷：原材料——丝绸　　　　　　　　　　　　　　　72 000

B 服装厂加工完成交回成品，货已验收入库，并按合同规定支付加工费每件 120 元，该产品增值税率为 13%，财会部门根据"委托加工成品入库单"及银行回单，作会计分录如下：

借：委托加工物资——真丝睡衣　　　　　　　　　　60 000
　　应交税费——应交增值税（进项税额）　　　　　　7 800
　　贷：银行存款　　　　　　　　　　　　　　　　　67 800

成品入库后，作会计分录如下：

借：库存商品——库存出口商品（真丝睡衣）　　　　132 000
　　贷：委托加工物资——真丝睡衣　　　　　　　　　132 000

3. 自营加工业务的核算

出口企业的自营加工业务，如由独立核算的自属加工厂承担，其核算程序及账务处理与前述委托加工或作价加工相同。

而真正具有自营性质的加工业务是由自属不独立核算的加工厂进行的。这种加工方式的会计处理类似于工业企业产成品生产过程的会计核算，其主要核算目的仍是核算加工商品的成本，加工商品成本包括原材料的成本，支付工人的职工薪酬、与加工过程有关的制造费用及税费等内容，这些成本构成要素可通过"生产成本"（Production Cost）或专设"加工商品"（Processing of Goods）账户来核算。

本 章 小 结

1. 出口商品购进其他业务核算会计分录，如表 3-1 所示。

表 3-1　出口商品购进其他业务核算会计分录表

出口商品购进其他业务		其他业务发生的会计分录	其他业务查明原因、处理的会计分录
购进商品发生短缺或溢余	购进商品发生短缺	货款已付；商品到达、发现短缺： 借：待处理财产损溢 　　贷：商品采购——出口商品采购 　　　　应交税费——应交增值税（进项税额转出）	（1）原因：供货单位少发商品； 　　　处理：退货款。 借：应付账款 　　贷：待处理财产损溢

出口商品购进其他业务	其他业务发生的会计分录	其他业务查明原因、处理的会计分录
购进商品发生短缺或溢余	购进商品发生短缺 货款已付；商品到达，发现短缺： 借：待处理财产损溢 　贷：商品采购——出口商品采购 　　　应交税费——应交增值税（进项税额转出）	(2) 原因：供货单位少发商品； 　　处理：供货单位补发商品。 借：库存商品——库存出口商品 　贷：应交税费——应交增值税 　　　（进项税额转出）（红字） 　　　待处理财产损溢
		(3) 原因：超定额损耗； 　　处理：转作"销售费用"。 借：销售费用——商品损耗 　贷：待处理财产损溢
		(4) 原因：自然灾害等原因； 　　处理：转作"营业外支出"等。 借：营业外支出、管理费用 　　　其他应收款 　贷：待处理财产损溢 　　　应交税费——应交增值税（进项税额转出）（红字） （注：自然灾害净损失对应的进项税额可以抵扣。）
	购进商品发生溢余 货款已付；商品到达，发现溢余： 借：库存商品——库存出口商品 　贷：待处理财产损溢	(1) 原因：供货单位多发商品； 　　处理：作为商品购进，付款。 借：待处理财产损溢 　贷：商品采购——出口商品采购 借：商品采购——出口商品采购 　　　应交税费——应交增值税（进项税额） 　贷：银行存款
		(2) 原因：供货单位多发商品； 　　处理：溢余商品退回。 借：待处理财产损溢 　贷：库存商品——库存出口商品
		(3) 原因：运输途中自然升溢； 　　处理：冲减"销售费用"。 借：待处理财产损溢 　贷：销售费用——商品溢余
购进商品发生拒付货款和拒收商品	先拒付货款，后拒收商品： 借：代管商品物资（表外账户）	处理：拒收商品退回。 贷：代管商品物资（表外账户）
	先拒收商品，后拒付货款： 借：代管商品物资（表外账户）	处理：拒收商品退回。 贷：代管商品物资（表外账户）
	先承付货款，后拒收商品：（货款已付；商品到达拒收、代为保管。） 借：商品采购——出口商品采购（红字） 　　　应交税费——应交增值税（进项税额）（红字） 　　　销售费用——运杂费（红字） 　贷：应付账款（红字） 同时，借：代管商品物资	处理：将拒收商品退回，供货方汇来退款： 借：银行存款 　贷：应付账款 同时，贷：代管商品物资

续表

出口商品购进 其他业务	其他业务发生的会计分录	其他业务查明原因、处理的会计分录
购进商品发生退补价	购进商品退价	(1) 结算价款高于实际价格，收供货方退款；商品未售出： 　借：应付账款、银行存款 　　　库存商品——库存出口商品（红字） 　　　应交税费——应交增值税（进项税额） 　　　　　　　　　（红字） (2) 结算价款高于实际价格，收供货方退款；商品部分售出： 　借：应付账款、银行存款 　　　库存商品——库存出口商品（红字） 　　　自营出口销售成本（红字） 　　　应交税费——应交增值税（进项税额） 　　　　　　　　　（红字）
	购进商品补价	(1) 结算价款低于实际价格，补付供货方货款；商品未售出： 　借：库存商品——库存出口商品 　　　应交税费——应交增值税（进项税额） 　　　贷：应付账款 (2) 结算价款低于实际价格，补付供货方货款；商品部分售出： 　借：库存商品——库存出口商品 　　　应交税费——应交增值税（进项税额） 　　　自营出口销售成本 　　　贷：应付账款
购进商品发生退回		(1) 货款已付；进货退出： 　借：应付账款 　　　应交税费——应交增值税（进项税额） 　　　　　　　　　（红字） 　　　贷：库存商品——库存出口商品 收到退货款： 　借：银行存款 　　　贷：应付账款
		(2) 货款已付；调换商品： 　借：库存商品——库存出口商品（换入商品） 　　　贷：库存商品——库存出口商品（换出商品）

习　　题

一、单项选择题

1. 出口商品收购方式主要有（　　　）两种方式。

A. 直接收购和间接收购　　　　　　B. 提货制与发货制

C. 送货制与提货制　　　　　　　　D. 发货制与送货制

2. 涉外企业向外地收购出口商品，一般采用（　　）方式。

A. 送货制　　　　B. 提货制　　　　C. 发货制　　　　D. 订货制

3. 国内异地购进商品时，货款结算一般采用（　　）方式。

A. 信用证　　　　B. 汇付　　　　C. 托收承付　　　　D. 支票

4. 涉外企业在本地收购出口商品时，送货制是本地收购的主要形式，其货款结算（　　）。

A. 一般采用现金结算方式

B. 一般采用银行汇票结算方式

C. 一般采用信用证结算方式

D. 一般采用支票结算方式

5. 收购出口商品的货款结算应遵循（　　）原则。

A. 订购大型设备，不预付定金

B. 单到付款，不收货物不付货款

C. 单到付款，先交税金后付货款

D. 商品发运托收、单货同到、钱货两清

6. 出口商品国内购进采用提货制交接方式下，提货过程中发生的费用和运输途中的商品损耗由（　　）负担。

A. 涉外企业　　　　B. 国内供货方　　　　C. 运输公司　　　　D. 国外进口方

7. 出口商品购进在采用（　　）交接方式下，有关费用的负担，由购销双方在合同中明确规定。

A. 送货制　　　　B. 提货制　　　　C. 发货制　　　　D. 就地代管

8. 在（　　）情况下，需要将拒收商品的货款及相关税费转入"应付账款"账户。

A. 先拒付货款，后拒收商品　　　　B. 先拒收商品，后拒付货款

C. 拒付货款，同时拒收商品　　　　D. 先承付货款，后拒收商品

9. 进出口企业的库存商品发生短缺、经查属于企业管理不善时，应将这部分损失额计入（　　）账户。

A. 营业外支出　　　　B. 销售费用　　　　C. 管理费用　　　　D. 库存商品

10. 涉外企业购进商品对暂定价进行退补价时，应注意（　　）。

A. 购进商品退补价，既要调整金额，又要调整购进数量

B. 购进商品退补价，不调整金额，只调整购进数量

C. 购进商品退补价，只调整金额，不涉及购进数量

D. 购进商品退补价，先进行退货，再协商调整金额

二、多项选择题

1. 出口商品的交接方式有（　　）。

　　A. 送货制　　　　　　B. 提货制　　　　　C. 发货制　　　　　D. 厂商就地保管制

2. 一般纳税人企业委托代购出口农副产品的成本由（　　）组成。

　　A. 买价　　　　　　　B. 进项税额　　　　C. 代购费用　　　　D. 代购手续费

3. 出口商品购进的交接方式中，适用于本地购货的有（　　）。

　　A. 送货制　　　　　　B. 提货制　　　　　C. 发货制

　　D. 厂商就地保管制　　E. 各种方式均适用

4. 涉外企业在收购出口商品时，在单到货未到的情况下，当发现商品金额不符合合同规定而全部拒付时，在账务处理上应（　　）。

　　A. 拒付货款

　　B. 待以后商品到达，作为代管物资处理

　　C. 在账上先暂估入账，等商品到达并退货后以红字冲销

　　D. 待商品到达后，立即暂估入账，待退货后以红字冲销

5. 涉外企业的"库存商品"账户设置的明细账有（　　）。

　　A. 库存进口商品　　　　　　　　　　　B. 库存出口商品

　　C. 其他库存商品　　　　　　　　　　　D. 周转材料

三、判断题

1. 企业购进的出口商品应以进货原价加上购进环节的税金为其采购成本。　　　（　　）

2. 商品退补价的核算既涉及数量，又涉及金额。　　　　　　　　　　　　　（　　）

3. 在对库存出口商品挑选整理、改装过程中发生的各项费用支出，一律作为商品储存保管中的损耗，作为"销售费用"处理。　　　　　　　　　　　　　　　　　（　　）

4. 一般纳税人购进出口商品所发生的金额较小的运杂费、手续费、增值税额以及入库后的整理挑选费不必计入采购成本。　　　　　　　　　　　　　　　　　　　（　　）

5. 出口商品的加工方式一般分为作价加工、委托加工、自营加工等。　　　　（　　）

四、业务处理题

1. 某出口公司 20×1 年 10 月发生下列经济业务：

（1）3 日，业务部门转来海口灯具厂开来的增值税专用发票（已认证相符），开列台灯 3 000 盏，每盏 40 元，计价款 120 000 元，增值税额 15 600 元，并收到自行填制的收货单，经审核无误，当即签发转账支票付讫。

（2）5 日，储运部门转来收货单，向海口灯具厂购进的台灯全部验收入库，结转其采购成本。

（3）8 日，银行转来保定灯具厂托收凭证及增值税专用发票（已认证相符），开列吊灯 300 件，每件 250 元，计货款 75 000 元，增值税额 9 750 元，运费 1 000 元（取得增值税专用发票，运费记入"销售费用"账户），经审核无误当即承付。

（4）21 日，储运部门转来保定灯具厂吊灯的收货单，吊灯全部验收入库，结转其采购成本。

（5）31 日，储运部门转来向沈阳灯具厂购进 1 000 只灯罩的收货单．已验收入库，按暂估价 70 000 元入库。

要求：根据上述资料，编制相关会计分录。

2．天津食品进出口公司 20×1 年 6 月份发生下列有关的经济业务：

（1）1 日，业务部门转来康泰食品厂开来的增值税专用发票，开列牛肉干 1 000 千克，每千克 72 元，计货款 72 000 元，增值税额 9 360 元；并收到自行填制的收货单，经审查无误，当即签发转账支票付讫。

（2）3 日，储运部门转来收货单，向康泰食品厂购进牛肉干 1 000 千克，牛肉干已全部入库。

（3）4 日，业务部门转来康泰食品厂的更正发票，更正本月 1 日发票错误，列明牛肉干每千克应为 70 元，应退货款 2 000 元，增值税额 260 元。

（4）6 日，收到康泰食品厂转账支票一张，金额 2 260 元，系付来退货价款及增值税额，转账支票已存入银行。

（5）8 日，业务部门转来阳光食品厂的更正专用发票，更正上月 31 日发票错误。原发票列明 3 000 箱豆粉，每箱 28.40 元，现每箱应为 29.30 元，补收货款 2 700 元，增值税额 351 元。经审查无误，当即以转账支票付讫。

（6）10 日，业务部门转来宁波食品厂开来的专用发票，开列啤酒 12 500 听，每听 10 元，计货款 125 000 元，增值税额 16 250 元；经审查无误，当即签发转账支票付讫。

（7）12 日，向宁波食品厂购进啤酒 12 500 听，每听 10 元，货已全部验收入库。储运部门转来入库单，结转其采购成本。

（8）13 日，开箱复验商品，发现 12 日入库的啤酒中有 1 250 听系可乐饮料，与宁波食品厂联系后该厂同意退货。收到其退货的红字专用发票，应退货款 12 500 元，应退增值税额 1 625 元，并收到业务部门和储运部门分别转来的进货退出单。

（9）20 日，银行转来福州土产公司托收凭证，开列黑木耳 2 000 千克，每千克 45 元，计货款 90 000 元，增值税额 11 700 元，运费 900 元（取得增值税专用发票，运费记入"销售费用"账户）。查验与合同相符，当即承付。

（10）22 日，福州土产公司发来黑木耳，验收时实收黑木耳 2 021 千克，溢余 21 千克，每千克 45 元。储运部门送来商品购进溢余报告单，原因待查。

（11）26 日，银行转来杭州茶叶厂托收凭证，附来专用发票开列白菊 3 500 千克，每千克 20 元，计货款 70 000 元，增值税额 9 100 元。查验与合同相符，当即承付。

（12）28 日，杭州茶叶厂发来白菊，验收时实收白菊 3 448 千克，短缺 52 千克，每千克 20 元。储运部门送来商品购进短缺报告单，原因待查。

（13）29 日，业务部门查明 22 日溢余 21 千克黑木耳，其中 1 千克是运输途中的自然升溢；20 千克系对方多发，经与对方联系后同意作为购进处理，已由对方补来专用发票，同时，汇出货款 900 元，增值税额 117 元。

（14）30 日，业务部门查明 28 日短缺 52 千克白菊，每千克 20 元，其中 2 千克是储运途中的超定额自然损耗；30 千克系供货单位少发商品，经联系后，已开来退货的红字专用发票，应退货款 600 元，增值税额 78 元；还有 20 千克是储运部门提货人员失职造成的，经领导审批后决定：其中 40％责成失职人赔偿，其余 60％作为企业损失处理，记入"管理费用"账户。

要求：根据上述资料，编制相关会计分录。（假设取得的增值税专用发票已认证相符）

3. 苏州工艺品进出口公司 20×1 年 5 月份发生下列有关的经济业务：

（1）1 日，杭州笔筒厂发来笔筒 1 100 箱，每箱 100 元，货款计 110 000 元，验货时。发现其中 110 箱系笔架，予以拒收，拒收商品代为保管。合格的 990 箱全部收入库。

（2）3 日，银行转来杭州笔筒厂托收凭证，笔筒 1 100 箱，每箱 100 元，计货款 110 000 元，增值税额 14 300 元，运费 600 元（取得增值税专用发票，运费记入"销售费用"账户）。查该商品已于 1 日入库，其中 110 箱拒收，当即开具拒绝付款理由书，拒付 110 箱笔筒货款、增值税额及其运费，同时承付已入库笔筒货款、增值税额及运杂费。

（3）4 日，银行转来潍坊风筝厂托收凭证，开列风筝 15 箱，每箱 4 000 元，计货款 60 000 元，增值税额 7 800 元，运费凭证 500 元（取得增值税专用发票，运费记入"销售费用"账户）。查验与合同相符，当即承付全部款项。

（4）5 日，本月 1 日拒收的 110 箱笔架经联系后同意作为购进货物。对方开来专用发票开列笔架 110 箱，每箱 90 元，计货款 9 900 元，增值税额 1 287 元，当即由银行汇去货款及以前拒付的运杂费。

（5）7 日，收到潍坊风筝厂风筝 15 箱，验收时发现其中 4 箱质量不符合要求，予以拒收，商品代为保管，由业务部门与对方联系解决。合格的 11 箱商品已验收入库。

（6）9 日，经联系后，潍坊风筝厂要求将拒收的 4 箱风筝退回。今以现金 100 元代垫退回潍坊风筝厂的运杂费，同时向银行办妥退货款、增值税额及代垫运杂费的托收手续。

要求：根据上述资料，编制相关会计分录。

4. 某粮食进出口公司 20×1 年 7 月份发生下列有关的经济业务：

（1）从外地购进玉米 500 吨，每吨 2 500 元，收到农产品销售发票，按 9％扣除率抵扣进项税额。2 日，单到货未到，根据结算凭证承付货款；8 日，玉米到货，验收入库时发现，实收数量为 505 吨，原因待查；12 日，经查明，5 吨溢余中 1 吨属于自然溢余，另外 4 吨属于供货单位多发造成，经协商，由对方补来农产品销售发票，本公司做商品购进处理。

（2）上月从外地购进葵花籽 5 吨，每吨单价 5 000 元，总计 25 000 元，收到农产品销售发票，按 9％扣除率抵扣进项税额。货物已到，验收入库并已结清货款。现今供货单位发现该商品每吨单价应为 4 800 元，应由供货单位退回货款 1 000 元，供货单位开来红字退价发票，并退回货款。该商品有 2 吨已出口销售。

（3）从外地购进榴莲 220 箱，每箱单价 500 元，共计 110 000 元，收到农产品销售发票，按 9％扣除率抵扣进项税额。收到银行转来的托收凭证、农产品销售发票及运费单据，财会部门验单时发现有 20 箱商品规格不符合规定，当即填写"部分拒付理由书"送交银行，其余款项通过银行转账支付。

要求：根据上述资料，编制相关会计分录。

5.（1）某出口企业为出口需要，与国内甲加工企业签订作价加工杏仁的合同，该出口企业拨出杏 5 000 千克，每千克作价 4 元，收回杏仁 3 000 千克，每千克作价 7 元，适用的增值税率为 13%。

要求：作出以下会计分录：

① 企业拨出杏给加工企业，并收回价税款；

② 假设杏每千克进价为 3 元，结转销售成本；

③ 收回杏仁，以银行存款支付价税款。

（2）承（1），假定双方确定每千克杏仁的加工费为 1.5 元，其他有关条件不变。

要求：作出以下会计分录：

① 出口企业拨付原材料给加工企业；

② 企业收回加工商品杏仁，并以银行存款支付加工费用。取得的增值税专用发票已认证相符。

（3）承（1），假定加工杏仁的业务由出口企业所属的加工厂完成，该加工厂不实行独立核算，在加工过程中，发生生产工人工资及其他费用合计 5 100 元，均以现金支付。

要求：作出以下会计分录：

① 领用原材料杏；

② 支付有关费用；

③ 加工完成，商品验收入库。

五、简答题

1. 出口商品购进按照收购方式不同可以分为哪几种？其含义是什么？

2. 出口商品购进有哪些交接方式？

3. 简述出口商品收购的程序。

4. 进行出口商品收购业务的会计核算时，应设置哪些主要账户？

5. 出口商品购进发生短缺和溢余，如何进行账务处理？

6. 出口商品购进发生拒付货款和拒收商品，如何进行账务处理？

7. 出口商品购进发生退、补价款，如何进行账务处理？

8. 出口商品购进发生进货退出、调换，如何进行账务处理？

9. 出口商品加工业务有哪几种方式，分别如何进行账务处理？

第4章
出口商品销售业务的核算

▶▶ 学习目标

知识目标:

1. 了解出口商品销售的意义和种类;

2. 熟悉出口商品销售业务程序;

3. 熟悉出口商品销售的单证管理及流程;

4. 明确自营出口销售确认的时间及标准;

5. 掌握自营出口销售业务会计核算的账户及结构;

6. 掌握自营出口销售一般业务会计核算的程序及方法;

7. 掌握自营出口销售其他业务会计核算方法;

8. 明确代理出口销售业务会计核算的特点;

9. 掌握代理出口销售业务会计核算的程序及方法。

能力目标:

1. 能进行出口销售业务单证的财务审核;

2. 能进行自营出口销售发出商品、交单、收汇的账务处理;

3. 能进行自营出口销售支付国内外费用、预估国外费用的账务处理;

4. 能进行退关、退货、寄售、索赔、理赔、退补价、调换商品的账务处理;

5. 能进行代理出口业务的账务处理。

4.1 出口业务概述

4.1.1 出口业务的意义

出口业务(Export Business)是指出口企业将工农业产品、技术产品在国际市场上推广销售、取得外汇的业务。

出口业务在对外贸易中处于主导地位，没有出口，就没有进口。出口是出口企业创汇的主要渠道，也是我国外汇收入的主要来源。一切具有进出口业务经营权的企业，都必须积极组织商品的出口，不断扩大出口数量，增加外汇收入，降低出口成本。

因此，加强出口企业出口环节的会计核算与管理，对我国出口企业扩大出口规模、安全及时收汇、降低出口成本、提高出口企业经济效益发挥着重要作用。

4.1.2　出口业务的主要方式

按照经营性质的不同，出口业务分为贸易出口和援外出口两大类。贸易出口是指经营出口贸易的企业签订出口合同、采用国际贸易中的各种贸易方式出口商品收取外汇的业务。援外出口是指上级有关部门根据我国与受援国政府间签订的协定或协议，逐级下达给有关出口企业执行的出口业务。

贸易出口是主要出口业务。贸易出口按经营责任不同，分为自营出口和代理出口。

自营出口（Self - Employed Export）是指企业自主经营、自筹资金、自负盈亏的出口业务。

代理出口（Agent Export）是指企业受托代理其他单位经营的出口业务，经营的盈亏由委托单位负责，代理企业仅收取一定比例的手续费。

4.1.3　出口业务的程序

出口业务的基本程序大体上可以分为以下 3 个步骤。

1. 出口交易前的准备工作

为了使我国商品能顺利进入国际市场，在进行交易之前企业必须做大量的调查研究工作，以充分了解国外市场的有关情况。在准备阶段主要是选择目标市场和交易对象、制定商品经营方案、建立业务关系等方面的工作。这是交易磋商顺利进行的保证，也是履行合同的基础。

2. 出口交易的磋商和合同的签订

出口业务的买卖双方为进行商品交易，事先要进行交易磋商。一笔交易的磋商过程大致上可以分为四个环节，即：询盘（Inquiry）、发盘（Offer）、还盘（Counter - Offer）和接受（Acceptance）。

合同（Contract）是缔约双方通过磋商就某一项具体业务确定各方权利和义务并取得意见一致的书面协议。书面合同一般由出口方填制，经双方核对无误并签字后，各执正本一份，据以执行。书面合同有两种形式，即销售合同和销售确认书，销售合同条款的内容包括商品品名、品质、数量、包装、价格、装运、保险、支付方式、商品检验、索赔、不可抗力和争议的处理办法等。销售合同的内容比较全面、详细、具体，包括所有已议妥的交易条件和条款，列明缔约双方全部权利和义务，多用于大宗或重要商品的交易。销售确认书经双方签字后，同样具有销售合同的效力，但其内容较正式合同简单，只包括交易的主要内容，不列明不可抗力、异议、索赔、仲裁等条款，多用于金额不大的商品交易。书面合同一般按贸易方式称呼，如易货合同、寄售合同、包销合同等；也可按价格条件称呼，如 FOB 合同、CIF 合同等；还可按时间长短称呼，如长期合同、预约合同等。

3. 出口合同的履行

合同签订后，买卖双方都应贯彻"重合同、守信用"的原则，严肃地履行合同。出口方履行合同的过程可以分为备货、催证和审证、租船订舱、制单结汇等几个主要环节。

1）备货、申请出口配额（Quota）与许可证（Export Licence）、商检（Commodity Inspection）

出口企业应根据合同或信用证的规定，按时、按质、按量地准备好出口商品。凡属出口配额和出口许可证管理范围内的商品，还必须在货物出口前向管理部门领取货物出口许可证，并于货物出口报关时提交给海关。

凡属法定检验的出口商品，在备货完毕和确定出口装运条件后，须在规定的地点和期限内向检验检疫机构办理报检手续。只有商检合格取得商检机构出具的商检证书或出境货物通关单，海关才准予放行。

2）催证、审证、改证

采用信用证支付方式出口成交的合同，如进口方未按时开立信用证，出口企业可以某种通信方式催促进口方开立信用证。采用托收、汇付或其他方式结算货款的出口业务，就没有这个环节。

收到国外买方开来的信用证后，我方银行和出口企业都必须对信用证进行认真的核对和审查。出口企业主要侧重于审查信用证的内容与所订合同是否一致，以保证安全收汇。

信用证经审核，如发现信用证条款有与合同或"UCP500"规定不符，且出口企业无法接受，就应向进口商提出修改信用证。

3）租船订舱（Booking Transportation）、报关（Clearing Customs）、保险（Insurance）

出口企业在货证齐全和无误的条件下，如果合同规定由卖方负责运输，出口企业就需安排订舱事宜。出口企业既可直接找船公司或船公司的代理人洽订舱位，也可委托货运代理公司代其洽订舱位（需提供订舱委托书 Shipping Note 及其他单证）。租船订舱工作完成之后，出口企业可凭承运人签发的装货单（Shipping Order，S/O）等办理报关手续。

商品装运前，出口企业应在海关规定的期限内自行或委托报关企业办理报关业务。

出口方填写报关单并提供其他有关报关单据（如商业发票、装箱单、重量单、出口许可证、商检证等），向海关申报出口。经海关查验货物、审核单证无误、完成出口纳税手续后，海关在报关单证和查验货物记录上签章，在装货单上加盖放行章，准予货物出境。

合同规定由出口企业负责投保的，出口企业备妥货物并确定装运日期和运输工具后（收到经船公司签署的配舱回单后），及时填写投保单，向保险公司办理投保手续并支付保险费，领取保险公司签发的保险单据。按 FOB 离岸价格条件成交的合同，则没有租船、订舱、保险等环节。

4）装运（Loading on Board）、发货通知（Advising）

海关放行后，出口企业或其代理人即可凭有海关放行章的装货单，与有关的港务部门和理货人联系，做好装船准备工作，待轮船到达后，凭装货单装船。装船后，出口企业取得收货单（又称大副收据，Mate's Receipt，M/R），支付运费后，向船公司或代理换取已装船提单（The Bill of Lading），并在货物装船后立即向国外买方发出装船通知（Shipping Advice），以便国外买方及时收货、付款。

5）制单（Documentation）、结汇（FX Clearing）

装船完毕，出口企业即可按信用证的要求准备各种单据，并在交单有效期内向银行交单（Presentation of Documents），办理结汇手续。

结汇可分为买单结汇（议付行买入出口方提交的汇票单据，扣除利息手续费，余额结汇给出口企业）、收妥结汇（国内银行将全套单据寄交国外付款行，待收到对方付款后，再对出口企业付款）、定期结汇（国内议付行根据向国外付款行索偿时间，预定一个固定的结汇期限，到期后主动将票款付给出口企业）。

6）出口索赔（Claim）和理赔（Settlement of Claim）

出口合同履约过程中，如买方未按合同规定履约，从而造成出口企业经济损失者，出口企业应向外商提出索赔。

若由于出口企业所交货物的品质、数量、包装不符合合同规定，或发货延迟，错发货物等问题使进口商遭受损失，就会导致出口企业对外理赔。

索赔、理赔的政策性较强，既要维护双方的合法权益，又要不影响双方的贸易关系。

7）出口退税（Export Refund）

符合国家规定范围的出口货物在报关离境后，由经营出口的主体企业凭有关单证，向主管退税业务的税务机关办理出口货物在生产、加工、出口销货等环节上的增值税、消费税的免征或退还的相应手续。

出口交易程序图，如图 4-1 所示（注：图中虚线表示该步骤为选择项，由采用的贸易术语而定，本图以 L/C 结算为例）。

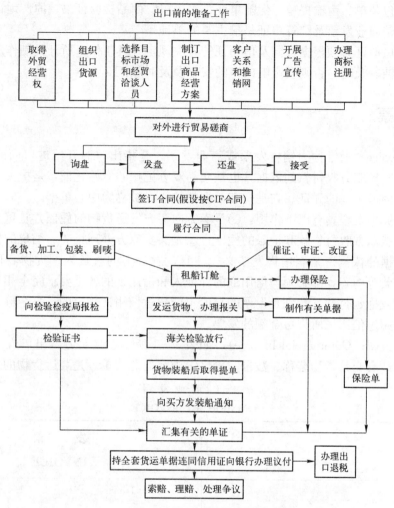

图 4-1 出口交易程序图①

4.2 出口商品销售业务单证及票据

　　单证（Document）是进出口业务中应用的单据、文件与证书。买卖双方凭借这些单据来处理货物的交付、运输、保险、商检、报关和结汇等工作。

　　出口单证不仅是履行出口合同的重要手段，也是进行出口收汇的主要依据，当发生经济纠纷时又常常是处理争端的司法凭证，也就是在司法中的"书证"。就出口单证而言，主要

---

　　① 罗农. 进出口业务实训. 2版. 北京：中国人民大学出版社，2009：5.

有商业发票、包装单、运输提单、保险单证、报关单、商品检验证书、原产地证书及结算单证等。其中外销商业发票及结算单证是最主要的单证。

所有的出口单证必须根据合同及信用证的有关规定开具制作，所开具制作的单证必须正确、完整、整洁、及时，否则会影响出口的安全及及时收汇。

4.2.1 发票

发票（Invoice）通常称为销售发票或商业发票，是指出口商开给进口商的商品价值的清单。发票是交易双方收付款的依据，也是交易双方记账的原始凭证，是报关、纳税、付汇申请、索赔等的最主要的凭证。它是全套单据的核心，被称为中心单据。

在国际结算中发票具有以下作用：①是卖方向买方发送货物的凭证，是重要的履约证明文件；②是买卖双方收付货款和记账的凭证；③是买卖双方办理报关、纳税的凭证；④是卖方缮制其他单据的依据。缮制销售发票必须注意，发票上的收货人、货物名称、规格、数量、单价、包装等内容，都必须与信用证的开证人和信用证的各项要求完全相符，以防国外银行拒付货款或拖延付款。特别是发票的总值不能超过信用证规定的最高金额，因为开证行可以拒绝接受超过信用证所许可金额的发票。

外销商业发票（Commercial Invoice），如表 4 - 1 所示，是卖方（出口人）向买方（进口人）开的载有交易货物名称、数量、价格等内容的总清单，是装运货物的总说明。

表 4 - 1　商 业 发 票
COMMERCIAL INVOICE

Issuer:	发 票 INVOICE	
To:	Transport Details: From: To　:	
	No.	Date:
Terms of payment:	S/C No. :	L/C No. :
Marks and numbers|Description of goods|Quantity: |Unit price |Amount		
	·····················SIGNATURE···	

商业发票主要项目有：出口人的代码、名称和地址、收货人名称和地址、唛头、包装件数、商品名称、商品数量、单价、总值、中国港口离岸价值、装运地、装运期及目的地等内容。商业发票由出口公司自行拟制，无规定格式，但其内容必须符合合同及信用证条款的要求。

除销售发票外，还有海关发票和领事发票、形式发票。

海关发票（Customs Invoice）是某些进口国海关当局制定的一种特定格式的发票，要求卖方填制，供买方凭此报关。它具有如下作用：①买方进口报关时作为估价完税的依据；②核定原产地，为征收差别待遇关税提供依据；③确定是否属于倾销，作为征收反倾销税的依据。由于各国的海关发票都有自己专用的格式，因此填写时要注意国别，同时有关项目必须与销售发票保持一致。特别是 CIF 条件成立的价格应与 FOB 价格、运费、保险费三者之和相一致。

领事发票（Consular Invoice）是由进口国驻出口国领事认证或出具的发票。有些国家规定，凡输入货物，出口商必须向该国海关提供经该国领事签证的发票。

形式发票（Proforma Invoice）是预开发票或者估价发票。进口商为了向其本国申请进口许可证或者请求核批外汇，在未成交前，要求出口商将拟成交的商品名称、单价、规格等条件开立的一份参考性发票。

4.2.2　装箱单、重量单、尺码单

装箱单、重量单、尺码单都是发票的补充单据，目的是表明合同中双方约定的有关包装事宜的细节，便于国外买方在货物到达目的港时进行报关、查验和核对货物之用。出口方可根据具体要求制作。

装箱单（Packing List），如表 4 - 2 所示，又称花色码单，是记载货物包装详细情况的单据，主要内容有货号、箱号、装箱套数、花型色别、每箱尺寸搭配等内容。

表 4 - 2　装箱单式样①

<table>
<tr><td colspan="6" align="center">Name and Address of EXPORTER
PACKING LIST
Original</td></tr>
<tr><td colspan="2">To</td><td colspan="4" align="center">Date
Invoice No.
Contract No.</td></tr>
<tr><td colspan="2">From　to</td><td colspan="4">Letter of Credit No.</td></tr>
<tr><td colspan="6">Issued by</td></tr>
<tr><td rowspan="2">Marks & Numbers</td><td rowspan="2">Description</td><td rowspan="2">Quantity</td><td colspan="2" align="center">Weight</td><td rowspan="2">Measurement</td></tr>
<tr><td>Net</td><td>Gross</td></tr>
<tr><td> </td><td> </td><td> </td><td> </td><td> </td><td> </td></tr>
<tr><td colspan="3">Special Conditions</td><td colspan="3" align="center">Name of Exporter
Signature</td></tr>
</table>

① 罗农. 进出口业务实训 . 2 版. 北京：中国人民大学出版社，2009：270.

重量单（Weight List），又称磅码单，是出口方向进口方提供的证明装货重量与合同相符的证明书，详细说明货物的毛重、净重、皮重等，侧重商品的质量方面。

尺码单（Measurement List），又称体积单，主要是填写箱单中的货物的具体尺寸、规格及每种尺寸、规格的货品的具体颜色等内容。

4.2.3　出口许可证

出口许可证（Export license），如表4-3所示，是我国用来证明对外贸易经营者经营列入国家出口许可证管理目录商品合法出口的最终证明文件，是海关验放该类货物的重要依据。商务部是全国进出口许可证的管理部门。

表4-3　中华人民共和国出口许可证

EXPORT LICENCE OF THE PEOPLE'S REPUBLIC OF CHINA

1. 出口商：　　　　　　代码： Exporter 领证人姓名：　　　　　电话：				3. 出口许可证号： Export Licence NO.		
2. 发货人：　　　　　　代码： Consignor				4. 出口许可证有效截止日期： Export Licence Expiry Date 　　　　　　　　　年　月　日		
5. 贸易方式： Terms of Trade				8. 进口国（地区）： Country/Region of Purchase		
6. 合同号： Contract No.				9. 付款方式： Payment Conditions		
7. 报关口岸： Place of Clearance				10. 运输方式： Mode of Transport		
11. 商品名称： Description of Goods				商品编码： Code of Goods		
12. 规格、等级 Specification	13. 单位 Unit	14. 数量 Quantity	15. 单价（币别） Unit price	16. 总值（币别） Amount	17. 总值折美元 Amount in USD
18. 总计 Total					
19. 备注 Supplementary Details 申请单位盖章 Exporter's stamp and signature 申领日期： Date				20. 签证机构签章： Issuing authorities stamp and signature 　　　　　　　　　　　经办人： 发证日期 Licence Date		

4.2.4　原产地证书

原产地证书（Certificate of Origin）是证明货物原产地或制造地的证明文件，在货物报关前向签证机构申请办理。原产地证书一般分为：一般原产地证明书、普惠制原产地证明书、某些专业性原产地证明书。一般原产地证明书，如表 4-4 所示，使用英文，主要是为进口国根据进口产品的不同来源进行贸易统计，实行数量限制，控制从特定国家进口及实行区别纳税待遇之用；普惠制原产地证明书主要是为了确定发达国家进口商进口发展中国家产品时能够享受进口关税优惠待遇。

表 4-4　原产地证明书样本

1. Exporter				CERTIFICATE NO. **CERTIFICATE OF ORIGIN OF THE PEOPLE'S REPUBLIC OF CHINA**	
2. Consignee					
3. Means of transport and route				5. For certifying authority use only	
4. Country/region of destination					
6. Marks and numbers of packages	7. Number and kind of packages; description of goods	8. H. S. Code	9. Quantity Or weight	10. Number and date of invoices	
11. Declaration by the exporter The undersigned hereby declares that the above details and statements are correct, that all the goods were produced in China and that they comply with the Rules of Origin of the People's Republic of China.			12. Certification It is hereby certified that the declaration by the exporter is correct.		
Place and date, signature and stamp of authorized signatory			Place and date, signature and stamp of certifying authority		

一般原产地证明书按出证单位的不同，可分为国家出入境检验检疫局证书、中国贸促会证书、出口公司证书和生产厂商证书四种。四种产地证书的内容和形式基本相同，选用哪一种，根据信用证条款确定。普惠制原产地证明书一般先由出口公司缮制好，然后交给当地的商品检验局审核签发。

4.2.5　出口商品检验检疫证书

检验检疫证书（Inspection Certificate），如表 4-5 所示，是以书面形式说明货物符合合同、进口国或出口国政府规定标准的证明文件，一般由国家检验检疫机构出具。各种检验证书的申请人、货名、件数、标记和检验结果应符合信用证规定，并与发票和其他单据一致。

表 4 - 5 商检证样本

中华人民共和国出入境检验检疫

ENTRY - EXIT INSPECTION AND QUARANTINE

OF THE PEOPLE'S REPUBLIC OF CHINA

植物检疫证书　　　　　　　　　　　　　编号 No.：

PHYTOSANITARY CERTIFICATE

发货人名称及地址
Name and Address of consignor _____

收货人名称及地址
Name and Address of consignee _____

品名　　　　　　　　　　　　　　　植物学名
Name of produce _____ Botanical Name of Plants _____

报检数量
Quantity Declared _____

包装种类及数量　　　　　　　　　　　　　　　　　标记及号码
Number and Type of Packages _____　　　　Mark & No.

产地
Place of Origin _____

到达口岸
Port of Destination _____

运输工具　　　　　　　　　　　　　　检验日期
Means of Conveyance _____ Date of Inspection _____

兹证明上述植物、植物产品或其他检疫物已经按照规定程序进行检查和/或检验，被认为不带有输入国或地区规定的检疫性有害生物，并且基本不带有其他的有害生物，因而符合输入国或地区现行的植物检疫要求。

This is to certify that the plants, plant products or other regulated articles described above have been inspected and/or tested according to appropriate procedures and are considered to be free from quarantine pests specified by the importing country/region，and practically free from other injurious pests；and that they are considered to conform with the current phytosanitary requirements of the importing country/region.

杀虫和/ 或灭菌处理 DISINFESTATION AND/OR DISINFECTION TREATMENT

日期　　　　　　　　　　　　　　　药剂及浓度
Date _____　　Chemical and Concentration _____

处理方法　　　　　　　　　　　　　持续时间及温度
Treatment _____ Duration and Temperature _____

附加声明 ADDITIONAL DECLARATION

印章　签证地点 Place of Issue _____签证日期 Date of Issue _____
Official Stamp _____
　　　　　　授权签字人 Authorized Officer _____ 签名 Signature _____

4.2.6　货运委托书

货运委托书（Entrusting Order Cargo Transport），如表 4 - 6 所示，是出口企业委托外运公司或其他货代公司申请租船订舱的凭证，是船公司订舱配载的依据，也是船公司日后签发提单的主要背景材料。货运委托书的内容由客户用英文填写，如起运港、目的港、标记及编号、件数、中英文货名、毛重、长、宽、高及立方米以及发货人、收货人名称、发货人名称、地址、电话、运费等项目。

表 4-6　货运委托书①

中国对外贸易运输总公司上海分公司

CHINA NATIONAL FOREIGN TRADE TRANSPORTATION CORP.

SHANGHAI BRANCH

货运委托书

ENTRUSTING ORDER FOR RGO TRANSPORT

下列各项内容必须用英文填写　　　　　　　　　　NO.：＿＿＿＿＿＿＿＿

起运港： Port of shipment：SHANGHAI				目的港： Port of destination：LOS ANGELES	
标记及号码 Marks & numbers	件数 Pkgs	中英文货名 Description of goods (in Chinese & English)	毛重 G.W.（kg）		长、宽、高及立方米 Dimensions L × W × H = （　　）m³
N/M	775DZ	WOMEN'S 80% COTTON 20% POLY KNIT SLEEPWEAR	3 255 KG		
提单项目要求 ITEMS IN BILL OF LADING					
发货人 Shipper：	CHINA APTEX CORPORATION BEIJING CO.				
收货人 Consignee：	MADISON MAIDENS INC. 6363 CORSAIR STREET COMMERCE CA90040 U.S.A				
运货人 Notify party：					
海洋运费（　）预付　　或　　到付 Sea freight Prepaid or collect					
提单寄送地址：		提单份数：	单位地址：		电话联系人：
声明事项： Remarks：			结算单位：	外汇账号： 人民币账号：	
			装期：		

委托方签章：　　　　　　　　　　　　　　　　　　　　　　　　日期：

Attested by entrusting party　　　　　　　　　　　　　　　　　　Date：

4.2.7　保险单

保险单（Insurance Policy），如表4-7所示，是保险公司签发给被保险人的承诺在发

---

① 中国对外贸易经济合作企业协会. 外贸会计实务教程. 北京：科学技术文献出版社，2009：58.

生承保责任范围内的损失时承担赔偿责任的权利凭证。保险单既是被保险人索赔的主要依据，也是保险公司理赔的主要依据。

表 4-7　货物运输保险单①

CARGO TRANSPORTATION INSURANCE POLICY

发票号（INVOICE No.）：　　　　　　　　　　　　　　　　　保单次号：

合同号（CONTRACT No.）：　　　　　　　　　　　　　　　POLICY No.

信用证号（L/C No）：

被保险人（INSURED）：

中华联合财产保险公司（以下简称本公司）根据被保人的要求，由被保险人向本公司缴付约定的保险费，按照本保险单承保险别和所载条款与下列条款承保下列货物运输保险，特立本保险单。

THIS POLICY INSURANCE WITNESSES THAT CHINA UNITED PROPERTY INSURANCE COMPANY（HEREIN-AFTER CALLED "THE COMPANY"）AT THE REQUEST OF INSURED AND IN CONSIDERATION OF THE AGREED PREMIUM PAID TO THE COMPANY BY THE INSURED, UNDERTAKES TO INSURE THE UNDER-MENTIONED GOODS TRANSPORTATION SUBJECT TO THE CONDITIONS OF THIS POLICY AS PER THE CLAUSES PRINTED OVERLEAF AND OTHER SPECIAL CLAUSES ATTACHED HERE INSURANCE.

标记 MARKS & NOS.	包装及数量 QUANTITY	保险货物项目 DESCRIPTION of GOODS	保险金额 AMOUNT INSURED
	50 000 公斤		US $ 180 000.00

总保险金额

TOTAL AMOUNT INSURED　SAY U. S. DOLLARS ONE HUNDRED AND EIGHTY THOUSAND ONLY

保费：　　　　　　　　起运日期：　　　　　　　　装载运输工具：

PREMIUM　US $ 625.00　DATE OF COMMENCEMENT　2006/12/07　PER CONVEYANCE _____

自　　　　　　　　　　　　经　　　　　　　　　　　　　　　至

FROM　　　YOKOHAM　　　VIA _____　TO　　　DALIAN　　　_____

承保险别：

CONDITIONS _____FPA

所保货物，如果发生保险单项下可能引起索赔的损失或损坏，应立即通知本公司下述代理人查勘。如有索赔，应向本公司提交保单正本，（共有三份正本）及有关文件。如一份正本已用于索赔，其余正本自动失效。

IN THE EVENT OF LOSS OR DAMAGE WHICH MAY RESULT IN A CLAIM UNDER THIS POLICY, IMMEDIATE NOTICE MUST BE GIVEN TO THE COMPANY'S AGENT AS MENTIONED HEREUNDER. CLAIM, IF ANY, ONE OF THE ORIGINAL POLICY WHICH HAS BEEN ISSUED IN ____ ORGINAL（S）TOGETHER WITH THE RELEVANT DOCUMENTS SURRENDERED TO THE COMPANY. IF ONE OF THE ORIGINAL POLICY HAS BEEN ACCOMPLISHED, THE OTHERS TO BE VOID.

中华联合财产保险公司大连分公司

CHINA UNITED PROPERTY INSURANCE COMPANY DALIAN DEPART

赔款偿付地点：

CLAIM PAYABLE AT _____　_____

出单日期：　　　　　　　　　　　　　　　　业务专用章

ISSUIING DATE ____2006 年 12 月 7 日____　　　AUTHORIZED SIGNATURE

---

① 路平，赖忠孝. 外贸会计实训教程. 北京：中国商业出版社，2007：18.

保险单的被保险人应是信用证上的受益人。保险单的签发日期应早于提单日期或者二者在同一天，但不能迟于提单日期。保险的险别、金额要与来证的规定相符，保险单上的有关内容应与提单一致。保险单上的金额一般为发票金额的110％，最低保险金额为货物的CIF总值。

4.2.8 出口货物报关单

报关单是指进出口货物的收、发货人或其代理人，按照海关规定的格式，对进出口货物的实际情况作出书面申明，以此要求海关对其货物按适用的海关制度办理通关手续的法律文书。

出口货物报关单（Form of Export Declaration），如表4-8所示，需要填写的主要项目有：出口口岸、出口日期、经营单位、发货单位、许可证号、批准文号、合同协议号、运抵国别（地区）、运抵港以及成交方式、数量、包装种类、重量、税费征收情况等项目。出口货物报关单由海关作业联、海关留存联、企业留存联、海关核销联、出口收汇证明联、出口退税证明联六联构成。

表4-8 出口货物报关单

中华人民共和国海关出口货物报关单 （出口退税专用）

预录入编号： 海关编号

出口口岸		备案号		出口日期		申报日期
经营单位		运输方式		运输工具名称		提运单号
发货单位		贸易方式		征免性质		结汇方式
许可证号		运抵国（地区）	指运港			境内货源地
批准文号		成交方式	运费	保费		杂费
合同协议号	件数		包装种类	毛重（公斤）		净重（公斤）
集装箱号		随附单据				生产厂家
标记唛码及备注						
项号 商品编号 商品名称 规格型号 数量及单位 最终目的国（地区） 单价 总价 币制 征免						
税费征收情况						
录入员 录入单位	兹声明以上申报无讹并承担法律责任			海关审单批注及放行日期（签单） 审单 审价		
报关员 单位地址 邮编 电话	申报单位（签章） 填制日期			征税 统计		
				查验 放行		

4.2.9 收货单

收货单（Mate's Receipt，M/R），如表4-9所示，是船方收到货物的凭证，在货物装船后由大副签署后退还给托运人，故又称大副收据。收货单是划分承、托双方责任的重要依据。它又是制作提单的重要依据。收货单是据以换取已装船提单的单证。货物装船后，经大副签字的收货单由承运船舶退还给托运人。如系预付费，托运在付清须预付的运费后，即可持收货单向承运人换取已装船提单。如果收货单上有大副批注，承运人应如实地将大副批注转注在提单上，这种提单即为不清洁提单。

表4-9 收货单

中国外轮代理公司
CHINA OCEAN SHIPPING AGENCY
收 货 单
MATE'S RECEIPT   S/O No. ＿＿＿＿＿＿

船名 Vessel Name ＿＿＿＿＿	航次 Voy. ＿＿＿＿＿	目的港 For ＿＿＿＿＿

托运人
Shipper ＿＿＿＿＿＿＿＿＿＿＿＿＿＿＿＿＿＿＿＿＿＿＿＿＿＿＿＿＿＿

收货人
Consignee ＿＿＿＿＿＿＿＿＿＿＿＿＿＿＿＿＿＿＿＿＿＿＿＿＿＿＿

通知
Notify ＿＿＿＿＿＿＿＿＿＿＿＿＿＿＿＿＿＿＿＿＿＿＿＿＿＿＿＿＿＿

下列完好状况之货物业已收妥无损
Received on board the following goods apparent in good order and condition.

标记及号码 Marks & No.	件数 Quantity	货名 Description of Goods	毛重（公斤） Gross Weight in Kilos	尺码（立方公尺） Measurement Cu. M.

共计件数（大写） Total Number of Packages in Writing	

日期   时间
Date ＿＿＿＿＿   Time ＿＿＿＿＿

装入何仓
Stowed ＿＿＿＿＿＿＿＿＿＿＿＿＿＿＿＿＿＿＿＿＿＿＿＿＿＿＿＿＿＿

实收
Received ＿＿＿＿＿＿＿＿＿＿＿＿＿＿＿＿＿＿＿＿＿＿＿＿＿＿＿＿＿

理货员签名   大副
Tallied By ＿＿＿＿＿＿＿   Chief officer ＿＿＿＿＿＿＿

4.2.10 海运提单

海运提单（The Bill of Lading，B/L），如表4-10所示，是货物承运人或其代理人签发的证明托运的货物已经收到或已装船，约定将该项货物运往目的地交与提单持有人的物权凭证。它是货物收据、货物所有权的凭证、运输契约的证明、索赔的重要依据，还可在运输过程中起到办理货物的装卸、发运和交付等方面的作用。每个船公司都有自己的提单格式，但内容基本相同。

表 4 - 10　海运提单①

Shipper	B/L No. 中远集装箱运输有限公司 **COSCO CONTAINER LINES** **BILL OF LADING** Port to Port or Combined Transport
Consignee or Order	RECEIVED in external apparent good order and condition（unless otherwise indicated）the goods or packages specified here in and to be discharged at the mentioned port of discharge or as near there to as the vessel may safely get and be always afloat.
Notify Address	

Pre-carriage by	Place of Receipt	The shipper, Consignee and the Holder of this Bill of Lading hereby expressly accept and agree to all printed, written or stamped povisions, exceptions and conditions of this Bill of Lading, including those on the back here of. The weight, measure, marks and numbers, quality, contents and value, being particularly finished by the Shipper, are not checked by the Carrier on loading.
Ocean Vessel Voyage NO.	Port of Loading	
Port of Discharge	Place of Delivery	In WITNESS where of the number of original Bills of Lading stated below have been signed, one of which being accomplished, the other（s）to be void.

Container/Seal No. or Marks &. Nos.	Number and kind of Packages. Description of goods	Gross weight	Measurement

Total Number of Packages or Containers（in Words）

Freight and Charges	Revenue Tons	Rate	Per	Prepaid	Collect
Ex. Rate	Prepaid at	Freight Payable at		Place and Date of Issue	
	Total Prepaid	No. of Original B（s）/L			
Laden on Board the Vessel Date				Signed for or on behalf of the Carrier.	

提单是一张很重要的单据，国外来证往往要求提供清洁提单（Clean B/L）。所谓清洁，是指提单上没有"破""×件损坏""雨淋"等不良批注。如果提供不清洁提单，银行不予接受。

---

① 中国对外贸易经济合作企业协会. 外贸会计实务教程. 北京：科学技术文献出版社，2009：63.

4.2.11 汇票

汇票（Bill of Exchange，B/E），如表 4 - 11 所示，是国际贸易结算中最常用的一种票据。

表 4 - 11　汇票

Bill of Exchange

凭 Drawn under ………………………………………………………	信用证 L/C NO ……………
日期　　　　　　　　　　　支取 Dated ………………………………　Payable with interest@……%……按……息…… 付款	
号码　　　　　　　　汇票金额　　　　　　　宁波 NO. ………………………　Exchange for　　　Ningbo, ……………××…	
见票…………………………日后（本汇票之副本未付） AT…………………sight of this FIRST of Exchange（Second of Exchange being unpaid）	
付交 Pay to the order of	
金额 the sum of	
款已收讫 Value received……………………………………………………………	
此致 TO：……………………………………………………………………	
出票人签章 …………………………… Authorized Signature……………	

汇票必须记载下列事项：表明"汇票"字样、无条件支付的委托、确定的金额、付款人名称、收款人名称、出票日期、出票人签章。

4.2.12　结汇水单

结汇水单（FX Clearing Memo），如表 4 - 12 所示，是外汇结算银行按当日外汇牌价将出口货款折成人民币并贷记开户单位人民币账户的通知。而收账通知是外汇结算银行将出口货款原币或折成的某种外币直接贷记开户单位账户的通知。

表 4 - 12　结汇水单
××Bank FX Clearing Memo
（结汇水单）

20×× ，×× ，××

Payee
（收款人名称）：

Payee's a/c No.
（收款人账号）：

Voucher No.
（申报单号）：

FX amount （外汇金额）	Rate （结汇牌价）	Recording amount （入账金额）

| Description 摘要 | Reference No. （业务编号）：
Deduction （国外扣费）：
Commission （手续费）： | Invoice No （发票号）：
Verification （核销单号）：
Postal （邮电费）： | VAL—DATE （起息日）：
Paying charge （偿付费）：
Discrepancy fee （不符点费） |
| | LESS—COMM. （手续费）
LESS—OTHER （其他）
OUR COMMISSIONS AND CHARGES
PRE—ADV （预通知费）
ADV/CONF （通知/保兑费）
AMENDMT （修改费）
NEG/PYT （议付/付款费）
POSTAGE （邮费）
CAB/TEL （电信费）
OTHER （其他）
TOTAL （合计） | | |

　　此外，其他单证，如增值税专用发票（VAT Specialized Invoice）和专用缴款书，纺织品出口还需要纺织品出口证明申请书等。

4.3　自营出口销售业务的核算

4.3.1　自营出口销售业务的内容和特点

1. 自营出口销售业务的内容

　　自营出口销售（Self - Employed Exports）是指贸易出口属于自办业务、自负盈亏性质的出口销售业务。自营出口的销售收入归本企业所有并享受出口退税，出口商品的进价成本以及与出口业务有关的一切国内外费用、佣金支出、索赔、理赔、罚款等均由企业自己负担，出口销售的盈亏由企业承担。

按照上述原则，凡以货易方式对国外直接出口和转口销售的商品、进料加工复出口商品、寄售代销商品、成套设备中长期出口贸易等业务均属于自营出口业务。以外币计价出售商品给外国驻华使馆、外轮和远洋国轮，以及出售出国展品、样品、小卖品等，也可以视同自营出口业务处理。

2. 自营出口销售业务的特点

自营出口商品销售业务，一般要经过出口商品收购、备货、出运、报关、报检、投保、交单、收汇、索赔、理赔等业务环节，涉及企业内部业务、储运、仓库、财会等职能部门。因此，与内销业务相比，出口销售业务涉及的环节多且业务内容复杂。

自营出口商品销售业务下出口企业要自备货源、自营出口、自负盈亏。出口销售经营批量大，商品由购进到完成销售时间较长，资金占用量大。出口商品的运输、销售涉及不同的国别和地区，付款条件和成交外币也各异，出口盈亏受多种因素影响，存在着较高的外汇风险和经营风险。

作为涉外企业的一项主营业务，自营出口销售业务的核算，不仅要求全面反映自营出口业务的经营成果，还要求具体反映不同出口商品的销售收入、成本、盈亏的详细情况，为分析考核自营出口业务的盈亏率和出口换汇成本提供资料。

4.3.2 自营出口销售收入的确认

1. 自营出口销售收入确认时间

企业会计准则规定，企业销售商品，应在客户取得相关商品控制权时，确认收入。在企业出口销售业务中，出口企业只有在货物装运并取得正本装运提单，并以全套单证向银行办理交单时，才能视作出运环节的终了。因此向银行交单标志着货物所有权的转移，出口企业由此获得了收取货款的权利。按规定，出口销售的商品，陆运以取得承运货物收据或铁路联运运单、海运以取得出口装船提单、空运以取得运单，并向银行办理交单后作为收入的实现。预收货款不通过银行交单的，则在取得以上提单、运单后，作为收入的实现。

在实际工作中，财会部门是以取得业务部门或储运部门交来的盖有装船日期或交单日期（可视为同一天）的出口销售发票副本，作为记录出口销售收入的原始凭证和确认入账日期的依据。

2. 自营出口销售收入的确认标准

自营出口贸易有船上交货价格（FOB）、成本加运费、保险费价格（CIF）和成本加运费价格（CFR）等多种价格条件，因而不能单纯以发票价格作为确认收入的标准。为了使成本、盈亏的核算口径一致，出口企业不论以何种价格条件成交，均以船上交货价格（FOB）扣除佣金后作为入账基础。

如果出口商品按 CFR、CIF 等价格条件对外成交的，销售收入先按合同价入账，在商品离境后所发生的应由我方负担的以外汇支付的国外运费、保险费等是运输公司和保险公司的收入而不是商品出口企业的收入，实质上是"暂收款"，不是出口企业的销售收入，采用以红字冲减销售收入的方法进行会计核算，以将销售收入统一到 FOB 价的基础上。

4.3.3 自营出口销售业务核算的账户设置

为了核算企业在自营出口业务中取得的销售收入及销售成本，主要设置如下几个账户：

1. "自营出口销售收入"（Self – Employed Export Sales Revenue）账户

企业应设置"自营出口销售收入"（也可设置"主营业务收入——自营出口销售收入"）账户核算自营出口销售收入的增减变动情况。该账户属于损益类账户，贷方登记企业实现的自营出口销售收入和以外汇支付的红字冲减收入的数额，如佣金、国外运费及保险费、冲减收入的出口理赔；借方登记发生出口销售退回冲减的收入数；期末将余额转入"本年利润"账户。本账户可按出口商品类别或品种设置明细账。

2. "自营出口销售成本"（Self – Employed Export Sales Cost）账户

企业应设置"自营出口销售成本"（也可设置"主营业务成本——自营出口销售成本"）账户核算出口商品销售成本的结转。该账户属于损益类账户，借方登记结转自营出口商品的销售成本以及转入的当期出口货物不予免征、抵扣和退税的增值税部分；贷方登记销售退回而转回的退货成本及取得的消费税退税收入；期末将余额转入"本年利润"账户。本账户可按出口商品类别或品种设置明细账。

3. "待运和发出商品"（Goods Await for Transportation）账户

企业应设置"待运和发出商品"（也可设置"发出商品——发出出口商品"）账户核算企业已经出库待运，尚未确认销售的商品。该账户属于资产类账户，借方登记企业发出商品运往码头、车站，准备装船、装车时的商品成本；贷方登记发运商品销售收入确认时结转自营出口销售成本及商品出仓后退关甩货时办理退库的数额；余额在借方，表示尚未确认销售的待运和发出商品的结存数额。本账户按商品类别或品种设置明细账。如果货物出库到取得提单的间隔时间很短，也可不通过该账户。

4. "外汇收入"（Foreign Exchange Earnings）表外账户

该账户用来核算没有开立现汇账户的企业出口取得的外汇收入，贷方登记增加数；借方登记减少数；余额在贷方，表示取得的外汇净收入。

5. "应收外汇账款"（Exchange Accounts Receivable）账户

企业应设置"应收外汇账款"（也可设置"应收账款——应收外汇账款"）账户核算企业因出口销售商品、向国外提供劳务等应向外商收取的外汇账款；也包括应收的进口佣金、进口索赔款等。该账户属于资产类账户，向银行交单时应收的外汇账款的数额，记入借方；出口结汇收回外汇账款及其他原因结清应收外汇账款的数额，记入贷方；余额在借方，表示尚未收回外汇账款的数额。该账户的二级明细分类账按外汇应收账款的不同币别设置并采用复币记账。在二级账户下，按客户设置明细账。

6. "预收外汇账款"（Exchange Advances from Customers）账户

企业应设置"预收外汇账款"（也可设置"预收账款——预收外汇账款"）账户核算企业

因出口销售预收的国外客户的货款、定金、样品款等。该账户属于负债类账户，收到外汇预收款时记入贷方；商品出口或其他原因结清预收款时记入借方；余额在贷方，反映预收的外汇货款。该账户二级明细账户的开设方法及账页格式与应收外汇账款相同。

7. "应付外汇账款"（Exchange Accounts Payable）账户

企业应设置"应付外汇账款"（也可设置"应付账款——应付外汇账款"）账户核算企业因进口商品、材料，接受国外劳务供应等而应付给国外客户的进口货款。该账户属于负债类账户，应付的进口货款及运保费、应付的出口理赔款、应付的出口佣金及运保费等记入贷方；因偿还支付等减少的应付外汇账款，记入借方。余额在贷方，表示尚未偿还支付的应付外汇账款。该账户的二级明细分类账按外汇应付账款的不同币别设置并采用复币记账。在二级账户下，按客户设置明细账。

4.3.4 自营出口销售一般业务的核算

1. 商品托运及出口销售收入的核算

1）待运和发出商品的核算

待运和发出商品是指企业收到国外开来的信用证，经审核与合同相符，备妥发票、装箱单及其他出口单证后，由业务部门填制外销商品出仓通知单交由仓库进行整装、备货、刷唛等准备工作后，运往港口、车站、码头等候装车、装船，尚未向银行交单结汇的出口商品。

财会部门对待运和发出商品要经常与储运业务部门核对，对两个月以上的长期待运商品，应查明原因，对退关的商品，应由储运部门管理和运回。

2）出口交单的核算

交单是指出口企业（信用证受益人），在信用证有效期内和交单期限内，向指定银行提交符合信用证条款规定的单据。企业持全套出口单证办理配载、托运、装船（车）手续，取得正本提（运）单（Original B/L）后，将全套单证交银行向国外客户收汇。企业向银行交单后，销售即告成立。当出口商品已经装船、装运后并取得已装船提单或货运运单时，即可根据信用证或出口合同规定，将全套出口单证向银行办理交单手续，同时将出口发票副本注明交单日期，送财会部门据以作销售处理。

3）出口收汇的核算

收汇是指国外客户收到单证将外汇货款汇交我国外汇指定银行后，由外汇指定银行将外汇转入企业现汇存款户；或由外汇指定银行按当日外汇买入价将外汇折合为人民币存入企业人民币存款户，并填制结汇水单通知企业。

出口企业应将结汇水单的复印件按时间先后装订成册，以便出口退税部门核查。此外，还应对所有的外汇收支在备查簿中做好登账工作，以便与结汇银行的台账记录相核对。

自营出口交单收汇核算的一般程序：

企业出口销售通常采用信用证结算，业务部门根据贸易合同和信用证的规定，开具出库单（Merchandise Requisition）一式数联，由储运部门据以向运输单位办理托运，然后将出库单（记账联）和（转账联）转给财会部门，财会部门根据出库单（记账联），借记"待运和发出商品"账户；贷记"库存商品——库存出口商品"账户。

业务部门待出口商品装船，取得全套货运单据，持出口发票正本向银行交单办理收汇手续，取得银行回单，财会部门取得业务部门转来的发票副本及银行回单时，与出仓凭证相互核对，单证配对齐全后，据以借记"应收外汇账款"账户；贷记"自营出口销售收入"账户。

同时，财会部门将储运部门转来的出库单（转账联）所列商品的品名、规格、数量与发票副本核对相符后，据以结转商品销售成本；如果是由其他供货单位或加工单位将商品直接运送至港口、码头装运出口的，则还应与业务部门或储运部门开具经过验收符合出口交货要求的进货凭证核对相符后，结转商品销售成本。届时借记"自营出口销售成本"账户；贷记"待运和发出商品"账户。待收到货款时，再借记"银行存款"账户；贷记"应收外汇账款"账户。

自营出口销售成本应实行随时逐笔结转的方法，即每确认一批（笔）出口销售收入，都应立即计算并结转其销售成本，以实现每批（笔）收入与成本的配比，计算每一批次出口盈亏。财会部门必须对出口发票与有关产品出库单逐项进行严格的审核，单证配对齐全后，才能与销售收入同时结转、"一笔一清"。这样不仅保证结转成本及时，同时防止了重转、错转、漏转成本现象的发生。

【例 4-1（1）】　瑞丰食品进出口公司根据合同备货，从国内供货企业兴发农场购入板栗 30 吨，每吨 5 000 元，增值税额 19 500 元。取得的增值税专用发票已认证相符，货款以支票结算，板栗已验收入库。作会计分录如下：

借：库存商品——库存出口商品（板栗）　　　　　　　　　　150 000
　　应交税费——应交增值税（进项税额）　　　　　　　　　　19 500
　　贷：银行存款　　　　　　　　　　　　　　　　　　　　　　169 500

【例 4-1（2）】　瑞丰食品进出口公司根据出口贸易合同，销售给韩国兴隆食品公司板栗 30 吨，采用信用证结算。该公司以人民币作为记账本位币，记账汇率采用当日即期汇率，汇兑差额采用集中结转法。

① 20×9 年 3 月 1 日，财务部门收到储运部门转来出库单（记账联）列明出库板栗 30 吨，每吨 5 000 元，予以转账。作会计分录如下：

借：待运和发出商品——板栗　　　　　　　　　　　　　　　150 000
　　贷：库存商品——库存出口商品（板栗）　　　　　　　　　150 000

② 3 月 10 日，收到业务部门转来已向银行交单的销售板栗的出口发票副本和银行回单，发票开列板栗 30 吨，每吨 1 000 美元 CIF 价格，共计货款 30 000 美元，当日即期汇率为7.80。假设不考虑佣金，作会计分录如下：

借：应收外汇账款——韩国兴隆食品公司（US＄30 000×7.80）234 000
　　贷：自营出口销售收入——货款（板栗）　　　　　　　　　234 000

③ 3 月 10 日，同时根据出库单（转账联）结转出口板栗销售成本。作会计分录如下：

借：自营出口销售成本——板栗　　　　　　　　　　　　　　　　150 000

　　贷：待运和发出商品——板栗　　　　　　　　　　　　　　　　150 000

④ 3 月 26 日，收到银行收汇通知，30 000 美元已收汇。银行扣除 100 美元手续费后将其余部分已存入外汇存款账户，当日即期汇率为 7.82。作会计分录如下：

借：银行存款——美元户（US＄29 900×7.82）　　　　　　　　233 818

　　财务费用——手续费（US＄100×7.82）　　　　　　　　　　　782

　　贷：应收外汇账款——韩国兴隆食品公司（US＄30 000×7.82）　234 600

如出口收汇需进入外汇待核查账户的，可先通过"其他货币资金——外汇待核查"账户核算，等办理完出口收汇核查手续后再转入"银行存款"账户。

2. 支付国内费用的核算

出口商品国内费用是指商品自货源单位或出口企业到出口口岸上船为止的费用，如出口专用包装费、报关费、检验费、港杂费、国内运费、集装箱服务费等，均应凭各项原始单据支付，并记入"销售费用"（Sales Expenses）账户。

这些费用平时是单独核算的，期末通过账外分摊的办法，将费用分摊到"出口主要商品成本及盈亏表"的每个商品上，从而计算出每种出口商品的净盈亏额，以及出口净盈亏总额。

【例 4 - 1 (3)】 3 月 4 日，瑞丰食品进出口公司签发转账支票支付运输公司将板栗运送天津港的运杂费 1 000 元，并信汇天津港板栗的装船费 900 元。作会计分录如下：

借：销售费用——运杂费　　　　　　　　　　　　　　　　　　1 000

　　销售费用——装卸费　　　　　　　　　　　　　　　　　　　900

　　贷：银行存款——人民币户　　　　　　　　　　　　　　　　1 900

3. 支付国外费用的核算

国外费用主要有运费、保险费和国外佣金三项。

企业出口贸易有多种不同的价格条件，不同的价格条件所负担的费用是不同的。若以 FOB 价成交，出口企业就不用负责国外运费和保险费；若以 CFR 价成交，出口企业只负责国外运费；若以 CIF 价成交，出口企业将负责国外运费和保险费。

1）支付国外运费和保险费的核算

（1）支付国外运费的核算

国外运费（Abroad Freight）是指国际贸易价格条件所规定的、应由出口商以外币支付、从装运港到目的港的运输费用。包括商品出口过程中的海外运费、陆海联运运费、航空运费及邮运费。

当出口货物装运出口后，出口企业在收到外轮等运输公司开来运费单据（见表 4 - 13）时，应对出口外销发票号码、计费币种、运价等级、运费金额以及是否应由本企业支付等内容审核无误后，予以支付，并根据银行国内外汇转账结算凭证、银行付款通知单和费用原始凭证进行账务处理。

表 4 - 13　国际海运业运输专用发票①

SPECIAL INVOICE FOR INTERNATIONAL SHIPPING

发　票　联

发票代码：2310004197200

发票号码：08000247

大连兴隆国际货运代理公司
XINGLONG (DALIAN) LIMITED

付款单位　辽润食品有限公司	开票日期　2007.3.5	开户银行　中信银行人民路支行
PAYER	DATE ISSUED	BANK
船名/航次	到（离）港日期	账号（美元）650222200020202
VESSEL/VOY	DATE ARRIVAL（SAILED）	BANK ACCOUNT
起运地	装船港　　　　　卸船港	目的地
ORIGIN　Dalian，China	LOAD PORT　Dalian　DIS. PORT　Yokohama	DESTINATION　Yokohama

提单号 B/L NO.	费用明细 DETAILS OF CHARGE	数量 QUANITY	费率 RATE	金额 AMOUNT CHARGRD	备注 REMARKS
	海运费			USD800.00	

金额合计（大写）　美元捌佰元整 TOTAL IN CAPITAL	合　计　USD 800.00 LUMP SUM

第二联　发票联

企业签章 BUSINESS SEAL	营业执照号 21024785474857 BUSINESS LICENSE NO.	经手人×××　　　复核 ISSUED BY　　　　CHECKED BY
地址　大连市中山区人民路 ADDRESS	税务登记号 21024772379900 TAX REGISTRY NO.	（手开无效） HAND WRITING NULL AND VOID.
电话 0411 - 8467×××× TEL		

（2）支付国外保险费的核算

保险费（Insurance Premium）是指企业为转移商品在运输途中的风险，并在遭受损失时能得到必要的补偿，向保险公司投保支付的费用。

CIF 价格条件下保险费的计算公式如下：

$$CIF 价保险费＝出口商品的 CIF 价格×110％×保险费率$$

凡以包括保险费在内的价格条件达成的交易，均由出口公司根据合同规定应保的险别，向保险公司投保。出口公司收到保险公司送来出口运输保险单或联合发票副本及保险费结算清单时，应对出口发票号码、品名、投保金额、险别、费率和保险费金额等审核无误后，付汇给保险公司，并按付款凭证、费用原始凭证进行账务处理。在支付保险费时，应注意退关商品退保问题，以防止发生多付保险费。

由于自营出口商品销售收入是按 FOB 价格扣除佣金后为计价基础，因此出口企业所负担的国外运费和保险费应冲减"自营出口销售收入"账户。

【例 4 - 1（4）】　瑞丰食品进出口公司出口销售给韩国兴隆食品公司板栗 30 吨，发生国外运费和保险费。

---

① 路平，赖忠孝. 外贸会计实训教程. 北京：中国商务出版社，2007：80.

① 3 月 9 日，收到外轮运输公司国际货物运输代理专用发票 1 张，金额 1 500 美元，系 30 吨板栗的运费，业务部门和储运部门核对后，当即从外币账户汇付对方，当日即期汇率为 7.80。根据银行付款回单和运费单据作会计分录如下：

贷：自营出口销售收入——运费（板栗）　　　　　　11 700

银行存款——美元户（US＄1 500×7.80）　　　　11 700

② 按板栗销售发票金额 30 000 美元的 110％向保险公司投保，保费率为 2％。3 月 9 日，从外币账户支付，当日即期汇率为 7.80。根据银行付款回单及保险中介服务统一发票作会计分录如下：

贷：自营出口销售收入——保险费（板栗）　　　　　5 148

银行存款——美元户（US＄660×7.80）　　　　　5 148

2）支付国外佣金的核算

国外佣金（Abroad Commission）是指价格条件或合同规定应支付给中间商的推销报酬。一般情况下，出口商品支付佣金，进口商品则取得佣金。

在国际货物买卖中，计算佣金时一般按成交金额约定的百分比计算。按成交金额计算时，可以分为以下两种方法。

① 按发票总金额作为计算佣金的基数。无论采用何种贸易术语，都按发票金额乘以佣金率计算出佣金。

② 按 FOB 价作为计算佣金的基数。即无论采用何种贸易术语，都先换算成 FOB 价，然后再用 FOB 价乘以佣金率计算出佣金。

按发票金额还是按 FOB 价作为计算佣金的基数，可以由买卖双方协商决定。

按成交金额计算佣金时，其计算公式为：

$$佣金＝含佣价×佣金率$$

此外，还可以按成交商品的数量来计算佣金，其计算公式为：

$$佣金＝成交商品数量×每单位数量佣金$$

佣金的支付一般有两种做法：

① 中间代理商直接从货款中扣除佣金；

② 在卖方收清货款后，再按事先规定的期限和佣金，另行付给中间代理商。

根据买卖双方事先达成的协议，佣金可以在合同履行后逐笔支付，也可按一定的时期（如月、季、半年、一年等）汇总计付，但应注意，在支付佣金时，应防止错付、漏付和重付。

根据支付佣金的方式不同，佣金有明佣、暗佣和累计佣金 3 种。

（1）明佣的核算

明佣（Price Including Commission）又称发票内佣金，它是指在贸易价格条件中规定的佣金，即在出口或进口发票上注明的内扣佣金。

采取明佣支付方式，出口商在销售发票上不但列明销售金额，而且还列明佣金率、佣金，以及扣除佣金后的销售净额。如 CFR C2%，指价格条件为成本加运费价中包含了 2% 的佣金，即外商支付货款时，可扣除 2%。含佣价计算如下：净价＝含佣价×(1－佣金率)

$$含佣价＝净价÷(1－佣金率)$$

明佣由国外客户在支付出口货款时直接扣除。出口企业在向银行办理交单收汇时，应根据发票中列明的销售净额收取货款，不需另行支付佣金。但在账务处理上，以出口发票为原始凭证，要分别反映销售货款总额及应扣除的佣金金额。即在确认销售收入时，将明佣作为自营出口销售收入的减项处理，届时根据银行回单和销售发票中的销售净额借记"应收外汇账款"账户；根据佣金金额红字贷记"自营出口销售收入"账户；根据销售金额贷记"自营出口销售收入"账户。

【例 4-1 (5)】 如上述出口业务是明佣，出口发票内注明内扣佣金率为 2%。当日即期汇率为 7.80，例 4-1 (2) ②改作会计分录如下：

借：应收外汇账款——韩国兴隆食品公司 (US$29 400×7.80)　229 320

贷：自营出口销售收入——货款 (板栗)　　　　　　　　　　　　234 000

自营出口销售收入——佣金 (板栗)　　　　　　　　　　　4 680

3 月 26 日收取货款，作会计分录如下：

借：银行存款——美元户 (US$29 300×7.82)　　229 126

财务费用——手续费 (US$100×7.82)　　782

贷：应收外汇账款——韩国兴隆食品公司 (US$29 400×7.82)　229 908

(2) 暗佣的核算

暗佣 (Price Excluding Commission) 又称发票外佣金。它是指在贸易价格条件中未作规定，出口发票只列明销售货物的含佣价总额，但在与中间商签订的代理合同或买卖双方的付佣约定中规定有佣金率和付佣方式。

财会部门在收到业务部门交单时送来的出口发票副本或是对外付佣通知单时，经与合同规定的付佣率、付佣方式及应付金额等审核无误后，进行账务处理。

企业按销货款总额收取货款后，还需另行支付佣金。如发票金额 10 000 美元，合同规定的佣金为 2%，则应付佣金 200 美元 (10 000×2%)，出口净价为 9 800 美元。

暗佣付佣方式有两种，即汇付佣金和议付佣金。

① 汇付佣金的核算。

汇付佣金是指企业按出口销售货款总额收取货款后，再将佣金汇付给国外客商。企业在出口结汇收到货款后，即应办理汇佣手续，以人民币向外汇指定银行购买外汇汇票邮寄给国外客户，或通过银行汇付给国外客户。

出口企业在向银行办理交单收汇时，应根据发票中列明的销售金额收取货款，届时根据银行回单和销售发票借记"应收外汇账款"账户；贷记"自营出口销售收入"账户。同时按照贸易合同中列明的佣金金额，根据业务部门的付佣通知单，红字贷记"自营出口销售收入"账户；贷记"应付外汇账款——应付佣金"账户。待收到货款汇付佣金时，借记"应付外汇账款——应付佣金"账户；贷记"银行存款"账户。

【例 4 - 1 (6)】 瑞丰食品进出口公司向韩国兴隆食品公司出口 30 吨板栗，共计货款 30 000 美元，采取汇付佣金支付方式，佣金率为 3%。

① 3 月 10 日，根据出口板栗 3% 的佣金率，将应付客户暗佣入账，当日即期汇率为 7.80。作会计分录如下：

> 贷：自营出口销售收入——佣金（板栗）　　　　　　　　| 7 020 |
> 　　应付外汇账款——应付佣金（US$900×7.80）　　　　　7 020

② 3 月 26 日，货款已收到，现将板栗佣金汇付中间商，当日即期汇率为 7.82。作会计分录如下：

> 借：应付外汇账款——应付佣金（US$900×7.82）　　　　　7 038
> 　贷：银行存款——美元户（US$900×7.82）　　　　　　　7 038

② 议付佣金的核算。

议付佣金是指在出口货款结汇时，由银行按规定的佣金率在结汇款中扣除，并付给国外客商。

企业在出口后向银行议付信用证时，由银行按规定的佣金率，将佣金在结汇款中扣除。即出口方只收取扣除佣金后的销货净额。届时佣金合并到收汇的账务处理中，按销售净额借记"银行存款"账户，按扣除的佣金金额借记"应付外汇账款"账户；按销售金额贷记"应收外汇账款"账户。

【例 4 - 1 (7)】 若上例为议付佣金方式。

① 3 月 10 日，将应付客户暗佣入账。作会计分录如下：

> 贷：自营出口销售收入——佣金（板栗）　　　　　　　　| 7 020 |
> 　　应付外汇账款——应付佣金（US$900×7.80）　　　　　7 020

② 3 月 26 日，在收汇款中扣除佣金时，作会计分录如下：

> 借：银行存款——美元户（US$29 000×7.82）　　　　　226 780
> 　财务费用——手续费（US$100×7.82）　　　　　　　　782
> 　应付外汇账款——应付佣金（US$900×7.82）　　　　　7 038
> 　贷：应收外汇账款——货款（板栗）（US$30 000×7.82）　234 600

（3）累计佣金的核算

累计佣金（Accumulative Commission）是指出口商与国外包销商、代理商订立协议，规定在一定时期内按累计销售金额及相应的佣金率定期计付的佣金。佣金率通常是累计计算。到期汇付佣金时，累计佣金倘若能直接认定到具体出口商品的，其核算方法与其他佣金一样，冲减"自营出口销售收入"账户；倘若不易认定到具体出口商品的，则应列入"销售费用"账户。

能直接认定到具体出口商品的累计佣金，按期计算出其金额再入账。作会计分录如下：

　　　　贷：自营出口销售收入（红字）

　　　　　　应付外汇账款——应付出口佣金

不能直接认定到具体出口商品的累计佣金，列入销售费用。支付时作会计分录如下：

借：销售费用

　　贷：银行存款

　　【例 4 - 1（8）】　假如瑞丰食品进出口公司支付的是无法认定到具体商品的累计佣金 1 000 美元，以银行存款支付。当日即期汇率 7.82。

　　　　借：销售费用——累计佣金　　　　　　　　　　　　　　　　　　　7 820

　　　　　　贷：银行存款——美元户（US＄1 000×7.82）　　　　　　　　　　7 820

　　4. 预估国外费用的核算

　　企业出口贸易业务销售收入确认的时间与支付国外运费、保险费和佣金的时间往往不一致。在会计期末为了正确核算会计期间的自营出口销售业务的总盈亏额及出口各商品的盈亏额，应遵循配比原则，对于已作"自营出口销售收入"入账，而相对应的尚未支付的国外费用应预估入账。预估的方法是：根据"自营出口销售收入"明细账，凡出口合同贸易术语为 CFR 或 CIF，但账面无支付国外费用记录的，应根据同一商品、出口同一地区的费用水平逐笔进行预估列出账单。届时红字贷记"自营出口销售收入"账户；贷记"应付外汇账款——预估国外费用"账户。待下期初实际支付时，再借记"应付外汇账款"账户；贷记"银行存款"账户。如果实际支付金额与预估金额有差异时，其本期差额列入"自营出口销售收入"账户，跨期差额调整"以前年度损益调整"账户。

　　期末对已出口、未支付的国内费用，不实行预估入账。

　　【例 4 - 2】　瑞丰食品进出口公司日前销售给美国 ABC 公司红枣一批，已入账。

　　（1）12 月 31 日，预估红枣国外运费 2 000 美元，保险费 200 美元，当日即期汇率为 7.85。作会计分录如下：

　　　　贷：自营出口销售收入——运费　　　　　　　　　　　　　　　15 700

　　　　　　自营出口销售收入——保险费　　　　　　　　　　　　　　　1 570

　　　　　　应付外汇账款——预估国外费用（US＄2 200×7.85）　　　　　17 270

　　（2）次年 1 月 15 日，签发转账支票支付运输公司国外运费 2 100 美元，支付保险公司保险费 200 美元，当日即期汇率为 7.86。作会计分录如下：

　　　　借：应付外汇账款——预估国外费用（US＄2 200×7.86）　　　　　17 292

　　　　　　以前年度损益调整　　　　　　　　　　　　　　　　　　　　786

　　　　　　贷：银行存款——美元户（US＄2 300×7.86）　　　　　　　　18 078

　　5. 办理出口退税

　　办理出口收汇核销后，按出口退税政策规定，填退税申请表，并附销售发票、出口报关单、原进项增值税发票、银行结汇单等全套单证，向所在地税务机关申办退税，具体内容详见第 6 章。

此外，目前我国仅对少数资源性产品及高耗能、高污染产品征收出口关税，税率也较低。

出口企业计提出口关税时，借记"税金及附加"账户，贷记"应交税费——应交出口关税"账户（或：直接贷记"银行存款"账户）。

4.3.5 自营出口销售其他业务的核算

自营出口销售其他业务是指在出口商品销售过程中所发生的与正常业务相关的其他业务，这些业务的发生会抵减自营出口销售业务的成果。其他业务一般包括退关、销售退回、索赔、理赔等。

1. 退关的核算

退关是指出口商品发货出库后，因故未能装运上船（车）就被退回仓库。

储运部门接到业务部门转来出口商品止装通知后，应立即采取措施，将已发出的商品予以提回，并办理入库手续。财会部门根据转来的退关止装入库单（或退关商品入库的红字出库单）等凭证，据以借记"库存商品"账户，贷记"待运和发出商品"账户。

【例 4-3】 承例 4-1，假设瑞丰食品进出口公司出口韩国兴隆食品公司的板栗品出仓后，因故未能出口，商品被重新运回仓库。根据入库凭证，作会计分录如下：

借：库存商品——库存出口商品（板栗）　　　　　　　　　　150 000
　　贷：待运和发出商品——板栗　　　　　　　　　　　　　　　150 000

2. 出口销售退回的核算

1）国外退货产品运回国内的核算

出口商品销售后，因故遭到国外退货，由业务部门接到退货通知后，应及时与储运、财会部门联系，落实退回商品的运输及货款的处理。业务部门在取得退回商品的提单后开妥退货入库通知单，随附应冲转的原发票（复印件），交财会部门据以冲转出口销售收入及成本。

如果是支付明佣方式的销货退回，应根据销售金额借记"自营出口销售收入——货款"账户；根据佣金金额贷记"自营出口销售收入——佣金"账户，根据销售净额贷记"应收外汇账款"账户。

如果是支付暗佣方式的销货退回，则应根据销售金额借记"自营出口销售收入——货款"账户；贷记"应收外汇账款"账户。并根据佣金金额借记"应付外汇账款"账户；贷记"自营出口销售收入——佣金"账户。

出口企业在冲转出口销售收入的同时，还应冲转出口销售成本。届时按其成本金额借记"待运和发出商品——国外退货"账户；贷记"自营出口销售成本"账户。待销售退回商品验收入库时，根据收货单再借记"库存商品——库存出口商品"账户；贷记"待运和发出商品——国外退货"账户。

销货退回商品原出口时支付的国外运费、保险费以及国内支付的运杂费和装卸费等应由我方承担的费用也应予以冲转。届时根据支付的国内外费用总额，借记"待处理财产损溢"

账户；根据支付的国外费用，贷记"自营出口销售收入"账户，根据支付的国内费用，贷记"销售费用"账户。如出口退回是在以前年度出口的，其涉及的收入、成本应在"以前年度损益调整"账户中进行处理。

销货退回商品发生的国内外费用，应借记"待处理财产损溢"账户；贷记"银行存款"账户。

这样"待处理财产损溢"账户归集了销货退回商品发生的所有国内外费用。查明原因后，如果属于供货单位的责任，并决定由其负责赔偿时，应转入"其他应收款"（Other Receivables）账户；如属于出口企业责任，表明是企业管理不善所造成的，经批准后，应转入"营业外支出"账户。如出口退回是在以前年度出口的，其涉及的收入成本应在"以前年度损益调整"账户中进行处理。

【例4-4】 承例4-1，假设瑞丰食品进出口公司出口销售给韩国兴隆食品公司板栗30吨，因品种不符，商品已被全部退回。

① 20×9年4月15日，收到出口退回商品货运提单，原发票复印件，当日即期汇率为7.83，冲转商品销售收入（明佣方式下）。作会计分录如下：

借：自营出口销售收入——货款（US$30 000×7.83）　　　　　　234 900
　　贷：自营出口销售收入——佣金（US$600×7.83）　　　　　　　4 698
　　　　应收外汇账款——韩国兴隆食品公司（US$29 400×7.83）　230 202

② 同时冲转出口销售成本。作会计分录如下：

借：待运和发出商品——国外退货　　　　　　　　　　　　　　150 000
　　贷：自营出口销售成本　　　　　　　　　　　　　　　　　　150 000

③ 并冲转商品出口时发生的国内外费用。作会计分录如下：

借：待处理财产损溢——待处理流动资产损溢　　　　　　　18 812.80
　　贷：自营出口销售收入——运费（US$1 500×7.83）　　　　　11 745
　　　　自营出口销售收入——保险费（US$660×7.83）　　　5 167.80
　　　　销售费用——运杂费　　　　　　　　　　　　　　　　　1 000
　　　　销售费用——装卸费　　　　　　　　　　　　　　　　　　900

④ 4月17日，汇付退回板栗的国外运费1 500美元，保险费660美元，当日即期汇率为7.84。作会计分录如下：

借：待处理财产损溢——待处理流动资产损溢　　　　　　16 934.40
　　贷：银行存款——美元户（US$2 160×7.84）　　　　　　16 934.40

⑤ 4月18日，签发转账支票支付退回板栗的国内运费及装卸费2 000元，作会计分录如下：

借：待处理财产损溢——待处理流动资产损溢　　　　　　　　2 000
　　贷：银行存款——人民币户　　　　　　　　　　　　　　　　2 000

⑥ 4月20日，收到储运部门转来的收货单，退回板栗，已验收入库。作会计分录如下：

借：库存商品——库存出口商品　　　　　　　　　　　　　　150 000
　　贷：待运和发出商品——国外退货　　　　　　　　　　　　150 000

⑦ 4月27日，今查明退货系供货单位兴发农场的责任。与其联系后，国内外费用决定由其负责赔偿。作会计分录如下：

借：其他应收款——兴发农场　　　　　　　　　　　　　　　37 747.20

　　贷：待处理财产损溢——待处理流动资产损溢　　　　　　　37 747.20

2）国外寄售的核算（国外退货商品，不再运回国内，由国外代销）

如果遭国外退货的产品不再运回国内，而改由委托境外客户或经销商代销。此时，应由双方重新订立寄售协议。寄售的合同一般只规定供代销参考用的价格，货款须待销售以后根据实际销售价格及合同规定方式进行结算。

① 订立寄售合约后，由国外受托方出具收货数据，财务部门对此审核无误后入账。

【例 4－5】　承例 4－4，假设瑞丰食品进出口公司出口销售给韩国兴隆食品公司板栗遭到退货，板栗不再运回国内，改由韩国 A 经销商代销。20×9 年 4 月 15 日订立寄售合约。根据韩国 A 经销商出具的收货数据和退货人的退货单证。作会计分录如下：

借：委托代销商品——韩国 A 经销商　　　　　　　　　　　150 000

　　贷：自营出口销售成本　　　　　　　　　　　　　　　　　150 000

借：自营出口销售收入——货款（US＄30 000×7.83）　　　234 900

　　贷：自营出口销售收入——佣金（US＄600×7.83）　　　　4 698

　　　　应收外汇账款——韩国兴隆食品公司（US＄29 400×7.83）　230 202

② 对改为寄售前，原支付的国内外费用如应由我方承担责任，转入"待处理财产损溢"账户后，再经批准后转作"其他应收款""营业外支出"账户。会计分录同例 4－4③。

③ 按实际销售金额确认为销售收入。

4月30日，收到境外代销商寄来已出售商品代销清单，根据已售商品代销清单所附的发票副本，经核对所寄售商品的数量、单价、金额准确无误。各项金额假设计为：代销商品的收入为 28 000 美元，实际销售价较合同参考价减少 1 000 美元（但不低于参考价的下限）。国外受托方扣除 5％佣金计 1 400 美元，支付国外仓储费 1 000 美元，余额 25 600 美元汇入企业账户，假设当日即期汇率为 7.85，作会计分录如下：

借：银行存款——美元户（US＄25 600×7.85）　　　　　200 960

　　贷：自营出口销售收入——出口佣金　　　　　　　　　　　10 990

　　　　　　　　　　　　——托售商品国外费用　　　　　　　　7 850

　　　　自营出口销售收入——货款　　　　　　　　　　　　　219 800

本例中，当所订立合约中的参考价与实际的销售价如不一致，只要实际销售价不低于合约参考价的下限，即应在收到代销清单时，按实际的销售金额确认为销售收入。

④ 结转寄售成本。

海外寄售的商品实现销售之后，应同时结转寄售商品的销售成本。作会计分录如下：

借：自营出口销售成本　　　　　　　　　　　　　　　　　150 000

    贷：委托代销商品——韩国 A 经销商   150 000

⑤ 凡寄售或委托代销商品在境外发生溢缺，则应按合约规定分清双方的责任，并将溢缺商品的金额先转入"待处理财产损溢"账户，随后根据不同情况再行处理。凡溢缺的货物在尚未销售之前发生的，则只需调整"委托代销商品"账户，借记"委托代销商品"账户，贷记"待处理财产损溢"账户，或作相反的会计分录。

如寄售或委托代销商品已作了销售处理，并由海外购货方发现短缺，则此时必须先根据短缺数量及原销售价格调整销售收入，同时调整销售成本，作会计分录如下：

    借：自营出口销售收入

        贷：应收外汇账款——国外受托方

同时，作会计分录如下：

    借：待处理财产损溢——待处理流动资产损溢

        贷：自营出口销售成本

如寄售或委托代销商品出售后，不论是由海外购货方发现溢余或是在盘点中发现溢余，则均不需要调整原销售收入及销售成本，只要将发现的溢余转入"待处理财产损溢"账户，再根据不同的情况进行处理即可。

3. 对外索赔和理赔核算

1）对外索赔的核算

索赔（Claim）是指出口企业由于进口方违反合同规定而遭受损失时，根据规定向对方提出的赔偿要求。

属于进口方的责任主要有：进口方未按期付款；未及时办理运输手续；未及时开立信用证；以及其他违反合同或法定义务的行为。

出口企业出口销售业务索赔经进口商确认，同意赔偿时，借记"应收外汇账款——出口索赔"账户；贷记"营业外收入——对外索赔收入"账户。

【例 4-6】 承例 4-1，假定瑞丰食品进出口公司出口韩国兴隆食品公司板栗装运出口后，外商未履行合同，给我方造成损失。瑞丰公司依据合同提出索赔，经外商确认理赔 US＄20 000，当日即期汇率为 7.84。作会计分录如下：

    借：应收外汇账款——出口索赔（US＄20 000×7.84）   156 800

        贷：营业外收入——对外索赔收入   156 800

2）对外理赔的核算

理赔（Settlement of Claim）是指出口企业因违反合同规定使进口方遭受损失，受理对方根据规定提出来的赔偿要求。对境外客户提出的索赔应分清责任处理。

对外理赔的原因多种多样，从会计处理角度可分为 3 种情况。

（1）属于出口方违约所致

出口方违约包括质量问题、逾期装运、包装不善或其他原因而使对方造成损失，凡不属保险责任范围，又在合同规定索赔期限内，应根据国外客户提供的必要证明，经核实认为理由充分、证据确凿的，确认理赔，作会计分录如下：

借：待处理财产损溢——待处理流动资产损溢

　　贷：应付外汇账款——出口理赔

① 查明原因后，如属企业自身责任事故，应按规定报经批准后，借记"营业外支出"账户，作会计分录如下：

借：营业外支出——出口理赔支出

　　贷：待处理财产损溢——待处理流动资产损溢

② 如属供货单位或保险公司、运输部门赔偿的，应向责任单位索赔，作会计分录如下：

借：其他应收款——国内客户、保险公司、运输部门

　　贷：待处理财产损溢——待处理流动资产损溢

如对内索赔与对外理赔有差额，可分别记入"营业外支出"或"营业外收入"账户。

（2）属于出口方少发货所致

财会部门应按索赔商品数量及原出口单价冲减销售收入，同时根据储运部门更正的外销出库凭证（红字），冲减销售成本并查明少发原因，予以相应的处理。

冲转原销售收入，作会计分录如下：

贷：应付外汇账款——出口理赔

　　　自营出口销售收入（红字）

如果理赔金额与少发商品价格不一致，差额先记入"待处理财产损溢"账户处理。

同时冲转原销售成本，作会计分录如下：

借：待处理财产损溢——待处理流动资产损溢

　　自营出口销售成本（红字）

在调整了原销售成本之后，即可按查明的不同原因经批准后处理：

① 经查，若少发商品系供货单位少发货所致，应向供货单位交涉并收回原价（暂不考虑增值税问题）。作会计分录如下：

借：应收账款——国内供应商（或：银行存款）

　　贷：待处理财产损溢——待处理流动资产损溢

② 如少发商品尚在出口企业仓库内，根据仓库报来的溢余报告单，作会计分录如下：

借：库存商品——库存出口商品（少发部分）

　　贷：待处理财产损溢——待处理流动资产损溢

③ 如少发商品已不存在，属于我方责任或如属供货方责任，但不能按原价收回货款时，按规定报经批准后，借记"营业外支出"账户。作会计分录如下：

借：营业外支出——出口理赔支出

　　贷：待处理财产损溢——待处理流动资产损溢

（3）属于出口方错发货所致

实际发货时，由于出口商品中同类货物不同规格、不同颜色、不同产地的商品很多，有时由于出库发货环节的疏忽，出现发错商品的事故，造成理赔，查明情况后应区别不同情况予以处理。

① 双方同意以调换商品方式处理。

在这种情况下若原账务处理均按正确商品进行的，换货时无须对原有记录进行调整，只需将错发商品运回，重新补发正确的商品。对运回及补发商品过程中发生的国内外费用，均先作为"待处理财产损溢"处理，经批准后，转入"营业外支出——出口理赔支出"，"其他应收款"等账户。

若原账务处理均按错发的商品进行的，则在调换商品的同时，还需作调整分录：

根据业务部门开来的进出库凭证，作调整分录如下：

借：库存商品——库存出口商品（返回错发商品）

　　贷：库存商品——库存出口商品（补发商品）

　　　　自营出口销售成本——补发商品成本差额（假设补发商品成本小于错发商品）

如对外销售收入也是按错发的产品确认的，还应调整销售收入，作调整分录如下：

　　贷：自营出口销售收入——补发产品收入差额（假设补发商品收入小于错发商品）（红字）

　　　　应收外汇账款——国外某客户

② 双方同意不再调换商品，以退补差价方式处理。

根据有关进出库凭证调整库存，冲掉原销售成本，补记错发商品成本。作会计分录如下：

借：库存商品——库存出口商品（未发商品）

　　自营出口销售成本——未发商品（红字）

借：自营出口销售成本——错发商品

　　贷：库存商品——库存出口商品（错发商品）

同时，再根据出口更正发票调整销售收入。作会计分录如下：

　　贷：自营出口销售收入——错发商品

　　　　自营出口销售收入——未发商品（红字）

　　　　应付外汇账款——出口理赔（错发商品价格低于未发商品价格之差）

【例4-7】　承例4-1，假设瑞丰食品进出口公司出口销售给韩国兴隆食品公司板栗，由于包装不善造成部分毁损，韩国兴隆食品公司提出索赔 US＄20 000，经确认对外理赔，当日即期汇率为 7.84。作会计分录如下：

借：待处理财产损溢——待处理流动资产损溢　　　　　　　　　　156 800

　　贷：应付外汇账款——出口理赔（$20 000×7.84）　　　　　　　　156 800

① 经查上述理赔属企业自身的责任事故，经批准作会计分录如下：

借：营业外支出——出口理赔支出　　　　　　　　　　　　　　　156 800

贷：待处理财产损溢——待处理流动资产损溢　　　　　　　　　156 800

② 如属供货单位的责任，则应向责任方索赔，作会计分录如下：

借：其他应收款——兴发农场　　　　　　　　　　　　　　　156 800

　　贷：待处理财产损溢——待处理流动资产损溢　　　　　　　　156 800

【例4-8】　承例4-1，假设由于瑞丰食品进出口公司少发板栗3吨，致使韩国兴隆食品公司提出索赔US\$3 000元。经确认对外理赔，当日即期汇率为7.84。作会计分录如下：

冲转销售收入：

　　贷：应付外汇账款——出口理赔（US\$3 000×7.84）　　　　 23 520

　　　　自营出口销售收入——板栗　　　　　　　　　　　　　　 23 520

同时，冲转销售成本：

借：待处理财产损溢——待处理流动资产损溢　　　　　　　　　 15 000

　　自营出口销售成本——板栗　　　　　　　　　　　　　　　　 15 000

① 经查，上述少发商品尚在企业仓库内，作调整分录如下：

借：库存商品——库存出口商品（板栗）　　　　　　　　　　　 15 000

　　贷：待处理财产损溢——待处理流动资产损溢　　　　　　　　 15 000

② 如少发商品是由于供货单位兴发农场少发造成，经交涉收回原进价，作会计分录如下：

借：银行存款——人民币户　　　　　　　　　　　　　　　　　 15 000

　　贷：待处理财产损溢——待处理流动资产损溢　　　　　　　　 15 000

【例4-9】　承例4-1，假设由于瑞丰食品进出口公司错发红枣30吨，致使韩国兴隆食品公司提出索赔，经协商双方同意不再调换商品，以退补差价方式处理，红枣原进价每吨5 600元，售价每吨750美元，当日即期汇率为7.85。

① 冲转未发板栗成本，作会计分录如下：

借：库存商品——库存出口商品（板栗）　　　　　　　　　　　150 000

　　自营出口销售成本——板栗　　　　　　　　　　　　　　　　150 000

② 补记错发红枣成本，作会计分录如下：

借：自营出口销售成本——红枣　　　　　　　　　　　　　　　168 000

　　贷：库存商品——库存出品商品（红枣）　　　　　　　　　　168 000

③ 根据出口更正发票调整销售收入，作会计分录如下：

贷：自营出口销售收入——红枣（US\$22 500×7.85）　　　　 176 625

　　自营出口销售收入——板栗（US\$30 000×7.85）　　　　 235 500

　　应付外汇账款——出口理赔（US\$7 500×7.85）　　　　　 58 875

4.3.6　自营出口商品销售业务的明细分类核算

1. 自营出口销售收入和成本的明细分类核算

自营出口销售的明细核算，应按"自营出口销售收入"账户所属的明细账户核算，应具有商品名称、销售数量、销售收入、发票或合同号码、客户名称、商品品种和规格、价格条件、出口地区、出口单价以及应从销售收入中冲减的国外运费、保险费和佣金等项目。

由于销售净收入均以 FOB 价为基础，即按实际成交价格反映销售收入，支付的外币费用习惯以红字冲减"自营出口销售收入"账户，为此该账户的贷方应采用多栏式、复币制的格式，以便按出口批次分别直接认定销售收入、国外运费、保费、佣金等，防止漏付、重付等现象，并为账外核算提供确切数据。

"自营出口销售成本"账户所属的明细账户，结构可以比收入账简单些，但必须具备商品名称、品种、规格、数量和原进价等内容。

自营出口销售收入和成本，可以分别设置明细账，也可以合并设置销售明细账。合并设置销售明细账方便计算比较出口各商品、各批次的盈亏额并简化核算；明细账登记方法，可采用单列式记账方法，也可以采用平行式记账方法。但以采用平行式记账方法为好，采用这种方法可以具体对比每一批次出口销售的货款收入、国外运费、保险费和佣金，以及商品进价成本，便于考核盈亏；可以防止漏付、重付国外运费、保险费和佣金。自营出口销售明细分类账如表 4-14 所示。采用平行登记法时，销售收入和销售成本的减少，都必须用红字记录。

表 4-14　自营出口销售明细分类账

商品类别　　　　品名：　　　出口收汇种类　　　数量单价：　　　　　　　第　页

年		凭证字号	出口发票号码	摘要	销售地区及客户	价格条件	销售数量	销售成本（借方）		销售收入（贷方）								借或贷	盈亏额（余额）
										原币			人民币	减：国外费用			人民币净收入		
月	日							单价	金额	币别	单价	金额		佣金	运费	保险费			

2. 应收外汇账款的明细分类核算

出口贸易采用现汇清算时，向银行交单和实际收款结汇在时间上往往不一致，因此在账务处理上一般均应通过"应收外汇账款"账户核算。为加强对出口收汇工作的管理，保证安全收汇，加速资金周转，该账户必须按不同出口地区、主要客户、有证还是无证出口等设置明细账，并采用复币式账页进行核算。有证出口部分要分清即期、远期；无证出口要分清D/A、D/P等。每笔出口账款还须列明应收汇日期和实际收汇日期。无证出口还应分清不同收汇方式。应收外汇账款明细分类账如表 4－15 所示。

表 4－15 应收外汇账款明细分类账

明细科目

<table>
<tr><td colspan="2"></td><td colspan="18" align="right">外币　　　美元</td></tr>
<tr>
<td colspan="2">年</td>
<td colspan="2">凭证</td>
<td colspan="2">交单日期</td>
<td rowspan="2">出口发票号码</td>
<td rowspan="2">摘要</td>
<td colspan="2">收汇方式</td>
<td colspan="2">应收汇日期</td>
<td colspan="3">借方</td>
<td colspan="2">实际收汇日期</td>
<td colspan="3">贷方</td>
<td colspan="3">余额</td>
</tr>
<tr>
<td>月</td><td>日</td>
<td>字</td><td>号</td>
<td>月</td><td>日</td>
<td>L/C
D/P
D/A</td><td>天数</td>
<td>月</td><td>日</td>
<td>外币</td><td>汇率</td><td>人民币</td>
<td>月</td><td>日</td>
<td>外币</td><td>汇率</td><td>人民币</td>
<td>外币</td><td>汇率</td><td>人民币</td>
</tr>
<tr>
<td></td><td></td><td></td><td></td><td></td><td></td><td></td><td></td><td></td><td></td><td></td><td></td><td></td><td></td><td></td><td></td><td></td><td></td><td></td><td></td><td></td><td></td><td></td>
</tr>
</table>

4.4　代理出口销售业务的核算

4.4.1　代理出口销售业务概述

代理出口业务（Export Agency Sales）是指有进出口权的出口企业受托代理委托方办理对外销售、发运、制单、结汇等全过程工作，或者代为办理对外销售和交单、结汇工作的出口业务。如只代委托方办理对外成交，而不负责制单、结汇的，或者只代委托方办理加工、整理、改装、发运等部分工作的，只能称为单项代办业务，而不能称为代理出口业务。简言之，凡办理结汇的，称为代理出口业务；不办理结汇的，称为代办业务。

1. 代理出口销售业务应遵循的原则

企业经办代理出口业务，不垫付商品资金，资金占用量少；不负担国内外基本费用（佣金、国内外运保费等），只承担间接费用；不承担出口销售盈亏。凡在代理出口过程中发生的理赔、索赔责任，出口经营的盈亏均由委托方负责，出口退税全部归委托方所有。

委托方必须提供出口货源，负担一切国内外基本费用，承担理赔责任，承担出口销售盈亏。

受托代理企业按照出口销货发票金额及规定的代理手续费率，向委托方计收外汇手续费，作为经办代理出口业务的间接费用开支和经营收益。

2. 代理出口销售业务的程序

1）签订代理出口协议

出口企业经营代理出口销售业务前，应与委托方签订代理出口合同或协议，就经营商品、代理范围、商品交接、保管运输、费用负担、货款结算方式、手续费率、外汇划拨、索赔处理、账务核对等有关业务内容，作出详细的规定，以明确各方的权利和责任。对于代理出口商品使用的凭证均应加盖"代理业务"戳记，以便于识别。

2）代办出口成交、装运出口、交单议付等业务，支付国内外费用

出口企业为委托方代办出口成交、商品装运出口、交单结汇等出口工作。代理出口销售业务发生的国内外基本费用，均应由委托方负担，费用的结算可以由受托的出口企业垫付，然后向委托方收取，也可以由委托方预付，以后再进行清算。

3）出口收（结）汇、货款结算

按规定，除外商投资企业委托代理出口的情况下应凭委托代理协议办理原币划转外，境内机构的出口收汇不得原币划转，应当在收款行收（结）汇后将人民币划转委托出口单位。

出口企业代理出口销售外汇货款结算方法有异地收（结）汇法和当地收（结）汇法两种。

（1）异地收（结）汇法

这是指受托出口企业在商品出口销售向银行办理交单收汇时，办妥必要的手续。由银行在收到外汇货款时，向代理出口销售业务的受托出口企业和委托单位分割收（结）汇，扣除出口企业代垫的境外运费、保险费、佣金及代理手续费后，将外汇原币余额直接划拨委托单位，由委托方到所在地银行办理收（结）汇，也称委托方收（结）汇。

（2）当地收（结）汇法

这是指银行在收到外汇时，全额向受托出口企业办理收（结）汇的方法。采取这种方法时，受托出口企业先办理收（结）汇收账，扣除垫付的国内外基本费用和应收取的代理手续费后，将人民币余额通过银行转付委托单位，也称受托方收（结）汇。

4）办理出口退（免）税

委托出口的货物，受托方须自货物报关出口之日起至次年 4 月 15 日前，由委托方向所在地税务部门办理退（免）税。

4.4.2　代理出口销售业务核算的账户设置

① 委托方与受托企业之间结算代理出口业务的货款时，通过"应收账款"（Accounts Receivable）或"应付账款"（Accounts Payable）账户核算。

② 为避免受托企业和委托方对同一商品出口业务重复反映销售收入和销售成本的现象，在会计实务中采取委托方按自营出口处理，而受托企业不再重复反映代理出口销售收入和销售成本，只把代理手续费收入贷记"主营业务收入——代理出口销售收入"（代理业务为主营业务时）或"其他业务收入——代理出口销售收入"（代理业务为附营业务时）账户，并按规定缴纳增值税。

③ 代理出口商品的成本通过"受托代销商品"和"受托代销商品款"账户来核算。

"受托代销商品"（Fiduciary Goods for Sale）是资产类账户，用以核算企业接受其他单位委托代理出口的商品和代销的商品。企业收到其他单位代理出口商品或代销商品时，记入借方；代理出口商品发运后或代销商品销售后，结转其成本时，记入贷方；余额在借方，表示委托代理出口商品和代销商品的结存额。

"受托代销商品款"（Consignment-in Money）是负债类账户，用以核算企业接受代理出口商品和代销商品的货款。企业收到代理出口商品或代销商品时，记入贷方；代理出口商品或代销商品销售时，记入借方；余额在贷方，表示尚未销售的代理出口商品和代销商品的数额。

经办代理出口的受托方也可设置表外科目"代管商品物资"以反映代理物资的流转，特别是在委托单位自行将商品运往车站或码头交货地的情况下。

4.4.3　代理出口销售业务的账务处理

1. 代理出口商品收发的核算

受托企业对代理出口的商品没有所有权，不办理收购业务，不通过"库存商品"账户进行核算，但代理合同或协议一经生效，受托企业就有保证代理出口商品安全和完整的责任，因此应设置"受托代销商品"和"受托代销商品款"两个账户进行核算，并办理与自营出口商品同样的进出仓凭证的流转手续。为了便于分别核算，代理出口商品的进出仓凭证和内部使用的有关出口单证上，均应作明显代理标志或加盖代理字样的图章，以资区别。

受托企业根据合同规定收到委托方发来代理出口商品时，应根据储运部门转来代理业务入库单上所列的金额，借记"受托代销商品"账户；贷记"受托代销商品款"账户。代理商品出库后，应根据储运部门转来的代理业务出库单上所列的金额，借记"待运和发出商品——受托代销商品"账户；贷记"受托代销商品"账户。代理商品出入库也可通过表外账户"代管商品物资"在备查簿上登记反映。

【例 4-10 (1)】　上海新宜服装进出口公司受理苏州服装厂代理出口服装业务，女时装已运到。

① 20×9 年 6 月 22 日，收到储运部门转来代理出口商品入库单，列明入库女时装 500 套，每套 550 元。作会计分录如下：

借：受托代销商品——苏州服装厂　　　　　　　　　　　　275 000

　　贷：受托代销商品款——苏州服装厂　　　　　　　　　　275 000

或：在备查簿上作单式登记，借：代管商品物资——女时装 275 000 元（500 套）

② 6 月 25 日，收到储运部门转来代理出口商品出库单，列明出库女时装 500 套，每套 550 元。作会计分录如下：

借：待运和发出商品——受托代销商品　　　　　　　　　　275 000

　　贷：受托代销商品——苏州服装厂　　　　　　　　　　　275 000

或：在备查簿上作单式登记，借：代管商品物资——待运和发出商品（女时装）275 000 元（500 套）；同时，单式登记分录，贷：代管商品物资——女时装 275 000 元（500 套）

2. 代理出口商品交单的核算

代理出口业务属于代销性质，所取得的收入属于委托方，不是受托企业的收入，不应记入受托企业的销售收入账户。但收取的代理手续费，是受托企业的一项收入。在发出商品，取得提单后，受托企业就取得了向外国客户收取货款的权利，由于这项债权实际上属于委托方，企业只是代为办理，取得货款之后还要支付给委托方，因此企业在取得一项债权的同时也产生了一项债务。

代理出口商品交单办理收汇手续，取得银行回单时就意味着销售已经确认，然而这是委托单位的销售收入，因此通过"应付账款"账户核算。届时根据代理出口商品的销售金额，借记"应收外汇账款"账户；贷记"应付账款"账户；同时结转代理出口商品的销售成本，根据代理出口商品的出库金额，借记"受托代销商品款"账户；贷记"待运和发出商品"账户。

【例 4-10 (2)】　上海新宜服装进出口公司根据代理出口合同销售给日本大阪公司女时装。

① 7 月 8 日，收到业务部转来代理销售女时装的出口发票副本和银行回单，发票开列女时装 500 套，每套 80 美元 CIF 价格，共计货款 40 000 美元，明佣 1 000 美元，当日即期汇率为 7.88。汇总差额采用集中结转法核算。作会计分录如下：

借：应收外汇账款（US＄39 000×7.88）　　　　　　　　　　307 320

　　贷：应付账款——苏州服装厂　　　　　　　　　　　　　　307 320

② 同时根据代理业务出库单（转账联）结转代理出口女时装销售成本。作会计分录如下：

借：受托代销商品款——苏州服装厂　　　　　　　　　　　275 000

　　贷：待运和发出商品——受托代销商品　　　　　　　　　　275 000

或：在备查簿上作单式登记，贷：代管商品物资——待运和发出商品（女时装）275 000
（500 套）

3. 垫付国内外基本费用的核算

在代理出口业务中，受托企业负担的国外运费、保险费等国外费用，由委托方负责。受托企业垫付后，可以在结算时扣回；也可以先向委托方预收一笔款项，代理业务结束时再行清算。

受托企业在垫付国内外基本费用时，应借记"应付账款"账户；贷记"银行存款"账户。

【例 4-10 (3)】　上海新宜服装进出口公司代理销售女时装发生国内外基本费用。

① 6 月 27 日，签发转账支票 2 张，分别支付上海运输公司将女时装运送上海港运杂费 900 元，支付上海港装船费 800 元。作会计分录如下：

借：应付账款——苏州服装厂　　　　　　　　　　　　　　1 700

　　贷：银行存款——人民币户　　　　　　　　　　　　　　　1 700

② 7 月 5 日，支付外轮运输公司的运费 800 美元，保险公司的保险费 150 美元，当日即期汇率为 7.87。作会计分录如下：

借：应付账款——苏州服装厂　　　　　　　　　　　　　7 476.50

　　贷：银行存款——美元户（US＄950×7.87）　　　　　　　7 476.50

4. 确认代理手续费收入的核算

出口企业根据业务部门转来按代理出口销售收入金额的一定比例收取代理手续费发票的金额，借记"应付账款"账户；贷记"主营业务收入——代理出口销售收入"（代理业务为主营业务时）或"其他业务收入——代理出口销售收入"（代理业务为附营业务时）账户；同时，贷记"应交税费——应交增值税（销项税额）"账户。

【例 4-10 (4)】　上海新宜服装进出口公司按照代理合同收取代理手续费 1 000 美元。代理业务的手续费率为 2.5%，当日即期汇率为 7.90。并按 6% 税率计算增值税，作会计分录如下：

借：应付账款——苏州服装厂（US＄1 000×7.90）＋474　　8 374

　　贷：其他业务收入——代理出口销售收入　　　　　　　　7 900

　　　　应交税费——应交增值税（销项税额）　　　　　　　　474

5. 代理出口销售收汇的核算

出口企业代理出口销售收汇时，如采取异地结汇法，收到银行转来的垫付代理出口商品的国内外基本费用和代理手续费时，根据收到的金额，借记"银行存款"账户；贷记"应收外汇账款"账户。同时还应根据银行划拨委托单位的金额，借记"应付账款"账户；贷记"应收外汇账款"账户。

【例 4 - 10（5）】　上海新宜服装进出口公司代理销售女时装采取异地收（结）汇法，发生结汇业务。

7月18日，收到银行转来分割结汇的外汇水单，其中代理业务代垫国内运费 900 元，装船费 800 元；代垫国外运费 800 美元，保险费 150 美元；代理手续费 1 000 美元；同时根据银行转来分割结汇通知，划拨苏州服装厂外汇余额。当日即期汇率中间价为 7.90，结汇日银行美元买入价为 7.89。假设汇兑差额由受托方承担，作会计分录如下：

借：银行存款——人民币户　　　　　　　　　　　　　　　　17 559.50

　　财务费用——汇兑差额　　　　　　　　　　　　　　　　　　19.50

　　应付账款——苏州服装厂［US＄（39 000－950－1 000）×7.90 － 1 700－474］

　　　　　　　　　　　　　　　　　　　　　　　　　　　　290 521

　　贷：应收外汇账款（US＄39 000×7.90）　　　　　　　　308 100

出口企业代理出口销售业务如采取当地结汇法，收到银行转来外汇水单收取全部款项时，借记"银行存款"账户；贷记"应收外汇账款"账户；扣除垫付的国内外基本费用和应收取的代理手续费后，差额汇付委托单位，根据汇款回单，贷记"银行存款"账户。

当地结汇法下收汇的会计分录如下：

借：银行存款——人民币户（US＄39 000×7.89）　　　307 710

　　财务费用——汇兑差额　　　　　　　　　　　　　　390

　　贷：应收外汇账款（（US＄39 000×7.90）　　　　308 100

同时，

借：应付账款——苏州服装厂　　　　　　　　　289 769.50

　　贷：银行存款——人民币户　　　　　　　　　289 769.50

有些出口企业为了更全面反映企业代理出口业务的销售收入、成本和损益，也可专设"代理出口销售收入""代理出口销售成本"账户核算代理出口业务。"代理出口销售收入"账户核算代理出口商品国外销售合同净额；"代理出口销售成本"账户核算销售净收入扣除代理手续费后的金额作为代理出口销售成本。

4.5 出口主要商品成本及盈亏表

1. 出口主要商品成本及盈亏表的概念及作用

出口主要商品成本及盈亏表（Main Export Commodities Cost and Profit or Loss Statement）主要反映涉外企业年度内自营出口商品销售收入（Self-Employed Export Sales Revenue）、销售成本（Sales Cost）、盈亏总额（Total Profit or Loss）、出口关税（Export Tariffs）、消费税退税（CT Refunds）和出口每美元成本（Export Cost of Per Dollar）等情况的会计报表。它反映了涉外企业自营出口商品盈亏和换汇成本的动态数据，是一张具有涉外企业行业特点的反映涉外企业经营出口商品盈亏和换汇成本的动态报表（Dynamic Statement）。

通过编制本表，涉外企业可以及时分析、总结本企业经营的重点出口商品的销售价格（Sale Price）、成本总额（Total Cost）及其构成；通过将某一出口商品的出口每美元成本与人民币汇率进行比较，可以判断企业出口主要商品的盈亏情况。如果出口每美元成本高于同期人民币汇率，表明该商品的出口是亏损的；反之，则是盈利的。

2. 出口主要商品成本及盈亏表的格式

出口主要商品成本及盈亏表是以单项出口商品盈亏分析为核心的多栏式报表。以出口主要商品（Main Export Commodities）为基础列示，分别反映不同商品的销售收入和销售成本情况，它的核心是出口每美元成本指标，在这一指标中，为了便于比较，对出口经营成本和总成本栏分别设置了"本期（Current Period）"和"上年同期（Same Period of Last Year）"两个栏目。出口主要商品成本及盈亏表格式如表 4-16 所示。

3. 出口主要商品成本及盈亏表的编制

"出口主要商品成本及盈亏表"的编报期间比较灵活。可以是一年编报一次也可以是一个季度或者一个月编报一次，涉外企业可以根据本单位的具体情况，自行选择编报期间。

编制"出口主要商品成本及盈亏表"的资料主要来源于涉外企业自营出口销售收入、自营出口销售成本的明细账，以及税金及附加、出口销售费用、管理费用、财务费用等以出口商品直接认定或者分摊的税费资料。

各指标的编报及计算方法如下。

① 本表核算的商品大类、主要商品和计量单位须按照海关规定的商品目录填列。

② "销售数量"（Sales Amount）按出口商品的实际数量填列。如无法划分数量的，此栏可不填。

③ "销售收入"（Sales Revenue）项下"人民币金额"栏按照"自营出口销售收入"账户及有关明细科目发生额分析填列。

表 4－16　出口主要商品成本及盈亏表
年　月

金额单位：人民币万元（两位小数）
万美元（两位小数）
人民币元（两位小数）

编报单位：

商品名称	计量单位	销售数量	销售收入			出口总成本										出口每美元成本			
			折美元金额		人民币金额	出口经营成本								出口间接费用	盈亏总额	本年		上年同期	
						总值	商品进价			出口直接费用	消费税退税	出口关税	合计						
			单价	金额			单价	金额	其中增值税未退金额							出口经营成本	总成本	出口经营成本	总成本
1	2	3	4	5	6	7	8	9	10	11	12	13	14	15	16	17	18	19	20
商品1.																			
商品2.																			

财务负责人：　　　　　　　　　复核人：　　　　　　　　　制表人：

④"销售收入"（Sales Revenue）项下"折美元金额"栏按照"销售收入"项下"人民币金额"栏除以期末银行美元外汇牌价的"中间价"计算填列。"折美元金额"项下"金额"（美元数）除以"销售数量"即为"折美元金额"项下"单价"金额。出口商品无销售数量的，"单价"栏可不填。

⑤"出口总成本"（Export Total Cost）项由"出口经营成本"加"出口间接费用"构成。

⑥"出口经营成本"（Export Operating Cost）"合计"栏由"商品进价"（Purchase Price of Goods）加"出口直接费用"加"出口关税"减"消费税退税"填列。其中："商品进价"按照"自营出口销售成本"以商品立户的明细分类账户发生额和"应交税费"中"进项税额转出"金额分析填列。该明细账借方发生额一般含三部分：①出口商品不含税进价；②出口商品含消费税进价；③增值税未退税部分。各出口企业由于出口商品的品种不同或退税率不同，"商品进价"的构成内容也有所不同。"商品进价"中的"单价"，按下列公式计算：

商品进价的单价＝商品进价÷销售数量

⑦"出口直接费用"（Export Direct Expense）由出口销售费用和出口商品应分摊的管理费用、财务费用等有关明细科目分析填列。

⑧"出口间接费用"（Export Indirect Expense）由除"出口直接费用"外与出口有关的其他费用构成，须按照一定比例进行分摊。

⑨"盈亏总额"（Total Profit or Loss）由"销售收入"减去"出口总成本"计算得出。如为亏损，在数字前列"－"号。

⑩"出口每美元经营成本"（Export Operating Cost of Per Dollar）由"出口经营成本"

合计栏除以"销售收入"项下"折美元金额"得出。

⑪"出口每美元总成本"（Total Cost of Per Dollar）由"出口总成本"栏金额除以"销售收入"项下"折美元金额"得出。

涉外企业根据"出口每美元成本"来衡量企业出口商品的获利能力。出口每美元成本是指实现出口创汇一美元平均应负担的人民币总成本。若出口每美元成本低于美元汇率，则说明企业该商品的出口是盈利的；反之，若出口每美元成本等于或者高于美元汇率，则说明企业该商品的出口为不赚或者亏损，高得越多就亏得越多。

注意：按统计口径规定，计算"出口每美元成本"时，均换算为统一的美元指标，也就是说在计算非美元每美元出口换汇成本时，应首先将非美元的货币换算成美元，然后再按照上述公式计算。

此外，还可计算"出口销售盈亏率"来反映出口商品的盈利能力。

$$出口销售盈亏率 = \frac{出口销售收入 - 出口销售成本}{出口销售总成本} \times 100\%$$

【例 4-11】 承例 4-1，另外不予退税计入成本的金额为 1 500 万元。计算瑞丰食品进出口公司本批出口板栗在出口主要商品成本及盈亏表中的出口总成本、出口销售净收入、出口盈亏额、出口盈亏率及出口每美元成本指标。

计算结果如下：

① 出口总成本＝商品采购成本＋摊入国内费用（期间费用）＋出口税金（出口关税等）＋出口转入成本未退增值税额－出口应退消费税＋汇兑损失－汇兑收益。

出口销售总成本＝150 000＋1 900＋782＋4 500＝157 182（元）

② 出口销售净收入（美元）＝出口销售外币金额－国外外币费用（运费、保险费）－佣金－理赔。

假设板栗出口理赔金额为 0，佣金为暗佣，则，

出口销售净收入（美元）＝US＄30 000－US＄1 500－US＄660－US＄900＝US＄26 940

出口销售净收入（人民币）＝234 000－11 700－5 148－7 020＝210 132（元）

③ 本批次出口盈亏额＝出口销售净收入－出口总成本。

本批次出口盈亏额＝210 132－157 182＝52 950（元）

④ 本批次出口盈亏率＝出口盈亏额÷出口总成本。

本批次出口盈亏率＝52 950÷157 182×100%＝33.69%

⑤ 出口每美元成本＝出口总成本÷出口销售净收入（美元）。

出口每美元成本＝157 182÷US＄26 940＝5.834 5 人民币元/美元

5.834 5 人民币元/美元比现行汇率 7.82 低 1.985 5 元。即如果将此项美元结售给银行，每美元可赚取人民币 1.985 5 元，说明此项出口销售业务效益较好。

本　章　小　结

1. 自营出口销售业务（CIF 价格、明佣方式下）主要会计分录程序图如图 4 - 2 所示。

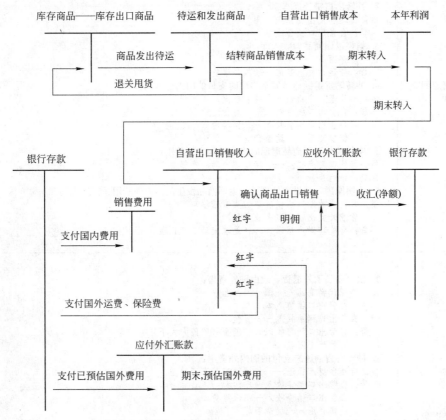

图 4 - 2　自营出口销售业务（CIF 价格、明佣方式下）主要会计分录程序图

2. 自营出口销售其他业务会计分录，如表 4 - 17 所示。

表 4 - 17　自营出口销售其他业务会计分录表

自营出口销售 其他业务类型	主要会计分录
退关	退关： 　借：库存商品——库存出口商品 　　　贷：待运和发出商品

自营出口销售 其他业务类型	主要会计分录
出口销售退回， 产品运回国内	1. 冲转出口销售收入（明佣方式下）： 借：自营出口销售收入——货款 　　贷：自营出口销售收入——佣金 　　　　应收外汇账款 2. 冲转出口销售成本： 借：待运和发出商品——国外退货 　　贷：自营出口销售成本 3. 销售退回商品验收入库： 借：库存商品——库存出口商品 　　贷：待运和发出商品——国外退货 4. 冲转销货退回商品原来出口时支付的国内外费用： 借：待处理财产损溢——待处理流动资产损溢 　　贷：自营出口销售收入——运费 　　　　自营出口销售收入——保险费 　　　　销售费用——运杂费等 5. 支付销货退回商品退回时发生的国内外费用： 借：待处理财产损溢——待处理流动资产损溢 　　贷：银行存款 6. 查明原因，经批准处理销货退回商品发生的国内外费用： 借：其他应收款（由供货单位负责赔偿） 　　营业外支出（出口企业责任） 　　贷：待处理财产损溢——待处理流动资产损溢
出口销售退货， 产品国外寄售	1. 出口商品国外退货，改由国外寄售： 借：委托代销商品——国外××客户 　　贷：自营出口销售成本 借：自营出口销售收入——货款 　　贷：自营出口销售收入——佣金（明佣方式下） 　　　　应收外汇账款 2. 冲转寄售前原来支付的国内外费用： 借：待处理财产损溢——待处理流动资产损溢 　　贷：自营出口销售收入——运费 　　　　自营出口销售收入——保险费 　　　　销售费用——运杂费等 查明原因，经批准处理国外寄售商品原来发生的国内外费用： 借：其他应收款（由供货单位负责赔偿） 　　营业外支出（出口企业责任） 　　贷：待处理财产损溢——待处理流动资产损溢 3. 收到境外代销清单，确认收入： 借：银行存款 　　贷：自营出口销售收入——出口佣金（红字） 　　　　　　　　　　　——托售商品国外费用（红字） 　　　　自营出口销售收入 4. 结转寄售成本： 借：自营出口销售成本 　　贷：委托代销商品——国外××客户

续表

自营出口销售 其他业务类型	主要会计分录
对外索赔	对外索赔，应收外商理赔款： 借：应收外汇账款——出口索赔 　　贷：营业外收入——对外索赔收入
对外理赔	1. 属于出口方违约所致，确认理赔： 借：待处理财产损溢——待处理流动资产损溢 　　贷：应付外汇账款——出口理赔 ① 查明原因后，如属企业自身责任事故，应按规定报经批准处理： 借：营业外支出——出口理赔支出 　　贷：待处理财产损溢——待处理流动资产损溢 ② 如属供货单位或国内其他部门负责的，应向责任单位索赔： 借：其他应收款——国内客户、保险公司、运输机构 　　贷：待处理财产损溢——待处理流动资产损溢 2. 属于出口方少发货所致，确认理赔： (1) 冲转原确认少发货部分的销售收入： 　　贷：应付外汇账款——出口理赔 　　　　自营出口销售收入（红字） 如果理赔金额与少发商品价格不一致，差额先作"待处理财产损溢"处理。 (2) 同时冲转原少发货部分的销售成本： 借：待处理财产损溢——待处理流动资产损溢 　　自营出口销售成本（红字） (3) 查明原因，经批准后处理： ① 经查，供货单位少发货造成的： 借：应收账款——国内供应商（或：银行存款） 　　贷：待处理财产损溢——待处理流动资产损溢 ② 如少发商品尚在出口企业仓库内： 借：库存商品——库存出口商品——少发部分 　　贷：待处理财产损溢——待处理流动资产损溢 ③ 如少发商品已不存在，或不能按原价收回供货方货款经批准转作营业外支出处理： 借：营业外支出——出口理赔支出 　　贷：待处理财产损溢——待处理流动资产损溢 3. 属于出口方错发货所致，确认理赔： (1) 双方同意以调换商品方式处理： ① 原账务处理均按正确商品进行 无须对原有会计分录进行调整，运回及补发商品发生的国内外费用： 借：待处理财产损溢——待处理流动资产损溢 　　贷：银行存款 报经批准后： 借：营业外支出——出口理赔支出 　　其他应收款 　　贷：待处理财产损溢——待处理流动资产损溢 ② 若原账务处理均按错发的商品进行，作调整分录： A. 调整销售成本： 借：库存商品——库存出口商品（返回错发商品） 　　贷：库存商品——库存出口商品（补发商品） 　　　　自营出口销售成本——补发商品成本差额（补发商品成本小于错发商品时） B. 调整销售收入： 借：自营出口销售收入——补发产品收入差额（补发商品收入小于错发商品时） 　　贷：应收外汇账款——国外某客户

续表

自营出口销售 其他业务类型	主要会计分录
对外理赔	(2) 双方同意不再调换商品，以退补差价方式处理： A. 冲转原销售成本，补记错发商品成本： 借：库存商品——库存出口商品（未发商品） 　　自营出口销售成本——未发商品（红字） 借：自营出口销售成本——错发商品 　　贷：库存商品——库存出口商品（错发商品） B. 同时，调整销售收入： 　　贷：自营出口销售收入——错发商品 　　　　自营出口销售收入——未发商品（红字） 　　　　应付外汇账款——出口理赔（错发商品价格低于未发商品价格之差）

3. 代理出口销售业务（当地结汇方式下，代理出口为其他业务）主要会计分录程序图，如图 4-3 所示。

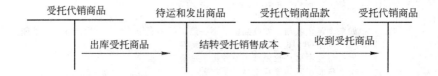

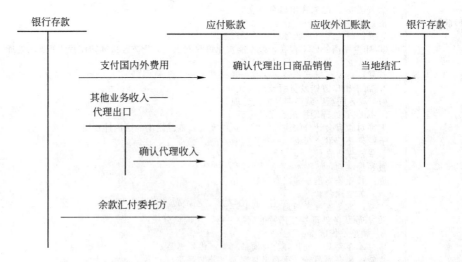

图 4-3　代理出口销售业务（当地结汇方式下，代理出口为其他业务）主要会计分录程序图

4. 汇付、托收、信用证结算方式下的账务处理，如表 4-18、表 4-19 和表 4-20 所示。

表4-18 汇付方式下，汇出方、汇入方的账务处理

汇付方式——汇出方	汇付方式——汇入方
原始凭证： (1) 电汇、信汇、票汇申请书的四联单； (2) 购买外汇的转账支票存根； (3) 结（售）汇水单。 账务处理： (1) 填制申请书、交款付费： 借：其他货币资金——汇票或在途资金 　　财务费用——手续费 　　贷：银行存款 (2) 收款人领取汇款后，汇出方收到"正收条"： 借：商品采购/销售费用/应付外汇账款等 　　贷：其他货币资金——汇票或在途资金	原始凭证： (1) 电汇、信汇的汇入汇款通知书； (2) 电汇、信汇、票汇的外汇结汇证明（结汇水单或收账通知）。 账务处理： 借：银行存款 　　贷：预收外汇账款/应收外汇账款等

表4-19 托收方式下，托收方的账务处理

托收方式——托收方	账务处理
(1) D/P（付款交单）或 D/A（承兑交单）交单日，当出口方向银行开出托收指示并交出全套单证：	借：应收外汇账款 　　贷：自营出口销售收入
(2) D/A 承兑日，出口方凭银行通知：	借：应收外汇票据 　　贷：应收外汇账款
(3) D/P 收汇日或 D/A 汇票到期日，凭结汇水单/收账通知：	借：银行存款 　　财务费用——汇兑差额 　　贷：应收外汇账款/应收外汇票据

表4-20 信用证方式下，出口方的账务处理

信用证方式——出口方	账务处理
(1) 收到银行信用证通知书：	不作会计分录，备查簿中登记
(2) 出口交单，凭发票副本：	借：应收外汇账款 　　贷：自营出口销售收入
(3) 即期及延期付款信用证收汇日，凭结汇水单/收账通知：	借：银行存款 　　财务费用——汇兑差额 　　贷：应收外汇账款
(4) 远期信用证，凭银行通知、结汇水单/收账通知：	A. 承兑日： 借：应收外汇票据 　　贷：应收外汇账款 B. 到期日： 借：银行存款 　　财务费用——汇兑差额 　　贷：应收外汇票据
(5) 议付信用证，凭结汇水单/收账通知、出口押汇申请书：	A. 议付日： 借：银行存款 　　财务费用——汇兑差额 　　贷：短期借款——议付 B. 等待日期末，自动转账： 借：短期借款——议付 　　贷：应收外汇账款

习　　题

一、单项选择题

1. 在实际进出口业务中的商品买卖主要表现为（　　）。

    A. 劳务的买卖　　　B. 单据的买卖　　　C. 货物的交付　　　D. 信用的提供

2. 在进出口贸易业务中，当使用 L/C、D/P、D/A 三种不同支付方式结算货款，对出口企业的出口收汇风险从小到大依次排序为（　　）。

    A. D/P、D/A、L/C　　　　　　　　　B. D/A、D/P、L/C

    C. L/C、D/A、D/P　　　　　　　　　D. L/C、D/P、D/A

3. 自营出口销售商品业务，在采用（　　）时，卖方必须支付将货物运至指定目的港所需的运费并办理货物海运保险。

    A. CIF 价格　　　　　　　　　　　　B. CFR 价格

    C. FOB 价格　　　　　　　　　　　　D. FOB、CFR、CIF 价格

4. 采用暗佣支付方式时，出口商在销售发票上只列明（　　）。

    A. 销售金额　　　B. 佣金率　　　C. 佣金　　　D. 销售净额

5. A 公司向美国 B 公司出售一批货物，报价为 CIF 洛杉矶每公吨 970 美元，B 公司要求改报含佣价 CIF C3％。A 公司报价应改为每公吨（　　）美元。

    A. 941.75　　　B. 970　　　C. 940.90　　　D. 1 000

6. 出口佣金是支付给中间商的一种报酬，当应当支付的累计佣金如无法认定到具体某笔销售额时，则应列入（　　）账户。

    A. 管理费用　　　　　　　　　　　　B. 财务费用

    C. 销售费用　　　　　　　　　　　　D. 财务费用——汇兑差额

7. 涉外企业财会部门以（　　）之日作为出口销售的入账时间。

    A. 向银行交单　　　B. 取得提单　　　C. 报关出境　　　D. 收到收汇通知

8. 我国规定核算自营出口销售收入时，不论企业出口成交使用何种价格条款，出口商品销售收入的入账金额一律以（　　）为基础。

    A. FOB 价　　　　　　　　　　　　　B. CIF 价

    C. CFR 价　　　　　　　　　　　　　D. DAF 价

9. "自营出口销售收入"账户用来反映和监督出口货物销售收入。该账户贷方用来登记出口企业实现的出口货物销售收入，借方则用来登记所发生的（　　）。

    A. 出口货物的销售成本

    B. 出口关税

    C. 增值税出口退税金额

    D. 海外运输费、保险费以及佣金费用

10. 下列不属于"自营出口销售成本"账户核算内容的是（　　）。

    A. 自营出口商品销售成本

    B. 出口货物不予免抵退增值税金额

    C. 消费税退税收入

    D. 海外运输费、保险费以及佣金费用

11. 在自营出口业务中，发生的国内费用、国外费用应（　　）。

    A. 均冲减出口销售收入

    B. 前者列入销售费用；后者冲减出口销售收入

    C. 前者列入管理费用；后者列入销售费用

    D. 均列入出口销售成本

12. 出口商品销售所发生的明佣，在贷记相应账户的同时，应（　　）。

    A. 借记"管理费用"账户

    B. 红字贷记（或蓝字借记）"自营出口销售收入"账户

    C. 借记"销售费用"账户

    D. 借记"自营出口销售成本"账户

13. 出口企业收到外汇货款，将佣金汇付中间商时，借记"应付外汇账款——应付佣金"账户，贷记"银行存款"账户，说明该出口企业采用的是（　　）方式。

    A. 明佣　　　　　　　　　　　B. 议付佣金

    C. 汇付佣金　　　　　　　　　D. 无法认定到具体商品的累计佣金

14. 某进出口企业在自营出口销售业务中，由于外商违约发生出口索赔，当在外商确认赔偿时，该企业的账务处理应为（　　）。

    A. 借记"应收外汇账款"账户，贷记"自营出口销售收入"账户

    B. 借记"其他应收款"账户，贷记"自营出口销售收入"账户

    C. 借记"应收外汇账款"账户，贷记"营业外收入"账户

    D. 借记"其他应收款"账户，贷记"营业外收入"账户

15. 出口理赔时，如果是企业发错商品，且双方同意采用调换商品方式处理，对于该过程中所发生的国内外费用处理应为（　　）。

    A. 借：待处理财产损溢　　　　　B. 借：营业外支出

       贷：应付账款　　　　　　　　　　贷：应付账款

    C. 借：其他应收款　　　　　　　D. 借：销售费用

       贷：应付账款　　　　　　　　　　贷：银行存款

16. 出口产品销货退回发生的国内外费用，查明原因处理前借记（　　）账户。

    A. 其他应收款　　　B. 营业外支出　　　C. 销售费用　　　D. 待处理财产损溢

17. 涉外企业经营代理出口销售业务应遵循的原则是（　　）。

A. 不垫付商品资金，负担国内外直接费用

B. 不垫付商品资金，不负担国内外直接费用

C. 垫付商品资金，负担国内外直接费用

D. 垫付商品资金，不负担国内外直接费用

18. 采用当地收（结）汇法时，银行在收到外汇后（　　）。

　　A. 全额向委托单位办理收（结）汇

　　B. 全额向受托单位办理收（结）汇

　　C. 分别向受托单位和委托单位分割收（结）汇

　　D. 将外汇余额转付委托单位

19. 代理出口销售业务发生的外币费用应（　　）。

　　A. 冲减销售收入　　　　　　　　B. 增加销售成本

　　C. 由委托方负担　　　　　　　　D. 由受托方负担

20. 出口主要商品成本及盈亏表中的"出口总成本"指标是指（　　）。

　　A. 出口经营成本＋出口间接费用

　　B. 商品进价＋出口直接费用＋出口关税－消费税退税

　　C. 自营出口销售成本＋进项税额转出

　　D. 商品进价

二、多项选择题

1. 出口贸易磋商通常分为（　　）几个环节。

　　A. 发盘　　　B. 询盘　　　C. 还盘　　　D. 返还盘　　　E. 接受

2. 国际结算方式可划分为（　　）及 L/C 等。

　　A. D/P　　　B. D/A　　　C. D/D　　　D. T/T　　　E. M/T

3. 出口业务涉及的主要单证有（　　）等。

　　A. 货运委托书　　　　　B. 出口货物报关单　　　　　C. 外销商业发票

　　D. 装箱单　　　　　　　E. 提单

4. 下列属于一般贸易出口报关单证的有（　　）。

　　A. 报关单　　　B. 外销发票　　C. 装箱单　　　D. 出口许可证　　E. 商检证书

5. 财务部门对外销商业发票审核的主要内容有（　　）。

　　A. 外销商业发票应是财务部门所开具

　　B. 外销商业发票应是信用证受益人所开具

　　C. 外销商业发票上买方名称应与信用证上付款人相一致

　　D. 外销商业发票货物的数量及发票上的总金额应在信用证的规定范围之内

　　E. 外销商业发票货物的单价应是按信用证上所规定的幅度开列

6. 三种贸易术语的换算公式为（　　）。

　　A. FOB＝CFR－F＝CIF－F＋I

B. FOB＝CFR－F＝CIF－F－I

C. CFR＝FOB＋F＝CIF＋I＝CIF 价×［1＋（1＋投保加成）×保险费率］

D. CFR＝FOB＋F＝CIF－I＝CIF 价×［1－（1＋投保加成）×保险费率］

E. CIF＝FOB＋F＋I＝CFR＋I＝CIF＝CFR÷［1－（1＋投保加成）×保险费率］

7. 从广义角度来说，自营出口包括出口企业在一般贸易项下的（　　　）。

　　A. 直接出口　　　　　　　　B. 转口销售　　　　　　　　C. 寄售代销

　　D. 进料加工复出口　　　　　E. 出售样展品小卖品

8. 在自营出口销售业务中，出口商品的购货成本及（　　　）均由出口企业自己负担。

　　A. 佣金　　　　B. 索赔　　　　C. 罚款　　　　D. 理赔　　　　E. 盈亏

9. 佣金的支付方式，主要有（　　　）。

　　A. 汇付　　　　B. 汇兑　　　　C. 票扣　　　　D. 议付　　　　E. 票付

10. 以下通过冲减"自营出口销售收入"账户来核算的项目有（　　　）。

　　A. 国外运费　　B. 国内费用　　C. 国外保险费　　D. 明佣　　　E. 暗佣

11. 出口商品销售业务的国外费用包括（　　　）。

　　A. 国外运费　　　　　　　　B. 外宾招待费　　　　　　　C. 国外保险费

　　D. 国外佣金　　　　　　　　E. 出国费用

12. 若对外理赔属于出口方少发货所致，出口方对外理赔的金额与少发商品价格的差额，查明原因批准处理后可能转作（　　　）账户。

　　A. 应收账款　　　　　　　　　　　　B. 库存商品

　　C. 自营出口销售成本　　　　　　　　D. 营业外支出

13. 出口企业经营代理出口销售业务前与委托方签订代理出口合同应明确规定（　　　）等有关业务内容。

　　A. 代理范围　　　　　　　B. 代理手续费率　　　　　　C. 商品交接

　　D. 费用负担　　　　　　　E. 外汇划拨

14. 采用当地收（结）汇法时，受托单位收汇后，扣除（　　　），将外汇余额通过银行转付委托单位。

　　A. 垫付的国外直接费用　　　　　　　B. 间接费用

　　C. 垫付的国内直接费用　　　　　　　D. 应收取的代理手续费用

　　E. 出口退税

15. 在代理出口中，受托方申请办理《代理出口货物证明》时，须附送以下单证（　　　）。

　　A. 代理出口协议原件及复印件　　　　B. 出口货物报关单

　　C. 委托方税务登记证副本复印件　　　E. 出口销售发票

三、判断题

1. 在出口贸易中，出口单证的交付大多数通过银行代替买方收受，称之为"交单"。

　　　　　　　　　　　　　　　　　　　　　　　　　　　　　　（　　　）

2. 在对装箱单的审核管理时应注意装箱单上的日期应不早于外销发票开列的日期。

（　　）

3. 在进出口业务中，明佣是在外销发票上注明的内扣佣金，其金额是根据外销发票上所列外销销售总额乘以规定的佣金率来计算的。（　　）

4. 当进口贸易采用含佣价（包括明佣或暗佣）成交时，收取佣金的含佣价计算公式为含佣价＝净价×（1－佣金率）。（　　）

5. 采用累计佣金方式时，其核算为直接冲减自营出口销售收入。（　　）

6. 汇付佣金方式是涉外企业在收取的货款总额中将应付佣金直接扣除，无须另外支付。

（　　）

7. 企业自营出口商品应支付或预估的国外运费、保险费和佣金等应冲减销售收入，而不计入出口商品销售成本。（　　）

8. 采用异地收（结）汇时，银行将扣除代理出口企业代垫的国内外直接费用及代理手续费后的余额直接划拨委托单位。（　　）

9. 在代理出口业务中，《代理出口货物证明》是由受托方填写并经主管退税机关签章后交受托方，由受托方办理退税。（　　）

10. 代理出口虽由出口企业对外代办销售业务和制单结汇等工作，但由于委托方承担出口盈亏责任，因此出口货物增值税款应退给委托方。（　　）

四、业务处理题

1. 某出口企业以人民币为记账本位币，记账汇率采用当日即期汇率，汇兑差额采用集中核算法。该企业对美国 A 公司出口甲商品 200 吨，价格条件为 CIF 纽约每吨 1 500 美元，出口佣金按 4% 计算。确认销售当日美元汇率为：US$1＝¥6.30。收回货款当日美元汇率为：US$1＝¥6.50。

（1）如果进出口双方使用的是明佣，则财会部门根据银行转来的收账通知，作出确认销售及收回货款的会计分录。

（2）如果出口佣金为暗佣，并且采用汇付方式，作出确认销售、确认佣金、收回货款及支付佣金的会计分录。

（3）如果出口佣金为暗佣，并且采用议付方式，作出确认销售、确认佣金、收回货款及支付佣金的会计分录。

2. 某进出口公司根据出口贸易合同，20×1 年 6 月份向美国 M 食品公司销售葡萄酒 200 吨。该公司采用信用证结算，该公司以人民币为记账本位币，记账汇率采用当日即期汇率，汇兑差额采用集中核算法。本期发生下列有关的经济业务：

（1）收到储运部门转来出库单（记账联），列明出库葡萄酒 200 吨，每吨 3 080 元，予以转账。

（2）收到业务部门转来销售葡萄酒的发票副本和银行回单。发票列明葡萄酒 200 吨，每吨 495 美元 CIF 价格，共计货款 99 000 美元。当日美元汇率为 6.28 元。同时根据出库单

（转账联）结转出库葡萄酒销售成本。

（3）签发转账支票支付 A 运输公司将葡萄酒运送大连港的运杂费 6 250 元。

（4）签发转账支票支付大连港葡萄酒的装船费 1 270 元。

（5）收到外轮运输公司发票 1 张，金额为 3 000 美元，系 200 吨葡萄酒的运费，当即从外币账户汇付对方。当日美元汇率 6.28 元。

（6）按葡萄酒销售发票金额 99 000 美元的 110％向保险公司投保，保费率为 2‰，签发转账支票从外币账户支付。当日美元汇率 6.28 元。

（7）根据出口葡萄酒 3％的佣金率，将应付客户暗佣入账。当日美元汇率 6.28 元。

（8）到银行转来收汇通知，出口销售货款存入外币存款账户，当日美元汇率为 6.29 元。

（9）将应付的暗佣汇付中间商，当日美元汇率为 6.29 元。

要求：编制相关会计分录。

3. 某电器进出口公司本月销售给加拿大 B 公司 SRK280 空调 200 台。该公司采用信用证结算，该公司以人民币为记账本位币，记账汇率采用当日即期汇率，汇兑差额采用集中核算法。20×1 年 9 月份发生下列有关的经济业务：

（1）收到储运部门转来出库单（记账联），列明出库空调 200 台，每台 2 800 元，予以转账。

（2）签发转账支票支付安达运输公司将空调运送上海港的运杂费 2 500 元。

（3）签发转账支票支付上海港空调装船费 400 元。

（4）收到外轮运输公司发票 1 张，金额为 1 000 美元，系 200 台空调的国外运输费，当即签发转账支票从外币账户付讫，当日美元汇率为 6.28 元。

（5）按空调销售发票金额 100 000 美元的 110％向保险公司投保，保费率为 2‰，签发转账支票从外币账户支付，当日美元汇率为 6.28 元。

（6）收到业务部门转来销售空调的发票副本和银行回单。发票列明空调 200 台，每台 500 美元 CIF 价格，共计货款 100 000 美元，佣金率为 3％，明佣 3 000 美元，当日美元汇率为 6.28 元。同时根据出库单（转账联）结转出库空调的销售成本。

（7）收到银行转来收汇通知，销货款已存入外币存款户，当日美元汇率为 6.27 元。

（8）本期内销给世贸商场空调 100 台，每件不含税单价 3 000 元，增值税税率 13％，今开出增值税专用发票并结转出售商品销售成本，上列价款收到存入银行。

要求：编制相关会计分录。

4. 接题 3。假设当外商验货后，发现空调规格不符，要求退货，相继发生如下业务：

（1）收到出口退回商品提单，原发票复印件，当日美元汇率为 6.28 元，冲转商品销售收入、出口销售成本及商品出口时发生的国内外费用。

（2）汇付退回服装的国外运费 1 000 美元，保险费 220 美元，当日美元汇率为 6.27 元。

（3）签发转账支票支付退回商品的国内运费及装卸费 2 900 元。

（4）收到储运部门转来的收货单，退回商品，已验收入库。

（5）经查明，退货是由本公司造成，经批准作营业外支出处理。

要求：编制相关会计分录。

5. 接题 3。

（1）假设加拿大 B 公司验收空调时，发现由于包装不善造成部分毁损，提出索赔 US $ 4 000，经确认对外理赔。当日美元汇率为 6.26 元。

（2）经查上述理赔属企业自身的责任事故。

（3）若经查上述理赔属供货单位的责任，应向供货方索赔。

要求：编制相关会计分录。

6. 接题 3。

如果由于我方少发空调 10 台，致使外商提出索赔 US $ 5 000 元，当日美元汇率为 6.19 元。经查，上述少发商品尚在企业仓库内。

要求：编制相关会计分录。

7. 接题 3。

（1）假设加拿大 B 公司验收空调（货款已付）时，发现型号为 SRK260 与发票不符。经协商双方同意不再调换商品，当日美元汇率为 6.28 元。经查明空调是本公司错发商品 SRK260 空调，每台 480 美元 CIF 价格。调整商品销售收入。

（2）收到储运部门转来出库单 2 张，一张为红字出库单，列明 SRK280 空调 200 台，每台 2 800 元，另一张是蓝字出库单，列明 SRK260 空调 200 台，每台 2 700 元，调整商品销售成本。

要求：编制相关会计分录。

8. 某进出口公司代理美林工厂出口草帽，代理手续费率为 2%。20×1 年 8 月份发生下列有关的经济业务：

（1）3 日，收到储运部门转来代理业务入库单，列明草帽 8 000 顶，每顶 20 元。

（2）6 日，收到储运部门转来代理业务出库单，列明草帽 8 000 顶，每顶 20 元。同日，签发转账支票，支付商品发运港口装船的运杂费 1 200 元。

（3）8 日，签发转账支票 2 张，分别支付外运公司的国外运费 800 美元，保险费 100 美元，当日美元汇率为 6.26 元。

（4）10 日，收到业务部门转来代理销售草帽给日本大阪公司的发票副本和银行回单，发票列明草帽 8 000 顶，每顶 5 美元 CIF 价格，共计 40 000 美元，明佣 800 美元，当日美元汇率为 6.26 元，并结转代理出口草帽成本。

（5）按代理协议，该进出口公司收取手续费 800 美元，当日美元汇率 6.26。增值税率 6%。

（6）25 日，收到银行转来分割结汇的通知单，扣除代垫费用及代理手续费后，剩余划拨美林工厂。当日美元汇率中间价为 6.26 元，银行买入价为 6.25 元。

要求：采用异地结汇法编制受托方相关会计分录。（受托方设置"受托代销商品"和

"受托代销商品款"账户，结汇汇兑差额由受托方负担。）

9. 接题 8。要求：采用当地结汇法编制受托方相关会计分录。（受托方在备查簿上设置"代管商品物资"表外账户，结汇汇兑差额由受托方负担。）

10. 某进出口公司向美国 ABC 公司出口一批货物，外销价为每公吨 1 100 美元 CIF 纽约，支付海运运费 130 美元，保险费 10 美元。该公司国内购进该批商品的进价为每公吨 5 200 元人民币，且国内直接和间接费用增加 15%，该商品增值税税率 13%，退税率 10%，当期美元汇率为 6.825 6 元人民币。

要求：计算该商品出口总成本、出口销售外汇净收入、出口美元成本及出口盈亏率。

11. 某进出口公司出口某商品 1 000 箱，对外报价为每箱 20 美元，FOB C3% 厦门，外商要求将价格改报为每箱 CIF C5% 汉堡。已知海外运费为每箱 1 美元，保险费为 FOB 价的 0.8%。

要求：

（1）要维持出口销售外汇净收入不变，CIF C5% 应该报价为多少？

（2）已知进货成本为 120 元人民币/箱，每箱的直接和间接费用为进货成本的 3%，出口退税率为 10%，该商品的出口销售盈亏率及每美元成本是多少？（1 美元＝6.822 8 元）

12. 某商品的国内进价为 18 200 元，加工整理费支出为 1 450 元，该商品流通费支出为 1 200 元。该商品的出口 CIF 销售价为 3 500 美元，其中运费为 100 美元，保险费为 30 美元。当期美元汇率为 6.35 元人民币。

要求：根据该商品的出口换汇成本分析交易的可能性。

13. 接题 2。

补充：葡萄酒购进时增值税税率为 13%，已支付增值税额人民币 80 080 元。我国对葡萄酒的出口退税率为 10%。葡萄酒每吨应退消费税人民币 240 元，向税务机关申报退税。

要求：计算出口每美元成本。

五、简答题

1. 简述出口商品销售业务的流程。

2. 简述出口商品销售涉及的相关单证。

3. 试述自营出口销售收入的确认时间及计价。

4. 简述佣金的含义、支付方式及其相关会计处理方法。

5. 试述自营出口销售会计核算的主要内容。

6. 试述代理出口销售应遵循的原则。

7. 代理出口销售的外汇货款有哪两种结算方法？在会计处理上有什么区别？

8. 试述代理出口销售会计核算的主要内容。

第 5 章
进口商品经营业务的核算

5.1 进口贸易业务概述

5.1.1 进口贸易业务的意义

进口贸易业务（Import Trade Business）是指进口企业以外汇在国际市场上采购商品，满足国内生产和人民生活需要的业务。

　　进口贸易是涉外企业的基本业务之一。进口贸易与出口贸易两者是相辅相成，相互制约的。通过进口贸易业务进行商品交换，才能满足国内生产和人民生活需要。同时，通过引进国外先进技术，进口先进的生产设备和国内紧缺的原材料和燃料，可以提升我国的科技水平、生产能力和国际竞争力；促进我国出口贸易业务的增长，扩大我国与世界各国的经济交往，以达到互通有无，共同发展的目的。

　　进口贸易涉及的管理部门多，地域跨度广，业务过程复杂，业务单证繁多。因此，加强企业进口环节的会计核算与管理，对提高进口企业经济效益有着重要作用。

5.1.2　进口贸易业务的种类和程序

　　1. 进口贸易业务的种类

　　进口贸易业务按贸易方式不同，可分为国家调拨进口、自营进口、代理进口和易货贸易等。

　　1）国家调拨进口

　　它是指企业依照国家进口计划，使用国家外汇组织进口商品物资，按国家统一调拨价，销售给用货单位，盈亏由国家担负的进口业务。这实质上是进口企业代理国家进口。

　　2）自营进口业务

　　它是指进口企业用自有外汇或向银行购汇，进口境外商品和物资，销售给国内用户的进口业务。这实质上是企业自己经营进口贸易并自负进口盈亏。

　　3）代理进口业务

　　它是指有进出口经营资格的进口企业代理国内委托单位与外商签订进口贸易合同，并负责对外履行合同的业务。对该项业务，代理企业收取一定比例的手续费。

　　4）易货贸易业务

　　它是指贸易双方将进口与出口结合起来，在进出平衡的前提下组织以货换货并自负盈亏的业务。

　　2. 自营进口贸易业务的程序

　　进口贸易的业务程序有进口贸易前的准备工作、签订进口贸易合同、履行进口贸易合同以及对内销售和结算等。

　　1）进口贸易前的准备工作

　　进口企业应根据国内市场需求情况和国际市场上商品的价格、供应商的资信情况等，以及企业的利润预算来确定进口贸易业务。

　　按规定，订货单位要进口实行进口许可证管理的商品，必须报经主管部门和归口审查部门审核批准，凭批准申请领取进口货物许可证（目前，我国统一签发进口货物许可证的机构是商务部及授权的省级对外经济贸易管理部门以及相关部委的进口办等部门），由国家批准经营该项进口业务的公司办理进口。海关凭进口货物许可证和其他有关单证查验放行。

申领进口许可证后，进口企业与国内客户签订供货合同，明确进口商品的名称、规格、质量、价格、交货日期、结算方式等内容，做到以销定进。

2）签订进口贸易合同

进口企业在与国内客户协商签订供货合同的同时，与国外出口商通过询盘、发盘、还盘与反还盘和接受四个环节进行磋商，在磋商成功的基础上与国外出口商签订进口贸易合同。进口企业与出口商签约的内容包括：①进口商品名称、规格标准、货号、品质、包装；②交货条件、数量、金额；③支付方式；④运输、保险、检验检疫；⑤索赔、不可抗力、仲裁等。

3）履行进口贸易合同

（1）开立、修改信用证（Issuing L/C）

目前，现汇贸易进口大部分采用信用证结算方式。进口合同签订后，开证申请人应根据合同规定的日期，填写开证申请书（Documentary Credit Application），向外汇指定银行提供合同副本办理开证手续，信用证的内容必须与进口贸易合同的条款相一致。我国外汇指定银行对外开出的信用证一般都是不可撤销的。

信用证开出后，如果需要修改，应及时办理修改手续。

（2）租船订舱（Booking Transportation）、催装与派船接货

倘若以 FOB 价格成交的合同，应由进口商负责办理租船、订舱工作，支付运费。进口企业在接到卖方备货通知后，填写进口订舱联系单，连同合同副本，提交给货运代理公司委托其安排船只或舱位。进口企业也可以亲自向船东或班轮公司订舱。

船舶或舱位订妥后，进口企业或其代理还需做好催装工作（通常在交货前 45 天左右向对方发出"催装通知"），督促国外出口商及时备货，按时装船。

进口企业在接到货运代理公司舱位已安排妥当的通知后，应及时向出口商发出派船通知，将船名、船期等通知出口商，以便出口商做好准备。进口方在约定时限内派船接货，力争船货衔接。

（3）办理货运保险（Applying Insurance）

倘若以 FOB 价格或 CFR 价格成交的合同，进口商还应办理货运保险。进口企业在收到出口商的装船通知后，应立即将船名、开船日期、提单号数、商品名称、数量、装运港、目的港等通知保险公司，据以办理货运保险。我国进口货物保险一般采用逐笔投保和预约保险的方式。

（4）审核单据（Examination of Documents）、付款赎单（Redeem the Documents）

在我国进口业务中，审核进口单据的工作是由银行和进口企业共同完成的。信用证方式下，商品装船后，出口商接证后办理备货、装运、报关等手续，然后将全套单据通过国外议付行寄交进口方开证行。开证行对单据进行审核无误后，送交进口企业验收。进口企业收到银行转来的国外出口商的全套结算单据后，进行全面细致审核，只有在"单证相符，单单相符"的情况下，才能凭全套结算单据向开证行办理进口付款赎单手续，如发现单证不符，应

及时通知开证行全部拒付或部分拒付。如单证一致，企业必须付款赎单。

（5）进口商品报验（Commodity Inspection）

① 商检机构检验。进口货物抵达目的港（地）后，凡列入我国进出口商品检验局《出入境检验检疫机构实施检验检疫的进出口商品目录》（简称《检验检疫商品目录》）范围内的进口货物，报验人必须填写进口检验申请单，在规定的限期内向到达地的商品检验检疫机构报验。经检验合格后，商检机构即出具检验合格证书，并签发入境货物通关单。海关一律凭货物报关地出入境检验检疫局签发的入境货物通关单验放。未经检验的商品不准投产、销售和使用。

此外，若货物卸船后发现有残损或缺量，应将货物存放于海关指定的仓库，由保险公司会同商检部门等有关单位检验，并由商检部门出具证书，以便向责任方索赔。

② 公司检验。公司检验部门需对进口的商品进行检验或对商检机构的检验报告项目予以确认，财务部门将此结果作为付款依据之一。

（6）进口报关（Clearing Customs）、纳税（Paying Duties）、提货（Taking Delivery）

进口商品到货后，申报人根据进口单据填具进口货物报关单，连同相关单证向海关申报。经海关检验货物，核实发票、提单、保险单和进口许可证（需进口许可证的物资），并按规定办理纳税手续后才予"结关"放行。收货人或其代理人持海关签章放行的货运单据提取进口货物。

4）拨交货物、对内销售与结算

货物在港口卸货并经海关查验放行后，需办理货物拨交手续。拨交包括口岸拨交以及在用货单位目的地拨交。进口企业收到运输公司船舶到港通知或银行转来的全套单据后，应根据合同向国内客户开出发票，办理结算。

5）进口索赔（Claim）

进口商品因品质、规格、性能、包装、数量、交货方式、交货时间及装船通知等与合同或信用证不符，或运输、意外事故给进口人造成损失的，应立即请商品检验部门出具商品检验证明书，以便据以在合同规定的索赔期限内，根据造成损失的原因和程度向出口商（国外卖主）、运输公司（轮船公司）或保险公司提出索赔。

进口交易基本程序如图 5-1 所示。

5.1.3　进口贸易单据的审核

进口全套单据，按在结算中的重要性可分为两大类，即基本单据和附属单据。基本单据（The Basic Documents）包括商业发票、运输单据（海运提单）、保险单据等。附属单据（Subsidiary Documents）包括装箱单、重量单、商检证书等。企业发生进口业务，应重点加强对这些单据的审核。

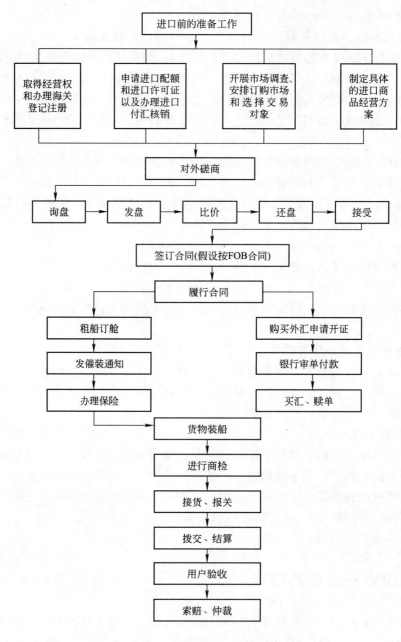

图 5-1　进口交易基本程序①

① 罗农. 进出口业务实训. 2 版. 北京：中国人民大学出版社，2009：6.

信用证条件下审核国外单证，主要是审核出口商是否完全按信用证要求提供完整的、准确的全套单证。其他结算方式下，主要将单证与合同核对并尽可能与商品验收情况核对。

在国际贸易中，主要是采取信用证结算方式。开证行审单相符后，即开出"进口信用证单据通知书"（见表 5-1），将全套单证向开证申请人（进口商）提示。

表 5-1　××银行

进口 代收/信用证 单据通知书

公司		银行通知编号			通知日期：　年　月　日
议付行/托收行		支付方式		到期日	金　额
					总　　计
兹送上下列单据，请查收。					

Inv.	P/W list	B/L	AWB/Mem.	Ins. Pol/Cert	Cable	Benf. Cert.	Cert.	Cert. Qly/Qty

进口企业收到银行转来的全套结算单据时，首先要根据进口贸易合同和信用证的有关条款检查单据的种类、份数是否完整；其次审核单据的内容，审核的单据主要有发票和提单。

商业发票是否由信用证的受益人所开具；商业发票上买方名称是否与信用证上付款人一致；商业发票上货物的数量及发票上的总金额是否在信用证的规定范围之内；商业发票上的单价是否按照信用证上所规定的幅度开列；其他如商业发票上的签章是否符合信用证上的规定等。

提单是否是已装船提单，也就是商品装入船舱后签发的提单。如果是收讫备运提单，就应进一步审核是否有承运单位加注的"已装船"字样，否则不能轻易接受；然后进一步核对提单上所列商品的毛重、净重与发票及重量单上所列的内容是否相符，有关唛头、装运港、目的港、运费支付情况与进口贸易合同及信用证的规定是否相符等。

进口企业只有在单证相符、单单相符的基础上，进口业务才正式被确认，才能办理付汇手续。

5.1.4　信用证下进口业务结算单证

进口所需外汇，一是现汇存款；二是购入外汇；三是境外投资。其中购入外汇需根据外汇管理局的规定，填制"购买外汇申请书"（见表 5-2），向有经营权的银行购汇。银行根据进口人的"支取凭条"（见表 5-3）或"外汇划款凭证"（见表 5-4）支付外汇。

表 5 - 2　购买外汇申请书

××银行：

我公司为执行第_____号合同项下对外支付，需向贵行购汇。现按外汇管理局有关规定向贵行提供下述内容及所附文件，请审核并按实际付汇日牌价办理售汇。所需人民币资金从我公司_____号账户中支付。

1. 购汇金额：

2. 用　　途：□进口商品　□从属费用　□索退赔款　□其他

3. 支付方式：□信用证　□代收　□汇款　（□货到付款　□预付货款）

4. 商品名称：

5. 数量：

6. 合同号：　　　　　　金额：

7. 发票号：　　　　　　金额：

8. □一般进口商品，无须批文。

　　□控制进口商品，批文随附如下：

　　□进口证明　　□许可证　　□登记证明　　□其他批文

　　批文号码：　　　　　　批文有效期：

9. 附件：□批文　　　□合同/协议　　□发票　　□正本运单

　　　　□报关单　　□运费单/收据　　□保险费收据

　　　　□佣金单　　□关税证明　　□仓单　　□其他

　　　　　　　　　　　　　　　　　　　申请单位_____（签章）

　　　　　　　　　　　　　　　　　　　　　　年　月　日

银行审核意见_____银行业务编号

上述内容与随附文件/凭证描述相符，拟按申请书要求办理售汇。

经办人：　　　　　　复核人：　　　　　核准人：

售汇日期：　　　　　　　　　　　　经办人：

（加盖售汇专用章）

表 5 - 3　支 取 凭 条

（付出）□活期外汇存款　　　　　　　　**支 取 凭 条**
　　　　□外汇专户活期存款
　　　　□其他金融机构往来

DRA WING SLIP

	账　　号 Account No. _____
中 国 银 行 台 账 To BANK OF CHINA	
	日期 Date _____
请付 Pay _____	
小写金额 In Figures _____	签　　章 Signature _____

主管　　　　会计　　　　出纳　　　　复核　　　　记账　　　核对印签

表5-4　外汇划款凭证

××银行××分行

外汇划款凭证（委托付款）　　　　　　　　　①

年　　月　　日

付款单位	全　称		收款单位	全　称	
	账　号			账　号	
	开户银行			开户银行	

借方	亿	千	百	十	万	千	百	十	元	角	分	牌价	贷方	亿	千	百	十	万	千	百	十	元	角	分
金额													金额											

转账原因	（付款单位银行盖章）　　　　　　　复核　　　　记录

回单联

信用证方式下，进口业务结算单证如下。

1. 预存开证保证金

进口企业根据开证申请书及进口合同的金额，填写"支取凭条"，向银行办理从外汇结算往来户转入信用证存款专户；无现汇账户的，不可提前购汇，可用人民币作为信用证保证金。

如信用证存款专户以前已开立，也可以用"外汇划款凭证（委托付款）"，向银行办理由结算往来户转入信用证存款专户。

2. 赎单付款

进口企业收到银行转来的全套单证，审单通过后，付款赎单。对即期信用证要购汇支付或自信用证存款户及外汇存款中支付，对远期信用证则在到期日付款。当信用证存款户的资金不足以付清货款时，需要填写"购买外汇申请书"购汇补足差额。其他原始凭证有"借记通知"，如表5-5所示，"兑换水单"，如表5-6所示。

表5-5　借记通知

×××银行外汇业务

日期：　年　月　日

户名：	
账号：	
业务编号：	起息日：　年　月　日
摘要：货款	RMB　××
金额：（大写）	

经办：　　　　　　　　打印：　　　　　　　　　　　（银行盖章）

表 5-6　兑 换 水 单

×××银行兑换水单

××**Exchange Memo**

日期：　年　月　日

业务编号：

户名：

摘 要	发票金额：	国内扣：	国外扣：
	发票号：		
	核销单号：		
	证件种类：	证件号码：	摘要：货款

购入	牌价（Rate）	售出（Sell）
RMB　××		USD　××

经办：　　　　　　　　　　复核：　　　　　　　　　　　　　（银行盖章）

5.2　自营进口商品经营业务的核算

5.2.1　自营进口业务的特点

自营进口是指企业自主经营、自负盈亏的进口业务。自营进口所需外汇，以企业现汇存款支付，或以企业人民币存款购汇支付。进口企业自营进口的销售收入归企业所有，进口商品的国外进价以及有关费用均由企业负担，进口商品销售的盈亏由进口企业自行承担。取得进出口经营权的生产型企业，进口自用的原材料，其国外进价和有关费用，均计入原材料成本。

5.2.2　自营进口商品采购成本的构成

自营进口商品的采购成本是指进口商品从采购到入库前所发生的各种支出，由国外进价、进口税金及国内进货费用等构成。

1. 国外进价

进口商品的进价（Foreign Purchasing Price）一律以 CIF 价格为基础，如果出口商以 FOB 价格或 CFR 价格成交的，那么商品离开对方口岸后，应由进口企业负担的国外运费和保险费或保险费均应作为商品的国外进价入账。

进口企业收到的能够直接认定的进口商品佣金，应冲减商品的国外进价，比如明佣，可按进价成本扣除佣金后的净额作为购入商品的入账价格。能够直接按商品认定的进口佣金收入，如为暗佣或累计佣金，进口商品尚未销售的，可冲减其采购成本，进口商品已销售的，则冲减其销售成本。对于难以按商品直接认定的佣金，如累计佣金则只能冲减"销售费用"账户。

商品到达我国口岸后发生的费用，如港务费、过港费、卸船费、运输费、保险费、包装费、仓储费、入库前的挑选整理费等其他可归属于进口商品采购成本的进货费用，也计入所购商品成本。

2. 进口税金

进口税金（Import Taxes）是指进口商品在进口环节应交纳的计入进口商品成本的各种税金。它包括海关征收的关税和消费税。

商品进口环节征收的增值税是价外税，不是进口商品采购成本的构成部分，应将其列入"应交税费"账户。

从价计征方式下：

$$关税 = 关税完税价格 \times 关税税率$$
$$= CIF\ 原币价格 \times 市场汇率（中间价） \times 关税税率$$
$$消费税 = 组成计税价格 \times 消费税税率$$
$$= [（CIF\ 人民币 + 关税） \div （1 - 消费税税率）] \times 消费税税率$$
$$增值税 = 组成计税价格 \times 增值税税率$$
$$= （CIF\ 人民币 + 关税 + 消费税） \times 增值税税率$$

这样，自营进口商品采购成本 = 境外 CIF 买价（境外 FOB 买价 + 进口方负担海外运费、保险费）+ 进口关税 + 进口消费税 − 收到的佣金 + 进口商品入库前国内进货费用。

自营进口商品采购业务的确认，是以开证行向进口方交单，即进口方取得全套进口单据据以入账。

5.2.3　自营进口商品购进业务的核算

1. 自营进口商品购进核算的账户设置

1)"商品采购——进口商品采购"（Goods Purchased——Import Goods Purchased）账户

进口商品采购，通过"商品采购——进口商品采购"账户进行核算。其借方记录支付的进口商品的国外进价、国外运费、保险费和各种计入成本的进口税金以及由涉外企业负担的国内进货费用，可直接认定的进口佣金收入以红字在借方记录；贷方记录转入"自营进口销售成本"或"库存商品"账户的进口商品成本；期末借方余额为在途进口商品的采购成本。

进口企业也可设置"在途物资""材料采购——进口材料采购"账户，核算在途进口商品的采购成本。

2)"库存商品——库存进口商品"（Goods on Hand——Import Goods on Hand）账户

库存进口商品采购完毕，验收入库，可以通过"库存商品——库存进口商品"账户核算；也可以单独设置"库存进口商品"总分类账户进行核算。进口商品到达后，如立即销售给国内订货部门，则不通过该账户核算。

2. 自营进口商品购进的核算

企业进口货物的结算可采用汇付、托收、信用证等结算方式。如采用汇付、托收结算方式，则在付款时贷记"银行存款"账户。如采用信用证结算方式，则须将信用证保证金存入银行委托其开立信用证。企业存入中国银行信用证保证金专户的款项，设置"其他货币资金——信用证保证金"（Other Monetary Funds——L/C Guarantee Deposit）账户进行核算。企业向银行提交"信用证委托书"，委托银行对境外供货单位开出信用证时，根据支取凭条（或外汇划款凭证）等，借记"其他货币资金——信用证保证金"账户，贷记"银行存款"账户。收到境外供货单位信用证结算凭证及所附发票账单，经核对无误后，借记"商品采购"等账户，贷记"其他货币资金——信用证保证金"账户。当信用证存款户的资金不足以付清货款时，根据购买外汇申请书、借记通知、兑换水单作购汇补足差额的账务处理。支付的银行开证费、通知费，借记"财务费用"账户，贷记"银行存款"账户。

进口企业支付国外运费和保险费时，根据各种费用账单，借记"商品采购"账户，贷记"银行存款"账户。进口商品运抵我国口岸，向海关申报进口关税、消费税和增值税时，根据成本结转通知单，借记"商品采购"账户，贷记"应交税费"账户（增值税是价外税，暂不作账务处理）。进口企业收到出口商付来佣金时，借记"银行存款"账户，贷记"商品采购"账户。当进口商品采购完毕，验收入库，根据入库通知单（如表5-7所示），结转其采购成本时，借记"库存商品"账户，贷记"商品采购"账户。进口企业支付进口商品的关税、消费税和增值税时，根据关税、消费税、增值税缴款书，借记"应交税费"账户，贷记"银行存款"账户。

表5-7 入库通知单

××公司

（本市）商品入库通知单

制单：　年　月　日　　　进仓：　年　月　日　　　编号

品名	规格	单位	件数	每件重量	重量/数量	单价	金额											发站
							亿	千	百	十	万	千	百	十	元	角	分	
备注	车号：　　仓位：　　合同号：　　其他参考号：					合计												
						说明：本表3联：1. 业务留底；2. 财务留存；3. 备用联												

制单：　　　　　　　　　　复核：　　　　　　　　　　业务：

此外，若海关派员到监管区域以外办理海关手续，要缴纳海关规费，商品检验需支付检验费。海关规费和检验费计入商品采购成本。

【例5-1】 20×9年3月，康威进出口公司从美国进口甲商品一批，成交价为CFRUS＄80 000，对外付款采用L/C即期付款方式。公司将外汇存款80 000美元交存银行，委托其开出信用证，支付银行开证费400元，国外信用证通知费100元。合同规定佣金按成交价的5％计算。该公司以人民币为记账本位币，记账汇率采用当日即期汇率，汇兑差额采用集中结转法。

① 3月4日以外汇存款作为保证金，委托银行开出信用证，当日即期汇率为7.86，凭支取凭条或外汇划款凭证（委托付款）。作会计分录如下：

借：其他货币资金——信用证保证金 628 800
　　贷：银行存款——美元户（US＄80 000×7.86） 628 800

② 3月20日支付银行开证费和通知费。作会计分录如下：

借：财务费用——手续费 500
　　贷：银行存款——人民币户 500

③ 3月15日从美元户支付进口保险费US＄1 000，当日即期汇率为7.85。作会计分录如下：

借：商品采购——进口商品采购 7 850
　　贷：银行存款——美元户（US＄1 000×7.85） 7 850

④ 3月20日收到银行转来的全套进口单据，审核无误后承付款80 000美元，当日即期汇率为7.87。作会计分录如下：

借：商品采购——进口商品采购 629 600
　　贷：其他货币资金——信用证保证金（US＄80 000×7.87） 629 600

对于国外出口商的迟装罚款，从支付金额中扣除，记入"营业外收入"账户。

⑤ 3月24日收到进口佣金US＄4 000，当日即期汇率为7.87。作会计分录如下：

借：银行存款——美元户（US＄4 000×7.87） 31 480
　　商品采购——进口商品采购 31 480

⑥ 3月30日收到海关税款缴款书，该商品应按12％的税率交纳关税，并按13％的税率交纳增值税，但该商品不属应税消费品。海关填发税款缴纳证之日的即期汇率为7.87。

则：应交关税＝（US＄80 000＋US＄1 000－US＄4 000）×7.87×12％＝72 718.80
　　　　应交增值税＝（605 990＋72 718.80）×13％＝88 232.14

计算进口关税时，作会计分录如下：

借：商品采购——进口商品采购 72 718.80
　　贷：应交税费——应交关税 72 718.80

⑦ 4月6日支付进口税金。作会计分录如下：

借：应交税费——应交关税 72 718.80
　　应交税费——应交增值税（进项税额） 88 232.14

贷：银行存款——人民币户　　　　　　　　　　　　　　160 950.94

支付的海关滞纳金，凭海关收据，借记"营业外支出"账户，货记"银行存款"账户。

5.2.4　自营进口商品国内销售业务的核算

1. 国内货款结算和自营进口国内销售收入的确认

进口企业收到银行转来的全套正本进口单据或收到进口货物到港通知后根据内销合同、物权转移凭证开出进口结算单，如表5-8所示，与国内客户办理结算。

表5-8　××公司自营进口商品结算单①

付款单位：			船名：								E字第　　号
对外合同号：			计量单位：								B/L　　号
到货口岸：			装船日期：								国内合同　号

品名及规格	数量	单价	金　　额										备注
			千	百	十	万	千	百	十	元	角	分	
货款合计													
加：国内运费													
结算金额													

复核人：　　　　　　　　　制单人：　　　　　　　　　制单日期：

进口企业向国内用户销售自营进口商品，一般采用按市场供求关系协商定价的方式，其进口成本与国内销售价格的差额，即为自营进口业务的盈亏。进口企业自营进口的商品，以开出进口结算单、增值税专用发票向国内用户办理货款结算，作为商品销售成立的条件。

实际工作中，根据向国内订货部门结算的时间不同，货款结算可分为出库结算、货到结算和单到结算三种方式。具体采用哪种结算方式，由涉外企业与国内用户协商确定，并在销售协议中注明。

此外，自营进口商品国内销售环节需缴纳的消费税、城市维护建设税和教育费附加，不得计入商品进价，在"税金及附加"账户核算。

1）出库结算

出库结算（Settlement when Goods out），是指进口企业的进口商品到货后先验收入库，销售出库时再向国内订货单位办理货款结算。出库结算方式下的自营进口的商品，在进口商品出库并凭结算单、出库通知单（见表5-9）、销售发票向国内用户办理结算时，作为销售收入的实现。

---

① 于强. 外经贸会计实务. 天津：天津大学出版社，2008：119.

表 5 - 9　出库通知单

×× 公司

（本市）商品出库通知单

制单：　年　月　日　　出仓：　年　月　日　　编号

品名	规格	单位	件数	每件重量	重量/数量	单价	金　　额											发站
							亿	千	百	十	万	千	百	十	元	角	分	

备注	车号：　　　　合同号： 仓位： 　　　　　　　其他参考号：	合计											
		说明 本表 3 联：1. 业务留底；2. 财务留存；3. 备用联											

制单：　　　　　　　　　　　　　复核：　　　　　　　　　　　　　业务：

2）货到结算

货到结算（Settlement when Goods in），是指进口企业收到外运公司通知，进口商品已到达我国口岸时，向订货单位办理货款结算。货到结算方式下自营进口的商品，在货船到达我国港口取得外运公司的船舶到港通知并向国内订货单位开出结算凭证及增值税专用发票时，作为销售收入的实现。自营进口业务通常是采用这种方式。

3）单到结算

单到结算（Settlement when Documents in），是指不管进口商品是否到达我国港口，进口企业只要收到银行转来的国外全套结算单据，经审核符合合同规定，便可在向外商付款的同时向国内订货单位办理货款结算。单到结算方式下自营进口的商品，凭国外账单向订货单位开出结算凭证及增值税专用发票时，作为销售收入的实现。这种情况下，购销业务几乎是同时进行的。

企业财会部门在收到国外进口单据，或者收到外运公司的船舶到港通知确定货物已到达港口，或者收到业务部门转来的库存进口商品销售出库单后，应及时填制进口结算单和结算凭证，通过银行向订货单位收取货款。

2. 自营进口商品国内销售的核算

1）账户设置

（1）自营进口销售收入（Self - Employed Import Sales Revenue）账户

进口企业可单独设置"自营进口销售收入"账户核算以自营方式进口商品的销售收入。本账户的贷方记录自营进口商品实现的国内销售收入，红字冲付进口商品销售退回时给付国内订货单位的退货价款，红字冲付给付国内订货单位的理赔款；期末转入"本年利润"账户，记入借方。

进口企业也可设置"主营业务收入——自营进口销售收入"账户核算以自营方式进口商品的销售收入。

（2）自营进口销售成本（Self‐Employed Import Sales Cost）账户

进口企业可单独设置"自营进口销售成本"账户核算以自营方式进口商品的销售成本。本账户借方记录结转的自营进口商品的销售成本，红字冲付进货退出应收回的已付国外采购成本，红字冲付应收外商的进口索赔款以及报经批准结转的对国内用户已经理赔但对外又无索赔权因而转作营业外支出的那部分进价成本；期末转入"本年利润"账户，记入贷方。

进口企业也可设置"主营业务成本——自营进口销售成本"账户核算以自营方式进口商品的销售成本。

进口企业代用户垫付的从口岸或外贸仓库运往用户指定地点的货物运费等，一律向用户托收，不在"销售费用"和"自营进口销售成本"账户核算。

2）单到结算时自营进口商品销售的核算

进口企业自营进口商品采取单到结算方式。在银行转来国外全套结算单据时，就可以向国内客户办理货款结算，这样，进口商品采购的核算与销售的核算几乎同时进行。然而，进口商品的采购成本的归集有一个过程，只有在商品采购成本归集完毕后才能结转商品销售成本。由于商品没有入库就已经销售了，因此可以将归集的商品采购成本直接从"商品采购"账户转入"自营进口销售成本"账户。

【例 5-2】 承例 5-1，假设采用单到结算方式。

① 接到银行转来的全套国外单据，经审核无误支付国外货款的同时，向国内用户 A 公司办理结算，开具增值税专用发票，合同价款总额 800 000 元，增值税率为 13%。作会计分录如下：

借：应收账款——A 公司　　　　　　　　　　　　　　　904 000
　　贷：自营进口销售收入——甲商品　　　　　　　　　　800 000
　　　　应交税费——应交增值税（销项税额）　　　　　104 000

② 3 月 30 日待国外商品采购成本归集完毕，将"商品采购"账户下归集的全部进口成本结转。作会计分录如下：

借：自营进口销售成本——甲商品　　　　　　　　　678 688.80
　　贷：商品采购——进口商品采购　　　　　　　　　678 688.80

③ 4 月 5 日，收到 A 公司货款及增值税。作会计分录如下：

借：银行存款　　　　　　　　　　　　　　　　　　　904 000
　　贷：应收账款——A 公司　　　　　　　　　　　　　904 000

3）货到结算时自营进口商品销售的核算

货到结算下，在进口商品运达我国港口时，进口商品采购成本的归集已经完成。因此与国内客户办理货款结算时，在反映自营进口商品销售收入的同时，也可以结转其销售成本。具体核算方法与自营进口商品销售采取单到结算的核算方法相同。

货到结算和单到结算在会计核算上的不同点主要是进口商品采购成本的结转以及对订货单

位销售实现的时间不同。在货到结算方式下，对内销售以收到外运公司到货通知为准，同时结转进口商品成本。单到结算方式下，进口商品采购和销售的核算是同时进行的。销售时进口商品采购成本尚未核算归集完毕，因此销售成本不能同时结转，进口商品到岸计税成本归集完毕后才能结转。

【例5-3】　若例5-1中，采用货到结算方式。

① 接到外运公司通知货到我国口岸时，开具增值税专用发票向国内用户A公司办理结算，合同价款总额800 000元，增值税率为13%。作会计分录如下：

借：应收账款——A公司　　　　　　　　　　　　　　　　904 000
　　贷：自营进口销售收入——甲商品　　　　　　　　　　　　800 000
　　　　应交税费——应交增值税（销项税额）　　　　　　　　104 000

② 在向国内销售同时，进口商品采购成本如果归集完毕。根据商品结算单，结转进口商品成本。作会计分录如下：

借：自营进口销售成本——甲商品　　　　　　　　　　　678 688.80
　　贷：商品采购——进口商品采购　　　　　　　　　　　　678 688.80

③ 收到A公司货款及增值税。作会计分录如下：

借：银行存款　　　　　　　　　　　　　　　　　　　　904 000
　　贷：应收账款——A公司　　　　　　　　　　　　　　　　904 000

4）商品出库结算时自营进口商品销售的核算

出库结算的情况下，进口商品的采购成本已经核算完毕，并验收入库，转入库存进口商品账户。因此商品销售给国内客户时，可以同时结转销售成本。

【例5-4】　若例5-1中，采用出库结算方式。

① 商品入库待售时，根据入库通知单，作会计分录如下：

借：库存商品——库存进口商品（甲商品）　　　　　　　678 688.80
　　贷：商品采购——进口商品采购　　　　　　　　　　　　678 688.80

② 商品销售时，根据销售合同或协议，开具增值税专用发票，向国内用户A公司办理结算，合同价款总额800 000元，增值税率16%。作会计分录如下：

借：应收账款——A公司　　　　　　　　　　　　　　　　904 000
　　贷：自营进口销售收入——甲商品　　　　　　　　　　　　800 000
　　　　应交税费——应交增值税（销项税额）　　　　　　　　104 000

③ 同时，根据商品出库通知单结转销售成本。作会计分录如下：

借：自营进口销售成本——甲商品　　　　　　　　　　　678 688.80
　　贷：库存商品——库存进口商品（甲商品）　　　　　　　678 688.80

④ 收到A公司货款及增值税。作会计分录如下：

借：银行存款　　　　　　　　　　　　　　　　　　　　904 000
　　贷：应收账款——A公司　　　　　　　　　　　　　　　　904 000

5）预付国外货款的核算

预付国外货款是指企业在取得商品所有权之前，按照合同、协议规定预付给外国出口商的外汇账款和定金，预付外汇账款一般用于进口价格昂贵的成套设备、机械或成交额较大的进口业务。企业对国内订货单位一般也要预收相当于预付金额的货款，以避免垫付大额资金而影响企业资金的周转。企业预付的外汇账款和定金，可以在"预付账款"账户项下设置相应明细账核算，也可以专设"预付外汇账款"账户进行核算，并按供货单位设置明细账。

【例 5-5】 某公司从德国进口医疗设备一套，成交价为 CIF US $58 000，对外结算采用 D/D 付款方式。现根据合同规定预付 30% 的货款，当日即期汇率为 7.91。该套设备国内售价为 550 000 元，预收国内用户 30% 的货款。汇兑差额采用集中结转法核算。

① 该公司预付货款。作会计分录如下：

借：预付外汇账款（US $58 000×7.91×30%）　　　　　137 634
　　贷：银行存款——美元户（US $58 000×7.91×30%）　　　137 634

② 向国内订货单位预收同比例的货款时，作会计分录如下：

借：银行存款　　　　　165 000
　　贷：合同负债（550 000×30%）　　　　　165 000

③ 收到国外结算单据，审核无误，汇付其余货款，当日即期汇率为 7.92。作会计分录如下：

借：商品采购——进口商品采购　　　　　459 360
　　贷：预付外汇账款（US $58 000×7.92）　　　　　459 360

借：预付外汇账款（US $58 000×7.92×70%）　　　　　321 552
　　贷：银行存款——美元户（US $58 000×7.92×70%）　　　321 552

5.2.5　自营进口商品销售其他业务的核算

1. 销货退回的核算

1）单到结算方式销售退回的核算

在银行转来国外全套结算单据时，在进行商品购进核算的同时，又进行了商品销售的核算。然而，在商品运达我国港口后，发现商品的质量与合同规定严重不符，进口企业可根据商检部门出具的商品检验证明书，按照合同规定与国外出口商联系，将商品退回给出口商，收回货款及进口费用和退货费用，然后向国内客户办理退货手续。

【例 5-6】 承例 5-1、例 5-2，假设进口甲商品运到时，商检局出具了商品检验证明书，证明该批商品为不合格产品，经与出口商联系后，同意做退货处理。

① 支付退还甲商品的国外运费 900 美元，当日即期汇率为 7.91。作会计分录如下：

借：应收外汇账款（US $900×7.91）　　　　　7 119
　　贷：银行存款——美元户（US $900×7.91）　　　　　7 119

② 将甲商品做进货退出处理，并向税务部门申请退还已支付的进口税金。作会计分录如下：

借：应收外汇账款（US＄77 000×7.91）　　　　　　　　　609 070

　　应交税费——应交进口关税　　　　　　　　　　　　　72 718.80

　　自营进口销售成本　　　　　　　　　　　　　　　681 788.80

③ 同时做销货退回处理，开出红字专用发票。作会计分录如下：

借：自营进口销售收入　　　　　　　　　　　　　　　　800 000

　　应交税费——应交增值税（销项税额）　　　　　　　　104 000

　　　贷：应付账款——A 公司　　　　　　　　　　　　　904 000

④ 收到退回的货款及垫付费用 77 900 美元，当日即期汇率为 7.92。作会计分录如下：

借：银行存款——美元户（US＄77 900×7.92）　　　　　　616 968

　　　贷：应收外汇账款（US＄77 900×7.92）　　　　　　616 968

⑤ 签发转账支票支付国内 A 公司退货款及增值税款。作会计分录如下：

借：应付账款——A 公司　　　　　　　　　　　　　　　928 000

　　　贷：银行存款　　　　　　　　　　　　　　　　　928 000

⑥ 收到税务部门退还的进口关税和增值税。作会计分录如下：

借：银行存款　　　　　　　　　　　　　　　　　　　160 950.94

　　　贷：应交税费——应交进口关税　　　　　　　　　　72 718.80

　　　　　应交税费——应交增值税（进项税额）　　　　　88 232.14

2）货到结算或出库结算方式销售退回的核算

在进口商品入库以后再销售给国内客户时，如果国内客户购进商品以后，发现商品的种类、规格、质量等与合同不符等原因提出退货，进口企业业务部门同意后，填制红字专用发票送各有关部门办理退货手续。财会部门收到业务部门转来的红字专用发票，根据发票所列的销售金额，借记"自营进口销售收入"账户；根据发票所列的增值税额借记"应交税费"账户；根据价税合计额贷记"应付账款"账户。如果退回的商品已结转了销售成本，那么同时还应予以转回，届时根据其采购的成本借记"库存商品"账户；贷记"自营进口销售成本"账户。

2. 索赔和理赔的核算

自营进口商品销售采取单到结算方式，当进口商品到达时，所有权已属于国内客户，由其检验商品。如果发生商品短缺、质量与合同规定不符，应区别情况进行处理。如果属于运输单位责任或属于保险公司负责赔偿的范围，由国内客户向运输单位或保险公司索赔；如果属于国外出口商的责任，应由进口企业在合同规定的对外索赔期限内向出口商提出索赔，并向国内客户理赔。

索赔证据以商品检验证最为重要，此外有装箱单、运输单据副本以及港务局理货员签证的理货报告、承运人签证的短缺或残损证明等。

进口企业应根据责任情况，确定索赔的对象，在索赔有效期内，及时索赔，以减少损失。其核算方法如下：

① 属于保险公司、国外出口商、运输部门等的责任，经确认后，作会计分录如下：

借：应收外汇账款——进口索赔款

自营进口销售成本（红字）

收到对方理赔款时，作会计分录如下：

借：银行存款——××外币户

贷：应收外汇账款——进口索赔款

② 对国外出口商等提出索赔，同时需向国内订货单位理赔（退赔）的，对订货单位理赔时以红字冲减销售收入。作会计分录如下：

贷：自营进口销售收入（红字）

银行存款——人民币户

③ 对国外出口商等无索赔权或丧失索赔权的，企业仍按规定对内理赔付款，经批准将理赔支出记入"营业外支出"账户。如对用户理赔（退赔），则作会计分录如下：

借：自营进口销售成本（红字）

营业外支出

【例 5-7】 承例 5-1，A 公司在提货时发现上述某些进口商品质量不符合要求，经商检证实质量确有问题。于是向康威公司提出索赔 100 000 元。康威公司立即凭商检证明对外索赔 15 000 美元，同时对内理赔。

① 对外索赔时，将有关索赔的全套证明文件提交外方，当日即期汇率为 7.93。作会计分录如下：

借：应收外汇账款——美国×客户（US＄15 000×7.93）　　　　118 950

自营进口销售成本——甲商品　　　　118 950

② 对内理赔。支付时，作会计分录如下：

贷：自营进口销售收入——甲商品　　　　100 000

银行存款——人民币户　　　　100 000

③ 收到国外赔款，当日即期汇率为 7.93。作会计分录如下：

借：银行存款——美元户（US＄15 000×7.93）　　　　118 950

贷：应收外汇账款——美国×客户（US＄15 000×7.93）　　　　118 950

④ 如已对内理赔但对外无索赔权。作会计分录如下：

借：营业外支出　　　　100 000

自营进口销售成本——甲商品　　　　100 000

5.2.6　年终预估应付国外运保费的核算

年度终了，凡已转入库存并已作销售的进口商品，属于国外以离岸价格成交，有应付未付国外运保费的，应先预估入账，按存销比例分别转入"库存商品——库存进口商品"账户和"自营进口销售成本"账户，实际支付数和预估数之间的差额分别调整有关账户。这样，收入与成本的计算口径一致，本年利润不致虚增。

① 预估国外运保费时，作会计分录如下：

借：商品采购——进口商品采购

　　贷：应付外汇账款

② 将预估运保费按存销比例分配转入进口商品销售成本和库存进口商品时，作会计分录如下：

借：库存商品——库存进口商品

　　自营进口销售成本

　　贷：商品采购——进口商品采购

5.2.7　自营进口业务的明细分类核算

自营进口业务的明细分类核算主要包括设置和登记进口商品采购明细账、库存进口商品明细账、应付外汇账款明细账以及自营进口销售收入和成本明细账等内容。应付外汇账款按不同的供应单位设置明细账，采用一般的复币式账页格式。进口商品采购按每一种进口商品设置明细账，进口商品采购明细分类账如表 5-10 所示。库存进口商品明细账与表 5-10 相似，但借、贷、余三栏一般均应增设"单价"栏，"单价"栏亦应分为"进价"和"税金"两项。进口商品销售收入和销售成本，可以分别设置明细账，也可以合并设置明细账。合并设账时，可以采用平列式账页，进行分批次核算，也可以采用一般的三栏式账页。进口商品销售明细分类账如表 5-11 所示。

表 5-10　进口商品采购明细分类账

总账科目：商品采购

明细科目：进口商品采购　　　　　　　　　　商品品名：　　　　　　　　计量单位：

年		记账凭证字号	进口合同号	支付或承付日期	摘要	借方				贷方				借或贷	余额			
						数量	金额			数量	金额				数量	金额		
月	日						小计	进价	税金		小计	进价	税金			小计	进价	税金

表 5-11 进口商品销售明细分类账

商品名称：　　　　　　　　　　　　　　　　计量单位：

年		记账凭证字号	发票号码	摘要	数量	销售成本（借方）					销售收入（贷方）		借或贷	盈亏额（余额）
月	日					单价		金额			单价	金额		
						进价	税金	小计	进价	税金				

5.3　代理进口业务的核算

5.3.1　代理进口业务概述

代理进口业务（Import Agency）是指受托企业接受委托方的委托，根据与委托方签订的委托代理进口合同或协议，代理委托方对外洽谈、签订并履行进口合同，办理运输、开证、付汇等，并收取一定手续费的进口业务。

受托企业不负担代理业务盈亏，如若负担盈亏，则不属代理业务，而成为转销业务。转销业务属于自营性质，按自营进口商品业务办理。

进口企业只受托对外成交，而不负责进口开证、付款等事宜的进口，不属代理进口业务，只属代办业务。

1. 代理进口业务应遵循的原则

企业经营代理业务，应遵循不垫付进口商品资金，不负担进口商品的国内外基本费用（如海外运输费、保险费、代理手续费等），也不承担进口业务盈亏，外方付来的佣金、索赔款全部退给委托方；受托企业只承担间接费用，包括开证费、电讯费等；受托企业根据进口商品金额 CIF 价格，按规定的代理手续费率向委托方收取代理手续费，所收取的手续费作为代理开支及盈利，受托企业所收取的手续费应交纳 6% 的增值税。

代理进口所需要的外汇原则上由委托方解决，如需受托企业代为购汇的，则所需人民币及手续费由委托方负担。

根据这一原则，委托方必须预付采购进口商品的资金，进口企业只有在向委托方收妥款项后，才能与出口商签订进口合同；委托方必须负担因代理业务所发生的国内外基本费用和进口商品所发生的各项税收，并承担进口业务的盈亏。代理过程全部结束后由受托企业开列"代理进口物资结算单"，如表 5 - 12 所示，进行最后的结算。

表 5 - 12　代理进口物资结算单

年　月　日　　　　　　　　　　　　　　　编号

品　　名：　　　　　　　进口合同号：　　　　　　数量：

进口国别：　　　　　　　到达口岸：　　　　　　　单价：

折合汇率：　　　　　　　船　名：　　　　　　　　总价：

结算项目	金　额	备　注
货值（FOB）		
运费		
保险费		
进口关税×％		
消费税×％		
增值税 17％		
银行手续费×‰		
佣金 CIFc×％		
垫付利息		
代理费		
共　　计		

复核：　　　　　　　　　　　　　　　　　制单：

2. 代理进口业务销售收入的确认

企业代理进口业务，应以开出进口结算单，向国内委托方办理货款结算时确认销售收入的实现。

由于企业经营代理进口业务前，已与委托方签订了代理进口合同或协议，就代理进口商品的名称、价款条件、运输方式、费用负担、风险责任、手续费率等有关内容作出详细的规定，以明确双方的权利和责任。因此，当银行转来国外全套结算单据，经审核与合同无误，支付进口商品的货款的同时，也就可以向国内委托方办理货款结算，此时，代理进口商品的销售也就已经实现。所以，代理进口销售的货款结算一般采用单到结算方式。

5.3.2　代理进口业务的账务处理

1. 代理进口业务的核算内容

进口企业代理进口业务的内容主要有以下几个方面。

① 国外货款（Foreign Funds for Goods）。指按进口合同成交的进口商品货款。

② 国外运、保费（Foreign Expense for Freight and Insurance）。指按 FOB 价格成交的进口商品按合同规定支付的国外运费、保险费。

③ 进口税金（Import Tax）。指代委托单位支付的进口关税、消费税、增值税等。

④ 银行财务费（Financial Expense by Banks）。指银行在办理进口商品国际结算时收取

的费用。一般是按货值的 2‰~5‰收取。

⑤ 进口代理手续费（Foreign Trade Agency Service Charge）。指进口企业办理进口业务收取的代理手续费，一般是按进口商品的到岸价（CIF）的 1%~3%收取。

⑥ 外运劳务费（Foreign Personal Services Charges）。指外运公司办理国外运输的代办手续费。

⑦ 进口代理手续费收入应交纳 6%的增值税（Value Added Tax），城市维护建设税（Tax on City Maintenance and Construction）及教育费附加（Education Fees）。

2. 代理进口业务核算的账户设置

由于代理进口业务的盈亏应由委托方负担，而受托企业仅收取代理手续费；同时代理进口业务主要采用单到结算方式，使得购、销业务的核算得以同时进行，因此代理进口商品采购成本主要是由委托方核算，受托企业一般不设专门账户对商品采购成本进行核算。受托企业只把代理手续费收入贷记"主营业务收入——代理进口销售收入"（代理业务为主营业务时）或"其他业务收入——代理进口销售收入"（代理业务为附营业务时）账户。

3. 代理进口业务核算内容

1）预收采购资金的核算

企业代理进口商品、材料和设备，一般都向委托方收取采购资金。收取的采购资金可以是外汇现汇，也可以是人民币。受托企业收到委托方的预付货款时，根据银行进账单等，借记"银行存款"账户；贷记"合同负债"账户或"合同负债（外币）"账户。

【例 5-8（1）】 康威进出口公司 20×9 年 6 月接受国内 M 公司委托，从日本进口 A 商品一批，成交价为 CFRUS＄42 000。委托代理合同规定委托方按 CIF 价的 2%向受托企业支付代理手续费。支付国外保险费 US＄600，关税税率 10%，增值税率 13%。代理进口合同签订后，委托方已交来人民币采购资金 440 000 元。该公司以人民币为记账本位币，记账汇率采用当日即期汇率，汇总差额采用集中结转法。

6 月 1 日收到委托方的采购资金时，根据银行进账单，作会计分录如下：

借：银行存款——人民币户 440 000

　　贷：合同负债——M 公司 440 000

2）支付国外货款和费用的核算

代理进口商品的国外货款，是指进口商品的成交价，以 CIF 价格为基础。代理进口商品的有关费用是指能够直接认定到代理进口商品的费用，包括银行财务费、外运劳务费、海关规费、进口检验费、商品到岸以后发生的运杂费、保管费和商品损耗等。进口货款和各项有关费用，均由委托方承担，不通过受托企业的"商品采购"账户归集和核算，也不将国内费用计入受托企业的费用账户。

受托企业收到银行转来国外全套结算单据时，将其与信用证或合同条款核对无误后，通过银行向国外出口商承付款项时，根据付款通知单、外汇业务借记通知、境外汇款申请书、代交费用凭证等，借记"合同负债"账户；贷记"银行存款"账户。

【例 5 - 8 (2)】　6 月 15 日收到银行转来的有关单据，经审核无误承付进口商品货款 US ＄42 000。当日即期汇率为 7.85。作会计分录如下：

借：合同负债——M 公司　　　　　　　　　　　　　　　　　　329 700
　　贷：银行存款——美元户（US42 000×7.85）　　　　　　　　　329 700

【例 5 - 8 (3)】　6 月 19 日支付国外保险费 US ＄600，当日即期汇率为 7.85。作会计分录如下：

借：合同负债——M 公司　　　　　　　　　　　　　　　　　　4 710
　　贷：银行存款——美元户（US ＄600×7.85）　　　　　　　　　4 710

假如委托方没有预付资金，受托企业垫付后即应记入"应收账款"账户，向委托方收取；如已预付，支付时则直接冲减预收委托方的货款。

3）支付进口税金的核算

应交进口税金是指进口商品报关时应缴纳的税金，包括由海关征收的进口关税、消费税和增值税。代理进口商品应交纳的进口税金，由委托方承担，委托方已预付采购资金的，直接从预付款中支付。但受托企业代理进口收取的手续费，按税法规定应交纳的税金，则应由受托企业承担。

【例 5 - 8 (4)】　6 月 26 日支付应交关税和增值税，海关填发税款缴纳证之日的即期汇率为 7.86。作会计分录如下：

应交进口关税＝（US ＄42 000＋US ＄600）×7.86×10％＝33 483.60
应交增值税＝[（US ＄42 000＋US ＄600）×7.86＋33 483.60]×13％＝47 881.65

借：合同负债——M 公司　　　　　　　　　　　　　　　　　　81 365.15
　　贷：应交税费——应交进口关税　　　　　　　　　　　　　　33 483.60
　　　　　　——应交增值税（进项税额）　　　　　　　　　　　47 881.65

上缴税金时，作会计分录如下：

借：应交税费——应交进口关税　　　　　　　　　　　　　　　33 483.60
　　　　——应交增值税（进项税额）　　　　　　　　　　　　　47 881.65
　　贷：银行存款——人民币户　　　　　　　　　　　　　　　　81 365.15

4）与委托方清算的核算

企业代理进口商品、材料的设备，与委托方结算的款项，包括以到岸价为基础的进价、进口税金、各项有关费用和代理进口手续费。

进口企业业务部门根据代理进口商品金额 CIF 价格的一定比例开具收取代理手续费的发票，财会部门根据业务部门转来的发票（记账联）确认代理进口业务销售收入的实现，据以借记"合同负债"账户；贷记"主营业务收入——代理进口销售收入"（代理业务为主营业务时）或"其他业务收入——代理进口销售收入"（代理业务为附营业务时）账户。计算的增值税，贷记"应交税费——应交增值税（销项税额）"账户。

【例 5 - 8 (5)】　6 月 30 日填制"代理进口物资结算单"与委托单位结算货款。按合同规定，委托方应付代理进口手续费852美元，扣除代理进口手续费、代垫的货款和各项税费后，余款退还M公司。当日即期汇率为7.85。清算时，作会计分录如下：

借：合同负债——M公司   24 224.85

  贷：其他业务收入——代理进口销售收入   6 688.20

    应交税费——应交增值税（销项税项）   401.29

    银行存款——人民币户   17 135.36

有些进口企业为了更加全面反映企业代理进口业务的销售收入，成本和损益，也可专设"代理进口销售收入""代理进口销售成本"账户核算。"代理进口销售收入"账户核算代理进口销售收入，包括进价、运保费、关税、代理手续费。"代理进口销售成本"账户核算代理进口销售成本，包括进价、运保费、关税。

5.4 进口主要商品销售利润表

1. 进口主要商品销售利润表的概念及作用

进口主要商品销售利润表（Main Import Commodities Sales Profit Statement），也叫进口主要商品成本分析表，是反映涉外企业本年度内自营进口商品销售收入、销售成本、盈亏总额以及进口每美元盈亏额（Import Profit or Loss of Per Dollar）等情况的报表。它是反映涉外企业经营进口商品盈亏情况的动态报表。

通过编制进口主要商品销售利润表，涉外企业可以及时分析、总结本企业经营的重点进口商品的销售价格、成本总额及其构成。通过计算进口主要商品的每美元盈亏额，有助于分析企业盈亏结构、市场价格走势，为企业的经营决策提供依据。

2. 进口主要商品销售利润表的格式

进口主要商品销售利润表是以单项进口商品盈亏分析为核心的多栏式报表。它以主要进口商品（Main Import Commodities）为基础进行列示，分别反映不同商品的销售收入和销售成本情况。它的核心是进口每美元盈亏额指标，在这一指标中，为了便于比较，分别设置了"本年（Current Year）"和"上年同期（Same Period of Last Year）"两个栏目。进口主要商品销售利润表格式如表5-13所示。

3. 进口主要商品销售利润表的编制

"进口主要商品销售利润表"的编报期间比较灵活。可以是一年编报一次也可以是一个季度或者一个月编报一次，涉外企业可以根据本单位的具体情况，自行选择编报期间。

编制"进口主要商品销售利润表"的资料主要来源于涉外企业自营进口销售收入、自营进口销售成本的明细账，以及税金及附加、进口销售费用、管理费用、财务费用等以进口商品直接认定或者分摊的税费资料。

表 5 - 13 进口主要商品销售利润表

年 月

金额单位：人民币万元（两位小数）

万美元（两位小数）

人民币元（两位小数）

编报单位：

商品名称	计量单位	销售数量	销售收入		销售总成本								盈亏额			
			单价	金额	总值	商品进价					进口费用	税金及附加	本年		上年同期	
						合计	国外进价			进口关税及消费税			单位盈亏	盈亏总额	单位盈亏	盈亏总额
							美元单价	美元金额	人民币金额							
1	2	3	4	5	6	7	8	9	10	11	12	13	14	15	16	17
商品 1.																
商品 2.																

财务负责人： 复核人： 制表人：

各指标的编报及计算方法如下。

① 本表核算的商品大类、主要商品和计量单位须按照海关规定的商品目录填列。

② "销售收入"（Sales Revenue）按照有关进口销售收入账户及明细科目发生额分析填列。

③ "销售总成本"（Total Cost of Sales）中"国外进价"（Abroad Purchase Price）项下"人民币金额"栏按有关进口的销售成本账户的发生额分析填列。"国外进价"项下"美元金额"栏按期末中国人民银行公布的美元对人民币汇价折算后列示。所折算的美元金额除以销售数量可计算出美元单价。

④ "进口费用"（Import Circulation Expense）按直接销售费用、管理费用、财务费用和进口商品应分摊的销售费用、管理费用、财务费用等分析填列。

⑤ "税金及附加"（Sales Taxes and Surcharge）按税金及附加科目有关内容分析填列。

⑥ "销售总成本"（Total Cost of Sales）项下的"总值"（Total Value）由"商品进价""进口费用""税金及附加"计算得出。

⑦ "盈亏额"（Total Profit or Loss）由"销售收入"减去"销售总成本"计算得出。如为亏损，在数字前列"－"号。

涉外企业通过计算"进口每美元盈亏"来衡量企业进口业务获利能力，计算公式如下：

$$进口每美元盈亏 = \frac{（销售收入－销售总成本）（人民币）}{国外进价（美元）}$$

"进口每美元盈亏"说明企业进口用汇，每相当于 1 个美元的成本支出可取得的人民币盈利额。"进口每美元盈亏"比率越高，说明企业进口业务效益越好。

注意：按统计口径规定，计算"进口每美元盈亏"时，均换算为统一的美元指标，也就是说在计算非美元进口每美元盈亏额时，应首先将非美元的货币换算成美元，然后再按照上述公式计算。

【例 5-9】 承例 5-1，计算康威进出口公司本批进口甲商品在进口主要商品销售利润表中的进口销售总成本、进口销售净收入、进口销售盈亏额、进口销售盈亏率及进口每美元盈亏额指标：

计算结果如下：

① 进口销售总成本＝国外进价（FOB 价）×汇率＋国外运保费×汇率＋进口价内税－进口佣金＋国内摊入费用＋理赔。

假设甲商品进口理赔金额为 0，则，

进口销售总成本＝
US \$ 80 000×7.87＋US \$ 1 000×7.85＋72 718.8－31 480＋500＝679 188.8（元）

② 进口销售净收入＝向国内客户结算收取的价款－折扣。

$$自营进口销售净收入＝800\ 000\ 元$$

③ 进口销售盈亏额＝自营进口销售净收入－自营进口销售总成本。

$$自营进口销售盈亏额＝800\ 000－679\ 188.8＝120\ 811.2（元）$$

④ 进口销售盈亏率＝自营进口销售盈亏额÷自营进口销售总成本×100％。

$$自营进口销售盈亏率＝120\ 811.2÷679\ 188.8×100％＝17.787\ 6％$$

⑤ 进口每美元盈亏额＝自营进口销售盈亏额÷自营进口国外进价（美元）。

$$120\ 811.2÷（US\ \$\ 80\ 000＋US\ \$\ 1\ 000－US\ \$\ 4\ 000）$$

$$＝120\ 811.2÷US\ \$\ 77\ 000$$

$$＝1.569\ 0\ 元/美元$$

说明进口用汇相当于每美元的成本支出可取得人民币 1.569 0 元的盈利。

本 章 小 结

1. 自营进口销售业务（出库结算方式下）主要会计分录程序图，如图 5-2 所示。

2. 代理进口销售业务（预收进口商品资金方式）主要会计分录程序图，如图 5-3 所示。

3. 自营进口销售其他业务会计分录，如表 5-14 所示。

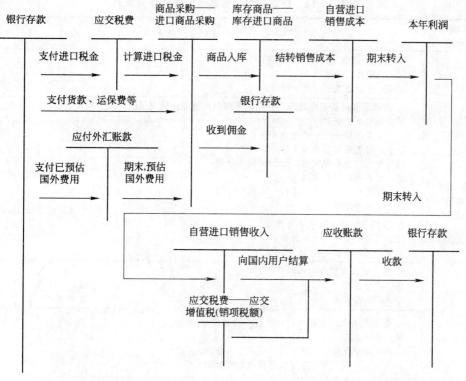

图 5-2　自营进口销售业务（出库结算方式下）主要会计分录程序图

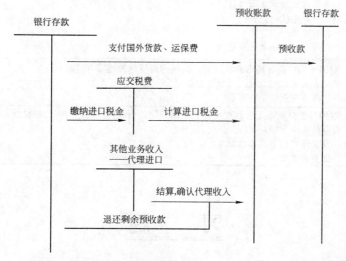

图 5-3　代理进口销售业务（预收进口商品资金方式）主要会计分录程序图

表 5-14　自营进口销售其他业务会计分录表

自营进口销售其他业务	主要会计分录
自营进口商品销售退回的核算（单到结算方式下）	1. 支付退货商品的国外运保费： 借：应收外汇账款 　　贷：银行存款——××外币户
	2. 将商品做进货退出处理，并向税务部门申请退还已支付的进口关税及消费税： 借：应收外汇账款 　　应交税费——应交进口关税、消费税 　　贷：自营进口销售成本 同时开出红字专用发票，做销货退回处理： 借：自营进口销售收入 　　应交税费——应交增值税（销项税额） 　　贷：应付账款
	3. 收到退回的货款及垫付费用： 借：银行存款——××外币户 　　贷：应收外汇账款
	4. 签发转账支票支付国内公司退货款： 借：应付账款 　　贷：银行存款
	5. 收到税务部门退还的进口关税、消费税和增值税： 借：银行存款 　　贷：应交税费——应交进口关税、消费税 　　　　　　　　——应交增值税（进项税额）
索赔和理赔的核算	1. 属于保险公司、国外出口商、运输部门等的责任而应收的索赔款： 借：应收外汇账款——进口索赔款 　　自营进口销售成本（红字） 收到对方理赔款时： 借：银行存款 　　贷：应收外汇账款——进口索赔款
	2. 对国外出口商等提出索赔同时，向国内订货单位理赔（退赔）： 　　贷：自营进口销售收入（红字） 　　银行存款、应收账款
	3. 对国外出口商等无索赔权或丧失索赔权的，企业仍按规定对内理赔付款，经批准将理赔支出借记"营业外支出"账户： 借：自营进口销售成本（红字） 　　营业外支出

习　　题

一、单项选择题

1. 根据我国现行财务制度规定，进口商品的国外进价一律以（　　）价格为基础。

　　A. CIF　　　　　B. FOB　　　　　C. CFR　　　　　D. DAP

2. 当进口商品的合同成交价格为 FOB 价，则由我国进口企业所承担支付的境外运输费和保险费应计入（　　）。

　　A. 销售费用　　　　　　　　　　B. 进口商品成本

　　C. 管理费用　　　　　　　　　　D. 冲减自营进口销售收入

3. 进口商品以 CFR、FOB 价格成交的情况下，完税价格的计算公式分别为（　　）。

　　A. CFR 价格÷(1＋保险费率)、FOB 价格÷(1－保险费率)

　　B. (CFR 价格＋运费)÷(1－保险费率)、(FOB 价格＋运费)÷(1－保险费率)

　　C. CFR 价格÷(1－保险费率)、(FOB 价格＋运费)÷(1－保险费率)

　　D. (CFR 价格＋运费)÷(1＋保险费率)、(FOB 价格＋运费)÷(1＋保险费率)

4. 进口物资采购成本是由（　　）所组成。

　　A. 外商售价、支付的进口税金、进口运费、保险费、佣金及入库前的国内费用

　　B. 外商售价、进口运费、保险费、佣金及入库前的国内费用

　　C. 外商售价、计入采购成本的进口税金、进口运费、保险费、佣金及入库前的国内费用

　　D. 外商售价、进口关税、进口运费、保险费

5. 某进口企业从加拿大进口甲商品，FOB 价格 40 000 美元，为甲商品支付国外运费 1 800 美元，保险费 500 美元；支付甲商品进口关税 30 456 元，增值税额 36 953 元；支付入库前的国内费用 2 000 元。（假设均以 1 美元＝6.00 元人民币来换算）。该甲商品进口成本为（　　）元。

　　A. 253 800　　　B. 284 256　　　C. 321 209　　　D. 286 256

6. 某进口企业从加拿大进口甲商品，FOB 价格 46 000 美元，为甲商品支付国外运费 1 800 美元，保险费 500 美元，收到进口佣金 6 000 美元；甲商品进口关税税率 12%，消费税税率 10%，增值税率 13%（假设均以 1 美元＝6.00 元人民币来换算）。该甲商品进口成本为（　　）元。

　　A. 253 800　　　　　　　　　B. 284 256　　　　　　　　　C. 315 840

　　D. 356 899.20　　　　　　　E. 312 682

7. 自营进口商品国内销售业务中，当进口企业收到银行转来的国外结算单据对外付款时即作为对国内用户的销售实现的，是（　　）结算方式。

　　A. 单到结算　　　B. 货到结算　　　C. 出库结算　　　D. 入库结算

8. 自营进口商品国内销售业务中，（　　）方式下，进口商品的采购成本已经核算完毕，并验收入库。商品销售给国内客户时，就可以同时结转销售成本。

　　A. 单到结算　　　B. 货到结算　　　C. 出库结算　　　D. 入库结算

9. 自营进口商品国内销售业务中，采用货到结算方式时，应在（　　）时确认销售收入。

　　A. 向国内客户销售出库

B. 取得外运公司的船舶到港通知单

C. 收到进口商品

D. 收到银行转来付款结算单据，经审核对外付款

10. 代理进口时，涉外企业按照进口商品（　　）价格及规定的代理手续费率收取代理手续费。

A. FOB　　　　　B. CIF　　　　　C. CFR　　　　　D. 国外进价

11. 涉外企业的内部报表"出口主要商品成本及盈亏表"是（　　）。

A. 以单项出口商品成本分析为核心的多栏式报表

B. 以单项出口商品收入分析为核心的多栏式报表

C. 以多项出口商品盈亏分析为核心的多栏式报表

D. 以单项出口商品盈亏分析为核心的多栏式报表

12. 进口主要商品成本分析表是反映（　　）。

A. 涉外企业经营进口商品成本的生产报表

B. 涉外企业经营进口商品盈亏的对外报表

C. 涉外企业经营进口商品盈亏的动态报表

D. 涉外企业经营进口商品盈亏的静态报表

13. 进口每美元盈亏等于（　　）。

A. 自营进口商品国内销售盈亏额×国外进价（人民币金额）

B. 自营进口商品国内销售盈亏额×国外进价（美元金额）

C. 自营进口商品国内销售盈亏额÷国外进价（人民币金额）

D. 自营进口商品国内销售盈亏额÷国外进价（美元金额）

14. 在涉外企业的各种财务报表中，进口主要商品成本分析表是（　　）。

A. 以单项进口商品盈亏分析为核心的多栏式报表

B. 以单项进口商品成本分析为核心的多栏式报表

C. 以单项进口商品收入分析为核心的多栏式报表

D. 以多项进口商品盈亏分析为核心的多栏式报表

15. 进口主要商品成本分析表中的"销售总成本"指标是指（　　）。

A. 商品进价＋直接期间费用＋应分摊的期间费用

B. 商品进价＋进口费用

C. 商品进价＋进口费用＋税金及附加

D. 商品进价

二、多项选择题

1. 信用证结算方式下，以 FOB 价格成交的自营进口合同的履行包括（　　）。

A. 开立信用证　　　　　B. 租船订舱　　　　　C. 办理货运保险

D. 审核单据及付款赎单　　E. 商品检验

2. 若自营进口销售合同以离岸价（FOB）成交的，应计入商品采购成本的有（　　）。

    A. 国外进价　　　　　　　　B. 国外运杂费　　　　　　　　C. 支付的增值税

    D. 保险费　　　　　　　　　E. 佣金

3. 信用证下，进口所需外汇来源，主要包括（　　）。

    A. 现汇存款　　　　　　　　　　　　　　B. 购入外汇

    C. 境外投资　　　　　　　　　　　　　　D. 以人民币直接支付

4. 在代理进口业务中，对受托方而言有以下几个特点（　　）。

    A. 不垫付资金，只是用委托方资金进口商品物资，以原价转让给委托方

    B. 代理进口所发生费用，一般由委托方负担境内外直接费用，包括海外运输费、保险费、银行手续费、代理手续费

    C. 以所收取的手续费来作为代理开支及盈利

    D. 不承担盈亏，外方付来的佣金、索赔款全部退给委托方

    E. 代理进口所需外汇原则上由委托方解决，如需受托方代为购汇的，则手续费由委托方负担

5. 应计入进口商品采购成本的进口税金包括（　　）。

    A. 印花税　　　B. 消费税　　　C. 进口关税　　　D. 增值税

三、判断题

1. 进口货物是以海关审定的成交价格为基础的离岸价格（FOB）作为完税价格的。

                         （　　）

2. 自营进口商品销售，采用单到结算方式，涉外企业确认销售收入及销售成本时，不通过"库存商品"账户核算。　　　　　　　　　　　　　　　　　　　　　（　　）

3. 自营进口商品销售采用单到结算方式，所有权已属国内客户，所以，当发现商品不符合同规定时，由国内客户直接向出口商提出索赔。　　　　　　　　　　（　　）

4. 代理进口业务的核算，虽然受托企业不负担盈亏，一般也应设置专门科目对受托代销商品进行核算。　　　　　　　　　　　　　　　　　　　　　　　（　　）

5. 自营进口业务发生索赔情况下，进口企业对国外出口商丧失索赔权，但要按规定对内理赔付款时，应借记"自营进口销售成本"（红字）账户；同时借记"营业外支出"账户。

                         （　　）

四、业务处理题

1. 甲公司以人民币为记账本位币，记账汇率采用当日即期汇率，汇兑差额采用集中结转法。该公司从美国 ABC 公司进口棉布一批，11 月份发生下列有关的经济业务：

（1）5 日，接到银行转来 ABC 公司全套结算单据，开列棉布价格为 120 000 美元 FOB 价，经审核无误，以现汇存款支付。当日美元汇率为 6.28 元。

（2）6 日，以现汇存款支付进口棉布，国外运输费 1 200 美元，保险费 800 美元。当日美元汇率为 6.28 元。

（3）18 日，美国 ABC 公司汇来佣金 1 600 美元，当日美元汇率 6.27 元。

（4）22 日，棉布运到我国口岸向海关申报应纳进口关税额 75 613 元，增值税额 107 967.73 元。

（5）29 日，以银行存款支付进口棉布的进口关税和增值税额。

要求：编制相关会计分录。

2．接题 1。

（1）该批棉布销售给国内 A 公司。甲公司接到银行转来 ABC 公司全套结算单据，经审核无误对外付款的同时，向国内用户 A 公司办理结算。接到业务部门转来增值税专用发票，开列棉布价款 1 000 000 元，增值税额 130 000 元。收到 A 公司签发的商业汇票，并承兑支付全部款项。

（2）商品报关后，棉布采购成本已归集完毕，结转其销售成本。

要求：编制相关会计分录。

3．接题 1。

（1）该批棉布销售给国内 A 公司。甲公司接到外运公司船舶到港通知，向国内用户 A 公司办理结算。接到业务部门转来增值税专用发票，开列棉布价款 1 000 000 元，增值税额 130 000 元。收到 A 公司签发的商业汇票，并承兑支付全部款项。

（2）商品报关后，棉布采购成本已归集完毕，结转其销售成本。

要求：编制相关会计分录。

4．接题 1。

（1）该批棉布销售给国内 A 公司。甲公司收到进口的棉布并入库。

（2）棉布出库销售。接到业务部门转来增值税专用发票，开列棉布价款 1 000 000 元，增值税额 130 000 元。

（3）结转棉布销售成本。

（4）收到 A 公司货款及增值税。

要求：编制相关会计分录。

5．接题 1、题 2。

（1）12 月 5 日，甲公司接到国内 A 公司送来商检局出具的商品检验证明书，证明上月到货的美国 ABC 公司发来的棉布为不合格产品，经与 ABC 公司联系后同意作退货处理，垫付退还美国 ABC 公司的国外运费 1 200 美元，保险费 800 美元，当日美元汇率为 6.30 元。

（2）6 日，甲公司将棉布作进货退出处理，并向税务部门申请退还已交的进口税金。

（3）6 日，甲公司开出红字专用发票，作销货退回处理，应退 A 公司款 1 000 000 元，增值税额 130 000 元。

（4）26 日，收到美国 ABC 公司退回的货款及代垫费用 122 400 美元，当日美元汇率为 6.26 元，收到银行转来收账通知。

（5）28 日，签发转账支票支付国内 A 公司棉布的退货款及增值税款 1 130 000 元。

（6）31 日，收到税务机关退还已交棉布的进口关税额和增值税额。

要求：编制相关会计分录。

6. 接题 1、题 4。

（1）12 月 5 日，收到 A 公司转来商检部门出具的商品检验证明书，证明 ABC 公司的棉布存在质量问题，将会影响其使用效果。甲公司现向外商提出索赔，经协商后外商同意赔偿 40 000 美元，当日美元汇率为 6.28 元。

（2）6 日，确认应向 A 公司赔偿 260 000 元。

（3）27 日，收到 ABC 公司付来赔偿款 40 000 美元，当日美元汇率为 6.30 元。

（4）28 日，签发转账支票支付 A 公司理赔款 260 000 元。

（5）若对 A 公司理赔，但对 ABC 公司无索赔权。

要求：编制相关会计分录。

7. 美食进出口公司以人民币为记账本位币，记账汇率采用当日即期汇率，汇兑差额采用集中核算法。该公司 3 月 31 日有关外汇账户余额资料如下：

银行存款——欧元户　　100 000（欧元）　　9.20　　￥920 000（元）

应收外汇账款——B 公司 200 000（美元）　　6.20　　￥1 240 000（元）

美食进出口公司从法国 A 公司进口红酒，4 月份发生下列经济业务：

（1）1 日将 80 000 欧元汇入开证行的进口商信用证保证金存款专户并向银行递交《开证申请书》后，由开证行开出信用证。当日欧元即期汇率为 9.30 元。

（2）支付保险费 1 000 欧元。当日欧元即期汇率为 9.35 元。

（3）20 日，接到银行转来法国 A 公司全套结算单据，开列红酒 400 箱，每箱 205 欧元 CFR 价格，共计 82 000 欧元，明佣 1 600 欧元。经审核无误后，予以支付。当日欧元汇率为 9.40 元。

（4）23 日，红酒运到我国口岸，向海关申报应纳进口关税、消费税、增值税。关税税率 14%，消费税税率 10%，增值税税率 13%。当日欧元即期汇率为 9.35 元。

（5）25 日，以银行存款支付红酒国内运杂费 2 000 元，银行财务费 456 元。

（6）27 日，法国运来的 400 箱红酒已验收入库，结转其采购成本。

（7）28 日，以银行存款支付红酒的进口关税额、消费税和增值税额。

（8）29 日，销售给大连食品公司红酒 250 箱，每箱 2 500 元，货款共计 625 000 元，增值税额 81 250 元，收到转账支票，存入银行。

（9）29 日，同时根据仓库保管员开来的货物出仓凭证，结转上列销售红酒的销售成本。

（10）4 月 30 日欧元的市场即期汇率为 10.00 元人民币，美元市场即期汇率为 6.10 元人民币。

要求：

（1）根据该公司上列各项经济业务，编制相关会计分录。

（2）计算外币账户"银行存款——欧元户"与"应收外汇账款——B 公司"期末应调整的汇兑差额金额并编制期末调整会计分录。

8. 安康食品进出口公司以人民币为记账本位币，记账汇率采用当日即期汇率，汇兑差额采用集中核算法。该公司受乙烟酒公司委托，代理进口英国黄酒。3月份发生下列有关的经济业务：

（1）1日，收到乙烟酒公司预付代理进口黄酒款项 1 000 000 元，存入银行。

（2）10日，支付英国公司黄酒的国外运费 1 068 英镑，保险费 132 英镑，当日英镑汇率为 9.40 元。

（3）16日，收到银行转来英国公司全套结算单据，开列黄酒 300 箱，每箱 200 英镑 FOB 价格，共计货款 60 000 英镑，佣金 1 200 英镑，经审核无误，扣除佣金后支付货款，当日英镑汇率为 9.40 元。

（4）24日，英国黄酒运达我国口岸，向海关申报黄酒应纳进口关税 196 980 元、消费税额 84 420 元、增值税额 109 746 元。

（5）28日，以银行存款支付代理进口黄酒的进口关税额、消费税额和增值税额。

（6）28日，按代理进口黄酒货款 CIF 价格的 2.5% 向乙烟酒公司结算代理手续费，当日英镑汇率为 9.38 元。签发转账支票，将代理业务的余款退还乙烟酒公司，代理业务增值税率 6%。

要求：编制相关会计分录。

9. 华泰进出口公司以人民币为记账本位币，记账汇率采用当日即期汇率，汇兑差额采用集中核算法。该公司 12 月份为本市 A 工厂从美国代理进口食用油料一批，价格条件为 FOB 上海 90 000 美元，银行手续费按货值（FOB）的 5‰ 计算，按 CIF 价的 1.5% 收取代理手续费，设当月美元即期汇率均为 6.00 元人民币。

华泰进出口公司向 A 工厂开出结算清单如下：

结 算 项 目	外币（美元）	人民币金额（元）
1. 进口货款（FOB）	90 000	540 000
2. 国外运费	20 000	120 000
3. 国外保险费	2 420	14 520
4. 进口到岸价（CIF）	112 420	674 520
5. 进口关税 （税率12%）	——	（A）
6. 银行手续费 （手续费率5‰）	——	（B）
7. 代理公司手续费 （手续费率1.5%）	——	（C）
8. 进口增值税 （税率13%）	——	（D）
结算金额合计	——	（E）

要求：

（1）计算表中 A、B、C、D、E 处的数值，并填入表中相应位置。

（2）编制以下相关会计分录：

① 华泰公司向委托方 A 工厂收取代理款项 901 000 元后存入银行，并支付国外价款 90 000 美元。

② 华泰公司支付代理国外运、保费。

③ 华泰公司支付代理银行手续费。

④ 华泰公司交纳代理进口关税与增值税。

⑤ 华泰公司按代理协议收取代理手续费。（手续费增值税率 6%）

⑥ 华泰公司退还代理余款。

10. 接题 1、题 2。

要求：计算进口每美元盈亏额。

五、简答题

1. 试述自营进口贸易业务的程序。

2. 试述自营进口商品采购成本的构成。

3. 自营进口商品销售收入如何确认？分别简述三种不同结算方式的确认时间。

4. 自营进口商品销售如何进行退货、索赔理赔的会计处理？

5. 试述代理进口业务的特点和会计核算内容。

第6章

进出口税金的核算

▶▶ 学习目标

知识目标：

1. 熟悉我国现行主要税种的含义和概况；
2. 了解我国进出口税金的含义、特点和种类；
3. 掌握我国进出口环节各个相关税种的计算方法；
4. 掌握我国进出口环节各个相关税种的会计核算和涉税业务流程。

能力目标：

1. 能进行进口环节增值税应纳税额的计算和账务处理；
2. 能进行进口环节消费税应纳税额的计算和账务处理；
3. 能进行进出口关税应纳税额的计算和账务处理；
4. 能进行出口退（免）增值税的计算和账务处理；
5. 能进行出口退（免）消费税的计算和账务处理；
6. 能办理进出口环节关税、进口环节增值税和消费税的涉税业务；
7. 能办理出口退税专项业务。

6.1 进出口税金概述

6.1.1 税收基本概述

税金（Taxation）是指企业和个人按照国家税法规定的税率向税务部门缴纳的税款，是企业在生产经营过程中不可避免的一项法定支出。

税收是指国家为了行使其职能而取得财政收入的一种方式，其实际表现形式就是企业和个人所缴纳的税金。

税收具有三个主要特征，亦被称为税收的"三要素"，即强制性、无偿性和固定性，其中无偿性是其核心，而强制性则是其保障。

税收对于保证国家财政收入，为经济建设积累资金，宏观调控生产和消费，调节社会成员的收入水平，开展企业之间的良性竞争，促进社会主义市场经济的发展，促进企业加强经济核算，改善经营管理，提高经济效益，推动国民经济协调发展等多方面均具有重要的作用。

6.1.2 税收主要类型

税的种类较多，按其性质和作用不同，可以分为流转税、所得税和其他税三类。

1. 流转税

流转税（Turnover Taxes）是指以流转额和服务收入额为纳税对象征收的税种，主要包括关税、消费税、增值税和城市维护建设税等。

1）关税（Customs Duty）

它是指海关依法对进出我国关境的货物和物品，就其进出口的价格或者数量而征收的一种流转税。

2）消费税（Consumption Tax，CT）

它是对我国境内生产、委托加工和进口应税消费品的单位和个人，就其应税消费品的销售额或销售数量而征收的一种税。

3）增值税（Value Added Tax，VAT）

它是指在我国境内销售货物或者提供加工、修理、修配劳务、应税服务以及进口货物劳务、应税服务的单位和个人，就其在生产、加工或服务过程中新增加的价值额计算征收的一种税。

4）城市维护建设税（Urban Construction and Maintenance Tax）、教育费附加（Additional educational fees）

它是指在我国境内交纳增值税、消费税的单位和个人，以其应交纳的增值税、消费税的合计税额为计税依据而征收的附加税。

2. 所得税

所得税是指以所得额为纳税对象征收的税款。主要包括有企业所得税和个人所得税。

1）企业所得税（Corporate Income Tax）

它是指对我国境内的企业和其他取得收入的组织的生产经营所得和其他所得征收的一种税，它是国家参与企业利润分配的重要手段。

2）个人所得税（Individual Income Tax）

它是指对个人（自然人）在我国境内的取得的各项个人应税所得征收的一种税。

3. 其他税

其他税是指除流转额和所得额之外，以其他客体为纳税对象征收的税款。主要包括有印花税、车船税、城镇土地使用税、房产税、土地增值税、契税和资源税等。

1）印花税（Stamp Tax）

它是指在我国境内进行经济活动以及经济交往中书立、使用、领受具有法律效力的凭证的单位和个人所征收的一种税。

2）车船税（Vehicle and Vessel Tax）

它是指对于在我国境内车船管理部门登记的车辆和船舶依法征收的一种税。

3）城镇土地使用税（Land Use Tax）

它是指以城镇土地为征税对象，对拥有土地使用权的单位和个人征收的一种税。

4）房产税（Property Tax）

它是指以房产为征税对象，依据房产价格或房产租金收入向房产所有人或者经营人征收的一种税。

5）土地增值税（Land Appreciation Tax）

它是指对转让国有土地使用权、地上建筑物及其附着物并取得收入的单位和个人，就其转让房地产所取得的增值额征收的一种税。

6）契税（Agree Tax）

它是以所有权发生转移变动的不动产为征税对象，向产权承受人征收的一种财产税。

7）资源税（Resource Tax）

它是对在我国境内开采应税资源的矿产品或者生产盐的单位和个人，就其开采数量征收的一种税。

8）车辆购置税

它是指对在境内购置规定车辆的单位和个人征收的一种税。

9）烟叶税

它是指对境内收购烟叶（指晾晒烟叶、烤烟叶）的单位，以收购烟叶的收购金额为计税依据征收的一种税。

10）耕地占用税

它是指对占用耕地建房或从事其他非农业建设的单位和个人征收的一种税。

11）环境保护税

它是指在中国领域和中国管辖的其他海域，直接向环境排放应税污染物的企业、事业单位和其他生产经营者征收的一种税。

6.1.3　进出口环节税收概述

进出口环节税收是国家为了实现其职能，依据法律规定的标准，对进出口业务和跨国投资者无偿地征收货币，以取得财政收入的一种主要形式，是国家实行对外开放和实施贸易保护的重要手段。在对外开放的过程中，国家既可以实行税收优惠，以引进国外资金、先进技术和设备，推动国民经济的快速发展；也可以实行出口退税，鼓励国内产品进入国际市场，提高其在国际市场的竞争能力。在贸易保护方面，既可以利用进口关税保护国内市场的企业，也可以征收出口关税阻止国内必需品和初级产品流入国际市场，增加国家财政收入。同时国家可以运用税收主权处理国际间的重复征税问题。强化进出口环节税收的建设，有利于促进我国进出口贸易的发展，加强对外经济技术交流和合作。

1. 进口环节的税种

一般企业在生产经营过程中所涉及的税金包括增值税、消费税、所得税、城市建设维护税等很多税种，但是其中与企业进出口业务直接相关的税金并不多，现阶段我国在进口环节征收的商品课税只有三种，即关税、增值税和消费税。由于目前世界各国普遍实行出口退税政策，因此进入我国关境之内的境外商品本身已经不再含税，从而会对我国国内流通的含税商品造成巨大的压力，我国对进口产品征收进口环节增值税、消费税，主要是为了调节国内外产品税收负担的差异，使之进行公平竞争。

进口环节所征收的增值税、消费税和关税分别适用于多个不同的税收管理条例，即《中华人民共和国增值税暂行条例》（2009 年 1 月 1 日起实施）、《中华人民共和国消费税暂行条例》（2009 年 1 月 1 日起实施）和《中华人民共和国海关法》（1987 年 7 月 1 日起实施，2000 年 7 月 8 日修正）、《中华人民共和国进出口关税条例》（2004 年 1 月 1 日起实施），因此这三个税种在征税范围、税率、计税依据等很多方面都存在着差异，但是由于其同样都是针对于进口业务征税，因此在纳税义务人等方面又存在着密切的联系。

1）纳税义务人

进口环节，增值税、消费税和关税这三个税种商品课税的纳税义务人（The Obligors of Liability）是进口商品的单位或个人。

2）征税范围

为了增加本国的外汇储备，各国目前对于进出口贸易均实行"奖出限入"原则。按照我国现行进出口关税税则的规定，进口环节增值税的征税范围几乎囊括了所有的商品在内。但是我国现行的消费税的立法原则是有选择性的加重某些特殊消费品的税收负担，故而只对消费税条例所明确列举的 15 种消费品课征，因此在进口环节课税时，关税和增值税的征税范围要远远大于消费税。

3）计算方法

进口环节所征收的关税、增值税和消费税在计算公式等方面虽然不尽相同，但是却存在着层层递进的密切联系，即以进口关税的计算为基础，然后在计算关税的基础上计算进口环节消费税，最后在进口关税和进口消费税的计算基础上再计算进口环节增值税。

2. 出口环节的税种

我国出口环节商品课税的税收管理和进口环节税收管理的范围完全一样，也是主要涉及三个税种：关税、增值税和消费税。

由于"奖出限入"思路的指导，我国目前对于企业出口国外的商品给予大力的支持和鼓励，体现在税收政策方面，即不但对于出口商品大幅度降低税率或者免征税款，而且还给予出口退税的优惠政策支持，所以出口环节税收管理的具体内容包括三个方面，一是征收出口商品应缴纳的关税，二是退还出口商在国内已经缴纳的增值税，三是退还出口商在国内已经缴纳的消费税。

1）纳税义务人

出口环节的税收管理很特别，在出口环节所涉及的三个税种之中，只有出口关税是需要企业向国家缴纳的税种，而出口环节增值税和出口环节消费税不仅不需要纳税人向国家缴纳税款，反而是由纳税人向国家提出申请，要求国家退还其以前缴纳的增值税和消费税，由于出口退还增值税和消费税所涉及的政策规定和计算公式非常复杂，而且我国目前出口征收关税所涉及商品的范围又比较狭窄，因此从总体上看，征收出口关税在出口环节税收管理中所占的内容和地位非常有限，出口退税的地位相对而言更加重要。

出口关税的纳税义务人即需要缴纳出口关税的出口商。出口退税的主体资格则相对复杂得多，在自营出口方式下，出口退税的主体分别是外贸流通企业和自营出口的生产企业；在代理出口方式下，出口退税的主体是作为实质出口商的国内生产企业或流通企业。

2）征税范围

本着鼓励企业积极出口创汇的指导思想，我国目前对于出口商品极少课征出口关税，仅限于少数资源性产品和需要规范出口秩序的半成品。

与此相对应的是，为了鼓励企业出口，提高我国产品在国际市场上的竞争能力，我国对于绝大部分出口商品均实行退还其以前所缴纳的增值税和消费税的政策，力求使出口商品实现"零税负"，提高本国商品的国际市场占有率。

3）计算方法

出口关税采取单纯的比例税率，因此计算方法非常简单，从价计征即可；现行消费税由于只在生产、委托加工和进口这几个单一环节课征，因此出口退税的计算也相对简单，和其当初的征税计算公式等同即可；而增值税由于采取环环征税、环环扣税的计算原理，纳税人几乎在每一道销售流通环节都产生了增值税的计算和缴纳，因此其出口退税的计算方法非常复杂，而且由于出口商所从事的企业性质的不同，生产企业和外贸流通企业又需要分别适用"免抵退""免退"的退税方法，因此也就使出口退税环节的计算问题更加复杂化。

6.2 进出口税金的核算

我国现阶段在进出口环节所涉及的主要税种只有三个，分别是增值税、消费税和关税。除此之外，由于增值税和消费税的存在，因此在这两个流转税之上还附存着两个附加性税种——城市维护建设税和教育费附加。

6.2.1　关税

1. 关税政策简述

随着全球经济一体化的迅速发展，国际贸易在一个国家经济结构中所占据的地位越来越重要。任何一笔进口或出口贸易都会涉及两国的关税，即进口国的进口关税和出口国的出口关税。世界各国出于外汇收支平衡的考虑，大都实行奖出限入的贸易政策，因而关税一般侧重于进口关税，出口关税通常不占重要地位。征收关税的目的有两个：取得财政收入和贸易保护。进口关税要计入进口商品的成本，进口关税提高，势必导致进口商利润的降低，或推动该商品在进口国市场上的价格上升，从而阻碍商品进入该国市场。因此进口国所订税率的高低会反映该国对进口品种的鼓励或限制，起着调节进口的"闸门"作用，这就是"关税壁垒"发生作用之所在。关税壁垒对于一个国家的民族经济发挥着"守护神"的作用，可以有效地保护本国尚未成熟的民族工业免于遭受到国外相关产业的冲击，但是国际贸易比重较大的国家出于自身经济利益的需要，大多极力主张自由贸易主义，反对关税壁垒。我国加入 WTO 之前，关税壁垒也相当森严，据有关资料显示，1992 年我国关税总水平约为 42%，普通税率平均高达 56%。加入 WTO之后，我国关税总水平开始逐年下降，截至 2018 年年底我国关税总水平已经降至 7.5%左右。

此外，为了充分体现关税的调节作用，世界各国的关税制度目前一般均实行"复式税则"，即针对于同一个税目而言，根据出口国与本国是否订有互惠协定而适用高低不同的关税税率。如美国分为最惠国税率和普通税率两档。我国现行的进口关税是以最惠国税率为主，同时还规定了协定税率、特惠税率和普通税率等不同的档次，对于特殊情况则启动特别关税。

2. 关税的主要类别

世界各国的关税制度种类繁多，按照不同的分类标准可以分为不同的类型。

1) 按照通过关境的货物的流向不同，关税可以分为进口关税、出口关税和过境关税

① 进口关税是海关对进口货物和物品所征收的关税。

② 出口关税是海关对出口货物和物品所征收的关税。

③ 过境关税是海关对一国运往第三国的货物在通过本国关境时所征收的关税。

目前世界各国的关税制度均以进口关税为主体，很多国家已经不再征收出口关税和过境关税，因此通常所说的关税一般均指进口关税，各国征收进口关税的目的在于保护本国市场和增加财政收入。

2) 按照计税依据不同，关税可以分为从价关税、从量关税、复合关税和滑准关税

① 从价关税是以进出口货物的完税价格为计税标准的关税。

② 从量关税是以进出口货物的计量单位（如重量、数量、面积、容积、长度等）为计税标准的关税。

③ 复合关税是对同一种进出口货物分别规定从价和从量两种税率。

④ 滑准关税是指随着商品价格由高到低，关税税率反方向由低到高进行设置。

3）按照对进口货物输出国的差别待遇不同，关税可以分为优惠关税、普通关税和加重关税

（1）优惠关税

优惠关税包括互惠关税、特惠关税、普惠关税和关税最惠国待遇。

① 互惠关税制度（Reciprocal Duty）。互惠关税是缔结贸易条约的主权国家在双方平等互利的基础上，相互协定给予原产于对方的全部或部分进口商品以对等优惠待遇的协定关税制度，一般对对方的进口货物相互免征关税或采用比其他国家较低的税率，世界上大多数国家都与其主要贸易伙伴实行关税互惠。

② 特惠关税制度（Preferential Duty）。简称特惠税，又称优惠税，是指进口国对从特定的国家或地区进口的全部或部分商品，给予特别优惠的低税或减免税待遇。但其他国家或地区不能根据最惠国待遇原则，要求享受这种优惠待遇，特惠税有互相惠予和单方惠予（非互惠）两种形式。

③ 普遍优惠关税制度（Generalized System of Preference，GSP）。简称普惠制，是某些发达国家单方面普遍给予发展中国家所出口的制成品和半制成品（包括某些初级产品）普遍的、非歧视的、非互惠的一种关税优惠制度，这种税率是在最惠国税率的基础上进一步减税乃至免税的优惠关税待遇。目前，已有英国、法国、德国、意大利、日本、澳大利亚、加拿大等27个国家对我国提供 GSP 待遇。

④ 最惠国关税制度（Most‐Favored‐Nation Treatment，MFN）。最惠国待遇又称"无歧视待遇"。是关贸总协定中的一项重要条款，其主要内容是缔约一方现在和将来给予任何第三方的一切特权、优惠和豁免，也同样给予缔约对方，其基本要求是使缔约一方在缔约另一方享有不低于任何第三方享有或可能享有的待遇。最惠国待遇分为无条件和有条件两种，关贸总协定所倡导的是多边的无条件的最惠国待遇。

（2）普通关税

普通关税是指对于和我国没有签订任何关税优惠协定的国家出口到我国的商品，既不适用任何优惠关税税率，也不适用加重关税税率。

（3）加重关税

加重关税包括反倾销关税、反补贴关税和报复性关税。

① 反倾销关税（Anti‐dumping Duty）。反倾销税是指进口国为保护本国企业不受外国生产者的"倾倒性"销售影响，而对倾销货物征收额外的特殊关税，即当进口国因外国倾销某种产品而使其国内相关产业受到损害时，征收相当于出口国的国内市场价格与倾销价格之间差额的进口税。目的在于抵制倾销，保护国内产业。

② 反补贴关税（Counter Vailing Duty）。反补贴关税是对进口商品使用的一种超过正常关税的特殊关税，是对那些得到其政府进口补贴的外国供应商具有的有利经济条件作用的反应，其目的在于抵消国外竞争者得到奖励和补助产生的影响，从而保护进口国的制造商。

③ 报复性关税（Retaliatory Duty）。报复性关税是指为报复他国对本国出口货物的关税歧视，而对相关国家的进口货物征收的一种进口附加税。我国关税规定，任何国家或者地区

对其进口的原产于我国的货物征收歧视性关税或者给予其他歧视性待遇的，我国对原产于该国家或者地区的进口货物征收报复性关税。

3. 我国关税的基本法律规定

1) 关税的含义

关税（Customs Duty）是指我国海关依法对进出我国关境的货物和物品所征收的一种间接税，由海关负责征收，关税分为进口关税和出口关税两种。

2) 关税的特点

① 税款缴纳的统一性和一次性；

② 税收征管的过"关"性；

③ 税率设置的复式性；

④ 税收征管的权威性；

⑤ 对进出口贸易的调节性。

3) 关税的征税范围

目前我国海关对于准许进出境的货物和物品课征关税，其中货物是指贸易性商品，物品是指私人性商品，包括入境旅客随身携带的行李物品、个人邮递物品、运输工具上的服务人员携带进境的自用物品、馈赠物品以及其他方式进境的个人物品。

4) 关税的纳税义务人

贸易性货物的关税纳税义务人（The Obligor of Customs Duty）是指进口货物的收货人和出口货物的发货人。自营进出口业务的纳税人是拥有进出口权的企业，而代理进出口方式之下，一般则由代理单位先予代缴，然后再向委托企业收取税款。

非贸易性物品的纳税人是指应税行李物品、邮递物品和其他物品的所有人，进出境物品的所有人包括该物品的所有人和推定为所有人的人。

5) 关税税率的确定

进出口货物应当依照《海关进出口税则》规定的归类原则归入合适的税号，按照适用的税率征税。

① 进出口货物，应按纳税义务人申报进口或者出口之日实施的税率征税。

② 进口货物到达之前，经海关核准先行申报的，应该按照装载此货物的运输工具申报进境之日实施的税率征税。

③ 进出口货物的补税和退税，应按该进出口货物原申报进口或者出口之日所实施的税率征税，特例情况除外。

6) 关税税率的分类

（1）进口关税税率

加入 WTO 之后，我国现行的进口关税税率包括最惠国税率、协定税率、特惠税率和普通税率，进口关税税率主要适用最惠国税率，并且通过各种差别税率体现我国的经济和外贸政策，其中最惠国税率适用于原产于与我国共同适用最惠国待遇条款的世贸组织成员国或地区的进口货物，或者原产于与我国签订有相互给予最惠国待遇条款的双边贸易协定的国家或地区的进口货物，以及原产于我国境内的进口货物；协定税率适用于原产于我国参加的含有关税优惠条款的区域性贸易协定有关缔约方的进口货物；特惠税率适用于原产于与我国签订有特殊优惠关税协定的国家或地区的进口货物；普通税率适用于原产于上述国家或地区以外的其他国家或地区的进口货物。

同时根据国家经济发展的需要，我国目前对于部分进口原材料、零部件、乐器及生产设备等 200 多个税目的进口商品在一定时期之内实行了暂定税率，暂定税率是在原关税税率的基础上，对某些产品实施的更为优惠的关税税率。这种税率一般按照年度制订，并且随时可以根据需要恢复按照法定税率征税，进口商品同时规定两种或以上关税税率之时，暂定税率优于最惠国税率或优惠税率适用，但是适用普通税率的商品不能适用暂定税率。

关税配额是一种限制商品进口的措施，即政府对商品的绝对数额不加限制，但是在一定时间内、在规定的关税配额以内的进口商品给予低税、减税或免税的待遇，对超过配额的进口商品则征收较高的关税、附加税或罚款。

我国绝大部分商品均采用比例税率，少量商品采用定额税率（如冻鸡、啤酒等）和复合税率（如录像机、数码相机等）。

（2）出口关税税率

我国目前仅对少数资源性产品和需要规范出口秩序的半制成品征收出口关税，出口关税仅设置了一栏税率，2019 年我国海关进出口税则规定征收出口关税的商品约为 108 项，税率从 20%～40%不等，另对部分出口货物实行暂定税率，税率从 0～20%不等。

7）关税的申报缴纳

进口货物自运输工具申报进境之日起 14 日内，出口货物在货物运抵海关监管区后装货的 24 小时之前，应由其纳税义务人向海关申报纳税。纳税义务人应当在海关填发税款缴款书之日起 15 日内（周末和法定节假日除外），向指定银行缴纳税款。逾期未缴纳的，除依法追缴外，由滞纳税款之日起，按日加收其滞纳税款 0.5‰的滞纳金。

海关填写的"海关（进出口关税）专用缴款书"一式六联，依次是收据联（此联是国库收到税款签章后退还纳税人作为完税凭证的法律文书，是关税核算的原始凭证）、付款凭证联、收款凭证联、回执联、报查联、存根联。海关出口关税专用缴款书如表 6-1 所示。

4. 我国关税的计算

我国现行的关税由海关负责征收。关税的计税依据包括进口商品的关税完税价格（Dutiable value）和进口商品的征税数量。

海关以进出口货物的实际成交价格为基础审定完税价格。实际成交价格是指一般贸易项目下进口或出口货物的买方为购买该项货物向卖方实际支付或应当支付的价格。它包括两层含义：一是确定完税价格时必须以货物的实际成交的价格为基础；二是纳税义务人向海关申报的价格并不一定等于完税价格，只有经过海关审核并接受的申报价格才能作为完税价格。对于不真实或不准确的申报价格，海关可依照税法规定对有关进出口货物的申报价格进行调整或另行估定完税价格。

表 6-1   海关出口关税专用缴款书

收入系统：海关系统　　　　填发日期　　年　月　日　　　　　　　No

收款单位	收入机关			缴款单位（人）	名　称		
	科　目		预算级次		账　号		
	收款国库				开户银行		

税号	货物名称	数量	单位	完税价格	税率	税款金额

金额人民币（大写）		合计（¥）

申请单位编号		报关单编号	
合同（批文）号		运输工具号	
交缴期限	年　月　日	提/装货单号	
备注	一般征税 USD 7.0 国际代码		

编制单位制单人
复核
单位盖章

收款国库
（银行）
业务公章

第一联　收据　国库收款签章后交缴款单位

关税按照其征收的环节不同，可分为进口关税和出口关税两种。

1）进口关税的计算

按照进口关税三种不同的计算方法，进口关税的计税依据分别是进口商品完税价格和进口商品的征税数量。

（1）从价定率的计税方法

① 进口商品完税价格。

一般贸易项下，进口货物以海关审定的成交价格为基础的 CIF 价格作为完税价格。它包括货价，加上货物运抵中国关境内输入地起卸前的包装、运输、保险和其他劳务费用，以及向境外支付的与该进口货物有关的专利、商标著作权，以及专有技术、计算机软件和资料等费用。到岸价格经海关审查未能确定的，由海关估定完税价格。

运往境外修理的机械器具、运输工具或其他货物，出境时已向海关报明并在海关规定期限内复运进境的，以海关审定的修理费和料件费作为完税价格。

运往境外加工的货物，出境时已向海关报明并在海关规定的期限内复运进境的，应当以境外加工费和料件费以及复运进境的运输及其相关费用和保险费审查确定完税价格。

以租赁方式进口的货物，以海关审查确定的该货物的租金作为完税价格。

进出口货物的成交价格以及有关费用以外币计价的，以中国人民银行公布的基准汇率折合为人民币计算完税价格；以基准汇率币种以外的外币计价的，按照国家有关规定套算为人民币计算完税价格。适用汇率的日期由海关总署规定。

② 比例税率。

我国目前对于绝大部分进口商品均采取从价定率计税方法。

③ 计算公式：

进口商品完税价格＝进口商品 CIF 价格（原币）×市场汇率（中间价）

＝（FOB 价格（原币）＋运费）÷（1－保险费率）×市场汇率（中间价）

$$从价定率进口关税＝进口商品完税价格×比例税率$$

（2）从量定额的计税方法

① 进口商品征税数量。

② 单位税额。

③ 从量定额进口关税＝进口商品征税数量×单位税额。

我国目前只对石油原油、啤酒、胶卷和冻鸡等少数商品采取从量定额计税方法。

（3）复合计税的计税方法

① 进口商品的完税价格。

② 进口商品的征税数量。

③ 比例税率。

④ 单位税额。

⑤ 复合进口关税＝进口商品征税数量×单位税额＋进口商品完税价格×比例税率。

我国目前只对录（摄）像机、放像机、非家用摄录一体机和部分数码相机采取复合计税方法。

2）出口关税的计算

出口关税的计税依据是出口商品的完税价格和出口商品的税率。

（1）出口商品完税价格

出口货物以海关审定的成交价格为基础的售予境外的 FOB 价格，扣除出口关税后作为完税价格。出口货物成交价格中含有支付给国外的佣金，如与货物的离岸价格分列，应予以扣除；如未单独列明的，则不予扣除。出口货物的 FOB 价格，应以该项货物运离关境前的最后一个口岸的 FOB 价格为实际 FOB 价格。

（2）出口关税比例税率

为了发展出口贸易，保护国内资源，优化出口商品结构，我国目前仅对少数资源性产品和需要规范出口秩序的半制成品征收出口关税，出口关税仅设置一栏税率。

（3）计算公式

$$应纳出口关税额＝出口商品完税价格×出口关税税率$$
$$出口商品完税价格＝出口商品 FOB 价格÷（1＋出口关税税率）$$

5. 我国关税的核算

1）进口关税的核算

（1）自营进口业务进口关税的核算

进口货物以外币计价成交的，由海关按照填发税款交纳凭证之日中国人民银行公布的人民币对外币交易的中间价折合成人民币。完税价格计算到元为止，元以下四舍五入。关税的起征点为人民币 50 元。进口关税应作为商品采购成本的组成部分，即借记"商品采购""在途物资""库存商品""固定资产"等账户，贷记"应交税费——应交进口关税"等账户。实际缴纳时，借记"应交税费——应交进口关税"账户，贷记"银行存款"账户。

【例 6-1】 20×9 年 6 月新光食品进出口公司从美国进口卷烟一批，CIF 价格为 80 000

美元，进口关税税率为 35％，收到海关填发的税款交纳凭证，当日即期汇率 7.95。计算应交纳的进口关税额如下：

$$卷烟完税价格＝80\ 000×7.95＝636\ 000(元)$$
$$卷烟应纳进口关税额＝636\ 000×35％＝222\ 600(元)$$

根据计算的结果，作会计分录如下：

借：商品采购——进口商品采购　　　　　　　　　　　　　　222 600
　　贷：应交税费——应交进口关税　　　　　　　　　　　　　222 600

企业也可不通过"应交税费——应交进口关税"账户核算，待实际缴纳时，直接借记"商品采购"等账户，贷记"银行存款"账户。

（2）代理进口业务进口关税的核算

如为发生在代理进口方式下的关税额，应由受托的外贸企业代征代交的，代理企业要向委托单位如数收取，委托单位已预付采购资金的，也可以从中直接冲减。代理企业收到海关填发的税款交纳凭证时，则应借记"应收账款""预收账款"等账户；贷记"应交税费——应交进口关税"账户。

（3）易货贸易进口业务的关税的核算

易货贸易进口业务的关税，构成进口商品的成本，企业在计算出应交纳的进口关税时，借记"商品采购——易货进口商品采购"账户；贷记"应交税费——应交进口关税"账户。

2）出口关税的核算

出口货物以外币计价成交的，计征关税时的外币折合完税价格的取值和起征点与对进口关税的规定相同，在此不再重述。

出口货物以海关审定的货物售予境外的离岸价格（FOB 价格），扣除出口关税后，作为完税价格，计算应交纳的出口关税。离岸价格不能确定时，完税价格由海关估定。完税价格是不含关税的，而对外成交的价格中已含税负，因此出口货物应以海关审定的 FOB 价扣除出口关税后作为完税价格。以外币计算的 FOB 价，应按海关填发税款缴纳证当日的人民币市场汇价折合为人民币。上项 FOB 价中如包含应向国外支付的佣金，国外理舱费等开支，则应事先扣除。如出口货物以 CFR 国外口岸价或 CIF 国外口岸价成交，则应先扣除国外运费及保险费后再计算完税价格和应交纳的关税。

（1）自营出口业务的出口关税的核算

出口关税额计提时应借记"税金及附加"账户，贷记"应交税费——应交出口关税"账户；实际缴纳时，借记"应交税费——应交出口关税"账户，贷记"银行存款"账户。

企业也可不通过"应交税费——应交出口关税"账户核算，待实际缴纳时，直接借记"税金及附加"账户，贷记"银行存款"账户。

【例 6-2】　西北五金矿产进出口公司 20×9 年 8 月出口钨矿砂一批，FOB 价格 120 000 美元，出口关税税率为 20％，收到海关填发的税款交纳凭证，当日即期汇率 7.96。计算应交纳的出口关税税额如下：

$$钨矿砂完税价格＝[120\ 000÷(1＋20\%)]×7.96＝796\ 000(元)$$
$$应纳出口关税额＝796\ 000×20\%＝159\ 200(元)$$

根据计算的结果，作会计分录如下：

借：税金及附加　　　　　　　　　　　　　　　　　159 200

　　贷：应交税费——应交出口关税　　　　　　　　　　　159 200

（2）代理出口业务出口关税的核算

如为代理出口业务发生的关税额，应由受托的外贸企业代征代交的，外贸企业应如数向委托单位收取，或直接从应付委托单位的出口货款中扣除。受托的外贸企业收到海关签发税款交纳凭证时，则应借记"应收账款"或"应付账款"账户；贷记"应交税费——应交出口关税"账户。

进出口货物的纳税人或他们的代理人应当在海关填发税款交纳凭证之日起15日内向指定银行交纳。进口货物在完税后才能进入国内市场流通，出口货物完税后才能装船出口。在交纳关税时，借记"应交税费——应交出口关税"账户；贷记"银行存款"账户。

（3）易货出口业务出口关税的核算

易货贸易出口业务的盈亏纳入企业的盈亏总额，其出口关税应视同企业的销售税金进行核算。企业计算的易货出口业务应交纳的出口关税时，作会计分录如下：

借：税金及附加——易货出口关税

　　贷：应交税费——应交出口关税

6.2.2　进口环节消费税

消费税（Consumption Tax，CT）是以特定的消费品为课税对象所征收的一种间接税。在我国境内生产、委托加工和进口的应税消费品，均应交纳消费税。进口的应税消费品，由进口人或者其代理人向报关地海关申报纳税，并在海关填发税款缴纳证之日起15日内缴纳税款。进口的应税消费品，分别实行从价定率、从量定额和复合计税三种办法计算进口环节消费税的应纳税额。

1. 进口应税消费品消费税计算的依据

企业进口应税消费品的消费税由海关代征，由进口人向报关地海关申报纳税。消费税的计税办法有从价定率、从量定额和复合计税三种方法，这三种办法的计算依据各不相同。

1）消费税从价定率计算的依据

从价定率是指根据进口消费品的组成计税价格（Composite Price）和确定的消费税税率计算消费税额（Consumption Tax Payable）的办法。它计算的依据有以下两项。

（1）组成计税价格

组成计税价格＝关税完税价格＋关税＋消费税＝（关税完税价格＋关税）÷（1－消费税税率）

（2）消费税税率

进口商品按不同的税目或子目确定消费税税率（CT Rate），依照我国《消费税税目税率（税额）表》执行。

2）消费税从量定额计算的依据

从量定额的计算方法是指根据进口应税消费品的数量（Sold Units of Taxable Consumer Goods）和确定的单位税额（CT Per Unit）计算消费税额的办法。采用这种办法计算的依据是海关核定的应税消费品的进口征税数量和税法规定的单位税额。在我国现行的消费品税目税率表中，只有黄酒、啤酒和成品油（包含汽油等 7 个子目）税目实行从量定额计税办法。

3）消费税复合计税计算的依据

我国现行消费税目前仅对卷烟和白酒这两种消费品实行复合计税，复合计税方法即从价定率和从量定额相结合的一种计算方法，其计税依据既包括进口消费品的组成计税价格，也包括进口消费品的进口征税数量。

2. 进口商品消费税的计算和核算

① 进口商品消费税额采用从价定率办法计算的，进口商品的消费税额应列入商品采购成本，其计算公式如下：

$$应纳消费税额＝组成计税价格×消费税税率$$

【例 6 - 3】　东方日化进出口公司 20×9 年 10 月从美国进口化妆品一批，关税完税价格为 808 000 元，关税额为 231 500 元，消费税税率为 30%。计算其应纳消费税额如下：

$$化妆品组成计税价格＝（808\,000＋231\,500）÷（1－30\%）＝1\,485\,000（元）$$

$$化妆品应纳消费税额＝1\,485\,000×30\%＝445\,500（元）$$

收到海关根据计算结果填发的税款交纳凭证时，作会计分录如下：

借：商品采购——进口商品采购　　　　　　　　　　　　　　　　445 500

　　贷：应交税费——应交消费税　　　　　　　　　　　　　　　　　445 500

② 进口商品消费税额采用从量定额办法计算时，其计算公式如下：

$$应纳消费税额＝应税消费品数量×消费税单位税额$$

③ 进口商品采用从价定率和从量定额复合计算方法的，其计算公式如下：

$$应纳税额＝组成计税价格×消费税税率＋应税消费品数量×消费税单位税额$$

代理进口的应税消费品，由代理单位代交消费税，然后如数向委托单位收取，如委托单位已预付采购资金，则可以直接冲减预收委托单位的货款。

6.2.3　进口环节增值税

增值税（Value Added Tax，VAT）是对商品在生产和流通过程新增加的增值额进行课征的一种间接税。在我国境内销售货物或者提供加工、修理修配劳务以及进口货物之时，都需交纳增值税。我国现行的增值税属于价外税，由本环节货物的销售者向下一个环节货物的购买者收取，其计税的销售价格中不得包含所收取的增值税销项税额。为了避免重复纳税，增值税实行税款抵扣制度，本销售环节纳税人所收取的销项税额，扣减该纳税人在其采购货物之时向其他销售者所支付的进项税额，二者之差额即为该纳税人的应纳税额。

我国对进口货物征收增值税，其中对某些货物规定了减免税或不征税，同时还规定了实行保税的货物保持不征收增值税。

进口货物的增值税，由进口人或者其代理人向报关地海关申报交纳，并在海关填发税款缴纳证之日起 15 日内缴纳税款。

1）增值税一般纳税人核算的账户设置

增值税一般纳税人应当在"应交税费"账户下设置"应交增值税""未交增值税""预交增值税""待抵扣进项税额""待认证进项税额""待转销项税额""增值税留抵税额""简易计税""转让金融商品应交增值税""代扣代交增值税"等明细账户进行增值税的核算。

一般纳税人适用一般计税方法计税项目，其涉税业务不是直接通过"应交税费——应交增值税"明细账户核算的，而是通过该明细账户下属的若干专栏进行核算的。增值税一般纳税人一般计税方法应在"应交增值税"明细账内设置"进项税额""销项税额抵减""已交税金""转出未交增值税""减免税款""出口抵减内销产品应纳税额""销项税额""出口退税""进项税额转出""转出多交增值税"等专栏。

一般纳税人一般计税方法应交增值税若干专栏的账务处理，如表 6-2 所示。

表 6-2　一般纳税人一般计税方法应交增值税若干专栏的账务处理

专栏项目	专栏说明	一般账务处理举例
进项税额	一般纳税人购进货物、加工修理修配劳务、服务、无形资产或不动产而支付或负担的、准予从当期销项税额中抵扣的增值税	借：原材料、固定资产、无形资产、管理费用、委托加工物资等 　　应交税费——应交增值税（进项税额）（专用发票已认证） 　　应交税费——待认证进项税额（专用发票未认证） 　贷：银行存款等 借：应交税费——应交增值税（进项税额） 　贷：应交税费——待认证进项税额（认证通过后）
进项税额转出	一般纳税人购进货物、加工修理修配劳务、服务、无形资产或不动产等发生非正常损失以及其他原因而不应从销项税额中抵扣、按规定转出的进项税额	借：待处理财产损溢＼应付职工薪酬＼固定资产等（抵扣情况发生改变的进项税额） 　贷：应交税费——应交增值税（进项税额转出） 借：主营业务成本（出口退税不得免抵退税的金额） 　贷：应交税费——应交增值税（进项税额转出）
销项税额	一般纳税人销售货物、加工修理修配劳务、服务、无形资产或不动产应收取的增值税 一般纳税人采取预收款方式提供租赁服务，按规定计算的销项税额 视同销售业务计算的销项税额	借：应收账款等 　贷：主营业务收入等 　　　应交税费——应交增值税（销项税额） 　　　应交税费——待转销项税额（会计制度确认收入早于增值税口径） 借：应交税费——待转销项税额（增值税纳税义务发生时） 　贷：应交税费——应交增值税（销项税额） 借：银行存款 　贷：合同负债 　　　应交税费——应交增值税（销项税额）

续表

专栏项目	专栏说明	一般账务处理举例
销项税额	一般纳税人销售货物、加工修理修配劳务、服务、无形资产或不动产应收取的增值税额　一般纳税人采取预收款方式提供租赁服务，按规定计算的销项税额　视同销售业务计算的销项税额	借：银行存款 　　累计摊销 　　贷：无形资产 　　　　应交税费——应交增值税（销项税额） 　　　　资产处置收益 借：银行存款 　　贷：固定资产清理 　　　　应交税费——应交增值税（销项税额）
销项税额抵减	一般纳税人按照现行增值税制度规定因扣减销售额而减少的销项税额	借：应交税费——应交增值税（销项税额抵减）（取得合规增值税扣税凭证且纳税义务发生时） 　　贷：主营业务成本、存货等科目
减免税额	一般纳税人按现行增值税制度规定准予减免的增值税额	借：应交税费——应交增值税（减免税额） 　　贷：其他收益
出口抵减内销产品应纳税额	实行"免、抵、退"办法的一般纳税人按规定计算的出口货物的进项税抵减内销产品的应纳税额	借：应交税费——应交增值税（出口抵减内销产品应纳税额） 　　贷：应交税费——应交增值税（出口退税）
出口退税	一般纳税人出口货物、加工修理修配劳务、服务、无形资产按规定退回的增值税额	借：应收出口退税款＼银行存款 　　贷：应交税费——应交增值税（出口退税）
已交税金	一般纳税人当月已交纳的应交增值税额（一般纳税人以 1 日、3 日、5 日、10 日、15 日为 1 个纳税期的，自期满之日起预缴税款时）	借：应交税费——应交增值税（已交税金） 　　贷：银行存款
转出未交增值税	一般纳税人月度终了转出当月应交未交的增值税额	借：应交税费——应交增值税（转出未交增值税） 　　贷：应交税费——未交增值税
转出多交增值税	一般纳税人月度终了转出当月多交的增值税额	借：应交税费——未交增值税 　　贷：应交税费——应交增值税（转出多交增值税）

此外，需要注意以下两点。

一是，增值税一般纳税人出口货物劳务、发生跨境应税行为不适用加计抵减政策，其对应的进项税额不能计提加计抵减额。

二是，自 2019 年 4 月 1 日起，试行增值税期末留抵税额退税制度，与 2019 年 3 月底相比新增加的期末留抵税额。对增量部分给予退税。

同时符合以下条件的纳税人，可以向主管税务机关申请退还增量留抵税额：

（1）自 2019 年 4 月税款所属期起，连续六个月（按季纳税的，连续两个季度）增量留抵税额均大于零，且第六个月增量留抵税额不低于 50 万元；

（2）纳税信用等级为 A 级或者 B 级；

（3）申请退税前 36 个月未发生骗取留抵退税、出口退税或虚开增值税专用发票情形的；

（4）申请退税前 36 个月未因偷税被税务机关处罚两次及以上的；

（5）自 2019 年 4 月 1 日起未享受即征即退、先征后返（退）政策的。

纳税人当期允许退还的增量留抵税额，按照以下公式计算：

$$允许退还的增量留抵税额＝增量留抵税额×进项构成比例×60\%$$

进项构成比例，为 2019 年 4 月至申请退税前一税款所属期内已抵扣的增值税专用发票（含税控机动车销售统一发票）、海关进口增值税专用缴款书、解缴税款完税凭证注明的增值税额占同期全部已抵扣进项税额的比重。

纳税人出口货物劳务、发生跨境应税行为，适用免抵退税办法的，办理免抵退税后，仍符合本公告规定条件的，可以申请退还留抵税额；适用免退税办法的，相关进项税额不得用于退还留抵税额。

对实行增值税期末留抵退税的纳税人，允许其从城市维护建设税、教育费附加和地方教育附加的计税（征）依据中扣除退还的增值税税额。

2）进口环节增值税的计算与核算

由于世界各国目前对其出口商品普遍实行零税率（Zero-rate），因此当进口货物来自其他国家之时，该商品本身是不含任何税金的，再加上各国税制千差万别，因此导致进口商品不可能取得统一的发货票，所以我国增值税法规定，对进口货物征收增值税时，纳税人不得抵扣任何前项税款，只能按照组成计税价格和规定的税率（VAT Rate）计算纳税。组成计税价格是指在没有实际销售价格和同类产品价格的情况下，按照税法规定换算而成的计税价格。组成计税价格和应交增值税的计算公式如下：

$$进口环节应纳增值税额＝组成计税价格×增值税税率$$
$$组成计税价格＝关税完税价格＋关税＋消费税＝（关税完税价格＋关税）÷（1－消费税税率）$$

该组成计税价格的计算公式与前述进口环节消费税组成计税价格的公式完全相同，因为我国现行的增值税属于价外税，而消费税则属于价内税，组成计税价格之中不得包含增值税税额，但是却应当包含消费税税额。进口环节增值税额的纳税期限为海关填发税款缴款书之日起 15 日之内，进口货物的增值税由海关代征。

【例 6-4】 20×9 年 10 月东方日化进出口公司从美国进口化妆品一批，关税完税价格为 808 000 元，关税额为 231 500 元，消费税额为 445 500 元，增值税率为 13%，计算其应交纳的增值税额如下：

$$化妆品组成计税价格＝808\,000＋231\,500＋445\,500＝1\,485\,000（元）$$
$$化妆品应纳增值税额＝1\,485\,000×13\%＝193\,050（元）$$

企业取得海关进口增值税专用缴款书，作会计分录如下：

借：应交税费——待认证进项税额   193 050
  贷：银行存款   193 050

税务机关提供稽核比对结果相符的当月，作会计分录如下：

借：应交税费——应交增值税（进项税额）　　　　　　　　193 050

　　贷：应交税费——待认证进项税额　　　　　　　　　　　　193 050

代理进口货物交纳的增值税，如由代理企业承担，则应作为进项税额记入"应交税费——应交增值税"账户；如由委托单位承担，代理单位代付后应如数向委托单位收取，如委托单位已预付采购资金，也可以直接冲减应付委托单位的货款。

3）小规模纳税人增值税的计算和核算

小规模纳税人是指年销售额在法定标准以下，并且会计核算不健全，不能按照规定报送税务资料的增值税纳税人，小规模纳税人实行简易征管办法，不能开具增值税专用发票，不能抵扣进项税额。

小规模纳税人销售货物或者应税劳务所得的销售额，按3％的征收率计算应纳税额；由于不得抵扣进项税额，因此小规模纳税人购进货物时，应将支付的货款和进项税额全部作为货物的进价，记入"商品采购"账户，将价税合计数作为库存商品、原材料、包装物和低值易耗品的采购成本。销售商品时，由于小规模纳税人不得填开增值税专用发票，而只能开具增值税普通发票，并将取得的收入全部记入"主营业务收入"账户，这样一来"主营业务收入"账户反映的就是含税收入（Price Including Tax），因此月末要将其调整为不含税的真正销售额，将增值税额从含税收入中通过价税分离（Separation of Price and Tax）公式计算出来，然后再计算缴纳其本期的增值税，其价税分离公式和税额计算公式如下：

$$销售额＝含税收入÷（1＋征收率3％）$$

$$应纳增值税额＝销售额×征收率$$

【例6-5】　曲阳服装进出口公司为小规模纳税人，20×9年1月31日"主营业务收入"账户余额为79 310元，增值税征收率为3％，将增值税额从含税收入中分离出来，计算的结果如下：

$$销售额＝79 310÷（1＋3％）＝77 000（元）$$

$$应纳增值税额＝77 000×3％＝2 310（元）$$

小规模纳税人缴纳增值税时同样通过"应交税费"账户进行核算，该账户属于负债类账户，用以核算企业应交纳的各种税金。纳税人发生应交纳的税金时，记入贷方；交纳税金时，记入借方；若余额在贷方，表示应交未交的税金，若余额在借方，表示待扣的税金。

根据计算的结果，调整本月份的商品销售收入和应纳增值税额，作会计分录如下：

借：主营业务收入　　　　　　　　　　　　　　　　　　　2 310

　　贷：应交税费——应交增值税　　　　　　　　　　　　　　2 310

2月10日，填制增值税缴款书，交纳增值税额，作会计分录如下：

借：应交税费——应交增值税　　　　　　　　　　　　　　2 310

　　贷：银行存款　　　　　　　　　　　　　　　　　　　　2 310

6.2.4　城市维护建设税

进口环节所涉及的税种除了关税、增值税和消费税这三个主要税种之外，另外还有因为增值税和消费税的存在而衍生出来的一个附加性税种——城市维护建设税。

城市维护建设税是国家对缴纳消费税、增值税这二大流转税的单位和个人征收的一种附加税，其本身不具有独立性，而必须依附于二大流转税存在。这个税种属于特定目的税，所缴纳的税款专款专用于城市的公用事业和公共设施的维护建设，所有负有缴纳增值税、消费税义务的单位和个人均需缴纳城市建设维护税。城市维护建设税的税率是比例税率，按照纳税人所在地区不同，设计了三档差别税率：纳税人所在地为市区的，税率为7%；纳税人所在地为县城、镇的，税率为5%；纳税人所在地不在市区、县城或者镇的，税率为1%。

企业负担的城市维护建设税，应列入"税金及附加"账户；因出售不动产而发生的，则应列入"固定资产清理"账户。应交城市维护建设税的计算公式如下：

应纳城市维护建设税＝（实际缴纳增值税＋实际缴纳消费税）×适用税率

城市维护建设税一般在月末提取，次月初交纳。

【例6-6】 捷达汽车进出口公司1月份应交增值税额88 400元，应交消费税额75 000元，出租无形资产应交增值税额1 600元，按7%的税率计算本月份应纳城市维护建设税如下：

主营业务应纳城市维护建设税额＝（88 400＋75 000）×7%＝11 438（元）

其他业务应纳城市维护建设税额＝1 600×7%＝112（元）

（1）根据计算的结果，提取应纳城市维护建设税额，作会计分录如下：

借：税金及附加 11 550

　　贷：应交税费——应交城市维护建设税 11 550

（2）将城市维护建设税结转本年利润账户，作会计分录如下：

借：本年利润 11 550

　　贷：税金及附加 11 550

6.2.5　教育费附加

教育费附加是国家为了加快教育事业的发展，扩大中小学教育经费的来源，而向单位和个人征收的附加费用。以用于改善中小学基础教育设施和办学条件。教育费附加和城市维护建设税一样，也是附加于增值税、消费税等流转税之上的一种附加性收费。

教育费附加以各单位和个人实际交纳的增值税、消费税的税额为计征依据，教育费附加率为3%，一般月末提取，次月初交纳。其计算和核算口径与城市维护建设税相同。

【**例 6-7**】 捷达汽车进出口公司 20×9 年 1 月份应交增值税额为 88 400 元，消费税额为 75 000 元，出租无形资产业务应交增值税额为 1 600 元。

① 按税额的 3%计提教育费附加时，作会计分录如下：

借：税金及附加　　　　　　　　　　　　　　　　　　　　　4 950
　　贷：应交税费——教育费附加　　　　　　　　　　　　　　　　　4 950

② 将教育费附加结转本年利润时，作会计分录如下：

借：本年利润　　　　　　　　　　　　　　　　　　　　　　4 950
　　贷：税金及附加　　　　　　　　　　　　　　　　　　　　　　　4 950

在下月初交纳教育费附加时，借记"应交税费——教育费附加"账户；贷记"银行存款"账户。

目前，我国增值税对生产企业出口货物实行免抵退税办法。按照《财政部 国家税务总局关于生产企业出口货物实行免抵退税办法后有关城市维护建设税教育费附加政策的通知》（财税〔2005〕25 号）规定，应对其免、抵的增值税征收城建税、教育费附加。即经国家税务机关正式审核批准的当期免抵的增值税额应纳入城市维护建设税和教育费附加的计征范围，分别按规定的税（费）率征收城市维护建设税和教育费附加。

6.3　出口货物劳务增值税和消费税的核算

由于世界各国的税收政策千差万别，因此同一种产品在不同国家之间的税负是不相同的，这样就导致国际上存在着大量的税收差异，这对于国际贸易而言，必然会造成各国出口货物劳务成本的含税量不同，从而在国际市场上无法展开公平竞争，因此，国际上通行的做法是企业出口货物劳务以不含税的价格参与国际市场竞争，而要想使出口的货物劳务得以免除税收负担，必然要在国内实行出口货物劳务退（免）税政策。

目前，我国出口企业出口货物劳务分别适用增值税退（免）税、增值税免税、增值税征税政策以及消费税退（免）税、征税政策。

出口免税并退税是指对出口货物免征收出口销售环节的销项增值税，同时对于出口货物所发生的进项税给予退税。主要适用于有出口经营权的生产企业及外贸公司、特准退税企业（不论是否有出口经营权）。

出口免税、不退税是指对一些虽有进出口经营权的企业，其出口的货物属于规定免征增值税、消费税的，不予办理出口退税。如来料加工复出口的货物、农业生产者销售的自产农业产品、非出口企业委托出口的货物。

出口不免税，也不退税是指对出口货物不予退还已缴纳的增值税、消费税，不免征出口环节的增值税、消费税。主要适用于援外出口物资；国家禁止出口货物；商贸企业委托外贸公司出口商品等。

我国现行出口货物劳务退（免）税的范围仅限于增值税和消费税两种，其他税款一律不退。增值税虽是一种价外税，但出口企业购货时所支付的款项中已包含了这部分税款，因此商品出口后必须予以退还；而消费税是一种价内税，出口企业购货时支付的款项中本身包含这项税款在内，它直接影响出口商品的成本，因此只有将出口商品成本中所含的增值税和消费税税额给以退还或免征，出口商品才能真正以不含税的成本价格打入国际市场，提高本国产品的国际竞争力，与其他国家的产品展开公平的国际竞争。

我国税法所说的"出口免税"是指对货物在出口环节不予征收增值税和消费税；"出口退税"是指对货物在出口前实际承担的税收负担，按照规定的出口退税率计算后退还给出口企业，我国目前遵循的出口退税的基本原则是多征多退，少征少退，不征不退，只退间接税，不退直接税。

6.3.1 出口货物劳务增值税政策适用范围

目前，我国对出口货物、对外提供加工修理修配劳务（以下统称出口货物劳务，包括视同出口货物）适用的增值税和消费税政策有以下分类。

1. 适用增值税退（免）税政策的出口货物劳务

对下列出口货物劳务，除特别规定以外，实行免征和退还增值税（以下称增值税退（免）税）政策。

1）出口企业出口货物

出口企业，是指依法办理工商登记、税务登记、对外贸易经营者备案登记，自营或委托出口货物的单位或个体工商户，以及依法办理工商登记、税务登记但未办理对外贸易经营者备案登记，委托出口货物的生产企业。

那么，范围之外的应视为非出口企业，是指不具有进出口经营权委托出口货物的商贸企业或个人。出口企业与非出口企业的不同点在于，前者是自营或委托出口的货物实行退（免）税，后者是委托出口的货物按免税办理。

出口货物，是指向海关报关后实际离境并销售给境外单位或个人的货物，分为自营出口货物和委托出口货物两类。

这样，对于企业申请退（免）税的出口货物劳务还必须是属于增值税、消费税征税范围的货物，必须是报关离境的货物，必须是在财务上作销售处理的货物。

生产企业，是指具有生产能力（包括加工修理修配能力）的单位或个体工商户。

2）出口企业或其他单位视同出口货物

具体如下。

① 出口企业对外援助、对外承包、境外投资的出口货物。

② 出口企业经海关报关进入国家批准的出口加工区、保税物流园区等特殊区域并销售给特殊区域内单位或境外单位、个人的货物。

③ 免税品经营企业销售的货物

国家规定不允许经营和限制出口的货物、卷烟和超出免税品经营企业《企业法人营业执照》规定经营范围的货物除外。

④ 出口企业或其他单位销售给用于国际金融组织或外国政府贷款国际招标建设项目的中标机电产品。

⑤ 生产企业向海上石油天然气开采企业销售的自产的海洋工程结构物。

⑥ 出口企业或其他单位销售给国际运输企业用于国际运输工具上的货物。

⑦ 出口企业或其他单位销售给特殊区域内生产企业生产耗用且不向海关报关而输入特殊区域的水电气。

3）出口企业对外提供加工修理修配劳务

对外提供加工修理修配劳务，是指对进境复出口货物或从事国际运输的运输工具进行的加工修理修配。

2. 适用增值税免税政策的出口货物劳务

对符合下列条件的出口货物劳务，除特殊规定外，实行免征增值税（以下称增值税免税）政策：

1）出口企业或其他单位出口规定的货物

具体如下。

① 增值税小规模纳税人出口的货物。

② 避孕药品和用具，古旧图书。

③ 软件产品。

④ 含黄金、铂金成分的货物，钻石及其饰品。

⑤ 国家计划内出口的卷烟。

⑥ 已使用过的设备。其具体范围是指购进时未取得增值税专用发票、海关进口增值税专用缴款书但其他相关单证齐全的已使用过的设备。

⑦ 非出口企业委托出口的货物。

⑧ 非列名生产企业出口的非视同自产货物。

⑨ 农业生产者自产农产品。

⑩ 油画、花生果仁、黑大豆等财政部和国家税务总局规定的出口免税的货物。

⑪ 外贸企业取得普通发票、农产品收购发票、政府非税收入票据的货物。

⑫ 来料加工复出口的货物。

⑬ 特殊区域内的企业出口的特殊区域内的货物。

⑭ 以人民币现金作为结算方式的边境地区出口企业从所在省（自治区）的边境口岸出口到接壤国家的一般贸易和边境小额贸易出口货物。

⑮ 以旅游购物贸易方式报关出口的货物。

2）出口企业或其他单位视同出口的下列货物劳务

具体如下。

① 国家批准设立的免税店销售的免税货物（包括进口免税货物和已实现退（免）税的货物）。

② 特殊区域内的企业为境外的单位或个人提供加工修理修配劳务。

③ 同一特殊区域、不同特殊区域内的企业之间销售特殊区域内的货物。

3）出口企业或其他单位未按规定申报或未补齐增值税退（免）税凭证的出口货物劳务

具体如下。

① 未在国家税务总局规定的期限内申报增值税退（免）税的出口货物劳务。

② 未在规定期限内申报开具《代理出口货物证明》的出口货物劳务。

③ 已申报增值税退（免）税，却未在国家税务总局规定的期限内向税务机关补齐增值税退（免）税凭证的出口货物劳务。

对于适用增值税免税政策的出口货物劳务，出口企业或其他单位可以依照现行增值税有关规定放弃免税，并依照规定缴纳增值税。

3. 适用增值税征税政策的出口货物劳务

下列出口货物劳务，不适用增值税退（免）税和免税政策，按下列规定及视同内销货物征税的其他规定征收增值税（以下称增值税征税）。

① 出口企业出口或视同出口财政部和国家税务总局根据国务院决定明确的取消出口退（免）税的货物（不包括来料加工复出口货物、中标机电产品、列名原材料、输入特殊区域的水电气、海洋工程结构物）。

② 出口企业或其他单位销售给特殊区域内的生活消费用品和交通运输工具。

③ 出口企业或其他单位因骗取出口退税被税务机关停止办理增值税退（免）税期间出口的货物。

④ 出口企业或其他单位提供虚假备案单证的货物。

⑤ 出口企业或其他单位增值税退（免）税凭证有伪造或内容不实的货物。

⑥ 出口企业或其他单位未在国家税务总局规定期限内申报免税核销以及经主管税务机关审核不予免税核销的出口卷烟。

⑦ 出口企业或其他单位具有以下情形之一的出口货物劳务：

＊ 将空白的出口货物报关单等退（免）税凭证交由除签有委托合同的货代公司、报关行，或由境外进口方指定的货代公司（提供合同约定或者其他相关证明）以外的其他单位或个人使用的。

＊ 以自营名义出口，其出口业务实质上是由本企业及其投资的企业以外的单位或个人借该出口企业名义操作完成的。

＊ 以自营名义出口，其出口的同一批货物既签订购货合同，又签订代理出口合同（或协议）的。

＊ 出口货物在海关验放后，自己或委托货代承运人对该笔货物的海运提单或其他运输单据等上的品名、规格等进行修改，造成出口货物报关单与海运提单或其他运输单据有关内容不符的。

＊ 以自营名义出口，但不承担出口货物的质量、收款或退税风险之一的，即出口货物发生质量问题不承担购买方的索赔责任（合同中有约定质量责任承担者除外）；不承担未按期收款导致不能核销的责任（合同中有约定收款责任承担者除外）；不承担因申报出口退（免）税的资料、单证等出现问题造成不退税责任的。

＊ 未实质参与出口经营活动、接受并从事由中间人介绍的其他出口业务，但仍以自营名义出口的。

6.3.2 增值税退（免）税办法

适用增值税退（免）税政策的出口货物劳务，按照下列规定实行增值税免抵退税或免退税办法。

1）免抵退税办法

生产企业出口自产货物和视同自产货物及对外提供加工修理修配劳务，以及列名生产企业出口非自产货物，免征增值税，相应的进项税额抵减应纳增值税额（不包括适用增值税即征即退、先征后退政策的应纳增值税额），未抵减完的部分予以退还。

2）免退税办法

不具有生产能力的出口企业（以下称外贸企业）或其他单位出口货物劳务，免征增值税，相应的进项税额予以退还。

出口货物劳务退（免）税的目的与其他税收制度都不相同，它是在货物出口后，国家将出口货物已在国内征收的流转税退还给企业的一种收入退付或减免税收的行为，这与其他税收制度筹集财政资金的目的有着明显区别。我国对出口货物劳务实行退（免）税，意在使企业的出口货物劳务以不含税的价格参与国际市场竞争。这是提高企业产品竞争力的一项政策性措施。

6.3.3 增值税出口退税率

出口退税率直接决定着一个国家所承担的出口退税税额的多少，是一个国家出口贸易政策的晴雨表，其中出口退还的增值税由于实行多环节课税，因此其出口退税执行独立的出口退税率，为了适应我国不同时期出口贸易的实际发展情况，我国这些年来的出口退税率一直在进行不断的调整，自 1994 年税制改革以来，中国出口退税政策历经多次的大幅调整。

1. 退税率的一般规定

除财政部和国家税务总局根据国务院决定而明确的增值税出口退税率（以下称退税率）

外，出口货物的退税率为其适用税率。国家税务总局根据上述规定将退税率通过出口货物劳务退税率文库予以发布，供征纳双方执行。退税率有调整的，除另有规定外，其执行时间以货物（包括被加工修理修配的货物）出口货物报关单（出口退税专用）上注明的出口日期为准。

2. 退税率的特殊规定

① 外贸企业购进按简易办法征税的出口货物、从小规模纳税人购进的出口货物，其退税率分别为简易办法实际执行的征收率、小规模纳税人征收率。上述出口货物取得增值税专用发票的，退税率按照增值税专用发票上的税率和出口货物退税率孰低的原则确定。

② 出口企业委托加工修理修配货物，其加工修理修配费用的退税率，为出口货物的退税率。

③ 其他：如中标机电产品、出口企业向海关报关进入特殊区域销售给特殊区域内生产企业生产耗用的列名原材料、输入特殊区域的水电气，其退税率为适用税率等。

适用不同退税率的货物劳务，应分开报关、核算并申报退（免）税。

未分开报关、核算或划分不清的，从低适用退税率。

6.3.4 增值税退（免）税的计税依据

出口货物劳务的增值税退（免）税的计税依据，按出口货物劳务的出口发票（外销发票）、其他普通发票或购进出口货物劳务的增值税专用发票、海关进口增值税专用缴款书确定。

① 生产企业出口货物劳务（进料加工复出口货物除外）增值税退（免）税的计税依据，为出口货物劳务的实际离岸价（FOB）。实际离岸价应以出口发票上的离岸价为准，但如果出口发票不能反映实际离岸价，主管税务机关有权予以核定。

② 生产企业进料加工复出口货物增值税退（免）税的计税依据，按出口货物的离岸价（FOB）扣除出口货物所含的海关保税进口料件的金额后确定。

海关保税进口料件，是指海关以进料加工贸易方式监管的出口企业从境外和特殊区域等进口的料件。包括出口企业从境外单位或个人购买并从海关保税仓库提取且办理海关进料加工手续的料件，以及保税区外的出口企业从保税区内的企业购进并办理海关进料加工手续的进口料件。

③ 生产企业国内购进无进项税额且不计提进项税额的免税原材料加工后出口的货物的计税依据，按出口货物的离岸价（FOB）扣除出口货物所含的国内购进免税原材料的金额后确定。

④ 外贸企业出口货物（委托加工修理修配货物除外）增值税退（免）税的计税依据，为购进出口货物的增值税专用发票注明的金额或海关进口增值税专用缴款书注明的完税价格。

⑤ 外贸企业出口委托加工修理修配货物增值税退（免）税的计税依据，为加工修理修配费用增值税专用发票注明的金额。外贸企业应将加工修理修配使用的原材料（进料加工海关保税进口料件除外）作价销售给受托加工修理修配的生产企业，受托加工修理修配的生产企业应将原材料成本并入加工修理修配费用开具发票。

⑥ 出口进项税额未计算抵扣的已使用过的设备增值税退（免）税的计税依据，按下列公式确定：

退（免）税计税依据＝增值税专用发票上的金额或海关进口增值税专用缴款书注明的完税价格×
已使用过的设备固定资产净值÷已使用过的设备原值

已使用过的设备固定资产净值＝已使用过的设备原值－已使用过的设备已提累计折旧

上述所称已使用过的设备，是指出口企业根据财务会计制度已经计提折旧的固定资产。

⑦ 免税品经营企业销售的货物增值税退（免）税的计税依据，为购进货物的增值税专用发票注明的金额或海关进口增值税专用缴款书注明的完税价格。

⑧ 中标机电产品增值税退（免）税的计税依据，生产企业为销售机电产品的普通发票注明的金额；外贸企业为购进货物的增值税专用发票注明的金额或海关进口增值税专用缴款书注明的完税价格。

⑨ 生产企业向海上石油天然气开采企业销售的自产的海洋工程结构物增值税退（免）税的计税依据，为销售海洋工程结构物的普通发票注明的金额。

⑩ 输入特殊区域的水电气增值税退（免）税的计税依据，为作为购买方的特殊区域内生产企业购进水（包括蒸汽）、电力、燃气的增值税专用发票注明的金额。

6.3.5　生产企业出口货物劳务增值税免抵退税的核算

1. 生产企业出口货物劳务增值税免抵退税的计算

"免"税，是指生产企业出口自产货物和视同自产货物及对外提供加工修理修配劳务、以及列名生产企业出口非自产货物，实行零税率，免征该企业在生产销售环节应纳的增值税；"抵"税，是指兼营内销和外销业务的生产企业，由于生产货物劳务对外出口而耗用的原材料、零部件、燃料、动力等所含的应当退还的进项税额，首先抵顶其内销货物的应纳税额；"退"税，是指生产企业出口的货物劳务应抵顶的进项税额大于其内销货物的应缴税额（即出现负数）时，对未抵完的部分再予以退税。

1）当期应纳税额的计算

当期应纳税额＝当期销项税额－（当期进项税额－当期不得免征和抵扣税额）－上期留抵税额
其中：

当期不得免征和抵扣税额＝出口货物离岸价×外汇人民币折合率×
（出口货物适用税率－出口货物退税率）－
当期不得免征和抵扣税额抵减额

当期不得免征和抵扣税额抵减额＝当期免税购进原材料价格×

（出口货物适用税率－出口货物退税率）

如果上述公式计算出的当期应纳税额＞0，则标明企业当期应抵顶的进项税额小于其内销货物的应缴税额，企业本期没有出口退税，而是应当按照"应纳税额"向国家纳税。

如果上述公式计算出的当期应纳税额＜0，即企业当期出现留抵税额，则可能有两个原因，一是因为企业本期应抵顶的进项税额大于其内销货物的应缴税额，此时的负数为税务机关应当退还企业的出口退税额；二是因为企业本期内销货物的销项税额小于其进项税额，此时的负数应为下期留抵税额，因此需要再进行下面的计算，来确定当期的出口退税额。

2）当期免税购进原材料价格

当期免税购进原材料价格包括当期国内购进的无进项税额且不计提进项税额的免税原材料的价格和当期进料加工保税进口料件的价格，其中当期进料加工保税进口料件的价格为组成计税价格。

当期进料加工保税进口料件的组成计税价格＝当期进口料件到岸价格＋

海关实征关税＋海关实征消费税

当期进料加工保税进口料件的组成计税价格为当期进料加工出口货物耗用的进口料件组成计税价格

其计算公式为：

当期进料加工保税进口料件的组成计税价格＝当期进料加工出口货物离岸价×

外汇人民币折合率×计划分配率

计划分配率＝计划进口总值÷计划出口总值×100％

实行纸质手册和电子化手册的生产企业，应根据海关签发的加工贸易手册或加工贸易电子化纸质单证所列的计划进出口总值计算计划分配率。

实行电子账册的生产企业，计划分配率按前一期已核销的实际分配率确定；新启用电子账册的，计划分配率按前一期已核销的纸质手册或电子化手册的实际分配率确定。

3）当期免抵退税额的计算

当期免抵退税额＝当期出口货物离岸价×外汇人民币折合率×

出口货物退税率－当期免抵退税额抵减额

其中：

当期免抵退税额抵减额＝当期免税购进原材料价格×出口货物退税率

4）当期应退税额和免抵税额的计算

如果，当期期末留抵税额≤当期免抵退税额，则：

当期应退税额＝当期期末留抵税额

当期免抵税额＝当期免抵退税额－当期应退税额

如果，当期期末留抵税额＞当期免抵退税额，则：

当期应退税额＝当期免抵退税额

当期免抵税额＝0

当期期末留抵税额为当期增值税纳税申报表中"期末留抵税额"。

比如，假设某企业当期不得免征和抵扣税额为0万元，上期留抵税额为0万元。

（1）当期内销货物销项税额100万元，当期内销进项税额60万元，当期外销进项税额20万元

当期应纳税额＝当期内销货物销项税额100－

（当期内销进项税额60＋当期外销进项税额20）＝20（万元）

当期应纳税额＞0，为应纳税额；进项税额80万元全部抵扣，没有留抵税额。

（2）若当期外销进项税额70万元，其他不变

当期应纳税额＝当期内销货物销项税额100－

（当期内销进项税额60＋当期外销进项税额70）＝－30（万元）

内销货物应纳税额100－60＝40万元，小于应抵顶的外销货物的进项税额70万元；抵顶外销货物进项税额40万元后差额30万元为应退税额；进项税额已得到抵扣或退税，期末无留抵税额。

（3）若当期内销进项税额130万元，其他不变

当期应纳税额＝当期内销货物销项税额100－

（当期内销进项税额130＋当期外销进项税额20）＝－50（万元）

内销货物应纳税额100－130＝－30万元，没得到抵扣的内销货物的进项税额30万元留待下期抵扣；没有免抵税额；外销货物的进项税额20万元考虑退税。如果纳税人符合增量留抵退税条件的，再办理留抵退税。

2. 生产企业出口货物劳务增值税免抵退税的账务处理

为核算纳税人出口货物应收取的出口退税款，设置"应收出口退税"账户，该账户借方登记销售出口货物按规定向税务机关申报应退回的增值税、消费税；贷方登记实际收到的出口货物应退回的增值税、消费税。期末余额在借方，反映尚未收到的应退税额。

借：自营出口销售成本

　贷：应交税费——应交增值税（进项税额转出）

按规定计算的当期应予抵扣税额，作会计分录如下：

借：应交税费——应交增值税（出口抵减内销产品应纳税额）

　贷：应交税费——应交增值税（出口退税）

按规定应予退回的税款，申报退税时作会计分录如下：

借：应收出口退税

　贷：应交税费——应交增值税（出口退税）

收到退回的税款，根据税收收入退还书（见表6－3），作会计分录如下：

表 6-3 税收收入退还书

中华人民共和国
税收收入退还书

经济类型：　　　　　填发日期：　年　月　日　　　　　征收机关：

预算科目	款		收款单位	代码	
	项			全称	
	级次			开户银行	
	退款国库			账号	
退库原因			品目名称	退库金额	
金额合计		（大写）			￥
签发机关			上列款项已办妥退库手续并划转收款单位账户国库（银行）盖章 年　月　日	备注：	
（机关章）　负责人（章）　经办人（章）					

第六联（收款通知）由收款单位开户银行退还收款单位作为收款凭证

借：银行存款
　　贷：应收出口退税

【例 6-8】　大华公司企业生产的产品既有出口又有内销，出口实行"免、抵、退"办法。出口货物适用税率 13%，出口货物退税率 10%，当期出口产品离岸价 600 万美元，即期汇率 8.0，当期进项税额 458 万元，另外当期免税进口价值 200 万美元的料件，用于生产出口产品。没有上期留抵税额。

假设当期内销货物不含税销售额 3 000 万元。出口退税凭证在本期全部收齐。

1）出口退税的计算

（1）当期不得免征和抵扣税额抵减额＝200×8.0×（13%－10%）＝48（万元）

（2）当期不得免征和抵扣税额＝600×8.0×（13%－10%）－48＝96（万元）

（3）当期应纳税额＝3 000×13%－（458－96）－0＝390－362＝28（万元）

（4）当期免抵退税额抵减额＝200×8.0×10%＝160（万元）

（5）当期免抵退税额＝600×8.0×10%－160＝320（万元）

（6）当期内销产品应纳税额＝3 000×13%－（458－320－96）＝348（万元）

当期出口抵减内销产品应纳税额＝当期免抵退税额＝320（万元）

（7）当期应纳税额＝348－320＝28（万元），不再退税

（8）期末留抵结转下期继续抵扣税额为 0 万元。

2）出口退税的账务处理

借：自营出口销售成本		960 000
贷：应交税费——应交增值税（进项税额转出）		960 000
借：应交税费——应交增值税（出口抵减内销产品应纳税额）		3 200 000
贷：应交税费——应交增值税（出口退税）		3 200 000
借：应交税费——应交增值税（转出未交增值税）		280 000
贷：应交税费——未交增值税		280 000

【例 6 - 9】　承例 6 - 8，假设当期内销货物不含税销售额 2 000 万元，其余条件不变。

1）出口退税的计算

（1）当期不得免征和抵扣税额抵减额＝200×8.0×（13％－10％）＝48（万元）

（2）当期不得免征和抵扣税额＝600×8.0×（13％－10％）－48＝96（万元）

（3）当期应纳税额＝2 000×13％－（458－96）－0＝－102（万元）

（4）当期免抵退税额抵减额＝200×8.0×10％＝160（万元）

（5）当期免抵退税额＝600×8.0×10％－160＝320（万元）

（6）按规定，如当期期末留抵税额 102 万元≤当期免抵退税额 320 万元时：

当期应退税额＝当期期末留抵税额 102 万元，即该企业当期应退税额＝102（万元）

当期免抵税额＝当期免抵退税额 320 万元－当期应退税额 102 万元＝218 万元；抵减内销产品应纳税额 218 万元。

期末实际留抵额为 0 万元。

2）出口退税的账务处理

借：自营出口销售成本		960 000
贷：应交税费——应交增值税（进项税额转出）		960 000
借：应交税费——应交增值税（出口抵减内销产品应纳税额）		2 180 000
贷：应交税费——应交增值税（出口退税）		2 180 000
借：应收出口退税		1 020 000
贷：应交税费——应交增值税（出口退税）		1 020 000
借：银行存款		1 020 000
贷：应收出口退税		1 020 000

【例 6 - 10】　承例 6 - 8，假设当期内销货物不含税销售额 100 万元，其余条件不变。

1）出口退税的计算

（1）当期不得免征和抵扣税额抵减额＝200×8.0×（13％－10％）＝48（万元）

（2）当期不得免征和抵扣税额＝600×8.0×（13％－10％）－48＝96（万元）

（3）当期应纳税额＝100×13％－（458－96）－0＝－349（万元）

（4）当期免抵退税额抵减额＝200×8.0×10％＝160（万元）

（5）当期免抵退税额＝600×8.0×10％－160＝320（万元）

（6）按规定，如当期期末留抵税额＞当期免抵退税额时：

当期应退税额＝当期免抵退税额＝320（万元）

当期免抵税额＝当期免抵退税额－当期应退税额＝320－320＝0（万元）

期末实际留抵额＝349－320＝29（万元）

2）出口退税的账务处理

借：自营出口销售成本   960 000
　　贷：应交税费——应交增值税（进项税额转出）   960 000
借：应收出口退税   3 200 000
　　贷：应交税费——应交增值税（出口退税）   3 200 000
借：银行存款   3 200 000
　　贷：应收出口退税   3 200 000

如果大华公司符合增量留抵退税条件的，再办理留抵退税。

生产企业委托外贸企业代理出口。生产企业委托外贸企业代理出口的货物一律由受托方到主管其退税的税务机关开具代理出口货物证明，由受托方交委托方，在委托方所在地申请办理退免税。所以，其退免税的会计处理与自营出口相同。

6.3.6　外贸企业出口货物劳务增值税免退税的核算

外贸企业是商贸型流通企业，不具备生产能力，一般采取收购出口的对外贸易方式；外贸企业出口的商品一般不再经过加工、生产过程，与收购的货物对应关系明确；外贸企业不经营或者很少经营国内业务，因此没有销项税额或有很少的销项税额，因此其退还增值税时应适用免退税方法进行核算。

1. 外贸企业出口货物劳务增值税免退税的计算

（1）外贸企业出口委托加工修理修配货物以外的货物

增值税应退税额＝增值税退（免）税计税依据×出口货物退税率

（2）外贸企业出口委托加工修理修配货物

出口委托加工修理修配货物的增值税应退税额＝委托加工修理修配的增值税退（免）税计税依据×出口货物退税率

以上两个公式计算退（免）税存在不同点：前者是购进成品的增值税专用发票或海关进口增值税专用缴款书所列不含税计税价格；后者是原材料成本与加工修理修配费用合并开具增值税专用发票所列不含税计税价格。

2. 外贸企业出口货物劳务增值税免退税的账务处理

外贸企业应单独设账核算出口货物的购进金额和进项税额，若购进货物时不能确定是用于出口的，先记入出口库存账，用于其他用途时应从出口库存账转出。

（1）外贸企业出口委托加工修理修配货物以外的货物增值税免退税的账务处理

外贸企业在其货物出口销售后，按照其购入货物所取得的《增值税专用发票（抵扣联）》和《税收（出口货物专用）缴款书》所注明的"进项税额"计算退税额；退税率低于适用税率的，相应计算出的差额部分的税款计入出口货物劳务成本。

在账务处理上，计算应退增值税时，根据出口退税出口明细申报表，借记"应收出口退税"账户，贷记"应交税费——应交增值税（出口退税）"账户；计算不予退还的增值税税额时，借记"主营业务成本——自营出口销售成本"或"自营出口销售成本"账户，贷记"应交税费——应交增值税（进项税额转出）"账户。实际收到退税款，根据税收收入退还书，借记"银行存款"账户，贷记"应收出口退税"账户。

【例 6-11】　承例 4-1，假设瑞丰食品进出口公司，填制退税申请表，附相关退税单据，向税务机关申办退税。假设该出口货物板栗退税率 10%，作会计分录如下：

应退税款＝150 000×10%＝15 000（万元）

不退税部分应计入成本的税额＝19 500－15 000＝4 500（万元）

① 计算出应退税款和计入成本的税额，申请退税时作会计分录如下：

借：应收出口退税　　　　　　　　　　　　　　　　　　15 000
　　贷：应交税费——应交增值税（出口退税）　　　　　　　15 000
借：自营出口销售成本　　　　　　　　　　　　　　　　　4 500
　　贷：应交税费——应交增值税（进项税额转出）　　　　　4 500

② 企业实际收到退税款 15 000 元，作会计分录如下：

借：银行存款　　　　　　　　　　　　　　　　　　　　15 000
　　贷：应收出口退税　　　　　　　　　　　　　　　　　15 000

③ 若该批商品发生退运，企业应按原计算的应退增值税额补交应退税款。作会计分录如下：

借：应交税费——应交增值税（出口退税）　　　　　　　15 000
　　贷：银行存款　　　　　　　　　　　　　　　　　　　15 000

同时，将原计入成本的出口货物征退税差额部分从成本中转出。作会计分录如下：

借：应交税费——应交增值税（进项税额转出）　　　　　4 500
　　贷：自营出口销售成本　　　　　　　　　　　　　　　4 500

④ 若该公司未按规定退税期限申报，又未补办延期申请，丧失退税机会。作会计分录如下：

借：自营出口销售成本　　　　　　　　　　　　　　　　15 000
　　贷：应交税费——应交增值税（进项税额转出）　　　　15 000

（2）外贸企业出口委托加工修理修配货物增值税免退税的账务处理

【例 6-12】　盛大外贸进出口集团公司从 B 企业购进一批服装面料 10 000 元，以作价销售的形式将面料卖给 C 企业委托加工服装，销售作价 11 000 元，收回后报关出口。假设服装出口退税率为 10%，服装面料征税率为 13%，不考虑国内运费、所得税等其他因素，其业务发生及会计核算如下：

① 1 月初，盛大公司购买 B 企业服装面料，取得的增值税专用发票已认证，计税金额为 10 000元，进项税额 1 300 元，当月购货款已通过银行转账支付。

借：库存商品——服装面料　　　　　　　　　　　　　　　　　　10 000

　　应交税费——应交增值税（进项税额）　　　　　　　　　　　　1 300

　　　贷：银行存款　　　　　　　　　　　　　　　　　　　　　　　　11 300

② 国内作价销售服装面料，并结转成本。开具的增值税专用发票计税金额为 11 000 元，销项税额 1 430 元。

作价销售时：

借：银行存款　　　　　　　　　　　　　　　　　　　　　　　　12 430

　　贷：主营业务收入——内销收入　　　　　　　　　　　　　　　　11 000

　　　　应交税费——应交增值税（销项税额）　　　　　　　　　　　1 430

结转主营业务成本：

借：主营业务成本——内销商品　　　　　　　　　　　　　　　　10 000

　　贷：库存商品——服装面料　　　　　　　　　　　　　　　　　　10 000

月末结转未交增值税：

借：应交税费——应交增值税（转出未交增值税）　　　　　　　　130

　　贷：应交税费——未交增值税（转入未交增值税）　　　　　　　　130

③ 2 月份，申报上月应交增值税税额。同时，盛大公司收回委托 C 企业加工完成的服装，取得增值税专用发票的计税价格为 15 000 元（含加工费），增值税额为 1 950 元，并在当月全部报关出口，其离岸价折合人民币的价格为 18 000 元。

2 月份，申报缴纳增值税：

借：应交税费——未交增值税（转入未交增值税）　　　　　　　　130

　　贷：银行存款　　　　　　　　　　　　　　　　　　　　　　　　130

确认外销收入进行做账，在 3 月初时，将出口销售额填报在增值税纳税申报表的"免税货物销售额"栏进行纳税申报。

借：应收外汇账款——客户　　　　　　　　　　　　　　　　　　18 000

　　贷：自营出口销售收入——服装　　　　　　　　　　　　　　　　18 000

购进服装并将购货款通过银行转账支付：

借：库存商品——库存出口商品（出口服装）　　　　　　　　　　15 000

　　应交税费——应交增值税（进项税额）　　　　　　　　　　　　1 950

　　　贷：银行存款　　　　　　　　　　　　　　　　　　　　　　　　16 950

依据取得的增值税专用发票上列明计税金额核算退税，并提取出口退税和结转成本。

$$应退税额＝15\,000\,元×10\%＝1\,500\,元$$

結转成本额＝15 000 元＋15 000 元×（13％－10％）＝15 450 元

借：自营出口销售成本——服装　　　　　　　　　　　　15 000

　　贷：库存商品——库存出口商品（出口服装）　　　　　　15 000

借：自营出口销售成本——服装　　　　　　　　　　　　　450

　　贷：应交税费——应交增值税（进项税额转出）　　　　　　450

结转应交增值税（出口退税）：

借：应收出口退税（增值税）　　　　　　　　　　　　　1 500

　　贷：应交税费——应交增值税（出口退税）　　　　　　　1 500

④ 3 月份，盛大公司收齐出口货物报关单以及其他单证并向主管税务机关申报了出口退（免）税。

⑤ 4 月份，收到出口退税款时：

借：银行存款　　　　　　　　　　　　　　　　　　　　1 500

　　贷：应收出口退税（增值税）　　　　　　　　　　　　　1 500

外贸企业代理出口，退税事宜均由委托人负责申请办理，外贸企业本身不涉及退税事项。受托人仅就其劳务费收入计算缴纳增值税。

此外，出口企业既有适用增值税免抵退项目，也有增值税即征即退、先征后退项目的，增值税即征即退和先征后退项目不参与出口项目免抵退税计算。出口企业应分别核算增值税免抵退项目和增值税即征即退、先征后退项目，并分别申请享受增值税即征即退、先征后退和免抵退税政策。

用于增值税即征即退或者先征后退项目的进项税额无法划分的，按照下列公式计算：

无法划分进项税额中用于增值税即征即退或者先征后退项目的部分＝

当月无法划分的全部进项税额×当月增值税即征即退或者先征后退项目销售额÷

当月全部销售额合计

6.3.7　适用增值税免税政策出口货物劳务进项税额的处理

1. 适用增值税免税政策的出口货物劳务

其进项税额不得抵扣和退税，应当转入成本。

2. 出口卷烟

依下列公式计算：

不得抵扣的进项税额＝［出口卷烟含消费税金额÷

（出口卷烟含消费税金额＋内销卷烟销售额）］×当期全部进项税额

（1）当生产企业销售的出口卷烟在国内有同类产品销售价格时

出口卷烟含消费税金额＝出口销售数量×销售价格

"销售价格"为同类产品生产企业国内实际调拨价格。如实际调拨价格低于税务机关公示的计税价格的，"销售价格"为税务机关公示的计税价格；高于公示计税价格的，销售价格为实际调拨价格。

（2）当生产企业销售的出口卷烟在国内没有同类产品销售价格时

出口卷烟含税金额＝（出口销售额＋出口销售数量×消费税定额税率）÷（1－消费税比例税率）

"出口销售额"以出口发票上的离岸价为准。若出口发票不能如实反映离岸价，生产企业应按实际离岸价计算，否则，税务机关有权按照有关规定予以核定调整。

3. 除出口卷烟外，适用增值税免税政策的其他出口货物劳务的计算，按照增值税免税政策的统一规定执行

其中，如果涉及销售额，除来料加工复出口货物为其加工费收入外，其他均为出口离岸价或销售额。

6.3.8 适用增值税征税政策的出口货物劳务应纳增值税的计算

适用增值税征税政策的出口货物劳务，按视同内销货物征税的其他规定征收增值税，其应纳增值税按下列办法计算。

1. 一般纳税人出口货物

销项税额＝[（出口货物离岸价－出口货物耗用的进料加工保税进口料件金额）÷

（1＋适用税率）]×适用税率

出口货物若已按征退税率之差计算不得免征和抵扣税额并已经转入成本的，相应的税额应转回进项税额。

① 出口货物耗用的进料加工保税进口料件金额＝主营业务成本×（投入的保税进口料件金额÷生产成本）

主营业务成本、生产成本均为不予退（免）税的进料加工出口货物的主营业务成本、生产成本。当耗用的保税进口料件金额大于不予退（免）税的进料加工出口货物金额时，耗用的保税进口料件金额为不予退（免）税的进料加工出口货物金额。

② 出口企业应分别核算内销货物和增值税征税的出口货物的生产成本、主营业务成本。未分别核算的，其相应的生产成本、主营业务成本由主管税务机关核定。

进料加工手册海关核销后，出口企业应对出口货物耗用的保税进口料件金额进行清算。清算公式为：

清算耗用的保税进口料件总额＝实际保税进口料件总额－

退(免)税出口货物耗用的保税进口料件总额－

进料加工副产品耗用的保税进口料件总额

若耗用的保税进口料件总额与各纳税期扣减的保税进口料件金额之和存在差时，应在清算的当期相应调整销项税额。当耗用的保税进口料件总额大于出口货物离岸金额时，其差额部分不得扣减其他出口货物金额。

2. 小规模纳税人出口货物

$$应纳税额＝[出口货物离岸价÷(1＋征收率)]×征收率$$

6.3.9　出口货物消费税退（免）税或征税

1. 出口货物消费税政策适用范围

① 出口企业出口或视同出口适用增值税退（免）税的货物，免征消费税，如果属于购进出口的货物，退还前一环节对其已征的消费税。

② 出口企业出口或视同出口适用增值税免税政策的货物，免征消费税，但不退还其以前环节已征的消费税，且不允许在内销应税消费品应纳消费税款中抵扣。

③ 出口企业出口或视同出口适用增值税征税政策的货物，应按规定缴纳消费税，不退还其以前环节已征的消费税，且不允许在内销应税消费品应纳消费税款中抵扣。

2. 消费税退税的计税依据

出口货物的消费税应退税额的计税依据，按购进出口货物的消费税专用缴款书和海关进口消费税专用缴款书确定。

属于从价定率计征消费税的，为已征且未在内销应税消费品应纳税额中抵扣的购进出口货物金额；属于从量定额计征消费税的，为已征且未在内销应税消费品应纳税额中抵扣的购进出口货物数量；属于复合计征消费税的，按从价定率和从量定额的计税依据分别确定。

3. 消费税退税的核算

$$消费税应退税额＝从价定率计征消费税的退税计税依据×$$
$$比例税率＋从量定额计征消费税的退税计税依据×定额税率$$

4. 出口货物消费税退（免）税或征税的账务处理

① 生产企业出口自产应税消费品。实行免退税政策的生产企业出口自产应税消费品，直接免征消费税。生产企业的消费税纳税时点是在销售环节，现自行出口，尚未纳税，只要免税。

② 生产企业出口的视同自产货物以及列名生产企业出口的非自产货物，属于消费税应税消费品（以下简称应税消费品），出口免退税。

③ 外贸企业出口货物消费税的退（免）税核算

实行免退税政策的外贸企业收购应税消费品出口，按照税法的规定，除应当退还其已纳的增值税税额之外，还应退还其已纳的消费税税额，因为消费税是单环节纳税的税种，因此消费税的退税办法应当分别依据该消费品适用的消费税征税办法确定，即退还该消费品在生产环节实际缴纳的消费税。

由于消费税是价内税，在销售时，已列入出口商品销售成本，在申报退税时，则按申请退税额借记"应收出口退税"账户，贷记"自营出口销售成本"账户。

【例 6-13】　远大外贸公司购入化妆品一批用于出口，工厂开出的增值税专用发票上面注明的化妆品不含税进价 80 000 元，退税凭证齐全，该化妆品适用的消费税税率为 30%。

$$计算应退消费税税额＝80\ 000×30\%＝24\ 000\ 元$$

计算出消费税退税款，申请退税时，作会计分录如下：

借：应收出口退税   24 000

    贷：自营出口销售成本   24 000

收到消费税退税款时，作会计分录如下：

借：银行存款   24 000

    贷：应收出口退税   24 000

外贸企业从生产企业购进应税消费品时，除要求供货方提供增值税专业发票外，还应要求生产企业提供其已经缴纳消费税的《税收（出口货物专用）缴款书》。

6.4 出口货物劳务增值税和消费税的基本管理

6.4.1 出口退（免）税、免税申报的一般规定

1. 出口退（免）税资格的认定

适用增值税退（免）税或免税、消费税退（免）税或免税政策的出口企业或其他单位，应办理退（免）税认定。适用征税政策的出口货物劳务，申报缴纳增值税，按内销货物缴纳增值税的统一规定执行。

① 出口企业应在办理对外贸易经营者备案登记或签订首份委托出口协议之日起 30 日内，填报《出口退（免）税资格认定申请表》，提供下列资料到主管税务机关办理出口退（免）税资格认定：

＊ 加盖备案登记专用章的《对外贸易经营者备案登记表》或《中华人民共和国外商投资企业批准证书》；

＊ 中华人民共和国海关进出口货物收发货人报关注册登记证书；

＊ 未办理备案登记发生委托出口业务的生产企业提供委托代理出口协议，不需提供前两项资料；

＊《出口退（免）税资格认定申请表》电子数据；

＊ 主管税务机关要求提供的其他资料。

② 其他单位应在发生出口货物劳务业务之前，填报《出口退（免）税资格认定申请表》，提供银行开户许可证、《出口退（免）税资格认定申请表》电子数据及主管税务机关要求的其他资料，到主管税务机关办理出口退（免）税资格认定。

③ 出口企业和其他单位在出口退（免）税资格认定之前发生的出口货物劳务，在办理出口退（免）税资格认定后，可以在规定的退（免）税申报期内按规定申报增值税退（免）

税或免税，以及消费税退（免）税或免税。

④ 出口企业和其他单位出口退（免）税资格认定的内容发生变更的，须自变更之日起30 日内，填报《出口退（免）税资格认定变更申请表》，提供相关资料向主管税务机关申请变更出口退（免）税资格认定。

⑤ 出口企业或其他单位申请变更退（免）税办法的，经主管税务机关批准变更的次月起按照变更后的退（免）税办法申报退（免）税。企业应将批准变更前全部出口货物按变更前退（免）税办法申报退（免）税，变更后不得申报变更前出口货物退（免）税。

⑥ 需要注销税务登记的出口企业和其他单位，应填报《出口退（免）税资格认定注销申请表》，向主管税务机关申请注销出口退（免）税资格，然后再按规定办理税务登记的注销。出口企业和其他单位在申请注销认定前，应先结清出口退（免）税款（因合并、分立、改制重组等原因申请注销退（免）税资格认定的出口企业或其他单位按规定另行办理）。注销认定后，出口企业和其他单位不得再申报办理出口退（免）税。

2. 出口退税申报系统的使用

出口企业或其他单位应使用出口退税申报系统办理出口货物劳务退（免）税、免税申报业务及申请开具相关证明业务。出口企业或其他单位报送的电子数据应均通过出口退税申报系统生成、报送。

3. 出口退（免）税预申报

企业出口货物劳务及服务，在正式申报出口退（免）税之前，应按现行申报办法向主管税务机关进行预申报，在主管税务机关确认申报凭证的内容与对应的管理部门电子信息无误后，方可提供规定的申报退（免）税凭证、资料及正式申报电子数据，向主管税务机关进行正式申报。税务机关不能提供远程预申报服务的，企业可到主管税务机关进行预申报。

出口企业或其他单位退（免）税凭证电子信息不齐的出口货物劳务，可进行正式退（免）税申报，但退（免）税需在税务机关按规定对电子信息审核通过后方能办理。

4. 出口退税业务提醒

出口企业或其他单位可填报《出口企业或其他单位选择出口退税业务提醒信息申请表》，向主管税务机关申请免费的出口退税业务提醒服务（不作为办理出口退（免）税的依据）。

① 出口企业或其他单位进行正式退（免）税申报时须提供的原始凭证，应按明细申报表载明的申报顺序装订成册。

② 经税务机关审核发现的出口退（免）税疑点，出口企业或其他单位应按照主管税务机关的要求接受约谈、提供书面说明情况、报送《生产企业出口业务自查表》或《外贸企业出口业务自查表》及电子数据。

出口货物的供货企业主管税务机关按照规定需要对供货的真实性及纳税情况进行核实的，供货企业应填报《供货企业自查表》，具备条件的，应按照主管税务机关的要求同时报送电子数据。

③ 出口企业或其他单位未按规定进行单证备案（因出口货物的成交方式特性，企业没有有关备案单证的情况除外）的出口货物，不得申报退（免）税，适用免税政策。已申报退（免）税的，应用负数申报冲减原申报。

④ 出口企业（不包括委托出口的企业）申报退（免）税的出口货物（视同出口货物以及易货贸易出口货物、委托出口货物等除外），须在退（免）税申报期截止之日内收汇（跨境贸易人民币结算的为收取人民币，下同），并按规定提供收汇资料；未在退（免）税申报期截止之日内收汇的出口货物，除不能收汇或不能在出口货物退（免）税申报期的截止之日内收汇的出口货物外，适用增值税免税政策。

五类企业在申报退（免）税时，对已收汇的出口货物，应填报《出口货物收汇申报表》，并提供该货物银行结汇水单等出口收汇凭证（跨境贸易人民币结算的为收取人民币的收款凭证、原件和盖有企业公章的复印件，下同）。

6.4.2 生产企业出口货物免抵退税的申报

1. 申报程序和期限

经过认定的出口企业及其他单位，应在规定的增值税纳税申报期内向主管税务机关申报增值税退（免）税和免税、消费税退（免）税和免税。委托出口的货物，由委托方申报增值税退（免）税和免税、消费税退（免）税和免税。输入特殊区域的水电气，由作为购买方的特殊区域内生产企业申报退税。出口企业或其他单位骗取国家出口退税款的，经省级以上税务机关批准可以停止其退（免）税资格。

出口企业或其他单位出口并按会计规定做销售的货物，须在做销售的次月进行增值税纳税申报。生产企业还需办理免抵退税相关申报及消费税免税申报（属于消费税应税货物的）。

企业应在货物报关出口之日（以出口货物报关单〈出口退税专用〉上的出口日期为准，下同）次月起至次年 4 月 30 日前的各增值税纳税申报期内收齐有关凭证，向主管税务机关申报办理出口货物增值税免抵退税及消费税退税。超过次年 4 月 30 日前最后一个增值税纳税申报期截止之日，企业不得申报免抵退税。

2. 申报资料

（1）企业向主管税务机关办理增值税纳税申报时，除按纳税申报的规定提供有关资料外，还应提供下列资料。

① 主管税务机关确认的上期《免抵退税申报汇总表》（如表 6 - 4 所示）。

表6-4　免抵退税申报汇总表

海关企业代码：

纳税人名称：　　　　　　　（公章）　　　　　　　所属期：　　年　月

纳税人识别号：　　　　　　　　　　　　　　　　　　金额单位：元至角分

项目		栏次	当期	本年累计	与增值税纳税申报表差额
			(a)	(b)	(c)
一、出口额	免抵退出口货物劳务销售额（美元）	1=2+3			—
	其中：免抵退出口货物销售额（美元）	2			—
	应税服务免抵退税营业额（美元）	3			—
	免抵退出口货物劳务销售额	4			
	支付给非试点纳税人营业价款	5			
	免抵退出口货物劳务计税金额	6=4-5=7+8+9+10			
	其中：单证不齐或信息不齐出口货物销售额	7			
	单证信息齐全出口货物销售额	8			
	当期单证齐全应税服务免抵退税计税金额	9			
	当期单证不齐应税服务免抵退税计税金额	10			
	前期出口货物单证信息齐全销售额	11	—		—
	前期应税服务单证齐全免抵退税计税金额	12	—		—
	全部单证信息齐全出口货物销售额	13=8+11			
	全部单证齐全应税服务免抵退税计税金额	14=9+12			
	免税出口货物劳务销售额（美元）	15			—
	免税出口货物劳务销售额	16			
	全部退（免）税出口货物劳务销售额（美元）	17=1+15			—
	全部退（免）税出口货物劳务销售额	18			
	不予退（免）税出口货物劳务销售额	19			
二、不得免征和抵扣税额	出口销售额乘征退税率之差	20=21+22			
	其中：出口货物销售额乘征退税率之差	21			
	应税服务免抵退税计税金额乘征退税率之差	22			
	上期结转免抵退税不得免征和抵扣税额抵减额	23	—		—
	免抵退税不得免征和抵扣税额抵减额	24			—
	免抵退税不得免征和抵扣税额	25（如20>23+24则为20-23-24，否则为0）			
	结转下期免抵退税不得免征和抵扣税额抵减额	26=23+24-20+25	—		—

项目		栏次	当期 (a)	本年累计 (b)	与增值税纳税申报表差额 (c)
三、应退税额和免抵税额	免抵退税计税金额乘退税率	27＝28＋29			—
	其中：出口货物销售额乘退税率	28			—
	应税服务免抵退税计税金额乘退税率	29			—
	上期结转免抵退税额抵减额	30		—	—
	免抵退税额抵减额	31			—
	免抵退税额	32（如 27＞30＋31 则为 27－30－31，否则为 0）			—
	结转下期免抵退税额抵减额	33＝30＋31－27＋32		—	—
	增值税纳税申报表期末留抵税额	34			—
	计算退税的期末留抵税额	35＝34－25c			—
	当期应退税额	36＝（如 32＞35 则为 35，否则为 32）			—
	当期免抵税额	37＝32－36			—
出口企业申明：		授权人申明		主管税务机关：	
此表各栏填报内容是真实、合法的，与实际出口业务情况相符。此次申报的出口业务不属于"四自三不见"等违背正常出口经营程序的出口业务。否则，本企业愿意承担由此产生的相关责任。 办税人： 财务负责人： 法定代表人（负责人）： 　　　　　　　年　月　日		（如果你已委托代理申报人，请填写下列资料） 　为代理出口货物退税申报事宜，现授权为本纳税人的代理申报人，任何与本申报表有关的往来文件都可寄与此人。 授权人签字　　（盖章） 　　　　　　　年　月　日		经办人： 复核人： 负责人： 　　　年　月　日	

② 主管税务机关要求提供的其他资料。

（2）企业向主管税务机关办理增值税免抵退税申报，应提供下列凭证资料。

① 《免抵退税申报汇总表》及其附表。

② 《免抵退税申报资料情况表》（如表 6-5 所示）。

表 6-5　免抵退税申报资料情况表

纳税人识别号：
纳税人名称：（公章）
海关企业代码：　　　　　　所属期：　　年　月

金额单位：元至角分

免抵退税出口申报情况
一、申报报表：
企业出口货物免、抵、退税申报明细表（当期出口　　　份，记录　　　　　　　　　　　　　条）

免抵退税出口申报情况		
一、申报报表：		
企业出口货物免、抵、退税申报明细表（前期出口 份，记录		条）
零税率应税服务（国际运输）免抵退税申报明细表（ 份，记录		条）
零税率应税服务（研发、设计服务）免抵退税申报明细表（ 份，记录		条）
向境外单位提供研发、设计服务收讫营业款明细清单（ 份，记录		条）
免抵退税申报汇总表（ 份）		
二、凭证资料：		
1. 出口货物：		
出口发票 张，出口额 美元		
出口货物报关单 张		
代理出口货物证明 张		
出口收汇核销单 张，远期收汇证明 张		
其他凭证 张		
2. 零税率应税服务：		
技术出口合同登记证 张，研发（设计）合同 份		
研发（设计）服务发票 份，研发（设计）服务收款凭证 份		
出口企业进料加工申报情况		
生产企业进料加工进口料件申报明细表 份，记录 条		
生产企业进料加工登记申报表 份，记录 条		
生产企业进料加工手册登记核销申请表 份，记录 条		
生产企业进料加工复出口货物扣除保税进口料件申请表 份，记录 条		
生产企业出口货物扣除国内免税原材料申请表 份，记录 条		
进料加工进口额 美元		
进口货物报关单 张		
代理进口货物报关单 张		
实收已退税额情况		
本月实收已退税额 元，本年累计实收已退税额 元		
兹声明以上申报无讹并愿意承担一切法律责任。		
经办人：	财务负责人：	法定代表人（负责人）： 年 月 日

③《生产企业出口货物免抵退税申报明细表》（如表6-6所示）。

表6-6 生产企业出口货物免、抵、退税申报明细表

海关企业代码：

纳税人名称：（公章）

纳税人识别号：

（　）当期出口　　（　）前期出口　　所属期：　　年　　月　　　　　　　　金额单位：元至角分

序号	出口发票号	出口货物报关单号	出口日期	代理出口货物证明号	出口收汇核销单号	出口商品代码	出口商品名称	计量单位	出口数量	出口销售额		申报商品代码	征税率	退税率	出口销售额乘征退税率之差	出口销售额乘退税率	进料加工手(账)册号	原申报年月序号	单证不齐标志	业务类型	备注
										美元	人民币				16=12×(14-15)	17=12×15					
1	2	3	4	5	6	7	8	9	10	11	12	13	14	15			18	19	20	21	22
小计																					

单证信息齐全出口货物人民币销售额：	
出口企业	主管税务机关
兹声明以上申报无讹并愿意承担一切法律责任。 经办人： 财务负责人： 法定代表人（负责人）：　　　　年　月　日	经办人：　　　　　　　　　　　　　　　　　（公章） 复核人： 负责人：　　　　　　　　　　　　　　年　月　日

④ 出口货物退（免）税正式申报电子数据。

⑤ 下列原始凭证：

＊ 出口货物报关单（出口退税专用，以下未作特别说明的均为此联）（保税区内的出口企业可提供中华人民共和国海关保税区出境货物备案清单，简称出境货物备案清单，下同）；

＊ 出口发票；

＊ 委托出口的货物，还应提供代理出口协议复印件；

＊ 主管税务机关要求提供的其他资料。

（3）生产企业出口的视同自产货物以及列名生产企业出口的非自产货物，属于消费税应税消费品（以下简称应税消费品）的，还应提供下列资料：

①《生产企业出口非自产货物消费税退税申报表》（如表6-7所示）。

② 消费税专用缴款书或分割单（如表6-8所示），海关进口消费税专用缴款书、委托加工收回应税消费品的代扣代收税款凭证原件或复印件。

表 6－7　生产企业出口非自产货物消费税退税申报表

申报年月：　　年　月

海关企业代码：
纳税人识别号：
纳税人名称：（公章）　　　　　　　　　　　　　　　　　　　　　金额单位：元至角分

序号	消费税凭证号	凭证开具日期	出口商品代码	出口商品名称	计量单位	数量	消费税税率	计税金额	征税税额	申报消费税退税额	出口货物报关单号	代理出口货物证明号	出口数量	退（免）税业务类型	备注
1	2	3	4	5	6	7	8	9	10	11	12	13	14	15	16
合计															

出口企业 兹声明以上申报无讹并愿意承担一切法律责任。 办税人： 财务负责人： 法定代表人（负责人）： （公章）　　　　　　　年　月　日	主管税务机关 经办人： 复核人： 负责人： 　　　　　　　　　　年　月　日

表 6－8　中华人民共和国税收（出口货物专用）缴款书

中华人民共和国

税收（出口货物专用）缴款书　　　　　（020011）2077664 号　国

注册类型：　　　　　　　填发日期：年　月　日　　　　　征收机关：

缴款单位	税务登记号		预算科目	编码	
	全　　称			名称	
	开户银行			级次	
	账　　号		收款国库		
购货企业	全　　称		销货发票号码		
	税务登记号				
	海关代码				
税款所属时期			税款限缴日期		

货物名称	课税数量	单位价格	计税金额	法定税率（额）	征收率	实缴税额

金额合计	（大写）				￥

缴款单位 经办人（章）	税务机关 填票人（章）	上列款项已收妥并划转收款单位账户 国库（银行）盖章 　　　　　年　月　日	备注：

第二联　（收据乙）国库（）银行收款盖章后退缴款单位转交购货企业

3. 进料加工出口货物退（免）税的申报

从事进料加工业务的生产企业，办理进料加工出口货物退（免）税的申报及手（账）册核销业务的规定。

（1）进料加工计划分配率的确定。

从事进料加工业务的生产企业，上年度已在税务机关办理过进料加工手（账）册核销的企业，本年度进料加工业务的计划分配率为该期间税务机关已核销的全部手（账）册的加权平均实际分配率；因上年度无海关已核销手（账）册不能确定本年度进料加工业务计划分配率的，应使用最近一次确定的"上年度已核销手（账）册综合实际分配率"作为本年度的计划分配率。

生产企业在办理年度进料加工业务核销后，如认为《生产企业进料加工业务免抵退税核销表》中的"上年度已核销手（账）册综合实际分配率"与企业当年度实际情况差别较大的，可在向主管税务机关提供当年度预计的进料加工计划分配率及书面合理理由后，将预计的进料加工计划分配率作为该年度的计划分配率。

（2）进料加工出口货物的免抵退税申报。

对进料加工出口货物，企业应以出口货物人民币离岸价扣除出口货物耗用的保税进口料件金额的余额为增值税退（免）税的计税依据。按规定，办理免抵退税相关申报。进料加工出口货物耗用的保税进口料件金额＝进料加工出口货物人民币离岸价×进料加工计划分配率。

计算不得免征和抵扣税额时，应按当期全部出口货物的离岸价扣除当期全部进料加工出口货物耗用的保税进口料件金额后的余额乘以征退税率之差计算。进料加工出口货物收齐有关凭证申报免抵退税时，以收齐凭证的进料加工出口货物人民币离岸价扣除其耗用的保税进口料件金额后的余额计算免抵退税额。

（3）年度进料加工业务的核销。

企业应在本年度 4 月 20 日前，向主管税务机关报送《生产企业进料加工业务免抵退税核销申报表》及电子数据，申请办理上年度海关已核销的进料加工手（账）册项下的进料加工业务核销手续。企业申请核销后，主管税务机关不再受理其上一年度进料加工出口货物的免抵退税申报。4 月 20 日之后仍未申请核销的，该企业的出口退（免）税业务，主管税务机关暂不办理，待其申请核销后，方可办理。

主管税务机关受理核销申请后，应通过出口退税审核系统提取海关联网监管加工贸易电子数据中的进料加工"电子账册（电子化手册）核销数据"以及进料加工业务的进、出口货物报关单数据，计算生成《进料加工手（账）册实际分配率反馈表》，交企业确认。

企业应及时根据进料加工手（账）册实际发生的进出口情况对反馈表中手（账）册实际分配率进行核对。经核对相符的，企业应对该手（账）册进行确认；核对不相符的，企业应提供该手（账）册的实际进出口情况。核对完成后，企业应在《进料加工手（账）册实际分配率反馈表》中填写确认意见及需要补充的内容，加盖公章后交主管税务机关。

主管税务机关对于企业未确认相符的手（账）册，应提取海关联网监管加工贸易电子数据中的该手（账）册的进料加工"电子账册（电子化手册）核销数据"以及进、出口货物报关单数据，反馈给企业。对反馈的数据缺失或与纸质报关单不一致的，企业应及时向报关海关申请查询，并根据该手（账）册实际发生的进出口情况将缺失或不一致的数据填写《已核销手（账）册海关数据调整报告表（进口报关单/出口报关单）》，报送至主管税务机关，同时附送电子数据、相关报关单原件。

主管税务机关应将企业报送的《已核销手（账）册海关数据调整报告表》电子数据读入出口退税审核系统，重新计算生成《进料加工手（账）册实际分配率反馈表》。在企业对手（账）册的实际分配率确认后，主管税务机关按照企业确认的实际分配率对进料加工业务进行核销，并将《生产企业进料加工业务免抵退税核销表》交企业。企业应在次月根据该表调整前期免抵退税额及不得免征和抵扣税额。

主管税务机关完成年度核销后，企业应以《生产企业进料加工业务免抵退税核销表》中的"上年度已核销手（账）册综合实际分配率"，作为当年度进料加工计划分配率。

（4）企业申请注销或变更退（免）税办法的，应在申请注销或变更退（免）税办法前按照上述办法进行进料加工业务的核销。

4. 其他申报核销

（1）购进不计提进项税额的国内免税原材料用于加工出口货物的，企业应单独核算用于加工出口货物的免税原材料，并在免税原材料购进之日起至次月的增值税纳税申报期内，填报《生产企业出口货物扣除国内免税原材料申请表》，提供正式申报电子数据，向主管税务机关办理申报手续。

（2）符合条件的生产企业已签订出口合同的交通运输工具和机器设备，在其退税凭证尚未收集齐全的情况下，可凭出口合同、销售明细账等，向主管税务机关申报免抵退税。在货物向海关报关出口后，应按规定申报退（免）税，并办理已退（免）税的核销手续。多退（免）的税款，应予追回。生产企业申请时应同时满足以下条件：

① 已取得增值税一般纳税人资格；

② 已持续经营 2 年及 2 年以上；

③ 生产的交通运输工具和机器设备生产周期在 1 年及 1 年以上；

④ 上一年度净资产大于同期出口货物增值税、消费税退税额之和的 3 倍；

⑤ 持续经营以来从未发生逃税、骗取出口退税、虚开增值税专用发票或农产品收购发票、接受虚开增值税专用发票（善意取得虚开增值税专用发票除外）行为。

（3）生产企业外购的不经过本企业加工或组装，出口后能直接与本企业自产货物组合成成套产品的货物，如配套出口给进口本企业自产货物的境外单位或个人，可作为视同自产货物申报退（免）税。

（4）属于增值税一般纳税人的集成电路设计、软件设计、动漫设计企业及其他高新技术企业出口适用增值税退（免）税政策的货物，实行免抵退税办法。

（5）符合规定的生产企业，应在交通运输工具和机器设备出口合同签订后，报送《先退税后核销资格申请表》及电子数据，经主管税务机关审核同意后，按规定办理出口免抵退税申报、核销。

(6) 生产企业申报免抵退税时,若报送的《生产企业出口货物免、抵、退税申报明细表》中的离岸价与相应出口货物报关单上的离岸价不一致的,应按主管税务机关的要求填报《出口货物离岸价差异原因说明表》及电子数据。

5. 免抵退税申报数据的调整

对前期申报错误的,在当期进行调整。在当期用负数将前期错误申报数据全额冲减,再重新全额申报。

发生本年度退运的,在当期用负数冲减原免抵退税申报数据;发生跨年度退运的,应全额补缴原免抵退税款,并按现行会计制度的有关规定进行相应调整。

本年度已申报免抵退税的,如须实行免税办法或征税办法,在当期用负数冲减原免抵退税申报数据;跨年度已申报免抵退税的,如须实行免税或征税办法,不用负数冲减,应全额补缴原免抵退税款,并按现行会计制度的有关规定进行相应调整。

6.4.3　外贸企业出口货物免退税的申报

1. 申报程序和期限

出口企业或其他单位出口并按会计规定做销售的货物,须在做销售的次月进行增值税纳税申报。

企业应在货物报关出口之日次月起至次年 4 月 30 日前的各增值税纳税申报期内,收齐有关凭证,向主管税务机关办理出口货物增值税、消费税免退税申报。经主管税务机关批准的,企业在增值税纳税申报期以外的其他时间也可办理免退税申报。超过次年 4 月 30 日前最后一个增值税纳税申报期截止之日,企业不得申报免退税。

2. 申报资料

(1)《外贸企业出口退税汇总申报表》(如表 6 - 9 所示)。

表 6 - 9　外贸企业出口退税汇总申报表
(适用于增值税一般纳税人)

海关企业代码:

纳税人名称:　　　　　　　(公章)

纳税人识别号:　　　　申报年月:　　　年　月　　　申报批次:　　　　金额单位:元至角分

出口企业申报		
出口退税出口明细申报表	份,　记录	条
	出口额	美元
出口货物报关单	张,	
代理出口货物证明	张,	
出口收汇核销单	张,　收汇额	美元

出口企业申报			
远期收汇证明	张，	其他凭证	张
出口退税进货明细申报表	份，	记录	条
增值税专用发票	张，	消费税专用税票	张
海关进口增值税专用缴款书	张，	海关进口消费税专用缴款书	张
外贸企业出口退税进货分批申报单	张，	总进货金额	元
总进货税额	元，		
其中：增值税	元，	消费税	元
本月申报退税额	元，		
其中：增值税	元，	消费税	元
本月实收已退税额	元，	本年累计实收已退税额	元
本月实收已退增值税退税额	元，	本年累计实收已退增值税退税额	元
本月实收已退消费税退税额	元，	本年累计实收已退消费税退税额	元
申请开具单证			
代理出口货物证明	份，	记录	条
代理进口货物证明	份，	记录	条
来料加工出口货物免税证明	份，	记录	条
来料加工出口货物免税核销证明	份，	记录	条
出口货物转内销证明	份，	记录	条
退运已补税证明	份，	记录	条
补办报关单证明	份，	记录	条
补办收汇核销单证明	份，	记录	条
补办代理出口证明	份，	记录	条
出口企业出口含金产品免税证明	份，	记录	条

申报人申明	授权人申明
此表各栏填报内容是真实、合法的，与实际出口货物情况相符。此次申报的出口业务不属于"四自三不见"等违背正常出口经营程序的出口业务。否则，本企业愿意承担由此产生的相关责任。 经办人： 财务负责人： 法定代表人（负责人）：　　　年　月　日	（如果你已委托代理申报人，请填写下列资料） 　　为代理出口货物退税申报事宜，现授权为本纳税人的代理申报人，任何与本申报表有关的往来文件都可寄与此人。 授权人签字　　　　（盖章） 　　　　　　　　　年　月　日

（2）《外贸企业出口退税进货明细申报表》（如表 6－10 所示）。

表 6－10　外贸企业出口退税进货明细申报表

海关企业代码：

纳税人名称：　　　　　　（公章）　　　　　　申报年月：　　年　月　　　　　申报批次：

纳税人识别号：　　　　　　　　　　　　　　　　　　　　　　　金额单位：元至角分

序号	关联号	税种	进货凭证号	开票日期	出口商品代码	商品名称	计量单位	数量	计税金额	征税率/%	征税税额	退税率/%	可退税额	业务类型	备注
1	2	3	4	5	6	7	8	9	10	11	12	13	14	15	16

经办人：　　　　　财务负责人：　　　　　法定代表人（负责人）：　　　　　第　　页

（3）《外贸企业出口退税出口明细申报表》（如表 6－11 所示）。

表 6－11　外贸企业出口退税出口明细申报表

海关企业代码：

纳税人名称：　　　　　　（公章）

纳税人识别号：　　　申报年月：　　年　月　　　　申报批次：　　　　金额单位：元至角分

序号	关联号	出口发票号	出口货物报关单号	代理出口货物证明号	出口日期	出口收汇核销单号	出口商品代码	出口商品名称	计量单位	出口数量	美元离岸价	出口进货金额	申报商品代码	退税率	申报增值税退税额	申报消费税退税额	单证不齐标志	退（免）税业务类型	备注
1	2	3	4	5	6	7	8	9	10	11	12	13	14	15	16	17	18	19	20
兹声明以上申报无讹并愿意承担一切法律责任。																			
经办人：　　财务负责人：　　法定代表人（负责人）：																			

（4）出口货物退（免）税正式申报电子数据。

（5）下列原始凭证：

① 出口货物报关单。

② 增值税专用发票（抵扣联）、出口退税进货分批申报单、海关进口增值税专用缴款书（提供海关进口增值税专用缴款书的，还需同时提供进口货物报关单，下同）。

③ 委托出口的货物，还应提供受托方主管税务机关签发的代理出口货物证明，以及代理出口协议副本。

④ 属应税消费品的，还应提供消费税专用缴款书或分割单、海关进口消费税专用缴款书（提供海关进口消费税专用缴款书的，还需同时提供进口货物报关单，下同）。

⑤ 主管税务机关要求提供的其他资料。

6.4.4　出口企业和其他单位出口的视同出口货物及对外提供加工修理修配劳务的退（免）税申报

报关进入特殊区域并销售给特殊区域内单位或境外单位、个人的货物，特殊区域外的生产企业或外贸企业的退（免）税申报分别按上述第 6.4.2、第 6.4.3 节内容的规定办理。

其他视同出口货物和对外提供加工修理修配劳务，属于报关出口的，为报关出口之日起；属于非报关出口销售的，为出口发票或普通发票开具之日起，出口企业或其他单位应在次月至次年 4 月 30 日前的各增值税纳税申报期内申报退（免）税。逾期的，出口企业或其他单位不得申报退（免）税。申报退（免）税时，生产企业除按 6.4.2 节的规定，外贸企业和没有生产能力的其他单位除按 6.4.3 节的规定申报（非报关出口销售的不提供出口货物报关单和出口发票，属于生产企业销售的提供普通发票）外，下列货物劳务，出口企业和其他单位还须提供下列对应的补充资料。

（1）用于对外承包工程项目的出口货物，由出口企业申请退（免）税，出口企业如属于分包单位的，申请退（免）税时，须补充提供分包合同（协议）。

（2）用于境外投资的出口货物，应提供商务部及其授权单位批准其在境外投资的文件副本。

（3）向海关报关运入海关监管仓库供海关隔离区内免税店销售的货物，提供的出口货物报关单应加盖有免税品经营企业报关专用章；上海虹桥、浦东机场海关国际隔离区内的免税店销售的货物，提供的出口货物报关单应加盖免税店报关专用章，并提供海关对免税店销售货物的核销证明。

（4）销售的中标机电产品，应提供下列资料：

① 招标单位所在地主管税务机关签发的《中标证明通知书》；

② 由中国招标公司或其他国内招标组织签发的中标证明（正本）；

③ 中标人与中国招标公司或其他招标组织签订的供货合同（协议）；

④ 中标人按照标书规定及供货合同向用户发货的发货单；

⑤ 中标机电产品用户收货清单；

⑥ 外国企业中标再分包给国内企业供应的机电产品，还应提供与中标企业签署的分包合同（协议）。

（5）销售给海上石油天然气开采企业的自产的海洋工程结构物，应提供销售合同。生产企业申报出口退（免）税时，应在《生产企业出口货物免、抵、退税申报明细表》的"备注栏"中填写购货企业的纳税人识别号和购货企业名称。

（6）销售给外轮、远洋国轮的货物，应提供列明销售货物名称、数量、销售金额并经外轮、远洋国轮船长签名的出口发票。

（7）生产并销售给国内和国外航空公司国际航班的航空食品，应提供下列资料：

① 与航空公司签订的配餐合同；

② 航空公司提供的配餐计划表（须注明航班号、起降城市等内容）；

③ 国际航班乘务长签字的送货清单（须注明航空公司名称、航班号等内容）。

（8）对外提供加工修理修配劳务，应提供下列资料：

① 与被维修的国外（地区）企业签订的维修合同；

② 出口发票；

③ 国外（地区）企业的航班机长或外轮船长签字确认的维修单据〔须注明国外（地区）企业名称和航班号（船名）〕。

6.4.5 出口货物劳务退（免）税其他申报要求

1. 输入特殊区域的水电气退（免）税申报要求

输入特殊区域的水电气，由购买水电气的特殊区域内的生产企业申报退税。企业应在购进货物增值税专用发票的开具之日次月起至次年 4 月 30 日前的各增值税纳税申报期内向主管税务机关申报退税。逾期的，企业不得申报退税。申报退税时，应填报《购进自用货物退税申报表》，提供正式电子申报数据及下列资料：

① 增值税专用发票（抵扣联）；

② 支付水、电、气费用的银行结算凭证（加盖银行印章的复印件）。

2. 运入保税区的货物退（免）税申报要求

运入保税区的货物，如果属于出口企业销售给境外单位、个人，境外单位、个人将其存放在保税区内的仓储企业，离境时由仓储企业办理报关手续，海关在其全部离境后，签发进入保税区的出口货物报关单的，保税区外的生产企业和外贸企业申报退（免）税时，除分别提供上述第 6.4.2 节、第 6.4.3 节内容规定的资料外，还须提供仓储企业的出境货物备案清单。确定申报退（免）税期限的出口日期以最后一批出境货物备案清单上的出口日期为准。

3. 出口已使用过的设备退（免）税申报要求

出口企业和其他单位出口的在 2008 年 12 月 31 日以前购进的设备、2009 年 1 月 1 日以后购进但按照有关规定不得抵扣进项税额的设备、非增值税纳税人购进的设备，以及营业税改征增值税试点地区的出口企业和其他单位出口在本企业试点以前购进的设备，如果属于未计算抵扣进项税额的已使用过的设备，均实行增值税免退税办法。

出口企业和其他单位应在货物报关出口之日次月起至次年 4 月 30 日前的各增值税纳税申报期内，向主管税务机关单独申报退税。逾期的，出口企业和其他单位不得申报退税。申报退税时应填报《出口已使用过的设备退税申报表》，提供正式申报电子数据及下列资料：

① 出口货物报关单；

② 委托出口的货物，还应提供受托方主管税务机关签发的代理出口货物证明，以及代理出口协议；

③ 增值税专用发票（抵扣联）或海关进口增值税专用缴款书；

④ 出口已使用过的设备折旧情况确认表；

⑤ 主管税务机关要求提供的其他资料。

4. 委托出口的货物退（免）税申报要求

委托出口的货物，委托方应自货物报关出口之日起至次年 3 月 15 日前，凭委托代理出口协议（复印件）向主管税务机关报送《委托出口货物证明》及其电子数据。主管税务机关审核委托代理出口协议后在《委托出口货物证明》签章。

受托方申请开具《代理出口货物证明》时，应提供规定的凭证资料及委托方主管税务机关签章的《委托出口货物证明》。

受托方将代理多家企业出口的货物集中一笔报关出口的，委托方可提供该出口货物报关单的复印件申报出口退（免）税。

5. 规定期限内未收齐单证退（免）税申报要求

出口企业或其他单位发生的真实出口货物劳务，由于以下原因造成在规定期限内未收齐单证无法申报出口退（免）税的，应在退（免）税申报期限截止之日前向主管税务机关提出申请，并提供相关举证材料，经主管税务机关审核、逐级上报省级国家税务局批准后，可进行出口退（免）税申报。

① 自然灾害、社会突发事件等不可抗力因素；

② 出口退（免）税申报凭证被盗、抢，或者因邮寄丢失、误递；

③ 有关司法、行政机关在办理业务或者检查中，扣押出口退（免）税申报凭证；

④ 买卖双方因经济纠纷，未能按时取得出口退（免）税申报凭证；

⑤ 由于企业办税人员伤亡、突发危重疾病或者擅自离职，未能办理交接手续，导致不能按期提供出口退（免）税申报凭证；

⑥ 由于企业向海关提出修改出口货物报关单申请，在退（免）税期限截止之日海关未完成修改，导致不能按期提供出口货物报关单；

⑦ 国家税务总局规定的其他情形。

6.4.6　退（免）税原始凭证的有关规定

1. 增值税专用发票（抵扣联）

出口企业和其他单位购进出口货物劳务取得的增值税专用发票（如表 6 - 12 所示），应按规定办理增值税专用发票的认证手续。进项税额已计算抵扣的增值税专用发票，不得在申报退（免）税时提供。

增值税一般纳税人必须严格按照《增值税发票使用规定》的下列要求开具专用发票：

① 字迹清楚；

② 不得涂改，如果填写有误应当重新开具专用发票，并在误填的专用发票上面注明"误填作废"字样；

③ 项目填写齐全；

④ 票物相符，票面金额与实际收取的金额相符；

4600143160 　　　　表 6－12　河北省增值税专用发票 　　　　NO. 02403001

抵 扣 联 　　　　　　开票日期：　年　月　日

购买方	名称： 纳税人识别号： 地址、电话： 开户行及账号：		密码区	0496568＊＋20－＜21－03/33 加密版本 0134573/0710＞＞5＜192868360002214007＊＊/＋77＞3－/73＋319152240300151/75＜2＋/49925840＞＞＜＜					第二联：抵扣联　购买方扣税凭证
货物或应税劳务、服务名称	规格型号	单位	数量	单价	金额	税率	税额	
合　计								
价税合计（大写）				（小写）				
销售方	名称： 纳税人识别号： 地址、电话： 开户行及账号：		备注					

收款人：　　　　　复核：　　　　　开票人：　　　　　销售方：（章）

⑤ 各项目内容正确无误；

⑥ 全部联次一次填开，上下联的内容和金额完全一致；

⑦ 发票联和抵扣联加盖财务专用章或者发票专用章；

⑧ 按照规定的时限开具专用发票；

⑨ 不得开具伪造的专用发票；

⑩ 不得拆本使用专用发票；

⑪ 不得开具票样与国家税务总局统一制定的票样不相符合的专用发票。

由于增值税专用发票直接关系到外贸企业的进项税额能否获准抵扣或退税，因此纳税人对于自己所接受的发票联、抵扣联务必要仔细检查核对，检查时应注意以下事项：

① 检查发票的真伪；

② 检查发票开具是否符合规定；

③ 小规模纳税人出具的增值税专用发票必须是税务机关代开，并已按 3% 进行征税的专用发票；

④ 检查发票开具的金额与所用发票版本是否相符。

出口企业和其他单位丢失增值税专用发票的发票联和抵扣联的，经认证相符后，可凭增值税专用发票记账联复印件及销售方所在地主管税务机关出具的丢失增值税专用发票已报税证明单，向主管税务机关申报退（免）税。

出口企业和其他单位丢失增值税专用发票抵扣联的，在增值税专用发票认证相符后，可凭增值税专用发票的发票联复印件向主管出口退税的税务机关申报退（免）税。

2. 出口货物报关单

《出口货物报关单》是指经海关审查无误，对出口货物放行离境的一种书面证明。报关单是货物出口与否的基本证明凭证，是划分企业申报货物出口销售还是国内销售的重要依据，是申报出口退税时的主要凭证之一。

出口企业应在货物报关出口后及时在"中国电子口岸出口退税子系统"中进行报关单确认操作。及时查询出口货物报关单电子信息，对于无出口货物报关单电子信息的，应及时向中国电子口岸或主管税务机关反映。

受托方将代理出口的货物与其他货物一笔报关出口的，委托方申报退（免）税时可提供出口货物报关单的复印件。

3. 有关备案单证

出口企业应在申报出口退（免）税后 15 日内，将所申报退（免）税货物的下列单证，按申报退（免）税的出口货物顺序，填写《出口货物备案单证目录》，注明备案单证存放地点，以备主管税务机关核查。

① 外贸企业购货合同、生产企业收购非自产货物出口的购货合同，包括一笔购销合同下签订的补充合同等；

② 出口货物装货单；

③ 出口货物运输单据（包括：海运提单、航空运单、铁路运单、货物承运单据、邮政收据等承运人出具的货物单据，以及出口企业承付运费的国内运输单证）。

若有无法取得上述原始单证情况的，出口企业可用具有相似内容或作用的其他单证进行单证备案。除另有规定外，备案单证由出口企业存放和保管，不得擅自损毁，保存期为 5 年。

视同出口货物及对外提供修理修配劳务不实行备案单证管理。

6.4.7　出口企业和其他单位适用免税政策出口货物劳务的申报

1. 免税政策出口货物劳务的申报规定

（1）特殊区域内的企业出口的特殊区域内的货物、出口企业或其他单位视同出口的适用免税政策的货物劳务，应在出口或销售次月的增值税纳税申报内，向主管税务机关办理增值税、消费税免税申报。

（2）其他的适用免税政策的出口货物劳务，出口企业和其他单位应在货物劳务免税业务发生的次月（按季度进行增值税纳税申报的为次季度），填报《免税出口货物劳务明细表》，提供正式申报电子数据，向主管税务机关办理免税申报手续。出口货物报关单（委托出口的为代理出口货物证明）等资料留存企业备查。

非出口企业委托出口的货物，委托方应在货物劳务免税业务发生的次月（按季度进行增值税纳税申报的为次季度）的增值税纳税申报期内，凭受托方主管税务机关签发的代理出口货物证明以及代理出口协议副本等资料，向主管税务机关办理增值税、消费税免税申报。

出口企业和其他单位未在规定期限内申报出口退（免）税或申报开具《代理出口货物证明》，以及已申报增值税退（免）税，却未在规定期限内向税务机关补齐增值税退（免）税凭证的,如果在申报退(免)税截止期限前已确定要实行增值税免税政策的,出口企业和其他单位可在确定免税的次月的增值税纳税申报期,按前款规定的手续向主管税务机关申报免税。已经申报免税的,不得再申报出口退(免)税或申报开具《代理出口货物证明》。

出口企业或其他单位办理免税申报手续时,应将以下凭证按日期装订成册,留存企业备查。

① 出口货物报关单(如无法提供出口退税联的,可提供其他联次代替)。

② 出口发票。

③ 委托出口的货物,还应提供受托方主管税务机关出具的《代理出口货物证明》。

④ 属购进货物直接出口的,还应提供相应的合法有效的进货凭证。合法有效的进货凭证包括增值税专用发票、增值税普通发票及其他普通发票、海关进口增值税专用缴款书、农产品收购发票、政府非税收入票据。

⑤ 以旅游购物贸易方式报关出口的货物暂不提供上述第②、④项凭证。

(3)若出口货物若已办理退(免)税的,在申报免税前,外贸企业及没有生产能力的其他单位须补缴已退税款;生产企业应按规定调整申报数据或全额补缴原免抵退税款。

2. 相关免税证明及免税核销办理

1)国家计划内出口的卷烟相关证明及免税核销办理

卷烟出口企业向卷烟生产企业购进卷烟时,应先在免税出口卷烟计划内向主管税务机关申请开具《准予免税购进出口卷烟证明申请表》,然后将《准予免税购进出口卷烟证明》转交卷烟生产企业,卷烟生产企业据此向主管税务机关申报办理免税手续。

已准予免税购进的卷烟,卷烟生产企业须以不含消费税、增值税的价格销售给出口企业,并向主管税务机关报送《出口卷烟已免税证明申请表》。卷烟生产企业的主管税务机关核准免税后,出具《出口卷烟已免税证明》,并直接寄送卷烟出口企业主管税务机关。

卷烟出口企业(包括购进免税卷烟出口的企业、直接出口自产卷烟的生产企业、委托出口自产卷烟的生产企业)应在卷烟报关出口之日次月起至次年4月30日前的各增值税纳税申报期内,向主管税务机关办理出口卷烟的免税核销手续。逾期的,出口企业不得申报核销,应按规定缴纳增值税、消费税。申报核销时,应填报《出口卷烟免税核销申报表》,提供正式申报电子数据及下列资料:

① 出口货物报关单;

② 出口发票;

③ 出口合同;

④《出口卷烟已免税证明》(购进免税卷烟出口的企业提供);

⑤ 代理出口货物证明,以及代理出口协议副本(委托出口自产卷烟的生产企业提供);

⑥ 主管税务机关要求提供的其他资料。

2)来料加工委托加工出口的货物免税证明及核销办理

(1)从事来料加工委托加工业务的出口企业,在取得加工企业开具的加工费的普通发票后，应在加工费的普通发票开具之日起至次月的增值税纳税申报期内，填报《来料加工免税证明申请表》，提供正式申报电子数据，以及下列资料向主管税务机关办理《来料加工免税证明》。

① 进口货物报关单原件及复印件；

② 加工企业开具的加工费的普通发票原件及复印件；

③ 主管税务机关要求提供的其他资料。

出口企业应将《来料加工免税证明》转交加工企业，加工企业持此证明向主管税务机关申报办理加工费的增值税、消费税免税手续。

（2）出口企业从事来料加工委托加工业务的，应在海关办结核销手续的次年5月15日前持海关签发的核销结案通知书、《来料加工出口货物免税证明核销申请表》和下列资料及正式申报电子数据，向主管税务机关办理来料加工出口货物免税核销手续。

① 出口货物报关单的非"出口退税专用"联原件及复印件；

② 来料加工免税证明；

③ 加工企业开具的加工费的普通发票原件及复印件；

④ 主管税务机关要求提供的其他资料。

未按规定办理来料加工出口货物免税核销手续或经主管税务机关审核不予办理免税核销的，应按规定补缴增值税、消费税。

6.4.8　有关单证证明的办理

1. 代理出口货物证明

委托出口的货物，受托方须自货物报关出口之日起至次年4月15日前，向主管税务机关申请开具《代理出口货物证明》，并将其及时转交委托方，逾期的，受托方不得申报开具《代理出口货物证明》。申请开具《代理出口货物证明》时应填报《代理出口货物证明申请表》，提供正式申报电子数据及下列资料：

① 代理出口协议原件及复印件；

② 出口货物报关单；

③ 委托方税务登记证副本复印件；

④ 主管税务机关要求报送的其他资料。

受托方被停止退（免）税资格的，不得申请开具《代理出口货物证明》。

2. 代理进口货物证明

委托进口加工贸易料件，受托方应及时向主管税务机关申请开具《代理进口货物证明》，并及时转交委托方。受托方申请开具《代理进口货物证明》时，应填报《代理进口货物证明申请表》，提供正式申报电子数据及下列资料：

① 加工贸易手册及复印件；

② 进口货物报关单（加工贸易专用）；

③ 代理进口协议原件及复印件；

④ 主管税务机关要求报送的其他资料。

3. 出口货物退运已补税（未退税）证明

出口货物发生退运的，出口企业应先向主管税务机关申请开具《出口货物退运已补税（未退税）证明》，并携其到海关申请办理出口货物退运手续。委托出口的货物发生退运的，应由委托方向主管税务机关申请开具《出口货物退运已补税（未退税）证明》转交受托方，受托方凭该证明向主管税务机关申请开具《出口货物退运已补税（未退税）证明》。

申请开具《出口货物退运已补税（未退税）证明》时应填报《退运已补税（未退税）证明申请表》，提供正式申报电子数据及下列资料：

① 出口货物报关单（退运发生时已申报退税的，不需提供）；

② 出口发票（外贸企业不需提供）；

③ 税收通用缴款书原件及复印件（退运发生时未申报退税的，以及生产企业本年度发生退运的、不需提供）；

④ 主管税务机关要求报送的其他资料。

4. 补办出口报关单证明

丢失出口货物报关单，出口企业应向主管税务机关申请开具补办出口报关单证明。

申请开具补办出口报关单证明的，应填报《补办出口货物报关单申请表》，提供正式申报电子数据及下列资料：

① 出口货物报关单（其他联次或通过口岸电子执法系统打印的报关单信息页面）；

② 主管税务机关要求报送的其他资料。

5. 出口退税进货分批申报单

外贸企业购进货物需分批申报退（免）税的及生产企业购进非自产应税消费品需分批申报消费税退税的，出口企业应凭下列资料填报并向主管税务机关申请出具《出口退税进货分批申报单》：

① 增值税专用发票（抵扣联）、消费税专用缴款书、已开具过的进货分批申报单；

② 增值税专用发票清单复印件；

③ 主管税务机关要求提供的其他资料及正式申报电子数据。

6. 出口货物转内销证明

外贸企业发生原记入出口库存账的出口货物转内销或视同内销货物征税的，以及已申报退（免）税的出口货物发生退运并转内销的，外贸企业应于发生内销或视同内销货物的当月向主管税务机关申请开具《出口货物转内销证明》。申请开具《出口货物转内销证明》时，应填报《出口货物转内销证明申报表》，提供正式申报电子数据及下列资料：

① 增值税专用发票（抵扣联）、海关进口增值税专用缴款书、进货分批申报单、出口货物退运已补税（未退税）证明原件及复印件；

② 内销货物发票（记账联）原件及复印件；

③ 计提销项税的记账凭证复印件；

④ 主管税务机关要求报送的其他资料。

外贸企业应在取得《出口货物转内销证明》的下一个增值税纳税申报期内申报纳税时，以此作为进项税额的抵扣凭证使用。

7. 中标证明通知书

利用外国政府贷款或国际金融组织贷款建设的项目，招标机构须在招标完毕并待中标企业签订的供货合同生效后，向其所在地主管税务机关申请办理《中标证明通知书》。招标机构应向主管税务机关报送《中标证明通知书》及中标设备清单表，并提供下列资料和信息：

① 财政部门《关于外国政府贷款备选项目的通知》或财政部门与项目的主管部门或政府签订的《关于××行（国际金融组织）贷款"××项目"转贷协议（或分贷协议、执行协议）》的原件和注明有"与原件一致"字样的复印件；

② 中标项目不退税货物清单；

③ 中标企业所在地主管税务机关的名称、地址、邮政编码；

④ 贷款项目中，属于外国企业中标再分包给国内企业供应的机电产品，还应提供招标机构对分包合同出具的验证证明；

⑤ 贷款项目中属于联合体中标的，还应提供招标机构对联合体协议出具的验证证明；

⑥ 税务机关要求提供的其他资料。

8. 丢失有关证明的补办

出口企业或其他单位丢失出口退税有关证明的，应向原出具证明的税务机关填报《关于补办出口退税有关证明的申请》，提供正式申报电子数据。原出具证明的税务机关在核实确曾出具过相关证明后，重新出具有关证明，但需注明"补办"字样。

6.4.9　其他规定

① 出口货物劳务除输入特殊区域的水电气外，出口企业和其他单位不得开具增值税专用发票。

② 增值税退税率有调整的，其执行时间：属于向海关报关出口的货物，以出口货物报关单上注明的出口日期为准；属于非报关出口销售的货物，以出口发票或普通发票的开具时间为准；保税区内出口企业或其他单位出口的货物以及经保税区出口的货物，以货物离境时海关出具的出境货物备案清单上注明的出口日期为准。

③ 需要认定为可按收购视同自产货物申报免抵退税的集团公司，集团公司总部必须将书面认定申请及成员企业的证明材料报送主管税务机关，并由集团公司总部所在地的地级以上（含本级）税务机关认定。

集团公司总部及其成员企业不在同一地区的，或不在同一省（自治区、直辖市，计划单列市）的，由集团公司总部所在地的省级国家税务局认定；总部及其成员不在同一个省的，总部所在地的省级国家税务局应将认定文件抄送成员企业所在地的省级国家税务局。

集团公司总部在申请认定时应提供以下资料：

＊ 《集团公司成员企业认定申请表》（附件 13）及电子申报数据；

＊ 集团公司总部及其控股的生产企业的营业执照副本复印件；

＊ 集团公司总部及其控股的生产企业的《出口退（免）税资格认定表》复印件；

＊ 集团公司总部及其控股生产企业的章程复印件；

＊ 主管税务机关要求报送的其他资料。

④ 输入特殊区域的水电气，区内生产企业未在规定期限内申报退（免）税的，进项税额须转入成本。输入特殊区域的水电气，区内生产企业用于出租、出让厂房的，不得申报退税，进项税额须转入成本。

⑤ 适用增值税免税政策的出口货物劳务，除特殊区域内的企业出口的特殊区域内的货物、出口企业或其他单位视同出口的货物劳务外，出口企业或其他单位如果未在规定的纳税申报期内按规定申报免税的，应视同内销货物和加工修理修配劳务征免增值税、消费税，属于内销免税的，除按规定补报免税外，还应接受主管税务机关按《中华人民共和国税收征收管理法》做出的处罚；属于内销征税的，应在免税申报期次月的增值税纳税申报期内申报缴纳增值税、消费税。

出口企业或其他单位对本年度的出口货物劳务，剔除已申报增值税退（免）税、免税，已按内销征收增值税、消费税，以及已开具代理出口证明的出口货物劳务后的余额，除内销免税货物按前款规定执行外，须在次年 6 月份的增值税纳税申报期内申报缴纳增值税、消费税。

"未在规定的纳税申报期内按规定申报免税"是指出口企业或其他单位未在报关出口之日的次月至次年 5 月 31 日前的各增值税纳税申报期内填报《免税出口货物劳务明细表》（附件 11），提供正式申报电子数据，向主管税务机关办理免税申报手续。

⑥ 出口企业或其他单位可以放弃全部适用退（免）税政策出口货物劳务的退（免）税，并选择适用增值税免税政策或征税政策。放弃适用退（免）税政策的出口企业或其他单位，应向主管税务机关报送《出口货物劳务放弃退（免）税声明》，办理备案手续。自备案次日起 36 个月内，其出口的适用增值税退（免）税政策的出口货物劳务，适用增值税免税政策或征税政策。

⑦ 除经国家税务总局批准销售给免税店的卷烟外，免税出口的卷烟须从指定口岸直接报关出口。

出口企业和其他单位如果未按上述规定申报纳税或免税或退（免）税的，一经主管税务机关发现，除执行本项规定外，还应接受主管税务机关按《中华人民共和国税收征收管理法》做出的处罚。

6.4.10　适用增值税征税政策的出口货物劳务的申报

适用增值税征税政策的出口货物劳务，出口企业或其他单位申报缴纳增值税，按内销货物缴纳增值税的统一规定执行。

6.4.11　违章处理

（1）出口企业和其他单位有下列行为之一的，主管税务机关应按照《中华人民共和国税收征收管理法》第六十条规定予以处罚：

① 未按规定设置、使用和保管有关出口货物退（免）税账簿、凭证、资料的；

② 未按规定装订、存放和保管备案单证的。

（2）出口企业和其他单位拒绝税务机关检查或拒绝提供有关出口货物退（免）税账簿、凭证、资料的，税务机关应按照《中华人民共和国税收征收管理法》第七十条规定予以处罚。

（3）出口企业提供虚假备案单证的，主管税务机关应按照《中华人民共和国税收征收管理法》第七十条的规定处罚。

（4）从事进料加工业务的生产企业，未按规定期限办理进料加工登记、申报、核销手续的，主管税务机关在按照《中华人民共和国税收征收管理法》第六十二条有关规定进行处理后再办理相关手续。

（5）出口企业和其他单位有违反发票管理规定行为的，主管税务机关应按照《中华人民共和国发票管理办法》有关规定予以处罚。

（6）出口企业和其他单位以假报出口或者其他欺骗手段，骗取国家出口退税款，由主管税务机关追缴其骗取的退税款，并处骗取税款一倍以上五倍以下的罚款；构成犯罪的，依法追究刑事责任。

对骗取国家出口退税款的，由省级以上（含本级）税务机关批准，按下列规定停止其出口退（免）税资格：

① 骗取国家出口退税款不满 5 万元的，可以停止为其办理出口退税半年以上一年以下。

② 骗取国家出口退税款 5 万元以上不满 50 万元的，可以停止为其办理出口退税一年以上一年半以下。

③ 骗取国家出口退税款 50 万元以上不满 250 万元，或因骗取出口退税行为受过行政处罚、两年内又骗取国家出口退税款数额在 30 万元以上不满 150 万元的，停止为其办理出口退税一年半以上两年以下。

④ 骗取国家出口退税款 250 万元以上，或因骗取出口退税行为受过行政处罚、两年内又骗取国家出口退税款数额在 150 万元以上的，停止为其办理出口退税两年以上三年以下。

⑤ 停止办理出口退税的时间以省级以上（含本级）税务机关批准后作出的《税务行政

处罚决定书》的决定之日为起始日。

6.5 增值税零税率应税服务退（免）税

我国境内的增值税一般纳税人提供适用增值税零税率的应税服务，实行增值税退（免）税办法。

1. 增值税零税率应税服务的范围

（1）国际运输服务、港澳台运输服务；

（2）采用程租、期租和湿租方式租赁交通运输工具用于国际运输服务和港澳台运输服务；

（3）对外提供研发服务或设计服务。

2. 增值税零税率应税服务退（免）税办法

增值税零税率应税服务退（免）税办法包括免抵退税办法和免退税办法。

3. 增值税零税率应税服务的退税率

增值税零税率应税服务的退税率为对应服务提供给境内单位适用的增值税税率。

4. 增值税零税率应税服务的退（免）税计税依据

（1）实行免抵退税办法的退（免）税计税依据为提供零税率应税服务取得的实际收入。

（2）实行免退税办法的退（免）税计税依据为购进应税服务的增值税专用发票或解缴税款的中华人民共和国税收缴款凭证上注明的金额。

5. 其他相关规定

（1）实行增值税退（免）税办法的增值税零税率应税服务不得开具增值税专用发票。

（2）增值税零税率应税服务提供者办理出口退（免）税资格认定后，方可申报增值税零税率应税服务退（免）税。

（3）增值税零税率应税服务提供者提供增值税零税率应税服务，应在财务作销售收入次月（按季度进行增值税纳税申报的为次季度首月，下同）的增值税纳税申报期内，向主管税务机关办理增值税纳税和退（免）税相关申报。

增值税零税率应税服务提供者收齐有关凭证后，可于在财务作销售收入次月起至次年 4 月 30 日前的各增值税纳税申报期内向主管税务机关申报退（免）税。逾期申报退（免）税的，主管税务机关不再受理。未在规定期限内申报退（免）税的增值税零税率应税服务，增值税零税率应税服务提供者应按规定缴纳增值税。

（4）实行免抵退税办法的增值税零税率应税服务提供者应按照下列要求向主管税务机关办理增值税免抵退税申报：

① 填报《免抵退税申报汇总表》及其附表；

② 提供当期《增值税纳税申报表》；

③ 提供免抵退税正式申报电子数据；

④ 提供增值税零税率应税服务所开具的发票（经主管税务机关认可，可只提供电子数据，原始凭证留存备查）；

⑤ 根据所提供的适用增值税零税率应税服务，提供税务机关要求的对应资料凭证。

（5）实行免退税办法的增值税零税率应税服务提供者，应按照下列要求向主管税务机关办理增值税免退税申报：

① 填报《外贸企业出口退税汇总申报表》；

② 填报《外贸企业外购应税服务（研发服务/设计服务）出口明细申报表》；

③ 填列外购对应的研发服务或设计服务取得增值税专用发票情况的《外贸企业出口退税进货明细申报表》；

④ 提供税务机关要求的原始凭证。

6.6　营业税改征增值税跨境应税行为增值税免税的基本管理

1. 免征增值税跨境应税行为的范围

（1）工程项目在境外的建筑服务。

（2）工程项目在境外的工程监理服务。

（3）工程、矿产资源在境外的工程勘察勘探服务。

（4）会议展览地点在境外的会议展览服务。

（5）存储地点在境外的仓储服务。

（6）标的物在境外使用的有形动产租赁服务。

（7）在境外提供的广播影视节目（作品）的播映服务。

（8）在境外提供的文化体育服务、教育医疗服务、旅游服务。

（9）为出口货物提供的邮政服务、收派服务、保险服务。

（10）向境外单位销售的完全在境外消费的电信服务。

（11）向境外单位销售的完全在境外消费的知识产权服务。

（12）向境外单位销售的完全在境外消费的物流辅助服务（仓储服务、收派服务除外）。

（13）向境外单位销售的完全在境外消费的鉴证咨询服务。

（14）向境外单位销售的完全在境外消费的专业技术服务。

（15）向境外单位销售的完全在境外消费的商务辅助服务。

（16）向境外单位销售的广告投放地在境外的广告服务。

（17）向境外单位销售的完全在境外消费的无形资产（技术除外）。

（18）为境外单位之间的货币资金融通及其他金融业务提供的直接收费金融服务，且该服务与境内的货物、无形资产和不动产无关。

（19）符合规定的国际运输服务。

（20）符合零税率政策但适用简易计税方法或声明放弃适用零税率选择免税的相关应税行为。

2. 其他相关规定

（1）纳税人向国内海关特殊监管区域内的单位或者个人销售服务、无形资产，不属于跨境应税行为，应照章征收增值税。

（2）纳税人发生跨境应税行为，除本办法"1"中第（9）项、第（20）项外，必须签订跨境销售服务或无形资产书面合同。否则，不予免征增值税。

（3）纳税人向境外单位销售服务或无形资产，按规定免征增值税的，该项销售服务或无形资产的全部收入应从境外取得，否则，不予免征增值税。

（4）纳税人发生跨境应税行为免征增值税的，应单独核算跨境应税行为的销售额，准确计算不得抵扣的进项税额，其免税收入不得开具增值税专用发票。

纳税人为出口货物提供收派服务，按照下列公式计算不得抵扣的进项税额：

不得抵扣的进项税额＝当期无法划分的全部进项税额×（当期简易计税方法计税项目销售额＋免征增值税项目销售额－为出口货物提供收派服务支付给境外合作方的费用）÷当期全部销售额

（5）纳税人发生免征增值税跨境应税行为，除提供本办法"1"中第（20）项所列服务外，应在首次享受免税的纳税申报期内或在各省、自治区、直辖市和计划单列市国家税务局规定的申报征期后的其他期限内，到主管税务机关办理跨境应税行为免税备案手续，同时提交以下备案材料：

① 《跨境应税行为免税备案表》；

② 跨境销售服务或无形资产的合同原件及复印件；

③ 提供本办法"1"中第（1）项至第（8）项和第（16）项服务，应提交服务地点在境外的证明材料原件及复印件；

④ 提供本办法"1"中规定的国际运输服务，应提交实际发生相关业务的证明材料；

向境外单位销售服务或无形资产，应提交服务或无形资产购买方的机构所在地在境外的证明材料；

⑥ 国家税务总局规定的其他资料。

（6）纳税人发生本办法"1"中第（20）项所列应税行为的，应在首次享受免税的纳税申报期内或在各省、自治区、直辖市和计划单列市国家税务局规定的申报征期后的其他期限内，到主管税务机关办理跨境应税行为免税备案手续，同时提交以下备案材料：

① 已向办理增值税免抵退税或免退税的主管税务机关备案的《放弃适用增值税零税率声明》；

② 该项应税行为享受零税率到主管税务机关办理增值税免抵退税或免退税申报时需报送的材料和原始凭证。

本 章 小 结

进出口税金核算主要会计分录表如表 6－13 所示。

表 6－13　进出口税金核算主要会计分录表

进出口税金	主要会计分录
进口关税	(1) 自营进口商品关税的核算： 借：商品采购——进口商品采购 　贷：应交税费——应交进口关税 (2) 代理进口商品关税的核算： 借：应收账款、预收账款 　贷：应交税费——应交进口关税
出口关税	(1) 自营出口商品关税的核算： 借：营业税金及附加 　贷：应交税费——应交出口关税 (2) 代理出口商品关税的核算： 借：应付账款、应收账款 　贷：应交税费——应交出口关税
进口环节消费税	(1) 自营进口商品消费税的核算： 借：商品采购——进口商品采购 　贷：应交税费——应交消费税 (2) 代理进口商品消费税的核算： 借：应付账款、应收账款 　贷：应交税费——应交消费税
进口环节增值税	(1) 自营进口商品增值税的核算： 支付进口增值税时： 借：应交税费——应交增值税（进项税额） 　贷：银行存款 (2) 代理进口商品增值税的核算： 借：应收账款、预收账款 　贷：应交税费——应交增值税（进项税额）
出口商品退增值税 （生产企业免抵退税）	(1) 按规定计算的当期出口物资不予免征、抵扣和退税的税额，计入出口物资成本： 借：自营出口销售成本 　贷：应交税费——应交增值税（进项税额转出） (2) 按规定计算的当期应予抵扣税额： 借：应交税费——应交增值税（出口抵减内销产品应纳税额） 　贷：应交税费——应交增值税（出口退税） (3) 按规定应予退回的税款： 借：应收出口退税 　贷：应交税费——应交增值税（出口退税） (4) 收到退回的税款： 借：银行存款 　贷：应收出口退税

进出口税金	主要会计分录
出口商品退增值税 （外贸企业免退税）	（1）计算的应退税款和不予退还计入成本的税额： 借：应收出口退税 　　贷：应交税费——应交增值税（出口退税） 借：自营出口销售成本 　　贷：应交税费——应交增值税（进项税额转出） （2）实际收到退税款： 借：银行存款 　　贷：应收出口退税
出口商品退消费税 （免退税）	（1）计算的消费税退税款： 借：应收出口退税 　　贷：自营出口销售成本 （2）收到消费税退税款时： 借：银行存款 　　贷：应收出口退税

习　题

一、单项选择题

1. 农业生产者自产农产品，适用的增值税出口退税政策是（　　）。

A. 退免税　　　　B. "免、抵、退"税　　　　C. 免税　　　　　　D. 征税

2. 下列适用增值税"免、抵、退"税办法的是（　　）。

A. 生产企业出口自产货物

B. 外贸企业出口货物

C. 小规模纳税人出口货物

D. 非出口企业委托出口的货物

3. 我国出口关税税额的计算公式为（　　）。

A. 离岸价×出口关税税率

B. 到岸价×出口关税税率

C. ［离岸价÷（1＋出口关税税率）］×出口关税税率

D. ［到岸价÷（1＋出口关税税率）］×出口关税税率

E. ［到岸价÷（1－出口关税税率）］×出口关税税率

4. 某进出口企业进口货物一批，按规定应纳消费税，该货物关税完税价格折合人民币900 000 元，适用关税税率40%，消费税税率10%，增值税税率13%。则该货物应纳消费税税额为（　　）元。

A. 90 000　　　B. 126 000　　　　　　C. 140 000　　　D. 114 545

5. 某外贸公司从法国进口一批红酒，该货物关税完税价格折合人民币为 900 000 元，货物到达口岸运抵仓库支付运杂费人民币 30 000 元，该批货物的关税税率为 40％，消费税率为 10％，增值税率为 13％，则该批货物的应纳增值税税额为人民币（　　）元。

A. 153 000　　　B. 235 620　　　　　　C. 245 933　　　D. 182 000

6. 生产企业出口自产的属于应征消费税的产品，其出口退税实行（　　）。

A. 先征后退的办法　　　　　　　　B. "免、抵、退"税的办法

C. 免征消费税的办法　　　　　　　D. 抵免税办法

7. 我国对出口退税实行"免、抵、退"税政策的生产企业所计算出应退增值税额并向税务部门申请退税时，所作账务处理应贷记（　　）账户。

A. "应交税费——应交增值税（出口退税）"

B. "应交税费——应交增值税（进项税额转出）"

C. "应交税费——未交增值税"

D. "应交税费——应交增值税（已交税金）"

8. 出口货物消费税政策不包括（　　）。

A. 既免又退　　　B. 只免不退　　　　　　C. 征税　　　D. 免、抵、退

9. 实行"免、抵、退"税收管理办法的生产企业出口货物劳务，其增值税退（免）税计税依据是（　　）。

A. 出口货物劳务到岸价　　　　　　B. 出口货物劳务离岸价

C. 出口货物劳务成本价　　　　　　D. 出口货物劳务购进价

10. 转出当期不予抵扣或退税的增值税税额时，借记（　　）账户。

A. "应交税费——应交增值税（进项税额转出）

B. "自营出口销售成本"

C. "应交税费——应交增值税（出口退税）"

D. "应收出口退税"

E. "自营出口销售收入"

11. 纳税人当期的进项税额大于当期的销项税额时，对不足抵扣部分的处理办法是（　　）。

A. 税务部门给予退税　　　　　　　B. 不再给予抵扣

C. 可抵扣以前的欠税　　　　　　　D. 结转下期继续抵扣

12. 某生产企业出口退税实行"免、抵、退"税办法，20×1 年 9 月份计算出当期应纳税额为 −80 万元，当期免抵退税额为 20 万元，则该企业退税后留抵税额为（　　）万元。

A. 80　　　B. 100　　　　　　C. 20　　　D. 60

13. 某生产企业自营出口某自产产品，计算出的期末留抵税款为 10 万元，当期免抵退税额为 19 万元，则当期免抵税额为（　　）万元。

A. 0　　　　　　　　B. 19　　　　　　　　C. 9　　　　　　　　D. 10

14. 某生产企业为增值税一般纳税人，兼营出口与内销。20×1 年 6 月发生以下业务：购进原材料时增值税专用发票上注明价款 100 万元，内销收入 50 万元，出口货物离岸价格 180 万元。出口货物增值税税率为 13%，退税率为 10%，则当期出口应退增值税税额为（　　）万元。

A. 18　　　　　　　B. 1.1　　　　　　　C. 16.9　　　　　　D. 5.4

15. 某外贸公司向工厂购入某应税消费品出口，则该企业申报消费税退税时的账务处理为（　　）。

A. 借：应收出口退税

　　贷：应交税费——应交消费税（出口退税）

B. 借：银行存款

　　贷：应收出口退税

C. 借：应收出口退税

　　贷：自营出口销售成本

D. 借：银行存款

　　贷：自营出口销售成本

二、多项选择题

1. 我国在进口环节对企业征收的税种有（　　）。

A. 增值税　　　　　B. 消费税　　　　　C. 资源税　　　　　D. 关税

E. 车船税

2. 我国出口企业出口货物劳务退（免）税的范围包括（　　）。

A. 增值税　　　　　B. 消费税　　　　　C. 关税　　　　　　D. 车船税

3. 我国出口企业出口货物劳务增值税适用政策包括（　　）。

A. 增值税退（免）税　　　　　　　　B. 增值税免税

C. 增值税征税　　　　　　　　　　　D. 增值税先征后退

4. 我国出口企业出口货物劳务适用增值税退（免）税政策的具体办法有（　　）。

A. 免抵退税　　　B. 免税　　　　　C. 免退税　　　　D. 征税

5. 我国适用增值税退（免）税政策的出口货物劳务包括（　　）。

A. 出口企业出口货物

B. 出口企业或其他单位视同出口货物

C. 出口企业对外提供加工修理修配劳务

D. 来料加工复出口货物

6. 适用增值税免税政策的出口货物劳务范围包括（　　）等。

A. 增值税小规模纳税人出口的货物

B. 非出口企业委托出口的货物

C. 农业生产者自产农产品

D. 外贸企业取得普通发票、农产品收购发票、政府非税收入票据的货物

E. 来料加工复出口的货物

7. 适用增值税免抵退税办法的出口货物劳务的范围包括（　　）。

A. 生产企业出口自产货物

B. 生产企业出口视同自产货物

C. 生产企业对外提供加工修理修配劳务

D. 列名生产企业出口非自产货物

8. 生产企业向主管税务机关办理增值税免抵退税申报，应提供（　　）等原始凭证。

A. 出口货物报关单（出口退税专用）

B. 出口发票

C. 委托出口的货物，还应提供代理出口协议复印件

D. 保税区内的出口企业可提供中华人民共和国海关保税区出境货物备案清单

9. 生产企业出口的视同自产货物以及列名生产企业出口的非自产货物办理消费税免退申报，应提供（　　）等原始凭证。

A. 消费税专用缴款书或分割单

B. 海关进口消费税专用缴款书

C. 委托加工收回应税消费品的代扣代收税款凭证原件或复印件

D. 增值税专用发票

10. 外贸企业自营出口货物向主管税务机关办理增值税免退税申报，应提供（　　）等原始凭证。

A. 出口货物报关单

B. 增值税专用发票（抵扣联）

C. 出口退税进货分批申报单

D. 海关进口增值税专用缴款书、进口货物报关单

三、判断题

1. 自营出口业务的出口关税应记入"税金及附加"账户。　　　　　　　　　　　　（　　）

2. 免抵退增值税时，当期期末留抵税额小于等于当期免抵退税额时，当期应退税额等于当期免抵退税额。　　　　　　　　　　　　　　　　　　　　　　　　　　　　　　（　　）

3. 出口应税消费品的消费税退税率为该应税消费品的消费税税率。　　　　　　　（　　）

4. 出口企业自营或委托出口的货物实行退（免）税；非出口企业委托出口的货物实行免税。　　　　　　　　　　　　　　　　　　　　　　　　　　　　　　　　　　　　（　　）

5. 外贸企业出口货物（委托加工修理修配货物除外）增值税退（免）税的计税依据，为出口发票所注明的金额或海关进口增值税专用缴款书注明的完税价格。　　　　　　（　　）

6. 外贸企业出口委托加工修理修配货物增值税退（免）税的计税依据，为不含原材料

成本的加工修理修配费用增值税专用发票注明的金额。（　　）

7. 出口货物的消费税应退税额的计税依据，按购进出口货物的消费税专用缴款书和海关进口消费税专用缴款书确定。（　　）

8. 适用征税政策的出口货物劳务，申报缴纳增值税，按内销货物缴纳增值税的统一规定执行。（　　）

9. 我国对有出口经营权的生产企业进料加工复出口，实行"免、抵、退"税办法，其计算当期不予抵扣或退税的税额公式为：当期不予抵扣或退税的税额＝当期出口货物 CIF 价×外汇人民币牌价×（征税税率－退税税率）－当期海关核销免税进口料件组成计税价格×（征税税率－退税税率）。（　　）

10. 委托出口的货物，由受托方申报增值税退（免）税和免税、消费税退（免）税和免税。（　　）

四、计算题

1. 某进出口公司进口货物一批，经海关审核其成交价格为 400 000 美元，已知该批货物关税税率为 10%，消费税税率为 10%，增值税税率为 13%。

要求：计算应征关税税额、消费税税额、增值税税额以及该商品的采购成本。另货物到港后发生到货费用等 12 000 元。当日美元汇率为 6.30 元。

2. 某生产企业某月出口自产甲产品按当日即期汇率折合人民币 200 万元人民币。当期海关核销免税进口料件组成计税价格 50 万元人民币，内销产品 110 万元人民币。在生产甲产品过程中需消耗 A、B 两种国产材料，同期国内采购原材料 A 材料 150 万元人民币，原材料 B 材料 400 万元人民币。该公司为一般纳税人，征税税率为 13%，退税税率为 10%。

要求：计算该公司本期应纳或应退的税额（应对 A、B 两种材料分别计算）。

五、业务处理题

1. 某进出口公司出口铅矿砂一批，离岸价格（FOB）为 620 000 美元，出口关税税率为 25%，当日美元汇率的中间价为 6.26 元。

要求：计算应交纳的出口关税税额并编制相关会计分录。

2. 某进出口公司从意大利进口货物一批，经海关审核其成交价格（CIF 价）为 200 000 美元，已知该批货物关税税率为 10%，消费税税率为 15%，增值税税率为 13%。美元即期汇率中间价为 6.20 元人民币。

要求：计算应征关税税额、消费税税额、增值税税额并编制确认纳税义务及以银行存款交税的会计分录。

3. 某生产企业（一般纳税人），兼营出口业务与内销业务。20×1 年 6 月、7 月份发生以下经济业务：

（1）6 月份，国内购进原材料，取得增值税专用发票已认证，注明价款 100 万元，当月验收入库。内销货物不含税收入 50 万元，出口货物离岸价格为 30 万美元，当日美元汇率为 6.0 元人民币。另有上期留抵税额 6 万元。

(2) 7 月份，国内采购原料，取得增值税专用发票已认证，专用发票上注明价款 100 万元，货已验收入库。进料加工免税进口料件到岸价格 6 万美元，当日美元汇率为 6.0 元人民币，海关实征关税 10 万元。内销货物不含税收入 80 万元，出口货物离岸价为 16 万美元，当日美元汇率为 6.0 元人民币。

要求：计算该企业 6 月份、7 月份出口退税额和免抵税额（出口货物征税税率为 13%，退税税率为 10%），并编制相关会计分录。

4. 某外贸企业出口商品一批，FOB 价格 10 000 美元，购进该批商品时支付的货款为人民币 50 000 元，进项税额 6 500 元。该批商品出口时，当日美元汇率为 6.07 元人民币，出口退税税率 10%。

要求：计算免退增值税额并编制相关会计分录。

5. 某外贸企业从国内一生产企业购进摩托车 100 辆，取得厂家开具的增值税专用发票已认证，价款共计 160 万元，增值税额 20.8 万元。本月全部外销，出口离岸价折合人民币为 200 万元。摩托车适用增值税税率为 13%，消费税税率为 10%。

要求：计算当期应退消费税额，并编制出口退消费税的会计分录。

6. 某出口生产企业 20×1 年 10—12 月份有关资料如下，该企业适用 13% 征税率和 10% 的退税率，假定 10 月份没有上期留抵税额。

单位：万元

项　目		10 月	11 月	12 月
进项税额	上期留抵税额	0		
	本期增加	121.875	130	110
内销	销售额	800	400	500
	销项税额	104	52	65
外销	准予退税的出口额	700	500	700
	不予退税的出口额	113	33.9	
	免税进口料件金额	300	0	200
	来料加工贸易	200	350	300

要求：

(1) 计算该公司 20×1 年 10—12 三个月的当月免抵退税不得免征和抵扣税额抵减额、当月免抵退税不得免征和抵扣税额、当月不予退税的出口货物应计提销项税额、当月应纳税额或当月月末留抵税额、当月免抵退税额抵减额、当月免抵退税额、当月应退税额以及当月免抵税额。

(2) 编制 10—12 三个月的有关出口退税的会计分录。

7. 某生产企业自产的产品既有出口又有内销，出口实行"免、抵、退"办法。出口货物适用税率 13%，出口货物退税率 10%，当期出口产品离岸价 800 万美元，即期汇率 6.0，当期进项税额 487.50 万元，另外当期免税进口价值 200 万美元的料件，用于生产出口产品。没有上期留抵税额。

（1）假设当期内销货物不含税销售额 4 000 万元。出口退税凭证在本期全部收齐。

（2）假设当期内销货物不含税销售额 2 000 万元，其余条件不变。

（3）假设当期内销货物不含税销售额 100 万元，当期出口产品离岸价 700 万美元。其余条件不变。

要求：分别以上三种情况，计算当月出口退税免、抵、退税金额并编制相关会计分录。

六、简答题

1. 试述进口关税与出口关税的计算与账务处理。

2. 试述进口消费税与增值税的计算与账务处理。

3. 试述出口退税政策的种类。

4. 试述生产企业出口货物劳务增值税"免、抵、退"税的计算，账务处理及申报。

5. 试述外贸企业出口货物劳务增值税免退税的计算、账务处理及申报。

6. 试述外贸企业出口货物劳务退消费税的计算、账务处理及申报。

第7章
加工贸易业务的核算

7.1 加工贸易和保税制度

7.1.1 加工贸易

1. 加工贸易相关概念

加工贸易（Processing Trade）是指经营企业从境外保税进口全部或者部分原辅材料、

零部件、元器件、包装物料（以下简称料件），经境内企业加工或者装配后，将制成品复出口的经营活动，主要包括来料加工和进料加工。跨国界的生产加工和销售是加工贸易的显著特点。

来料加工（Processing with Customer's Materials）是指进口料件由境外企业提供，经营企业不需要付汇进口，也不需用加工费偿还，而是按照境外企业的要求进行加工或者装配，只收取加工费，制成品由境外企业销售的加工贸易。

进料加工（Processing with Imported Materials）是指进口料件由经营企业付汇进口，制成品由经营企业外销出口的加工贸易。

加工贸易货物，是指加工贸易项下的进口料件、加工成品以及加工过程中产生的边角料、残次品、副产品等。

加工贸易企业，包括经海关注册登记的经营企业和加工企业。

经营企业，是指负责对外签订加工贸易进出口合同的各类进出口企业和外商投资企业，以及经批准获得来料加工经营许可的对外加工装配服务公司。

加工企业，是指接受经营企业委托，负责对进口料件进行加工或者装配，且具有法人资格的生产企业，以及由经营企业设立的虽不具有法人资格，但实行相对独立核算并已经办理工商营业证（执照）的工厂。

此外，通常所说的"三来一补"，还可以包括来料加工、来图来样加工、来件装配及补偿贸易，属于广义的加工贸易的范畴。

2. 加工贸易的特点

我国的对外贸易业务主要由两部分组成，一般贸易与加工贸易。一般贸易是从最初原料的购进到最终的产品加工生产都是在国内进行的，也就是整个产业链都在国内。与一般贸易相比，加工贸易的原材料或半成品的进口和成品的销售都在国外，只是在我国利用人力资源进行了加工或装配，是"两头在外，中间在内"的贸易模式，获得的收益来源只是加工费部分。中国政府鼓励一切加工贸易，在税收方面给予优惠。国家对加工贸易进口料件免征关税，免征（对来料加工）或是退税和缓征（对进料加工）进口增值税，而一般贸易的进口要缴纳进口环节税，出口时在征收增值税后退还部分税收。同时海关采取保税措施来监管这些材料和所产产品，以保证税收不致流失。因此，加工贸易会计核算的主要特点是要适应海关对保税货物的监管要求。

加工贸易在引进资金、人才、先进的设备、技术和管理经验、缓解国内就业压力、扩大出口、增收外汇等方面发挥着重要作用。

7.1.2　保税制度

保税制度（Bonded System）是一种国际通行的海关制度，是指经海关批准的境内企业所进口的货物在海关的监管下，在境内指定的场所储存、加工、装配，可免交、部分免交、缓交进口环节税费的一种海关监管业务制度。

海关对进口减税、免税和保税的货物要征收监管手续费。保税货物的监管手续费按照保税货物进口关税的完税价格乘以费率（0～1.5％）计算得出。

保税制度通常实施于特定的贸易方式，如来料加工、进料加工、加工装配业务等，通过此特定贸易方式所进口的货物被称为保税货物。只有保税货物才能在海关限定的期限内享受关税的免减缓等优惠待遇。保税制度是鼓励发展加工装配贸易的一种措施。

按照保税业务的不同职能，可以将保税形式分为以下几种。

1. 保税仓库

保税仓库（Bonded Warehouse）是保税制度中应用最广泛的一种形式，是指经海关批准，在当地税务机关监管下，外国货物可以暂免征进口税和国内税而寄放的专门的场所，一般设立在机场、港口、车站、码头和铁路沿线等交通运输便利的地方。我国的保税仓库限于存放供来料加工、进料加工复出口的货物，或者暂时存放后再复出口的货物以及经海关批准缓办纳税手续进境的货物。有进出口经营权的企业可以向海关申请建立保税仓库。保税仓库中贮存的货物有时间限制，我国规定保税货物存储期为一年，特殊情况经批准可延长。

2. 保税区（包括自由港）

保税区（Bonded Zone）是在国境和关境之间建立起来的，在海关监控管理下进行存放和加工保税货物的特定区域。保税区是我国目前开放度和自由度最大的经济区域。保税区具有进出口加工、国际贸易、保税仓储、商品展示等功能，享有"免证、免税、保税"政策，实行"境内关外"运作方式。

保税区的货物可以在区内企业之间转让、转移，出口他国（地）完全自由，进入国内市场要按进口征收关税和增值税。境内其他地区货物进入保税区按正常出口管理，转口货物和在保税区内仓储的货物按照保税货物管理。

从 1990 年 5 月国务院批准建立第一个保税区到目前，中国已建有上海外高桥、天津港、深圳、大连、广州、张家港、海口、厦门象屿、福州、宁波、青岛、汕头、珠海等保税区，主管部门是海关总署。

保税区伴随着国际经济贸易的飞速发展，已在世界上许多国家和地区建立，并为越来越多的国家和地区所采用，它已成为发展国际经济贸易的有效形式。

3. 保税工厂

保税工厂（Bonded Factory）是在海关监管下用保税进口料件加工生产复出口货物的专门工厂或车间。进口原材料、备件和组件，在保税工厂中用以生产出口货物是免征进口关税的。出口货物的生产必须在一个讲明的期限内完成，否则恢复征税。

我国的保税工厂限于经海关特准有进出口经营权，专门为生产出口产品进行保税加工的企业或承接进口料、件加工复出口的出口生产企业。申请建立保税工厂，须具备以下条件：①具有专门加工、制造出口产品的设施；②拥有专门贮存、堆放进口货物和出口成品的仓库；③建立专门记录出口产品生产、销售、库存等情况的账册；④有专人管理保税货物、仓库和账册。

4. 保税集团

保税集团全称"进料加工保税集团"，是指经海关批准，由一个具有进出口经营权的企业牵头，组织关区内同行业若干个加工企业，对进口料、件进行多层次、多道工序连续加工，并享受全额保税的企业联合体。牵头企业代表保税集团向海关负责，其应具备向海关缴纳税费的能力，并承担有关法律责任；集团内各生产成员企业应承担有关连带责任。保税集团的特点是海关对转厂、多层次深加工、多道生产工序的进口料件实行滚动、多次保税监管，具有一次报关、双重功能（加工和储存）、全额保税的优点。

除上述形式之外，还有保税陈列场、指定保税区及保税棚等保税形式，我国均有所采用。

7.2 进料加工业务的核算

7.2.1 进料加工的概念

进料加工，是指我国具有进出口经营权的企业用外汇进口原料、材料、辅料、元器件、配套件和包装物料，加工成成品或半成品再复出口的业务，我国俗称"以进养出"。

"进料加工进出口货物"，是指经营单位专为加工出口商品而用外汇购买进口的原料、材料、辅料、元器件、零部件、配套件和包装物料（以下简称进口料件），以及经加工后返销出口的成品和半成品。

进料加工中，原料进口和成品出口是两笔不同的交易，均发生了所有权的转移。进料加工企业自负盈亏，其进口对象和出口对象没有直接关系。

对于进料加工，应办理进料加工合同登记备案手续。经营单位应持有关单证向主管海关申领《进料加工贸易手（账）册》。海关审核后，确定对进口料、件的不同监管方式，如实施全额保税或按比例征免税等，并核发《进料加工贸易手（账）册》。经营单位凭《进料加工贸易手（账）册》办理有关进料加工的进出口和最终核销等手续。

企业必须按海关在进料加工手册中核定的出口量在规定的期限内（一般为一年）复出口加工成品，特殊情况可向海关申请展期。

对于为加工复出口而进口的原辅料件，根据经营单位情况、采取的保税形式、对口合同、进口料件所属免税比例等情况，海关实行免征或减征进口关税及进口增值税制度。进出口合同需用数量基本一致时，免征或少征；无法提供对应合同，则按比例征收或全额征税。加工贸易保税进口料件或者成品因故转为内销的，海关凭主管部门准予内销的有效批准文件，对保税进口料件依法征收税款并加征缓税利息。

为防范利用加工贸易走私逃税，我国推行了加工贸易进口料件银行保证金台账制。在实行台账制后，外贸企业须凭海关核准的手续向当地银行申请设立"加工贸易进口料件银行保证金台账"。加工成品在期限内出口后，由海关通知银行核销台账，并不征收保证金。只有在超过规定期限未复出口，即逾期未核销时，要追缴或从银行结算户中强制划款。

7.2.2 进料加工业务的会计处理

进料加工业务主要由进口料件的核算、进口料件加工的核算、成品复出口销售的核算三个环节组成。

1. 进口料件的核算

进口环节账务处理与一般进口相同。

① 进口时，凭全套进口单据：

借：材料采购——进料加工（或在途物资——进料加工，以下同）

　　贷：应付外汇账款——××外商

② 实际支付货款，凭银行单据：

借：应付外汇账款——××外商

　　贷：银行存款

③ 海关按规定比例征收进口关税和增值税：

进出口合同需用数量基本一致时，可以免征或少征，如无法提供对应合同，则按比例征收或全额征税。

借：应交税费——应交进口关税

　　　应交税费——应交增值税（进项税额）

　　贷：银行存款

同时将进口关税归集到采购成本：

借：材料采购——进料加工

　　贷：应交税费——应交进口关税

④ 进口材料入库，凭入库单：

借：原材料——进料加工

　　贷：材料采购——进料加工

2. 进口料件加工的核算

进料加工贸易的加工环节主要有委托加工、作价加工两种加工方式。委托加工是指材料不作价，经营企业将进口的料件无偿调拨给加工企业进行加工，加工收回后只付加工费，货物复出口后，凭加工费的增值税专用发票、报关单等规定的资料办理退税。作价加工是经营企业将进口料件作价给加工企业进行生产加工，货物收回时，按照一定价格付款，复出口后凭收回货物时的增值税专用发票、报关单等规定的资料申报退税。其账务处理如下所示：

1）委托加工方式

委托加工方式下，材料不转移所有权，使用"委托加工物资（或加工商品）"账户反映商品形态的转移。

① 将进口料件无偿拨给加工厂进行加工，凭出库单：

借：委托加工物资

　　贷：原材料——进料加工

② 完工，支付加工费，凭加工费发票：

借：委托加工物资

　　应交税费——应交增值税（进项税额）

　　贷：银行存款

③ 加工完成，收回成品，凭入库单：

借：库存商品——进料加工商品

　　贷：委托加工物资

2）作价加工方式

作价加工形成购销关系，使用"其他业务收入""其他业务成本"账户核算。

① 作价给加工企业，作销售处理，凭出库单及增值税专用发票：

借：应收账款——××加工厂（或银行存款）

　　贷：其他业务收入——进料加工销售收入

　　　　应交税费——应交增值税（销项税额）

借：其他业务成本——进料加工销售成本

　　贷：原材料——进料加工

② 加工完成，收回成品，凭入库单及增值税专用发票：

借：库存商品——进料加工商品

　　应交税费——应交增值税（进项税额）

　　贷：应付账款/应收账款——××加工厂（或：银行存款）

3. 成品复出口销售的核算

出口环节账务处理与一般出口基本相同。

出口交单时：

借：应收外汇账款——××外商

　　贷：主营业务收入——进料加工出口销售收入

借：主营业务成本——进料加工出口销售成本

　　贷：库存商品——进料加工商品

【例 7－1】 顺利外贸公司以进料加工复出口贸易方式进口面料一批，按照银行外汇牌价折合人民币 200 000 元。海关按规定执行减免 85％、交纳 15％征税制度，关税税率为 20％，增值税率为 13％。

① 根据全套进口单据，作会计分录如下：

借：材料采购——进料加工（或：在途物资——进料加工，下同） 200 000

　　贷：银行存款——××外币户　　　　　　　　　　　　　　　　　　200 000

② 缴纳进口关税和增值税，作会计分录如下：

$$应交关税＝200\ 000×20\%×15\%＝6\ 000（元）$$

$$应交增值税＝（200\ 000＋6\ 000）×13\%×15\%＝4\ 017（元）$$

借：应交税费——应交进口关税　　　　　　　　　　　　　6 000

　　应交税费——应交增值税（进项税额）　　　　　　　4 017

　　贷：银行存款　　　　　　　　　　　　　　　　　　　　　10 017

同时将进口关税计入采购成本，作会计分录如下：

借：材料采购——进料加工　　　　　　　　　　　　　　　6 000

　　贷：应交税费——应交进口关税　　　　　　　　　　　　　6 000

③ 进口面料入库，作会计分录如下：

借：原材料——进料加工　　　　　　　　　　　　　　　206 000

　　贷：材料采购——进料加工　　　　　　　　　　　　　　206 000

顺利外贸公司将进口面料无偿调拨委托给乙工厂加工为服装，所签订的委托加工合同中注明加工费为 20 000 元，适用增值税率为 13％。乙工厂完工后交货，顺利外贸公司支付加工费，将服装收回后全部报关复出口给 A 外商，出口离岸价折合人民币 300 000 元。

④ 将进口面料无偿调拨给乙工厂进行加工，作会计分录如下：

借：委托加工物资　　　　　　　　　　　　　　　　　206 000

　　贷：原材料——进料加工　　　　　　　　　　　　　　206 000

⑤ 完工，支付加工费，作会计分录如下：

借：委托加工物资　　　　　　　　　　　　　　　　　20 000

　　应交税费——应交增值税（进项税额）　　　　　　2 600

　　贷：银行存款　　　　　　　　　　　　　　　　　　　22 600

⑥ 完工后的服装入库：

借：库存商品——进料加工商品　　　　　　　　　　　226 000

    贷：委托加工物资   226 000

⑦ 出口交单时，作会计分录如下：

借：应收外汇账款——A 外商（或银行存款）   300 000

    贷：主营业务收入——进料加工出口销售收入   300 000

借：主营业务成本——进料加工出口销售成本   226 000

    贷：库存商品——进料加工商品   226 000

【例 7-2】 承例 7-1，假如顺利外贸公司按实际进料成本将面料作价给乙工厂，开出的增值税专用发票注明价款 206 000 元，增值税额 26 780 元。乙工厂加工完成后将服装作价回销给顺利外贸公司，开出的增值税发票注明价款为 226 000 元，增值税额为 29 380 元。顺利外贸公司账务处理如下：

① 至②进口阶段账务处理同例 7-1。

④ 作价给乙工厂，作销售处理，作会计分录如下：

借：应收账款——乙工厂   232 780

    贷：其他业务收入——进料加工销售收入   206 000

        应交税费——应交增值税（销项税额）   26 780

借：其他业务成本——进料加工销售成本   206 000

    贷：原材料——进料加工   206 000

⑤ 加工完成，按照双方作价收回成品，作会计分录如下：

借：库存商品——进料加工商品   226 000

    应交税费——应交增值税（进项税额）   29 380

    贷：应付账款/应收账款——乙工厂   255 380

复出口阶段账务处理同例 7-1 分录（7）。

7.2.3　进料加工复出口货物增值税退（免）税的核算

1. 生产企业进料加工复出口货物增值税退（免）税的核算

生产企业进料加工复出口货物增值税退（免）税的计税依据，按出口货物的离岸价（FOB）扣除出口货物所含的海关保税进口料件的金额后确定。

海关保税进口料件，是指海关以进料加工贸易方式监管的出口企业从境外和特殊区域等进口的料件。包括出口企业从境外单位或个人购买并从海关保税仓库提取且办理海关进料加工手续的料件，以及保税区外的出口企业从保税区内的企业购进并办理海关进料加工手续的进口料件。

当期应纳税额＝当期销项税额－（当期进项税额－当期不得免征和抵扣税额）

                      －上期留抵税额

若当期应纳税额≤0，为当期期末留抵税额。

$$当期免抵退税额＝当期出口货物离岸价×外汇人民币折合率×$$
$$出口货物退税率－当期免抵退税额抵减额$$

其中：

$$当期免抵退税额抵减额＝当期免税购进原材料价格×出口货物退税率$$

当期免税购进原材料价格包括当期国内购进的无进项税额且不计提进项税额的免税原材料的价格和当期进料加工保税进口料件的价格，其中当期进料加工保税进口料件的价格为组成计税价格。

$$当期进料加工保税进口料件的组成计税价格＝当期进口料件到岸价格＋$$
$$海关实征关税＋海关实征消费税$$

比较当期期末留抵税额与当期免抵退税额，计算免、抵、退税额。

2. 外贸企业进料加工复出口货物增值税免、退的核算

目前，加工贸易是由海关监管的，海关总署不允许企业将保税进口料件作价销售，只能采取委托加工收回出口的方式。为了避免冲突并统一管理，作价销售保税进口料件应按内销征税，比照一般贸易委托加工的方式计算退税。

1）进口料件采取委托加工方式复出口

外贸企业采取委托加工方式收回后复出口货物的退税，按购进国内原辅材料增值税专用发票上注明的进项税额，依原辅材料适用的退税率计算原辅材料的应退税额；支付的加工费，凭受托方开具的增值税专用发票上注明的加工费金额，依复出口货物的退税率计算加工费的应退税额；对进口料件实征的进口环节增值税，凭海关完税凭证，计算调整进口料件的应退税额。

$$应退税额＝国内购进原辅材料增值税专用发票注明的进项金额×原辅材料退税率＋$$
$$增值税专用发票注明的加工费金额×复出口货物退税率＋$$
$$海关已对进口料件实征的增值税税款$$
$$应计入出口销售成本的增值税额＝加工费金额×（增值税征税率－退税率）$$

【例 7－3】　承例 7－1，假定该批服装适用退税率为 10％。

$$应退税额＝20\,000×10％＋4\,017＝6\,017(元)$$
$$应计入出口销售成本的增值税额＝20\,000×（13％－10％）＝600(元)$$

编制会计分录如下：

借：应收出口退税　　　　　　　　　　　　　　　　　　　　　　6 017
　　贷：应交税费——应交增值税（出口退税）　　　　　　　　　　　6 017
借：主营业务成本——进料加工出口销售成本　　　　　　　　　　600
　　贷：应交税费——应交增值税（进项税额转出）　　　　　　　　　600

2）进口料件采取作价加工方式复出口

具体地讲，在进口时，保税缓征；转售加工时，凭《进料加工贸易申请表》开出增

值税专用发票，按内销征税；加工完毕交货时，加工计征增值税；出口后，计算应退税额。

$$应退税额＝出口货物应退税额（购回已加工成品的金额×复出口货物退税率）$$

$$销售进口料件应抵扣税额＝销售进口料件金额×复出口货物退税率－$$
$$海关已对进口料件实征的增值税税款$$

【例 7－4】 承例 7－2，假定该批服装适用退税率为 10％。

$$销售进口料件应抵扣税额＝206\ 000×10％－4\ 017＝16\ 583（元）$$

$$应退税额＝226\ 000×10％－16\ 583＝6\ 017（元）$$

应计入出口销售成本的增值税额＝（226 000－206 000）×（13％－10％）＝600（元），作会计分录如下：

借：应收出口退税　　　　　　　　　　　　　　　　　　　6 017
　　贷：应交税费——应交增值税（出口退税）　　　　　　　　6 017
借：主营业务成本——进料加工出口销售成本　　　　　　　　600
　　贷：应交税费——应交增值税（进项税额转出）　　　　　　600

7.2.4　进料加工复出口货物征收增值税的核算

一般纳税人以进料加工贸易方式出口货物征收增值税的方法为按出口销售额扣除出口货物耗用进口料件金额后的余额依照规定税率计算销项税额的方法征税。

进料加工贸易出口货物计征增值税办法仅适用具有增值税一般纳税人资格的生产企业，由于外贸企业进口料件只能采取作价加工方式，因而出口货物征收增值税时其进项税额为取得加工费的增值税专用发票上注明的增值税额，从而计算出口货物销项税额时不得从出口销售额中扣减耗用的保税进口料件金额。

例如，某生产企业所用××号进料加工手册仅进口了一笔保税料件，外汇折算人民币价格为 9 000 元，在当月一次性耗用完毕并报关出口一笔货物，外汇离岸价换算人民币为10 300元，按新规定计算（以购进法核算进料加工），其征税率为 13％，销项税额＝[（10 300－9 000）÷1.13]×13％＝149.56（元）。

考虑到如果出口企业采用实耗法或抵减进口料件金额不实，要求应对出口货物耗用的进料加工保税进口料件金额进行清算。

从事进料加工业务的生产企业，办理进料加工出口货物退（免）税申报及手（账）册核销业务，见 6.4.2 节的相关规定。

7.3　来料加工业务的核算

7.3.1　来料加工的概念及特点

1. 来料加工的概念

来料加工是指外商提供全部原料、辅料、元器件和零部件，必要时提供某些设备，由我国企业按照外商提出的规格、质量、技术标准加工为成品或半成品提交给外商，由外商在海外市场自行销售，我国企业只向外商收取工缴费。因此，来料加工的会计核算重在以外币计价的工缴费的核算。

2. 来料加工的特点

来料加工具有投资少、时间短、见效快的特点，对于引进外资及先进设备、扩大出口、增收外汇、充分利用国内劳动力资源、加速经济建设等方面起着重要作用。来料加工与进料加工相比较具有以下特点。

① 来料加工的原辅料由外商提供，供料人就是成品的承受人，所有权及盈亏均属外商，国内企业不需要付汇进口，只按外商规定的标准进行加工，收取加工费用，不承担盈亏。进料加工是由外贸企业自营的业务，用自身的外汇进口原料，采取自营加工或以委托、作价加工形式加工成成品后再出口，对原辅料及成品享有所有权，自负盈亏。

② 来料加工的双方一般是委托加工关系，原料供应方往往是成品承受人。进料加工的双方是商品买卖关系，进料和加工复出口是两笔独立的交易。

③ 来料加工的料件由外商提供，国内企业不需要付汇进口，针对外商提供的料件，符合规定的，免征进口、出口关税和进口增值税，对在国内加工增值部分也实行免税，由于进料实行免税，出口也不退税。进料加工中的进口料件由经营企业付汇进口，对加工增值及采用的国内料件实行"出口退税"或实行"免、抵、退"。

有关经营单位应在对外签订的来料加工合同自批准之日起，一个月内持有关单证向主管海关办理合同备案登记手续。海关批准后，核发《对外加工装配进出口货物登记手册》，并凭此验放进出口货物。

对会计核算而言，进料加工和来料加工的不同之处在于对存货的核算。来料加工由于对存货没有所有权，一般只在账外登记备查（也可作价核算，但不付款）；进料加工则需要对存货进行正式核算。

此外，来料加工复出口的货物适用增值税免税政策，区别于进料加工复出口货物。

7.3.2　来料加工业务的会计处理

1. 来料加工业务的核算方式

在实际工作中，来料加工业务的会计核算方式主要有两种：来料（件）不计价核算、来料（件）计价核算。

来料（件）与成品不计价核算方式下，有关外商提供的料、件及必要的设备等在账内均不作价反映，而在账外登记备查，我方只收取加工费，即单作价方式。

来料（件）与成品计价核算方式下，进口原辅料和出口成品各作各价，进口原辅料时，我方暂不付款，待加工为成品出口时我方收取成品的出口值与外方来料进口值之间的差价。由于出口结算在前，进口结算在后，实际上我方不垫付资金，又称双作价方式。

按照对外签订合同和应承担的任务，来料加工有两种经营形式：代理形式和自营形式。代理形式即由加工企业会同外贸公司对外签订合同，由加工企业直接承担生产，通过外贸公司办理出口结汇，外贸公司作代理，收取外汇手续费。自营业务由外贸公司独立对外签订合同，由外贸公司承担加工补偿业务，然后组织工厂生产，外贸公司作自营，收取工缴费收入或以引进设备生产的商品偿还引进设备等价款。

2. 来料加工业务的账务处理

为了反映加工贸易业务的销售收入、成本及盈亏，设置"其他业务收入"和"其他业务成本"账户进行核算。

根据来料加工的两种经营形式，即代理形式和自营形式，分别列举两种情况下的具体账务处理。

1）代理业务形式

代理业务形式下，由代理企业和加工企业共同与外商签订来料加工合同，加工企业承担生产、交货等合同责任及盈亏，负责将外商提供的料件按外商的要求加工装配成成品。代理企业负责办理料件进口、成品出口和结汇手续，并向加工企业收取代理手续费。在这种方式下，外贸公司不是主体，材料不对外作价，全在"表外"处理，出口阶段按代理方式入账。外贸公司账务处理如下：

① 收到外商不计价的原辅材料时，应凭加盖"来料加工"戳记的入库单，连同外商交来的进口单证，通过备查账簿在表外单式记录：

借：外商来料——进口××原料

② 将外商来料拨给加工厂时，应凭加盖"来料加工"戳记的出库单，加工厂开具的收据，在表外记录：

借：拨出来料——××加工厂

贷：外商来料——进口××原料

③ 加工厂交来已加工完的产品时，凭加盖"来料加工"戳记的入库单，表外记录：

借：代管物资——来料加工——××成品

贷：拨出来料——××加工厂

④ 办理对外出口托运时，应凭加盖"来料加工"戳记的出库单，表外记录：

借：代管物资——发出商品——来料加工出口——××成品

贷：代管物资——来料加工——××成品

⑤ 商品出运、向银行交单，根据出口发票作会计分录如下：

借：应收外汇账款——××外商

贷：应付账款——××加工厂

同时，贷：代管物资——发出商品——来料加工出口——××成品

⑥ 代加工厂支付国外运保费，凭有关单据及银行购汇水单作会计分录如下：

借：应付账款——××加工厂

贷：银行存款——××外币户

⑦ 代加工厂支付各项国内费用，凭有关单据作会计分录如下：

借：应付账款——××加工厂

贷：银行存款——人民币户

⑧ 收到加工工缴费外汇，所产生的汇兑差额如果由加工厂承担，则将差额记入"应付账款——××加工厂"账户，如果由外贸企业承担，则记入"财务费用——汇兑差额"账户，凭银行水单作会计分录如下：

借：银行存款——人民币户

应付账款——××加工厂（或财务费用——汇兑差额）

贷：应收外汇账款——××外商

⑨ 与加工厂结算并收取加工厂手续费及代付运保费，作会计分录如下：

借：应付账款——××加工厂

贷：其他业务收入——手续费

应交税费——应交增值税（销项税额）

银行存款——人民币户

【例 7-5】　20×9 年 6 月 10 日光明服装厂会同顺利外贸公司与美国迈林公司签订来料加工合同，合同中规定由美国迈林公司免费提供布料 3 000 米，由光明服装厂承担生产，由顺利外贸公司作代理办理出口结汇。美国迈林公司需支付工缴费 30 万美元。光明服装厂需向外贸公司按实收外汇的 2% 支付代理手续费。顺利外贸公司账务处理如下：

① 6 月 20 日收到美国迈林公司发来的布料 3 000 米，表外记录：

借：外商来料——进口布料　　　　　　　　　　　　　　　3 000 米

② 6 月 20 日将外商来料拨给光明服装厂时，表外记录：

借：拨出来料——光明服装厂　　　　　　　　　　　　　　3 000 米

贷：外商来料——进口布料　　　　　　　　　　　　　　3 000 米

③ 6 月 30 日光明服装厂交来已加工完的服装 2 000 件，表外记录：

借：代管物资——来料加工——出口服装　　　　　　　　　2 000 件

贷：拨出来料——光明服装厂　　　　　　　　　　　　　3 000 米

④7月2日将2 000件服装办理对外出口托运，表外记录：

借：代管物资——发出商品——来料加工商品——出口服装 2 000件

  贷：代管物资——来料加工——出口服装   2 000件

⑤7月2日收到业务部门交来的产品已出运的有关出库单证及向银行交单的联系单，当日美元即期汇率为1：6.830 9，作会计分录如下：

借：应收外汇账款——美国迈林公司（US＄300 000×6.830 9）

                     2 049 270

  贷：应付账款——光明服装厂（US＄300 000×6.830 9） 2 049 270

同时，贷：代管物资——发出商品——来料加工商品——出口服装 2 000件

⑥7月5日发运服装时代光明服装厂支付国外运费10 000美元，保险费6 000美元，当日银行美元即期汇率为1：6.831 2，作会计分录如下：

借：应付账款——光明服装厂   109 299.20

  贷：银行存款——美元户（US＄16 000×6.831 2）   109 299.20

⑦7月10日收到银行结汇通知，工缴费已收妥结汇（汇兑差额由本公司承担，当日银行美元买入价为6.830 0，中间价为6.830 9），作会计分录如下：

借：银行存款——人民币户（US＄300 000×6.830 0）   2 049 000

  财务费用——汇兑差额   270

  贷：应收外汇账款——美国迈林公司（US＄300 000×6.830 9） 2 049 270

⑧7月10日，与光明服装厂结算，将从工缴费中扣除手续费及代付运保费后的余款划拨给光明服装厂，增值税率6%。作会计分录如下：

借：应付账款——光明服装厂   1 939 970.80

  贷：银行存款——人民币户   1 896 532

    其他业务收入——手续费   40 980

    应交税费——应交增值税（销项税额）   2 458.80

2）自营业务形式

外贸企业自行承接的来料加工业务，与代理方式有所不同。代理方式下，外贸企业只负责办理料件进口、成品出口和结汇手续，不承担合同责任；自行承接业务方式下，外贸企业必须承担合同责任，自负盈亏，加工厂只收取工缴费。因此自营业务形式与代理业务形式下的会计核算方法有所不同。自营业务形式下，又可细分为外贸企业自属加工厂承办来料加工、委托加工厂加工、作价给加工厂加工三种方式。

外商提供的料件如不计价，应通过备查簿记入"外商来料"表外科目。外商来料如若计价，则一律视同购进处理，以加强对外商来料及加工成本的管理和控制。外商提供的料件采用计价方式时，加工完的成品也予计价，企业将加工装配完工的成品发运出口后，即以实际交付的成品的价款作为销售收入，以进口料件的价款和加工成本作为销售成本。

（1）外贸企业自属加工厂承办来料加工

外贸企业自属加工厂承办来料加工业务，需核算加工成本，并结转加工收入。下面以外商来料不计价核算方式为例加以说明：

【例 7-6】　20×9 年 6 月 20 日顺利外贸公司与美国凯迪公司签订来料加工合同，合同中规定由美国凯迪公司免费提供布料 3 000 米，由顺利外贸公司承担加工业务。美国凯迪公司需支付工缴费 30 万美元。顺利外贸公司在接收来料后由自属加工厂进行加工，来料采取不计价核算方式。顺利外贸公司具体账务处理如下：

① 收到外商来料，表外记录：

借：外商来料　　　　　　　　　　　　　　　　　　　　3 000 米

② 投料生产，表外记录：

借：拨出来料　　　　　　　　　　　　　　　　　　　　3 000 米

　　贷：外商来料　　　　　　　　　　　　　　　　　　　　3 000 米

③ 加工过程中发生人工费 200 000 元，制造费 150 000 元，辅料 450 000 元，作会计分录如下：

借：生产成本——人工　　　　　　　　　　　　　　　　200 000

　　　　　　——制造费　　　　　　　　　　　　　　　150 000

　　　　　　——辅料　　　　　　　　　　　　　　　　450 000

　　贷：银行存款——人民币户　　　　　　　　　　　　　　600 000

　　　　应付职工薪酬　　　　　　　　　　　　　　　　　200 000

④ 完工，结转制造成本时，作会计分录如下：

借：库存商品——来料加工商品　　　　　　　　　　　　800 000

　　贷：生产成本——人工　　　　　　　　　　　　　　　　200 000

　　　　　　　　——制造费　　　　　　　　　　　　　　150 000

　　　　　　　　——辅料　　　　　　　　　　　　　　　450 000

⑤ 产品发运出口，并向银行交单，当日美元即期汇率为 1：6.830 9。

确认加工收入，作会计分录如下：

借：应收外汇账款——美国凯迪公司（US＄300 000×6.830 9）　2 049 270

　　贷：其他业务收入——来料加工出口销售收入　　　　　　2 049 270

结转销售成本，作会计分录如下：

借：其他业务成本——来料加工出口销售成本　　　　　　800 000

　　贷：库存商品——来料加工商品　　　　　　　　　　　　800 000

同时表外记录：

　　贷：拨出来料　　　　　　　　　　　　　　　　　　　　3 000 米

（2）委托加工厂加工

委托加工方式下，外贸公司将外商来料拨给加工企业加工，然后收回成品并向加工企业支付加工费。委托加工方式下，拨付原材料和收回加工成品不作为购销业务处理。下面以外商来料计价核算的情况为例予以说明。

【例7-7】 20×9年7月10日长天进出口公司与国外A公司签订的合同规定，A公司提供50 000米化纤绸布作价175 000港元，由长天进出口公司负责加工成25 000件服装，服装每件作价19港元，材料价款从出口发票金额中扣除。承接A公司的加工业务后，长天进出口公司与丽人服装厂签订委托加工合同，由丽人服装厂受托加工，加工费为120 000元。长天进出口公司账务处理如下。

①7月20日，收到外商来料，视同进口，作价入库，但不付汇，当日港元市场汇率为1：1.10，作会计分录如下：

借：原材料——来料加工　　　　　　　　　　　　　　　192 500
　　贷：应付外汇账款——A公司（HK＄175 000×1.10）　　192 500

②7月20日，将外商来料拨付给丽人服装厂加工，作会计分录如下：

借：委托加工物资　　　　　　　　　　　　　　　　　　192 500
　　贷：原材料——来料加工　　　　　　　　　　　　　192 500

③7月30日，收到丽人服装厂交来的25 000件服装，支付加工费120 000元，作会计分录如下：

借：库存商品——来料加工商品　　　　　　　　　　　　312 500
　　贷：委托加工物资　　　　　　　　　　　　　　　　192 500
　　　　银行存款/应付账款　　　　　　　　　　　　　120 000

④8月3日，商品发运出口，并向银行交单，当日港元即期汇率为1：1.20，作会计分录如下：

借：应收外汇账款——A公司（HK＄25 000×19×1.20）　　570 000
　　贷：其他业务收入——来料加工出口销售收入　　　　570 000
借：其他业务成本——来料加工出口销售成本　　　　　　312 500
　　贷：库存商品——来料加工商品　　　　　　　　　　312 500

⑤8月5日，支付运保费1 450港元，当日港元即期汇率为1：1.24，作会计分录如下：

借：其他业务收入——来料加工出口销售收入　　　　　　1 798
　　贷：银行存款——港元户（HK＄1 450×1.24）　　　　1 798

⑥8月12日，收到银行通知，已收汇300 000港元并结汇，当日银行港元买入价为1.25，中间价为1.20。作会计分录如下：

借：银行存款——人民币户（HK＄300 000×1.25）　　　375 000
　　应付外汇账款——A公司　　　　　　　　　　　　　192 500
　　财务费用——汇兑差额　　　　　　　　　　　　　　2 500
　　贷：应收外汇账款——A公司　　　　　　　　　　　570 000

（3）作价给加工厂加工

作价加工是指出口企业将原材料作价销售给加工企业，加工为成品后再作价购回的一种加工方式。在作价加工方式下，原材料作价拨出，成品作价收回，作为购销业务处理。

【例7-8】　承例7-7，假定长天进出口公司将外商来料作价192 500元销售给服装厂，加工成服装后再作价312 500元购回，则作如下账务处理：

①7月20日收到外商来料，作会计分录如下：

借：原材料——来料加工　　　　　　　　　　　　　　　　　192 500
　　贷：应付外汇账款——A公司（HK＄175 000×1.10）　　　　192 500

②7月20日将外商来料作价销售给丽人服装厂，收到货款192 500元，作会计分录如下：

借：银行存款/应收账款　　　　　　　　　　　　　　　　　192 500
　　贷：其他业务收入　　　　　　　　　　　　　　　　　　192 500

同时结转成本，作会计分录如下：

借：其他业务成本　　　　　　　　　　　　　　　　　　　192 500
　　贷：原材料——来料加工　　　　　　　　　　　　　　　192 500

③7月30日，收到服装厂交来的服装25 000件，支付货款312 500元，作会计分录如下：

借：库存商品——来料加工商品　　　　　　　　　　　　　312 500
　　贷：银行存款/应付账款　　　　　　　　　　　　　　　312 500

商品出口交单、支付运保费和收汇的账务处理与例7-7相同。

来料加工出口货物免税证明及核销办理，见6.4.7节的相关规定。

7.4　加工贸易银行保证金台账制度

7.4.1　银行保证金台账制度的内容

加工贸易多是小额，笔数众多，对海关的保税监管工作带来了极大的压力。为了制止利用加工贸易渠道走私，自1996年7月1日起，国家对加工贸易（包括来料加工、进料加工、外商投资企业从事的加工贸易）进口料件实行银行保证金台账制度。经营加工贸易单位或企业持商务主管部门批准的加工贸易合同的批准文件，凭海关核准的手续，按合同备案料件金额向指定银行申请设立加工贸易进口料件保证金台账，加工成品在规定的加工期限内全部出口，经海关核销后，由银行核销保证金台账。加工贸易企业设立台账的具体做法可分为"实转"和"空转"两种。

"实转"是指加工贸易企业在设立保证金台账时，海关对其加工贸易进口料件收取应征进口关税及增值税等值的保证金；或由中国银行出具保函，企业在规定时限内加工出口并办理核销后，中国银行凭海关开具的台账核销通知，退还保证金或核销保函，并按活期存款利率付给利息。"实转"主要针对从事进口料件属限制类商品的加工贸易企业（免设银行保证金台账的企业除外）和 C 类加工贸易企业。

"空转"是指符合条件的加工单位凭海关核准的手续向当地中国银行申请设立"加工贸易保证金台账"，加工成品在限期内出口后，由海关通知银行核销台账，并不征收保证金，只在企业产品超过规定期限未复出口时，要追缴或从银行结算户中强制划款入库，平时银行只在账面上进行监督。

台账制度的核心内容是对企业和商品实行分类管理，对部分企业进口的开展加工贸易的部分料件，银行要按料件的进口税额征收保证金。

目前，中国银行是唯一授权办理开设加工贸易进口料件银行保证金台账业务的银行。根据银行保证金台账制度的有关规定，经营加工贸易企业一律向加工生产企业主管海关所在地的中国银行分（支）行申请开设银行保证金台账。中国银行凭对应海关出具的《银行保证金台账开设联系单》或《银行保证金台账变更联系单》（指变更后由"空转"改为"实转"的）为加工贸易企业在海关保证金专用账户下设立该企业的分户。

银行保证金台账制度的基本操作程序：

① 商务主管部门按规定审批经营加工贸易单位对外签订的加工合同，核查加工贸易单位的有效注册证件，审查其经营状况和生产能力，防止"三无"利用加工贸易进行走私违法活动。

② 所在地主管海关根据经营加工贸易单位提交的加工贸易合同及商务主管部门对加工贸易合同的批准文件审核，按合同备案料件金额签发《开设银行保证金台账联系单》。

③ 中国银行根据海关开具的联系单及经营加工贸易单位的申请，审核并予以设立保证金台账，并签发《银行保证金台账登记通知单》。

④ 所在地主管海关根据经营加工贸易单位提交的《银行保证金台账登记通知单》及有关单证，为企业办理加工贸易合同的登记备案手续，向企业核发加工贸易手册。

⑤ 经营加工贸易单位进口料件时免缴进口税款。在规定的加工期限内，凡加工成品全部出口的，经海关核销后，通知银行核销保证金台账。

⑥ 经营加工贸易单位进口料件后，对因故需转内销的产品，应报商务主管部门批准，按规定的比例缴纳进口税款。

7.4.2 支付和收回银行保证金的账务处理

支付和收回银行保证金的会计分录如下。

"空转"，只需支付手续费时：

借：财务费用

　　贷：库存现金（或银行存款）

"实转"支付保证金及台账变更需续存保证金时：

借：其他货币资金——保证金台账

　　贷：银行存款

收回保证金及利息时：

借：银行存款

　　贷：其他货币资金——保证金台账

　　　　财务费用——利息

如加工产品因故不能复出口而转内销补税时：

① 经批准内销的保税料件的税款，按一般征税缴款书且不附带《税款缴纳扣划通知书》的，由企业直接向银行缴纳，不能从台账保证金账户内划转。

借：应交税费——应交关税

　　应交税费——应交增值税（已交税金）

　　贷：银行存款

② 办理台账保证金转税手续的，中国银行根据企业送交由海关签发的注有"台账保证金转税专用"和台账编号字样的《海关专用缴款书》，从相应账户把对应该笔台账的保证金划转"中央金库"：

借：应交税费——应交关税

　　应交税费——应交增值税（已交税金）

　　贷：其他货币资金——保证金台账

一般情况下，相应的缓税利息不能从台账保证金账户内划转，由企业直接向银行缴纳：

借：财务费用——利息

　　贷：银行存款

③ 超过台账本金部分的税款由企业另行纳税：

借：应交税费——应交关税

　　应交税费——应交增值税（已交税金）

　　贷：银行存款

本 章 小 结

加工贸易业务主要会计分录表如表7-1所示：

表7-1 加工贸易业务主要会计分录表

进料加工	1. 进口料件		(1) 进口时： 借：材料采购——进料加工（或在途物资，以下同） 　贷：应付外汇账款——××外商
			(2) 实际支付货款： 借：应付外汇账款——××外商 　贷：银行存款
			(3) 海关按规定比例征收进口关税和增值税： 借：应交税费——应交进口关税 　　　应交税费——应交增值税（进项税额） 　贷：银行存款 同时将进口关税计入采购成本： 借：材料采购——进料加工 　贷：应交税费——应交进口关税
			(4) 进口材料入库： 借：原材料——进料加工 　贷：材料采购——进料加工
	2. 加工环节	委托加工方式	(1) 将进口料件无偿拨给加工厂进行加工： 借：委托加工物资 　贷：原材料——进料加工
			(2) 完工，支付加工费： 借：委托加工物资 　　　应交税费——应交增值税（进项税额） 　贷：银行存款
			(3) 加工完成，收回成品： 借：库存商品——进料加工商品 　贷：委托加工物资
		作价加工方式	(1) 作价给加工企业，作销售处理： 借：应收账款——××加工厂（或银行存款） 　贷：其他业务收入——进料加工销售收入 　　　应交税费——应交增值税（销项税额） 借：其他业务成本——进料加工销售成本 　贷：原材料——进料加工
			(2) 加工完成，收回成品： 借：库存商品——进料加工商品 　　　应交税费——应交增值税（进项税额） 　贷：应付账款/应收账款——××加工厂（或：银行存款）

续表

进料加工	3. 成品复出口	出口交单，确认收入： 借：应收外汇账款——××外商 　贷：主营业务收入——进料加工出口销售收入 结转成本： 借：主营业务成本——进料加工出口销售成本 　贷：库存商品——进料加工商品
来料加工	代理业务形式	(1) 收到外商不计价的原辅材料时，通过备查账簿在表外记录（只记录数量，下同）： 借：外商来料——进口××原料
		(2) 将外商来料拨给加工厂时，在表外记录： 借：拨出来料——××加工厂 　贷：外商来料——进口××原料
		(3) 加工厂交来已加工完的产品时，表外记录： 借：代管物资——来料加工——××成品 　贷：拨出来料——××加工厂
		(4) 办理对外出口托运时，表外记录： 借：代管物资——发出商品——来料加工出口——××成品 　贷：代管物资——来料加工——××成品
		(5) 商品出运、向银行交单： 借：应收外汇账款——××外商 　贷：应付账款——××加工厂 同时，贷：代管物资——发出商品——来料加工出口——××成品
		(6) 代加工厂支付国外运保费： 借：应付账款——××加工厂 　贷：银行存款
		(7) 代加工厂支付各项国内费用： 借：应付账款——××加工厂 　贷：银行存款
		(8) 收到加工工缴费外汇以及所产生的汇兑差额： 借：银行存款 　　应付账款——××加工厂（或财务费用——汇兑差额） 　贷：应收外汇账款——××外商
		(9) 与加工厂结算并收取加工厂手续费： 借：应付账款——××加工厂 　贷：其他业务收入——手续费 　　应交税费——应交增值税（销项税额） 　　银行存款

来料加工	自营业务形式（针对外商来料可采用计价核算与不计价核算两种方式）	外贸企业自属加工厂承办来料加工（以外商来料不计价核算方式为例）	① 收到外商来料，表外记录： 借：外商来料
			② 投料生产，表外记录： 借：拨出来料 　　贷：外商来料
			③ 加工过程中发生人工费、制造费、辅料等： 借：生产成本——人工 　　　　　——制造费 　　　　　——辅料 　　贷：银行存款 　　　　应付职工薪酬
			④ 完工，结转制造成本： 借：库存商品——来料加工商品 　　贷：生产成本——人工 　　　　　　　——制造费 　　　　　　　——辅料
			⑤ 产品发运出口，并向银行交单，确认加工收入： 借：应收外汇账款——××外商 　　贷：其他业务收入——来料加工出口销售收入 结转销售成本： 借：其他业务成本——来料加工出口销售成本 　　贷：库存商品——来料加工商品 同时表外记录： 　　贷：拨出来料
		委托加工厂加工（以外商来料计价核算方式为例）	① 收到外商来料，视同进口，作价入库，但不付汇： 借：原材料——来料加工 　　贷：应付外汇账款——××外商
			② 将外商来料拨付给加工厂加工： 借：委托加工物资 　　贷：原材料——来料加工
			③ 收到××加工厂交来的服装，支付加工费： 借：库存商品——来料加工商品 　　贷：委托加工物资 　　　　银行存款
			④ 商品发运出口，并向银行交单： 借：应收外汇账款——××外商 　　贷：其他业务收入——来料加工出口销售收入 借：其他业务成本——来料加工出口销售成本 　　贷：库存商品——来料加工商品

来料加工	自营业务形式（针对外商来料可采用计价核算与不计价核算两种方式）	委托加工厂加工（以外商来料计价核算方式为例）	⑤ 支付运保费： 借：其他业务收入——来料加工出口销售收入 　　贷：银行存款
			⑥ 收到银行通知，已收汇并结汇： 借：银行存款 　　应付外汇账款——××外商 　　财务费用——汇兑差额 　　贷：应收外汇账款——××外商
		作价给加工厂加工（以外商来料计价核算方式为例）	① 收到外商来料： 借：原材料——来料加工 　　贷：应付外汇账款——××外商
			② 将外商来料作价销售给加工厂，收到货款： 借：银行存款 　　贷：其他业务收入 同时结转成本： 借：其他业务成本 　　贷：原材料——来料加工
			③ 收到加工厂交来的产品，支付货款： 借：库存商品——来料加工商品 　　贷：银行存款 商品出口交单、支付运保费和收汇的账务处理与委托加工厂加工方式相同
银行保证金台账	(1)"空转"，只需支付手续费时： 借：财务费用 　　贷：库存现金（或银行存款）		
	(2)"实转"支付保证金及台账变更需续存保证金时： 借：其他货币资金——保证金台账 　　贷：银行存款		
	(3) 收回保证金及利息时： 借：银行存款 　　贷：其他货币资金——保证金台账 　　　财务费用——利息		
	如加工产品因故不能复出口而转内销补税时	(1) 经批准内销的保税料件的税款，由企业直接向银行缴纳： 借：应交税费——应交关税 　　应交税费——应交增值税（已交税金） 　　贷：银行存款	

续表

银行保证金台账	如加工产品因故不能复出口而转内销补税时	(2) 办理台账保证金转税手续的，把对应该笔台账的保证金划转"中央金库"： 借：应交税费——应交关税 　　应交税费——应交增值税（已交税金） 　贷：其他货币资金——保证金台账 直接向银行缴纳缓税利息： 借：财务费用——利息 　贷：银行存款
		(3) 另行缴纳超过台账本金部分的税款： 借：应交税费——应交关税 　　应交税费——应交增值税（已交税金） 　贷：银行存款

习　题

一、单项选择题

1. 加工贸易的显著特点是（　　）。

A. 从境外进口原辅材料、零部件　　　　　B. 将生产的产品出口到国外

C. 跨越国界的生产加工和销售　　　　　　D. 进口消费税有优惠政策

2. 保税制度中应用最广泛的一种形式是（　　）。

A. 保税车间　　　　B. 保税区　　　　C. 保税工厂　　　　D. 保税仓库

3. 对签有进口料件和出口成品对口合同的进料加工业务，经批准可对其（　　）。

A. 进口料件予以保税，加工后实际出口部分予以保税

B. 进口料件予以保税，加工后实际出口部分予以免税

C. 进口料件予以征税，加工后实际出口部分予以退税

D. 进口料件予以免税，加工后实际出口部分予以免税

4. 外贸企业在进料加工业务中，为加工复出口进口的原辅料件，如进出口合同需用量基本一致时，则（　　）。

A. 按比例征收进口关税及进口增值税

B. 全额征收进口关税及进口增值税

C. 不征不退进口关税及进口增值税

D. 免征或少征进口关税及进口增值税

5. 进料加工项下，进口的料、件应自进口之日起（　　）内加工为成品返销出口。

A. 半年　　　　　　B. 2 年　　　　　　C. 1 年半　　　　　D. 1 年

6. 某外贸企业从英国某公司进口原料 1 吨，作价 20 万美元，并将其送国内 A 企业作价

加工，进口时市场汇率 1 美元＝6.05 元人民币，若该业务无对口合同，则该外贸企业应交进口关税额（关税税率 20％）为（　　　）元。

　　A. 242 000　　　　　B. 205 700　　　　　C. 36 300　　　　　D. 0

7. 来料加工时，（　　　）是成品的承受人。

　　A. 供料外商　　　　B. 外贸公司　　　　C. 第三方客户　　　　D. 加工企业

8. 保税仓库的保税货物一般都是（　　　），但有一定的保税期限。

　　A. 部分保税　　　　　　　　　　　B. 完全保税

　　C. 指定场所保税　　　　　　　　　D. 保税区内保税

9. 来料加工业务采用（　　　）方式，在加工完毕交货时，除根据"来料加工"入库单在表外做账外，还应根据应支付加工厂的加工费结算凭证正式入账。

　　A. 对外单作价自营　　　　　　　　B. 对外单作价代理

　　C. 对外双作价代理　　　　　　　　D. 对内单作价自营

10. 在来料加工业务采取自营形式、外商来料不计价方式下，当外贸企业自属加工厂承办来料加工，在产品出口办理交单结汇时，则其表外科目账务处理为（　　　）。

　　A. 借记"外商来料"表外科目　　　　B. 借记"拨出来料"表外科目

　　C. 贷记"外商来料"表外科目　　　　D. 贷记"拨出来料"表外科目

　　E. 贷记"代管物资"表外科目

二、多项选择题

1. 加工贸易与一般贸易相比，有以下特点（　　　）。

　　A. 加工贸易是"两头在外，中间在内"的贸易模式

　　B. 加工贸易主要包括来料加工和进料加工

　　C. 国家对加工贸易进口料件免征关税，免征（对来料加工）或退和缓（对进料加工）进口增值税

　　D. 保税制度是鼓励发展加工贸易的一种措施

　　E. 加工贸易的发展有利于促进一般贸易的出口

2. 进料加工与来料加工的联系有（　　　）。

　　A. 都属于一般贸易

　　B. 原料进口与成品出口往往是一笔买卖，或是两笔相关的买卖，均发生所有权转移

　　C. 受国家鼓励，享受相似的政策优惠

　　D. 都属于"两头在外，中间在内"的加工贸易方式

　　E. 境外保税进口原辅材料，企业均不以外汇进口

3. 按照对外签订合同和承担的任务，来料加工的形式有（　　　）。

　　A. 委托形式　　　　B. 作价形式　　　　C. 记账形式

　　D. 自营形式　　　　E. 代理形式

4. 来料加工自营业务形式下，外贸企业的加工方式可分为（　　　）。

A. 代理   B. 委托加工   C. 自营

D. 自属加工厂加工   E. 作价加工

5. 来料加工业务的会计核算方式主要有（   ）。

A. 单作价   B. 委托加工   C. 自营

D. 双作价   E. 代理

三、判断题

1. 加工贸易区别于一般贸易，获得的收入来源是加工费部分。   （   ）

2. 加工贸易保税制度实际上是给予纳税人延迟缴纳关税的特权，同时海关对货物进行监管的制度。   （   ）

3. 保税区是在国境和关境之间建立起来的，在海关监控管理下进行存放和加工保税货物的特定区域。   （   ）

4. 我国保税制度的实施并没有限定于特定的贸易方式，所有货物都能在一定的期限内享受关税的免、减、缓待遇。   （   ）

5. 在进料加工业务中，专门为加工出口成品而进口的料、件，海关按实际加工复出口的数量，免征关税和缓交增值税，在复出口退税时抵扣。   （   ）

6. 来料加工的双方一般是商品买卖关系，而进料加工的双方是委托加工关系。   （   ）

7. 来料加工中，进口对象和出口对象无直接关系；而进料加工业务，供料人就是成品的承受人。   （   ）

8. 进料加工由于对存货没有所有权，一般只在账外登记备查，即使作价核算，也不付款。   （   ）

9. 进料加工成品出口环节，在"主营业务收入——进料加工出口销售收入"账户下核算出口销售收入。   （   ）

10. 来料加工代理业务形式下，设置"外商来料""拨出来料""代管物资"等表外账户登记材料、商品的数量。   （   ）

四、业务处理题

1. 甲外贸进出口公司为一般纳税企业，选择人民币为记账本位币，其外币交易采用交易日即期汇率折算，汇兑差额采用集中结转法。

（1）甲外贸公司以进料加工复出口的贸易方式进口服装面料 10 万米，计 200 000 美元，当日美元汇率为 6.8 元。该进料加工业务无对口合同，海关按 85% 的比例减免进口环节的关税及增值税，关税率 20%，增值税率 13%，该批面料当日入库。

（2）甲外贸公司以作价方式将该批面料作价给 A 工厂，开出的增值税专用发票注明价款 160 万元，增值税额 20.8 万元。

（3）A 工厂将完工的服装作价回销给甲外贸公司，开出的增值税专用发票上注明的价款为 190 万元，增值税额 24.7 万元。

（4）甲外贸公司将该批服装全部报关复出口给乙外商；外销价为离岸价 38 万美元。当日美元汇率为 6.82 元。

（5）甲外贸公司收齐有关单证并经信息核对无误后，向所在地退税机关申报办理出口退税。适用退税率为 9%。

要求：编制相关会计分录。

2．接题 1。

（1）若该进料加工业务有对口合同，海关免征进口环节关税、增值税。

（2）该进料加工业务采用委托加工方式，甲外贸公司将进口面料委托 A 工厂加工成服装，支付 A 工厂加工费 350 000 元，增值税率 13%。

（3）完工服装收回入库。

（4）甲外贸公司将该批服装全部报关复出口给乙外商，外销价为离岸价 38 万美元。当日美元汇率为 6.82 元。

（5）甲外贸公司收齐有关单证并经信息核对无误后，向所在地退税机关申报办理出口退税。适用退税率为 9%。

要求：编制相关会计分录。

3．甲外贸进出口公司为一般纳税企业，以人民币为记账本位币，其外币交易采用交易日即期汇率折算，汇兑差额采用集中结转法。甲外贸公司会同 A 工厂与外商乙签订来料加工合同，由外商提供不计价的材料，A 工厂加工成成品交付外商乙，甲外贸公司按实收外汇净额的 2.5% 收取手续费。当日美元汇率为 6.8 元。

（1）甲外贸公司收到不计价的原材料 8 吨。

（2）拨给 A 工厂进行加工。

（3）A 工厂将原料加工成成品 100 箱交货并办理托运出口。

（4）甲外贸公司代垫运杂费 1 000 美元。当日美元汇率为 6.7 元。

（5）甲外贸公司向银行交单办理结汇，应收外汇工缴费 9 000 美元。当日美元汇率为 6.75 元。

（6）接到收汇通知，收到外汇工缴费 9 000 美元。当日美元汇率为 6.8 元。

（7）扣除代垫运杂费及 2.5% 手续费后，余款划拨 A 工厂。当日美元汇率为 6.8 元。

要求：编制相关会计分录。

4．甲外贸进出口公司为一般纳税企业，以人民币为记账本位币，其外币交易采用交易日即期汇率折算。该公司根据与外商乙签订的一份来料加工合同进行来料加工业务，该公司已向主管出口退税的税务机关办理了免税证明。

该公司本月发生以下业务：

（1）收到外商乙提供面料、辅料等材料 1 500 米，不付汇作价 30 000 美元，材料入库。当日美元汇率为 6.1 元。

（2）将上列外商乙提供面料、辅料等材料委托 A 加工厂加工成休闲服装。

（3）该公司收到 A 加工厂加工完毕的休闲服装，并以银行存款支付加工费 90 000 元人民币。

（4）该公司将上列完工后的休闲服装报关出口，根据合同规定，应收工缴费 18 000 美元，出口服装作价 48 000 美元，同时结转该批来料加工产品加工成本。当日美元汇率为 6.2元。

（5）以外汇银行存款支付上列来料加工业务的境外运保费 1 500 美元。当日美元汇率为6.2 元。

（6）接银行通知，收到上列外商乙工缴费 18 000 美元。当日美元汇率为 6.1 元。

要求：编制相关会计分录。

5. 接题 4。

假设甲外贸进出口公司将外商来料作价 183 000 元销售给 A 加工厂，加工成服装后再作价 273 000 元购回。

要求：编制相关会计分录。

五、简答题

1. 试述进料加工、来料加工业务的税务特点及其区别。

2. 试述进料加工业务的会计核算内容。

3. 试述代理形式下，来料加工业务的会计核算内容。

4. 试述自营形式下，不同加工方式下来料加工业务的会计核算内容及其区别。

第8章
技术进出口业务的核算

▶▶ 学习目标

知识目标：

1. 熟悉技术进出口的概念及方式；
2. 明确技术进出口的税法规定；
3. 掌握技术进口的会计核算；
4. 掌握技术出口的会计核算。

能力目标：

1. 能进行技术进出口业务税务处理；
2. 能进行技术进口业务账务处理；
3. 能进行技术出口业务账务处理。

8.1 技术进出口业务概述

8.1.1 技术进出口的概念及方式

技术进出口，是指从境外向境内，或者从境内向境外，通过贸易、投资或者经济技术合作的方式将其技术使用权授予、出售的行为，包括专利权转让、专利申请权转让、专利实施许可、非专利技术转让、技术服务和其他方式的技术转移。技术是否跨越国境是判断是否具有国际性技术进出口行为的关键标准。

技术进出口作为一种跨境的贸易行为，与一般货物进出口又有明显区别。

① 交易的对象不同。技术进出口的交易对象特殊，是无形的"知识产品"；而货物进出口对象是指有形的物质产品。

② 转让权限不同。技术进出口转让的只是技术的使用权，而货物进出口的标的一经售

出，卖方就失去了对商品的所有权。

③ 受法律调整和政府管制程度不同。许多国家在有关技术进出口的法律中规定，凡重要的技术引进协议必须呈报政府主管部门审查、批准或登记后才能生效，而一般货物进出口合同没有这样的要求。

国际技术贸易采用的方式主要有许可贸易、技术服务与咨询、特许专营、合作生产，以及含有知识产权和专有技术许可的设备买卖等。

1. 技术许可贸易

技术许可贸易（Trade License）是国际技术贸易中使用最广泛和最为普遍的一种方式。专利权、商标权或专有技术所有人作为许可方允许被许可方按许可方拥有的技术实施、制造、销售该技术项下的产品，并由被许可方支付一定数额的报酬。

技术许可贸易按其标的内容可分为专利许可、商标许可、计算机软件许可和专有技术许可等形式。在国际技术贸易实践中，一项许可贸易可能包括上述一项内容，如单纯的专利许可，也可能包括上述两项或两项以上内容，成为一揽子许可。

2. 特许专营

特许专营（Franchise）是近二三十年迅速发展起来的一种新型商业技术转让方式。是指由一家已经取得成功经验的企业（专营许可方），将其商标、商号名称、服务标志、专利、专有技术以及经营管理的方法或经验转让给另一家企业（专营接受方）的一项技术转让合同，后者有权使用前者的商标、商号名称、专利、服务标志、专有技术及经营管理经验，但须向前者支付一定金额的特许费。

3. 技术服务与咨询

技术服务与咨询（Technical Consulting Service）是技术供方或服务方受另一方委托，通过签订技术服务合同，为委托方提供技术劳务，完成某项服务任务，并由委托方支付一定技术服务费的活动。技术服务与咨询的范围和内容相当广泛，包括产品开发、成果推广、技术改造、工程建设、科技管理等方面，大到大型工程项目的工程设计、可行性研究，小到对某个设备的改进和产品质量的控制等。

与许可贸易不同的是，技术服务与咨询是以技术性劳务为交易对象，而许可贸易是以技术成果为交易对象的。另外许可贸易的技术供方所提供的技术是被其垄断的新的独特的技术，这些技术属于知识产权或专有技术。而在技术服务与咨询中，服务方所提供的技术多是一般技术，即知识产权和专有技术以外的技术。

4. 含有知识产权和专有技术转让的设备买卖

在国际技术贸易实践中，在购买设备特别是关键设备时，有时也会含有知识产权或专有技术的转让内容。这种设备买卖也属于技术贸易的一种方式。但是，单纯的设备买卖，即不含有知识产权和专有技术许可的设备的买卖属于普通商品贸易，不是技术贸易。

含有知识产权和专有技术转让的设备买卖，其交易标的包含了两方面的内容：一是硬件技术，即设备本身；二是软件技术，即设备中所含有的或与设备有关的技术知识。这种设备的成交价格中不仅包括设备的生产成本和预得利润，而且也包括有关的专利或专有技术的价值。在这种设备的买卖合同中含有专利和专有技术许可条款以及技术服务和咨询条款。

8.1.2　我国技术进出口管理

为了规范技术进出口管理，维护技术进出口秩序，促进国民经济和社会发展，国家对技术进出口实行统一的管理制度，依法维护公平、自由的技术进出口秩序。

国家主管部门对技术进出口实行统一管理，采取"三种技术、两类合同、登记加审批制度"。三种技术是指将技术分为禁止进出口技术、限制进出口技术以及自由进出口技术，由商务部会同国务院有关部门，制定、调整并公布禁止或者限制进出口的技术目录。两类合同是指技术进口合同及技术出口合同。登记加审批制度是指：对属于禁止进出口的技术不得进口或出口；对属于限制进出口的技术，实行许可证审批管理；对属于自由进出口的技术，实行合同登记管理制度。

8.2　技术进出口的税务处理

8.2.1　技术进口税务

技术进口（Import of Technology）指从中国境外向中国境内通过贸易、投资或者经济技术合作的方式转移技术的行为。

税费条款（Tax Clause）是国际技术贸易合同中一项重要的内容。与技术贸易有关的税种主要有所得税、增值税等。

1. 进口增值税

税法规定，研发服务、技术转让服务、技术咨询服务、信息技术服务、软件服务、设计服务、商标和著作权转让服务、知识产权服务等现代服务业，应缴纳增值税，增值税税率为6%。境外企业向境内企业销售技术、服务，境外企业应当缴纳增值税、预提企业所得税，并实行代扣代缴的办法。

接受境外单位或者个人提供的应税服务，从税务机关或者境内代理人取得的解缴税款的《中华人民共和国税收通用缴款书》（以下称通用缴款书）上注明的增值税额，进行抵扣。

境外单位或者个人在境内提供应税服务，在境内未设有经营机构的，扣缴义务人按照下列公式计算应扣缴税额：

$$应扣缴税额＝[购买方支付的价款÷(1＋税率)]×税率$$

2. 预提企业所得税

我国从国外引进技术时，国外许可方有来源于我国的技术使用费收入，根据我国"从源管辖权"原则，要求供方就该项收入依照我国法律向税务机关缴纳所得税。

技术进口所得税采取预提征收方法，以实际受益人为纳税义务人，以支付人为扣缴义务人。税款由支付人在每次支付的款项中扣缴。所扣税款，应在 5 日内缴入国库，并向当地税务机关报送扣缴所得税报告表。

预提所得税以纳税义务人取得的收入全额为计税依据，除国家另有规定外，不予扣除任何成本和费用。

外国企业在中国未设立机构、场所，而有取得来源于中国境内的特许权使用费收入，应当缴纳 20% 的所得税。为鼓励技术进口，对于符合规定的技术进口合同，外国企业可以享受减免企业所得税的优惠。根据《企业所得税法》第 20 条第 4 款规定，为科学研究、开发能源、发展交通事业、农林牧业生产以及开发重要技术提供专有技术所取得的特许权使用费，经国务院批准，可以减按 10% 的税率征收所得税，其中技术先进或者条件优惠的，可以免征所得税。另外，与我国签订有双边税收协定国家的外国企业，适用协定规定的限制性税率。

企业取得《技术进口合同许可证》或《技术合同进口登记证》后，应办理税务、外汇、银行、海关等登记手续。技术进口企业凭上述许可证或登记证及技术合同副本向其主管税务机关办理增值税及预提所得税的纳税申报。凭已缴纳税款凭证向其主管税务部门取得完税凭证，该完税凭证交技术出口方作为其本国抵免所得税的凭证。

【例 8-1】 A 国某公司在中国境内未设立经营机构，20×9 年将一项专利权提供给中国境内甲企业使用，获特许权使用费 300 万美元（含税收入），增值税税率 6%，预提企业所得税税率 10%，即期美元汇率 6.80 元。计算甲企业应代扣代缴的增值税及预提所得税税额。

应代扣代缴增值税 = [300×6.80÷(1+6%)]×6% = 1 154 717（万元）
应代扣预提企业所得税 = [300×6.80÷(1+6%)]×10% = 1 924 528（万元）

8.2.2 技术出口税务

1. 出口增值税

我国税法规定，中华人民共和国境内（以下称境内）的单位和个人向境外单位提供的研发服务和设计服务，适用增值税零税率，实行免抵退税办法或免退税办法。增值税零税率应税服务的退税率为对应服务提供给境内单位适用的增值税税率。

向境外单位提供的技术转让服务、技术咨询服务、软件服务、商标著作权转让服务等免征增值税。

增值税零税率应税服务提供者应填报《出口退（免）税资格认定申请表》及电子数据、

《技术出口合同登记证》原件及复印件，向主管税务机关申请办理出口退（免）税资格认定。

实行免抵退税办法的增值税零税率应税服务提供者向主管税务机关办理增值税免抵退税申报，除提供第 6.5.1 节介绍的资料外，还需填报《增值税零税率应税服务（研发服务/设计服务）免抵退税申报明细表》，并提供下列资料及原始凭证的原件及复印件：

① 与增值税零税率应税服务收入相对应的《技术出口合同登记证》复印件；

② 与境外单位签订的研发、设计合同；

③ 从与之签订研发、设计合同的境外单位取得收入的收款凭证；

④《向境外单位提供研发服务/设计服务收讫营业款明细清单》。

实行免退税办法的增值税零税率应税服务提供者，向主管税务机关办理增值税免退税申报，除提供第 6.5.1 节介绍的资料外，还需提供以下原始凭证：

① 提供增值税零税率应税服务所开具的发票；

② 从境内单位或者个人购进研发服务或设计服务出口的，提供应税服务提供方开具的增值税专用发票；

③ 从境外单位或者个人购进研发服务或设计服务出口的，提供取得的解缴税款的中华人民共和国税收缴款凭证。

纳税人提供免征增值税跨境服务的，应到主管税务机关办理跨境服务免税备案手续，同时提交以下资料：

①《跨境应税服务免税备案表》；

② 跨境服务合同原件及复印件；

③ 向境外单位提供跨境服务，应提交服务接受方机构所在地在境外的证明材料。

2. 预提所得税

我国的技术出口一般按进口方所在国税法规定也要征预提所得税。按《税法》规定，符合条件的技术转让所得应按以下方法计算：

$$技术转让所得＝技术转让收入－技术转让成本－相关税费$$

技术转让收入是指当事人履行技术转让合同后获得的价款，不包括销售或转让设备、仪器、零部件、原材料等非技术性收入。不属于与技术转让项目密不可分的技术咨询、技术服务、技术培训等收入，不得计入技术转让收入。

技术转让成本是指转让的无形资产的净值，即该无形资产的计税基础减除在资产使用期间按照规定计算的摊销扣除额后的余额。

相关税费是指技术转让过程中实际发生的有关税费，包括除企业所得税和允许抵扣的增值税以外的各项税金及其附加、合同签订费用、律师费等相关费用及其他支出。

我国《企业所得税法》规定，纳税人来源于中国境外的所得，已在境外缴纳的所得税税款，准予在汇总纳税时，从其应纳税额中扣除，超过扣除限额的部分，可以在以后 5 个年度内，用每年度税额扣除的余额进行补扣。

所谓扣除限额是指企业来源于中国境外的所得，依照我国《企业所得税法》的规定计算的应纳税额。除国务院财政、税务主管部门另有规定外，该抵扣限额应当分国（地区）不分项计算，计算公式为：

境外所得税税款扣除限额＝境内外所得按我国税法计算的应纳税总额×（来源于某国的所得额÷境内境外所得总额）

【例 8-2】 我国境内甲企业 20×9 年取得境内外生产、经营应纳税所得额为 2 000 万元，其中 500 万元为该企业技术出口到 B 国的所得，在 B 国已实际缴纳 100 万元预提所得税，我国企业所得税税率为 25％。计算甲企业境外缴纳税款的扣除限额及在国内汇总缴纳所得税税额。

① 境内外所得应纳税总额＝2 000×25％＝500（万元）

② 境外所得税税额扣除限额＝500×500÷2 000＝125（万元）

③ 汇总时应纳所得税税额＝2 000×25％－100＝400（万元）

由于在 B 国缴纳的所得税费用 100 万元低于限额 125 万元，可全额扣除。如甲企业在 B 国缴纳的所得税额为 175 万元，高于扣除限额 125 万元，其超过扣除限额部分的 50 万元，在本年度不能扣除，用以后年度税额扣除的余额补扣。

8.3　技术进口的核算

8.3.1　技术进口的成本

企业购进技术发生的成本，包括购买价款、相关税费以及直接归属于使该项资产达到预定用途所发生的其他支出。直接归属于使该资产达到预定用途所发生的其他支出，包括达到预定用途所发生的专业服务费用、测试费用等；购买价款超过正常信用条件延期支付价款的，应按购买价款的现值计量其成本，现值与应付价款之间的差额作为未确认的融资费用，在付款期间内按照实际利率法确认为财务费用，计入当期损益。

投资者投入技术的成本，应当按照投资合同或协议约定的价值确定，在投资合同或协议约定价值不公允的情况下，应按无形资产的公允价值入账。

8.3.2　支付技术使用费的账务处理

在国际技术贸易实践中，使用费支付方式主要有总付和提成支付两种。

1. 总付一次性付清方式

总付（Lump Sum Payment）是指在签订合同时，许可方与被许可方谈妥一笔固定的金额，在合同生效后，由被许可方按合同约定，一次或分期支付的办法。总付方式下，企业通过"无形资产"会计科目进行核算，并按无形资产的类别设置明细账。

【例 8 - 3】 承例 8 - 1。

（1）取得代收代缴税收缴款凭证和完税证明材料，按合同金额记入无形资产成本，作会计分录如下：

借：无形资产　　　　　　　　　　　　　　　　　　　　　　 19 245 283
　　应交税费——应交增值税（进项税额）　　　　　　　　　　 1 154 717
　　贷：应付外汇账款——A 国某公司　　　　　　　　　　　　 20 400 000

同时结转代扣税金，作会计分录如下：

借：应付外汇账款——A 国某公司　　　　　　　　　　　　　　 3 079 245
　　贷：应交税费——代扣预提企业所得税　　　　　　　　　　 1 924 528
　　　　　　　　——代扣增值税　　　　　　　　　　　　　　 1 154 717

（2）支付扣税后的净价款，作会计分录如下：

借：应付外汇账款——A 国某公司　　　　　　　　　　　　　　 17 320 755
　　贷：银行存款　　　　　　　　　　　　　　　　　　　　　 17 320 755

（3）缴纳代扣预提企业所得税、代扣的增值税，作会计分录如下：

借：应交税费——代扣预提企业所得税　　　　　　　　　　　　 1 924 528
　　应交税费——代扣增值税　　　　　　　　　　　　　　　　 1 154 717
　　贷：银行存款　　　　　　　　　　　　　　　　　　　　　 3 079 245

2. 提成支付方式

提成支付（Proportionate Payment）是指在签订合同时，当事人双方确定一个提取使用费的百分比，待被许可方利用技术开始生产并取得经济效果（产量、销售额、利润等）之后，以经济效果为基础，定期连续提取使用费的方法。

需要注意的是，在提成支付条件下，如果技术进口的价值不能确定，因其不符合资产确认的条件，所以不能将该技术确认为无形资产进行会计核算。

【例 8 - 4】 承例 8 - 3。假设合同约定，按年销售额 10％支付 A 国某公司使用费。假定第一年甲企业销售收入为 30 万美元，使用费 3 万美元按期支付。假设即期美元汇率 6.80。

甲企业第一年末账务处理如下：

（1）按合同金额将使用费记入"销售费用"账户，作会计分录如下：

借：销售费用　　　　　　　　　　　　　　　　　　　　　　 192 452.83
　　应交税费——应交增值税（进项税额）　　　　　　　　　　 11 547.17
　　贷：应付外汇账款——A 国某公司　　　　　　　　　　　　 204 000

同时结转代扣税金，作会计分录如下：

借：应付外汇账款——A 国某公司　　　　　　　　　　　　　　 30 792.45
　　贷：应交税费——代扣预提企业所得税　　　　　　　　　　 19 245.28
　　　　　　　　——代扣增值税　　　　　　　　　　　　　　 11 547.17

（2）支付扣税后的净价款，作会计分录如下：

借：应付外汇账款——A 国某公司　　　　　　　　　　173 207.55

　　贷：银行存款　　　　　　　　　　　　　　　　　　　173 207.55

（3）缴纳预提应交所得税、代扣代缴的增值税，作会计分录如下：

借：应交税费——代扣预提企业所得税　　　　　　　　19 245.28

　　　应交税费——代扣增值税　　　　　　　　　　　　11 547.17

　　贷：银行存款　　　　　　　　　　　　　　　　　　　30 792.45

以后每年会计分录同上。

8.4　技术出口的核算

8.4.1　提供技术服务的账务处理

提供技术服务多属于在某一段内履行的履约义务。对于在某一段内履行的履约义务，企业应当在该段时间内按照履约进度确认收入，但是，履约进度不能合理确定的除外。企业应当考虑技术服务的性质，采用产出法或投入法确定恰当的履约进度，并且在确定履约进度时，应当扣除那些控制权尚未转移给客户的技术服务。企业按照履约进度确认收入时，通常应当在资产负债表日按照合同的交易价格总额乘以履约进度并扣除以前会计期间累计已确认的收入后的金额，确认为当期收入。

对于在某一时段内履行的履约义务，只有当其履约进度能够合理确定时，才应当按照履约进度确认收入。企业如果无法获得确定履约进度所需的可靠信息，则无法合理地确定其履行履约义务的进度。当履约进度不能合理确定时，企业已经发生的成本预计能够得到补偿的，应当按照已经发生的成本金额确认收入，直到履约进度能够合理确定为止。

【例 8-5】我国甲企业于 20×8 年 9 月为 A 国企业设计产品，设计费为 100 万美元，期限为 6 个月，合同规定 A 国企业预付设计费 10 万美元，余款在设计完成后支付。至 20×8 年 12 月 31 日已发生成本 400 万元（假定为设计人员工资）。预计完成该设计项目还将发生成本 240 万元。20×8 年 12 月 31 日经专业人员测评，设计工作已完成 75%。当日美元即期汇率为 6.80，假定期内无变动。A 国征收的预提所得税率为 10%，则：

20×8 年确认收入＝劳务总收入×履约进度－已确认的收入

＝1 000 000×6.80×75%－0＝5 100 000（元）

20×8 年确认成本＝劳务总成本×履约进度－已确认的成本

＝（4 000 000＋2 400 000）×75%－0＝4 800 000（元）

① 收到预收款，已扣预提所得税。作会计分录如下：

借：银行存款 ［US＄100 000×（1－10％）×6.80］　　　　　612 000

　　应交税费——应交预提所得税（US＄100 000×10％×6.80）　68 000

　　贷：合同负债——A 国企业（US＄100 000×6.80）　　　　　　680 000

② 结转代缴预提所得税。作会计分录如下：

借：所得税费用　　　　　　　　　　　　　　　　　　　　　68 000

　　贷：应交税费——应交预提所得税　　　　　　　　　　　　　68 000

③ 发生成本。作会计分录如下：

借：合同履约成本　　　　　　　　　　　　　　　　　　4 000 000

　　贷：应付职工薪酬　　　　　　　　　　　　　　　　　　4 000 000

④ 20×8 年 12 月 31 日确认收入。作会计分录如下：

借：合同负债（US＄1 000 000×75％×6.80）　　　　　　5 100 000

　　贷：主营业务收入（或，其他业务收入）　　　　　　　　5 100 000

同时结转成本。作会计分录如下：

借：主营业务成本（或，其他业务成本）　　　　　　　　4 800 000

　　贷：合同履约成本　　　　　　　　　　　　　　　　　　4 800 000

⑤ 20×9 年发生成本 240 万元。作会计分录如下：

借：合同履约成本　　　　　　　　　　　　　　　　　　2 400 000

　　贷：应付职工薪酬　　　　　　　　　　　　　　　　　　2 400 000

⑥ 设计完工时确认余下 25％进度的收入。作会计分录如下：

借：合同负债（US＄1 000 000×25％×6.80）　　　　　　1 700 000

　　贷：主营业务收入（或，其他业务收入）　　　　　　　　1 700 000

同时结转成本。作会计分录如下：

借：主营业务成本（或，其他业务成本）　　　　　　　　1 600 000

　　贷：合同覆约成本　　　　　　　　　　　　　　　　　　1 600 000

⑦ 收到 A 国企业设计费余款，已扣预提所得税。作会计分录如下：

借：银行存款 ［US＄900 000×（1－10％）×6.8］　　　　　5 508 000

　　应交税费——应交预提所得税（US＄900 000×10％×6.8）　612 000

　　贷：合同负债——A 国企业（US＄900 000×6.80）　　　　6 120 000

⑧ 结转代缴预提所得税。作会计分录如下：

借：所得税费用　　　　　　　　　　　　　　　　　　　　612 000

　　贷：应交税费——应交预提所得税　　　　　　　　　　　　612 000

甲企业在 A 国交纳的预提所得税，在国内汇总交纳企业所得税时予以抵扣。

8.4.2　技术转让的账务处理

技术转让（Technological Transfer）又称技术权益转让，是指企业将其所拥有的专利和非专利技术等的所有权或使用权有偿转让给他人使用的行为。它可以用图纸、技术资料等形式有偿转让技术所有权或使用权。

技术转让使用费收入应按有关合同、协议规定的收费时间安排和方法确认。不同的使用费收入，其收费时间和收费方法各不相同：一次收回一笔固定的金额、分期等额收回、分期不等额收回。如果合同、协议规定使用费一次支付，且不提供后期服务的，应视同该项资产的销售一次确认收入；如提供后期服务的，应在合同、协议规定的有效期内分期确认收入。如合同规定分期支付使用费的，应按合同规定的收款时间和金额或合同规定的收费方法计算的金额分期确认收入。

1. 转让技术的所有权

企业出售某项技术时，应按实际收到的金额，借记"银行存款"等账户；按已经累计摊销的金额，借记"累计摊销"账户；按已计提减值准备的金额，借记"无形资产减值准备"账户；按其账面余额，贷记"无形资产"账户；按其差额贷记"资产处置损益——处置非流动资产利得"账户或借记"资产处置损益——处置非流动资产损失"账户。

2. 转让技术的使用权

企业将所拥有的技术使用权让渡给外国的企业或个人时，应确认相关的收入和成本。取得的租金收入，借记"银行存款"等账户，贷记"其他业务收入"等账户；摊销出租技术的成本并发生与转让有关的各种费用支出时，借记"其他业务成本"账户，贷记"累计摊销"等账户。

【例8-6】 我国甲企业将一项专利权转让给A国某企业使用，合同规定使用期为4年，使用费为50万美元，分4次收取。该专利权的账面余额为30万元，摊销期限10年。A国不征收预提所得税，不考虑其他因素。假设收取使用费时美元即期汇率为6.85。

① 收取使用费时。作会计分录如下：

借：银行存款　　　　　　　　　　　　　　　　　856 250

　　贷：其他业务收入　　　　　　　　　　　　　　　856 250

② 每月对该项专利权进行摊销。作会计分录如下：

借：其他业务成本　　　　　　　　　　　　　　　2 500

　　贷：累计摊销　　　　　　　　　　　　　　　　　2 500

甲企业在汇总交纳企业所得税时，应将该笔收入计入应纳税所得额。此外，出口企业收齐申报凭证，办理应税服务的退（免）税。

习　题

一、单项选择题

1. 我国国家主管部门对技术进出口实行（　　）。

A. 统一管理，采取二种技术、两类合同、登记加审批制度

B. 统一管理，采取二种技术、三类合同、登记加审批制度

C. 统一管理，采取三种技术、两类合同、登记加审批制度

D. 统一管理，采取三种技术、三类合同、登记加审批制度

2. 在技术进出口的技术转让交易中使用最广泛和最普遍的一种贸易方式是（　　）。

A. 技术服务　　　　　　B. 技术许可　　　　　　C. 特许专营　　　　　　D. 承包工程

3. 判断是否具有国际技术进出口行为是以（　　）为标准。

A. 双方国籍　　　　　　　　　　　　　B. 技术是否跨越国境

C. 行政区域　　　　　　　　　　　　　D. 是否采用国际结算

4. 对自由进出口技术，我国实行（　　）制度。

A. 不得进出口　　　　B. 许可证审批　　　　C. 合同登记管理　　　　D. 台账管理

5. 技术进出口许可贸易的基本类型有（　　）。

A. 专利许可、商标许可与专有技术转让专营许可　　B. 专营许可、专利许可与商标许可

C. 专利许可、专营许可与专有技术转让　　　　　　D. 专利许可与技术咨询服务

6. 在技术进出口业务中，企业购进技术发生的成本包括（　　）。

A. 购买价款

B. 购买价款及相关税费

C. 购买价款、相关税费及直接、间接归属于使该项资产达到预定用途所发生的其他支出

D. 购买价款、相关税费及直接归属于使该项资产达到预定用途所发生的其他支出

7. 预提所得税不是一个税种，而是对（　　）取得的来源于我国境内的所得实行源泉扣缴方式征收企业所得税。

A. 居民企业　　　　　　B. 非居民企业　　　　　　C. 事业单位　　　　　　D. 自然人

8. 境外单位或者个人在境内提供应税服务，在境内未设有经营机构的，增值税实行（　　）。

A. 扣缴义务人代扣代缴　　　　　　　　B. 免征

C. 由境外单位直接缴纳　　　　　　　　D. 免抵退

9. 提供技术服务的开始和完成分属不同的会计期间，且提供技术服务交易的结果能够可靠估计的，企业在（　　）应当采用完工百分比法确认提供劳务收入。

A. 劳务开始日　　　　B. 资产负债表日　　　　C. 收到劳务款项日　　D. 劳务完成日

10. 技术进出口与一般进出口贸易相比，其主要区别不包括（　　）。

A. 交易对象不同　　　　　　　　　　　　　B. 转让权限不同

C. 受法律调整和政府管制程度不同　　　　　D. 交易时间不同

二、判断题

1. 判断是否具有国际性的技术进出口行为，是以进出口双方是否属于不同国籍为标准。（　　）

2. 技术进出口作为一种贸易行为，与一般货物进出口没有明显区别。（　　）

3. 在技术进口贸易过程中，使用费支付只能采用总付一次性付清方式。（　　）

4. 预提所得税是为适应跨国权益所得的特点，采取的一种源泉征收方法，实际受益人为纳税义务人，以支付人为扣缴义务人，从每次支付的款项中代扣代缴应纳税额。（　　）

5. 境内的单位和个人向境外单位提供的研发服务和设计服务，适用增值税零税率，实行免抵退税办法或免退税办法。（　　）

三、业务处理题

1. 我国 A 企业以 150 万美元从美国 B 公司购入一项专利技术，美国 B 公司在中国境内未设立经营机构，美元即期汇率为 6.00。增值税税率 6%，预提所得税税率 10%。

要求：

（1）计算 A 企业应交纳的增值税与预提所得税的金额。

（2）作出 A 企业缴纳预提所得税及增值税、确认无形资产同时结转代扣税金、支付税后净价款的会计分录。（单位：万元）

2. 接题1，假设合同约定，A 企业按年销售额 10% 支付美国 B 公司技术使用费。假定第一年 A 企业销售收入为 200 万美元，使用费 20 万美元按期支付。假设即期美元汇率 6.50。

要求：作出第一年年末 A 企业缴纳预提所得税及增值税、第一次应付款入账同时结转代扣税金、支付税后净价款的会计分录。（单位：万元）

3. 国内某公司于 20×1 年 9 月为 A 国某企业设计工程项目，设计费 50 万美元，期限 6 个月，合同规定 A 国某企业预付设计费 10 万美元，余款在设计完成后支付。至 20×1 年 12 月 31 日已经发生成本 200 万元。预计完成该项目还将发生成本 120 万元。20×1 年 12 月 31 日经专业人员测评，设计过程已完成 75%。假设美元即期汇率 8.00 且期内无变动。A 国预提所得税税率 10%。

要求：编制相关会计分录。

四、简答题

1. 简述技术进出口的税务处理。

2. 简述技术进出口的账务处理。

第9章
样展品、物料用品的核算

▶▶ 学习目标

知识目标：

1. 掌握样展品的概念、管理与会计核算；
2. 掌握物料用品的概念与会计核算。

能力目标：

1. 能进行样展品收发的账务处理；
2. 能进行物料用品收发的账务处理。

9.1 样展品的核算

9.1.1 样展品的概念

样品通常是指从一批商品中抽取出来的或由生产、使用部门设计、加工出来的，足以反映和代表整批货物品质的少量实物。提供商品样品是企业经营进出口交易不可缺少的条件，它是与客商洽谈交易的依据。展品是展出者生产或经营的制品，是进出口交易中展览和销售相结合贸易方式下的产物。

通过提供样品，陈列展品，可以起到宣传商品、改进产品、了解市场、促进销售的作用。

进出口企业的样品有的来自国外，有的来自国内；或是由客商无偿提供，或是自行采购。由于样展品的来源与用途复杂，必须建立专职的样品管理部门，负责样品的收入、发出与保管工作，并建立收入、发出和保管的制度，设立账簿或卡片登记，样品管理部门应根据有关负责人员审核批准的凭证收发样品。

样品的采购，应由业务部门负责，对国外进口的样品，应按批准的进口计划及单证验收。发出样品，也应由业务部门办理必要的凭证手续，对发出不明去向的样品，应先作借样，以后按规定手续报账。对商品交易会、博览会发送样展品，应根据业务部门编制的样展品发送清单发给经办人员，待会期结束，按规定办理退回与报销清算工作。贵重展品可按规定个别成交、寄售或运回，中低档展品多采取折扣销售的办法。样展品管理部门对所管样展品应经常或定期地进行盘点，以做到账实相符。

9.1.2 样展品的账务处理

1. 样展品业务核算的账户设置

进出口企业应设置"库存商品——样展品"账户核算企业存放自库和陈列在国内外的样品、展品和卖品。该账户借方反映增加的样展品验收入库的金额；贷方反映销售、赠送等减少的金额；余额在借方，反映样展品的结存金额。该账户按出口样品、进口样品、出国展品、国内陈列展品、交易会样展品、借用样品等并按品名进行明细分类核算，同时登记其数量与金额。

2. 样展品收发业务的账务处理

进出口企业样品的收发核算主要包括样品购进、受赠、内销、出口外销、无偿提供外商、外展小额样品等内容。

进出口企业购进样品，按购买价款、相关税费、运输费、装卸费、保险费以及其他可归属于存货采购成本的金额入账，但不包括按规定可以抵扣的增值税额。接受赠送的无价样品，应按市场价格或同类样品价格估价入账，并作为营业外收入处理。

进出口企业向组织单位提供样展品作为内销时，向组织单位收取销货价款，同时结转库存商品成本。出口外销样品时，向外商收取货款，确认商品出口销售收入，同时结转销售成本。无偿提供给国外客商样品，应借记"销售费用"账户，同时转出外购样品的进项税额。对于发出在国内陈列展览的样展品，如果数量较小，价值较低，也可借记"销售费用"账户。

【例 9 - 1】 利华进出口公司 20×9 年 3 月份发生样展品业务如下：

① 购进样展品 12 000 元，增值税额 1 560 元，交样展品管理部门验收入库，款项以转账支票支付。取得的增值税专用发票已认证相符。作会计分录如下：

借：库存商品——样展品   12 000
   应交税费——应交增值税（进项税额）   1 560
  贷：银行存款   13 560

② 接受国外 A 客户无偿赠送样品，收到普通发票，按现行市场价格估价 2 600 元。作会计分录如下：

借：库存商品——样展品   2 600
  贷：营业外收入   2 600

③ 发送给经办单位组织到国外展览的样展品成本 6 000 元，作为内销，计价 8 800 元，增值税额 1 144 元。作会计分录如下：

借：应收账款   9 944

　　贷：主营业务收入——内销收入　　　　　　　　　　　　　8 800

　　　　应交税费——应交增值税（销项税额）　　　　　　　1 144

　　同时结转销售成本。作会计分录如下：

　　借：主营业务成本——内销成本　　　　　　　　　　　　　6 000

　　　　贷：库存商品——样展品　　　　　　　　　　　　　　6 000

　　④ 出售样品给外国 B 客商，库存成本 5 000 元，应收账款 1 200 美元，当日美元即期汇率为 7.8。作会计分录如下：

　　借：应收外汇账款——B 客商　　　　　　　　　　　　　　9 360

　　　　贷：自营出口销售收入　　　　　　　　　　　　　　　9 360

　　同时结转销售成本。作会计分录如下：

　　借：自营出口销售成本　　　　　　　　　　　　　　　　　5 000

　　　　贷：库存商品——样展品　　　　　　　　　　　　　　5 000

　　⑤ 无偿提供给国外 C 客商样品，成本 390 元，原购入时进项税额 50.70 元。作会计分录如下：

　　借：销售费用　　　　　　　　　　　　　　　　　　　　440.70

　　　　贷：库存商品——样展品　　　　　　　　　　　　　　390

　　　　应交税费——应交增值税（进项税额转出）　　　　　50.70

　　⑥ 发送给国内某展览馆陈列展览的小量低价样展品计 2 600 元，原购入时进项税额 338 元。作会计分录如下：

　　借：销售费用　　　　　　　　　　　　　　　　　　　　2 938

　　　　贷：库存商品——样展品　　　　　　　　　　　　　　2 600

　　　　应交税费——应交增值税（进项税额转出）　　　　　338

　　此外，出口企业报关出口的样品、展品，如出口企业最终在境外将其销售并收汇的，准予凭相关退税凭证办理退税。

9.2　物料用品的核算

9.2.1　物料用品的概念

　　物料用品是指便于生产流通、管理服务环节顺利进行，但不构成产品主要实体的各种材料以及生产工艺过程中使用的各种燃料。它是保证企业进行正常经营管理活动所必需的物质条件。进出口企业购置的物料用品，包括燃料与油料、机械设备零配件、水电设备零配件、维修材料、办公用品、劳动保护用品、医药卫生用料、畜禽用饲料等。

物料用品的种类多，规格复杂，购置领用频繁，为了管好用好物料用品，提高物料用品的使用效益，应对物料用品实行分类存放管理，按类别品名设账卡登记其收发数量，并指定专人负责，以保护物料用品的安全完整。财会部门按物料用品类别进行明细分类核算，按类别进行余额控制。根据物料用品领用数量零星、价值小的特点，可在领用手续上采用简化领用凭证办法，即平时使用领物登记数量签字或小票领物，月底汇总填制一张领用凭证交财会部门登账。

9.2.2 物料用品的账务处理

1. 物料用品核算的账户设置

进出口企业设置"原材料——物料用品"账户，核算物料用品的收发结存。该账户的借方反映购入、委托加工完成、调入等增加入库的金额；贷方反映领用、发出加工、调拨与销售等减少的金额；余额在借方，反映物料用品的结存金额。

2. 物料用品收发的账务处理

物料用品的核算包括物料用品的购进交库、购进直接交付使用、领用、调拨销售（内部购销）等内容。物料用品的购入与领用均按实际成本记账。

【例 9 - 2】 利华进出口公司 20×9 年 4 月份发生物料用品的业务如下：

① 购进修理用配件 1 500 元，增值税额 195 元。配件验收入库，货款通过银行转账结算。取得的增值税专用发票已认证相符。作会计分录如下：

借：原材料——物料用品　　　　　　　　　　　　　　　　　　　　1 500
　　应交税费——应交增值税（进项税额）　　　　　　　　　　　　 195
　　贷：银行存款　　　　　　　　　　　　　　　　　　　　　　　　　 1 695

② 销售部门为维修仓库购进修理用配件 1 700 元，收到普通发票，立即交付使用，货款用银行存款支付。作会计分录如下：

借：销售费用　　　　　　　　　　　　　　　　　　　　　　　　　　1 700
　　贷：银行存款　　　　　　　　　　　　　　　　　　　　　　　　　 1 700

③ 销售部门修理仓库，领用修理用零配件 500 元，作会计分录如下：

借：销售费用　　　　　　　　　　　　　　　　　　　　　　　　　　 500
　　贷：原材料——物料用品　　　　　　　　　　　　　　　　　　　　 500

④ 库存修理配件过多，经领导批准，调拨给联营单位一批，原进价 1 000 元，调拨收入 900 元，增值税额 117 元，款项存入银行。作会计分录如下：

借：银行存款　　　　　　　　　　　　　　　　　　　　　　　　　　1 017
　　贷：其他业务收入——调拨收入　　　　　　　　　　　　　　　　　 900
　　　　应交税费——应交增值税（销项税额）　　　　　　　　　　　　 117
借：其他业务成本——调拨成本　　　　　　　　　　　　　　　　　　1 000

贷：原材料——物料用品　　　　　　　　　　　　　　　　　1 000

习　题

一、单项选择题

1. 涉外企业购置的样展品，验收入库时，应借记（　　）账户。

A. 销售费用　　　　　　　　　　　　B. 库存商品

C. 周转材料　　　　　　　　　　　　D. 原材料

2. 涉外企业购置的物料用品，验收入库时，应借记（　　）账户。

A. 销售费用　　　　　　　　　　　　B. 库存商品

C. 周转材料　　　　　　　　　　　　D. 原材料

3. 涉外企业出售样品给国外客商，应贷记（　　）账户。

A. 自营出口销售收入　　　　　　　　B. 其他业务收入

C. 自营出口销售成本　　　　　　　　D. 营业外收入

4. 涉外企业接受国外客户无偿赠送的样品，应贷记（　　）账户。

A. 自营出口销售收入　　　　　　　　B. 自营出口销售成本

C. 营业外收入　　　　　　　　　　　D. 销售费用

5. 涉外企业无偿提供给国外客商的样展品，如果数量较小，价格较低可记入（　　）账户。

A. 营业外支出　　　　　　　　　　　B. 管理费用

C. 销售费用　　　　　　　　　　　　D. 其他业务成本

二、业务处理题

1. （1）甲外贸公司由业务部门购进样展品 20 000 元，增值税 2 600 元。交样展品管理部门验收入库，取得的增值税专用发票已认证相符。

（2）公司接受国外客户无偿赠送样品，按现行市价估价 4 000 元，样品已入库。

（3）公司发送给经办单位组织到国外展览的样展品，成本 10 000 元，作为内销，计价 16 000 元，增值税率 13%。

（4）公司出售样品给外国客商，库存成本 18 000 元，收到 3 000 美元，存入银行，当日美元汇率为 6.8 元。

（5）公司无偿提供给国外客商样品，计 600 元。

（6）发送给国内某展览馆陈列展览的小量低价样展品，计 800 元，增值税率 13%。

要求：编制相关会计分录。

2. （1）甲外贸公司购进维修房屋建筑物用水泥 2 000 元，增值税率 13%。物资验收入库、货款通过银行转账结算。

（2）甲外贸公司销售部门为汽车队维修汽车购进零件 3 100 元，立即交付使用，货款以银行存款支付。

（3）甲外贸公司销售部门修理仓库，领用水泥 800 元，木材 700 元。

（4）甲外贸公司领用木材 8 000 元，委托外单位加工包装用木箱，支付加工费 2 000 元，木箱加工完成交货入库。加工费以银行存款支付。

（5）甲外贸公司库存药品过多，经领导批准，调拨给联营单位，药品原进价 10 000 元，调拨收入 8 500 元，货款存入银行。

要求：编制相关会计分录。（取得的增值税专用发票已认证相符）

第 10 章
对外承包工程的核算

▶▶ 学习目标

知识目标：

1. 了解我国对外承包工程的现状及特点；
2. 熟悉我国对外承包工程会计核算的账簿组织；
3. 明确我国对外承包工程会计核算的特色；
4. 掌握我国对外承包工程的会计核算。

能力目标：

1. 能合理设置我国对外承包工程核算的账簿体系；
2. 能结合实际对我国对外承包工程进行账务处理。

10.1　对外承包工程概述

对外承包工程（China International Contracted Engineering）是我国自主经营、独立核算、自负盈亏的对外承包公司或国际经济技术合作企业，在境外通过国际招标、投标而中标承包的外国政府、国际组织和私人企业的建筑项目的一种工程承包业务。我国对外承包工程业务是自 20 世纪 70 年代后期开始逐步发展起来的。近年来，随着全球经济的持续增长，国际建筑业投资继续增加，国际工程承包市场充满活力。在国内外一些有利因素的影响下，我国对外承包工程行业保持持续快速发展的势头，取得了不俗的成绩。目前我国对外承包工程已经达到了一定的规模水平，在国际市场上也有了举足轻重的地位，已成为我国非贸易创收外汇的一条重要途径。2018 年我国对外承包工程完成营业额 1 216.7 亿美元，同比增长 2.5%。

10.1.1 对外承包工程业务的开展状况

对外承包工程是由国内企业及其所属的境外企业共同完成的，而且对外承包工程的施工在国外。国内对外承包企业是指经国家批准、有对外经营权的从事对外工程承包业务的独立法人企业。境外企业指国内对外承包企业的驻外独立机构或分支机构，包括法人公司、分公司、经营部、办事处、代表处及项目部等部门和单位。在国际工程承包领域，我国已经进入了世界前六强行列，一批大型建筑企业在磨练中成就了规模和品牌。目前，我国对外承包企业的主要形式是对外承包工程公司和对外经济合作企业，其发展迅速，其中有的已跻身于国际工程承包大公司行列。商务部评出 2018 年我国对外承包工程业务完成营业额前 100 名企业，其中半数入围企业来自建筑行业。中国建筑工程总公司、中国铁建股份有限公司、中国港湾工程有限责任公司、中国路桥工程有限责任公司、中国石油工程建设（集团）公司均列入 10 强。对外承包工程已经成为我国对外投资合作的主要方式之一，近年来实现了跨越式发展。

中国通过对外承包工程业务，不仅促进了本国经济的发展，具体表现在：有利于增加国家外汇收入和外汇储备；有利于带动国内设备材料出口；有利于拓宽和扩大就业门路，缓解国内就业压力；有利于促进国内民航、银行、保险、远洋运输、邮电等部门业务的发展，增进我国科学、技术、文化的国际交流，树立良好的国家形象；同时，也对促进当地社会和谐发展做出了重要贡献。近年来，中国企业在广大发展中国家承建了大量的电站、道路、港口、通信等基础设施项目，极大地改善了当地生活条件，为当地创造了大量就业机会，满足了当地居民生活的迫切需要，促进了当地经济的发展。

10.1.2 对外承包工程业务的特点

在机遇与挑战并存的国际工程市场上，我国对外承包工程业务与国内承包工程相比，有着鲜明的特点。

1. 生产周期长，业务风险大

对外承包工程从投标到交付使用，一个项目通常需要数年之久甚至更长时间。国际政治和经济形势的变化莫测，驻在国商品和劳务进出口等方面的法律法规随时可能更新，这些因素都会直接或间接地影响对外承包企业经营活动的正常进行，导致对外承包企业的不确定性。这些风险主要包括：政治风险，如政变、战争，以及当地政府的强制性政治措施等；经济风险，如汇率变动、货币贬值、业主违约，致使对外承包资金周转困难，加之有些地方政府部门制造各种障碍，使物资进口、劳务人员入境关卡重重，需要付出更多的时间和代价等；其他风险，如恐怖袭击、水灾、地震、火山爆发等自然灾害，以及其他不可抗力的灾害等。可见，对外承包工程所面临的风险的范围和程度，都远远大于国内承包工程。

2. 业务范围广，管理复杂

对外承包工程企业的经营范围，包括勘探、设计、施工、提供技术等，每一项又包括很多具体业务内容。对外承包工程企业作为法律主体，在我国注册、登记。它既有国内施工任务，又有国外施工任务，既有国内机构，又有国外机构和施工单位，因此，既要遵守我国的法律和有关规章制度，又要遵守驻在国的法律和有关规章制度，同时还要服从我国的外交方针与政策。各国的社会制度和币制不同，因而对工程承包的管理制度和核算方法也有所不同。对外承包工程的经营管理和核算就比国内工程的管理和核算更加复杂。

3. 竞争激烈，经营难度大

对外承包工程多数是通过建筑市场投标竞争夺取工程项目承包权。行业集中度进一步降低，企业之间的竞争更加激烈。因此，近年来国际承包市场的竞争越演越烈，对外承包企业的经营难度也越来越大。目前，亚洲、非洲仍是我国对外承包工程的主要市场，承包项目也呈现大型化、高端化。

如此复杂庞大的对外承包工程绝大部分是通过招标、投标而取得的。对外承包业务的程序分为招标、投标、签订合同和履行合同三大步骤。对承包商来说，履行承包合同即从开工至工程竣工结算的全过程。而承包商的会计核算任务主要是对承包人履行合同的全过程进行反映与监督，保证实现对外承包工程预期效益。

10.2　对外承包工程会计核算的两套账制度

境外单位是对外承包工程的核算主体，境外单位是指国内对外承包企业的驻外独立机构或分支机构，包括法人公司、分公司、经营部、办事处、代表处及项目部等部门和单位。对外承包工程的核算，属于施工企业会计（Accounting of Construction Enterprises）的范畴，技术性强、周期长、风险大。其执行的法规制度涉及国内、驻在国、国际三个方面。其计价、结算使用两种或两种以上货币，业务复杂。对外承包工程本身所具有的特点对财会人员素质提出了比国内工程更高的要求。首先在语言上对外承包工程对财会人员提出更高的要求，因为国际工程的大部分会计资料是外国文字，业主（Owners）、分包商（Sub - Contractors）、供货厂商（Suppliers）大部分是外国人，如果语言不通，就很难作好财会工作。所以，掌握外语是搞好国际承包工程财会工作的基础。其次是在业务素质上对外承包工程对财会人员提出更高的要求，财会人员既要掌握对外承包工程会计核算和管理的特点和方法，还要熟悉工程所在国的会计制度和有关法律法规，掌握做外账的方法和技巧；最后还有外事纪律的要求，财会人员应遵守当地法律，尊重当地人的风俗习惯，与外国人和平相处，维护国家利益。

一方面，由于对外承包工程的执行主体是我国的企业，所以，其账务系统和会计信息报告系统的设置、运行必须遵循我国的会计准则、会计制度和税收法规等法律法规；另一方面，由于对外承包工程地处国外，其业主是外国政府、组织或私人，所以，其账务系统和会计信息报告系统的设置、运行又必须遵循所在国家（地区）的会计准则、会计制度和税收法规等法律法规。对外承包工程会计核算的特殊性要求建立两套账务和会计信息报告系统，以分别适应两种不同的会计准则、会计制度、税法等法律法规，以及不同的语言文字，满足国内外两方面对对外承包工程会计核算工作的要求。两套账制度（The Two Sets of Accounting System）是对外承包工程会计核算工作的一个显著特征，又是对外承包工程会计核算工作的重要基础和手段。

10.2.1　对外承包工程会计核算的两套账制度概述

第一套账我们称为外账。它依据对外承包工程所在国的会计制度和税法等法律法规，应用工程所在国的语言文字或者如英语等通用文字设计和运行的，目的是满足工程所在国各方面的需要。外账所使用的财务软件由工程所在国政府认可的审计部门（一般是会计师事务所或审计师事务所）推荐或者指定，其运行过程接受审计部门的审查，接受税务机关的监督。

第二套账可以叫做内账。它按照我国的会计制度和会计准则，应用中文建立和运行，向国内有关部门报送会计报表，接受我国的审计和财税检查，目的是满足国内各方面的需要。

内、外两套账依据的会计制度不同、采用的文字不同、服务的对象不同，由此形成的一些具体的账务处理方法和纳税基础计算方法等也会不一致。但是它们是针对同一经济活动而采用的两种不同形式的账务处理系统，在会计核算对象、会计核算遵循的一般原则、会计基本程序和方法等诸多方面，其实质是相同的。由于建立内、外两套账是为了适应两个国家不同的会计制度和财税法规的要求，从而使两套账在语言文字、入账形式、入账内容、入账时间、会计期间、成本范围、纳税基础等方面有所不同，但它们所依据的原始凭证都是真实的。因此，两套账都是合法的，绝不是指一套是真账，另一套是假账。

10.2.2　对外承包工程会计核算的两套账的运行及衔接方式

由于内、外两套账务系统进行会计核算工作所依据的各种原始凭证是同一的，所以只能有一套账可以附有各种原始凭证的原件，另一套账只能附有各种原始凭证的复印件。一般说，对外承包工程所在国都要求各种单据以原件入账。本着"先外后内"的原则，各种原始单据的原件应附在外账，内账附复印件。内、外两套账的运行及衔接方式大致有两种情况。

1. 设立两套机构，先内后外，由内向外转的方式

在一个财务部门设立两套机构，一套机构负责内账的核算和管理；另一套机构负责外账

的核算和管理。这两套机构在组织形式、人员构成、办公设施、操作方式等方面均相对独立，各负其责，分工协作，分头开展工作。一项经济活动引起的会计核算业务在内、外账之间有一个很明晰的交接程序和动作。一项经济活动发生后，先由内账机构在内账系统进行账务处理，然后，由内账人员负责将入账单据的原件传递给外账机构，同时，将该单据的复印件留存于内账；外账机构接到内账传递的单据原件后，进行外账的账务处理。这样，一项会计业务方告处理完毕。这种方式的优点是分工明确，交接程序严密，责任也容易划分；缺点是机构庞大，手续繁杂，如果单据传递不及时则容易造成外账的账务处理滞后。因此它一般适用于业务量大的核算单位。

2. 一套机构，同时负责内外两套账的方式

同一个会计机构，同一套财会人员，既负责内账的核算和管理工作，又负责外账的核算和管理工作。虽然机构和人员是同一的，但内外两套账务系统仍然是相对独立的，是一种由一个机构同时运行两套账务系统的形式。在这种形式下，由于机构和人员的不独立，所以没有第一种形式下那么明显的内、外账交接程序和动作，但是，这一交接程序大大的简化和隐化了，其内、外账交接运行的实质与第一种形式是基本相同的。对某项经济业务，会计人员先在内账系统进行账务处理，随后转入外账系统，进行外账的账务处理，并将入账的原始单据制成一式二份，原件附在外账，复印件留存内账。这种形式的优点是机构精简，手续简便，并能保证内、外两套账都能及时入账。但它不适用于会计核算业务量很大的单位。

3. 实际工作中常见的两套账的运行及衔接方式

内、外两套账相对独立又紧密联系地运行，共同构成了对外承包工程会计核算体系的基本框架，为顺利开展对外承包工程的会计和财务管理工作奠定了基础。所以，涉外会计人员必须熟悉对外承包工程的内、外两套账制度。

一般情况下，境外单位应分别按我国会计制度和所在国会计制度设立内、外两套账，内、外账平行核算，分别编制会计报表。即既要按照所在国（地区）会计制度及税收法律设立账簿（即外账），也要按照中国会计准则和相关法规以及相关具体要求设置账簿（即内账），两个账簿平行登记核算，分别编制会计报表，会计档案和会计资料分别存放。所有内账和报表等资料由中方财会人员编制并应及时交境内出资单位妥善保管。原则上原始单据、会计资料等原件保存到外账账簿中，内账账簿核算的原始单据应是扫描件，并及时转存到硬盘上，确实要使用复印件的，务必保证内账账簿的安全。内账账簿如果使用网络记账，应及时使用硬盘备份电子数据。

实际工作中，外账账簿编制一般由中方财会人员提供原始凭证，聘请当地信誉可靠、协调能力强的会计师事务所，以及工作能力强的会计师负责核算并编制报表，进行纳税申报，并接受所在国有关监督部门的监督检查。或者是境外单位中方财会人员负责项目完整的外账核算和报表编制（包括合并报表），再聘请当地信誉可靠、协调能力强的会计师事务所，以及工作能力强的会计师负责审核其正确性和合理性，并向当地税务机关申报纳税，接受当地

有关部门的财务审计等工作。国内公司负责向国外经理部提供国内开支部分的外账核算资料。同时境外单位要准确了解外账账簿与内账账簿的差异，定期核对，保障账簿记载的准确性。

10.3　对外承包工程的核算特色

由于对外承包工程业务的特点和两套账簿制度的存在，就对外承包工程内账业务而言，存在如下核算特色。

10.3.1　记账本位币多为外国货币

国内企业一般以人民币作为记账本位币。而对外承包工程分布在世界各个国家和地区，对外承包企业的境外单位作为会计核算独立单位对对外承包工程的核算，按照企业会计准则和会计法规，其记账本位币的选择，先考虑驻在国对境内企业会计管理的要求，其次考虑所从事业务的主要币种，一般是驻在国货币业务占绝大比重，再次考虑与国内主管公司的往来结算用何种货币比较简便。一般情况下，对外承包工程的大部分会计业务发生在国外，外币业务占全部经济业务的大部分。为能如实反映经济事项和简化核算，一般应采用对外承包工程所在国家或地区的货币作为记账本位币，也可以用美元作为记账本位币。本位币以外的货币（含人民币）均作为外币核算，全部外币设置为辅助货币，折算成本位币记账，以本位币试算平衡。全部损益类科目以本位币核算。

10.3.2　外币业务发生频繁

选择记账本位币，属于选择会计核算方法，一经选定执行，不能随意变更。对外承包企业的境外单位一般都采用驻在国货币为记账本位币，也有直接采用美元为记账本位币的。以记账本位币以外的其他货币进行收付、往来结算和计价的经济业务都属于外币业务。对外承包工程的施工、生产、供应、结算、销售等各个环节都与国内外发生广泛的经济联系，涉及货币种类较多，有些涉及工程所在地一国货币，有些涉及工程所在国货币、美元等几个国家的货币，人民币此时也被作为一种外币来核算。各种收付大量涉及记账本位币以外的其他货币，使用外币记账和结算。同时，由于汇率的变动，会产生汇兑差额，汇兑差额的核算工作也显得很重要，这就要求财会人员既能正确组织外币业务的会计核算，又能正确预测汇率的变动趋势，采取有效措施防范汇率风险。

10.3.3　货币资金核算复杂，管理严密

境外单位由于涉及多种币种的业务往来，所以其货币资金的核算也要分币种，其现金日记账和银行存款日记账须按银行账户、币种分别登记。因此境外单位货币资金的核算与管理将会更加严密和谨慎。

所有币种的库存现金和银行存款等货币资金收支业务必须于当日逐笔登记入账，不允许收支相抵而不记账或以收支相抵后的金额记账。所有币种的库存现金和银行存款必须做到日清月结。每日下班前，出纳人员必须对库存现金进行盘点，并与现金日记账余额核对相符。每月月末最后一笔现金收支业务办理完毕后，会计人员要与出纳人员一起对库存现金进行盘点，并编制《库存现金检查结果报告表》。发现账款不符时，应及时查明原因。每日终了，会计人员与出纳人员必须将分类账上的现金和银行存款余额与日记账（出纳账）的余额相核对，发现差错要及时纠正，核对不符时不能结账。财务部门负责人和稽核人员要经常不定期地对库存现金和银行存款进行抽查，每月不得少于2次，并要有书面记录。要经常检查银行存款利息和其他各项收入是否及时入账，发现问题应及时查明原因。

国内工程的资金结算主要通过支票、汇票、汇兑等结算手段来进行，比较简单。对外承包工程资金结算的一个突出特点是广泛地采用信用证结算方式，程序比较复杂。从开证申请开始，到设立信用证保函、信用证条款的修订、信用证的展期、信用证的撤销等各个环节都有严格的程序和规定。如果信用证利用得好，会达到为企业融通资金的效果，但若不熟悉信用证结算的程序和特点，盲目开立信用证，则可能会使企业陷于被动局面，损害企业信誉，甚至被逼上法庭。所以，信用证的管理是对外承包工程货币资金管理的一项很复杂的工作。

10.3.4　国内外往来结算烦琐，内部往来复杂多样

对外承包企业的境外单位在国内外均与许多单位和个人发生各种往来结算业务，从而形成了复杂的多层次、多渠道的结算关系。在国外，企业除了要与发包人进行合同价款结算外，还要分别与当地的银行、政府财税机关、当地招聘的工作人员等发生资金的存贷、设备和材料物资货款的支付、税金的缴纳、工资和津贴的支付等结算业务；在国内不仅与物资供销单位、银行或其他金融机构、财税机关等办理货款的支付、资金的收付、税金的缴纳等结算业务，还要与所属上级单位、投资单位及内部机构进行各种往来业务的结算。由于企业内部机构层次较多和承包、分包形式的多样化，内部结算业务更为复杂，如总公司、国内直属公司、国内分包单位；国外分公司、国外项目组之间有关资金调拨、工程价款结算、国内材料供应、出国人员出国费用的结算、相互借贷垫支、管理费的结算等，占有很大的比重。企业财会部门必须加强往来结算业务的核算，及时与有关单位核对往来账目，避免或减少坏账损失。

对外承包企业的内部往来包括：国内总公司与所属国内、境外分公司之间及境外分公司与所属独立核算的项目组之间的有关合同价款结算、材料物资调拨、出国人员费结算、管理费结算、费用和收入的划转，以及其他应收、应付、暂收、暂付款项。

对外承包企业设置"内部往来"账户进行内部往来款的核算。"内部往来"账户是具有资产负债双重性质的结算账户，借方登记企业与所属内部独立核算单位之间发生的各种应收、暂付和转销的应付、暂收的款项；贷方登记企业与所属内部独立核算单位及各内部独立核算单位之间应付、暂收和转销的应收、暂付款项。本账户的期末余额应与其明细账户的借方余额合计与贷方余额合计的差额相等。

"内部往来"账户应按各内部独立核算单位户名设置明细账，进行明细核算。该账户明细账户的期末借方余额合计反映应收内部单位的款项，贷方余额合计反映应付内部单位的款项。企业与所属单位之间、所属单位与所属单位之间对该账户的记录应相互一致。

1. 总公司和分公司有关合同价款和管理费用结算

【例 10 - 1】 假设中铁第××局集团公司在境外驻某国有一独立核算的 B 项目公司，以美元为记账本位币。本月 17 日该项目公司与总公司发生的两项内部往来业务及相关会计资料如下：

该项目公司向总公司汇交对外承包工程款 US＄300 000，该项目公司向总公司上交管理费 US＄5 000。

总公司记账本位币为人民币，该项目公司记账本位币为泰铢。当日汇率：1 美元等于 6.85 人民币，1 泰铢等于 0.19 人民币，通过美元套算出：1 美元等于 36.05（6.85÷0.19）泰铢，对此两项业务，境外公司的会计处理如下。

（1）境外公司的会计处理。

① 汇交对外承包工程款 US＄300 000，折算为记账本位币泰铢 10 815 000（300 000×36.05）。作会计分录如下：

借：内部往来——总公司　　　　　　　　　　　　　　　　10 815 000
　　贷：银行存款　　　　　　　　　　　　　　　　　　　　　　10 815 000

② 上交管理费 US＄5 000，折算为记账本位币 180 250 泰铢（5 000×36.05）。作会计分录如下：

借：管理费用——内部结算　　　　　　　　　　　　　　　180 250
　　贷：内部往来——总公司　　　　　　　　　　　　　　　　　180 250

（2）国内总公司的会计处理。

① 收到境外 B 项目公司汇来对外承包工程款 US＄300 000，折算为人民币 2 055 000 元（300 000×6.85）。作会计分录如下：

借：银行存款　　　　　　　　　　　　　　　　　　　　　2 055 000
　　贷：内部往来——B 项目公司　　　　　　　　　　　　　　2 055 000

② 开具内部转账通知向境外 B 项目公司索取管理费 US＄5 000，折合人民币 34 250 元

（5 000×6.85）。作会计分录如下：

　　借：内部往来——B 项目公司　　　　　　　　　　　　　　34 250

　　　　贷：主营业务收入——内部转账收入　　　　　　　　　　　　34 250

　　③ 境外 B 项目公司结转来管理费 US＄5 000，折算为折合人民币 34 250 元（5 000×6.85）。作会计分录如下：

　　借：银行存款　　　　　　　　　　　　　　　　　　　　　34 250

　　　　贷：内部往来——B 项目公司　　　　　　　　　　　　　　34 250

　　2. 总公司和境外单位调拨物资的核算

　　国外分支机构需用的物资，既可在驻在国当地采购，也可由国内总公司采购后调拨给国外分支机构。如果国内价格低或价格无大差异，尽可能多从国内调运，以带动国内出口贸易。

　　当国内总公司向国外分公司调拨物资时，国内总公司按内部结算价格（进价加一定比例的费用），通过"内部往来"账户进行核算。内部发生的物资调拨，按规定如需纳税，亦应计缴增值税，即国内总公司调出物资时，借记"内部往来"（调拨价），贷记"应交税费——应交增值税（销项税额）"和"主营业务收入——内部结算收入"，同时结转进价，借记"主营业务成本——内部结算成本"（原进价），贷记"原材料"等。期末结算时，将"内部结算收入"与"内部结算成本"两明细账户之间的差额结转"本年利润"账户。

　　【例 10 - 2】　中铁第××局集团公司以内部作价方式将一批原进价为 100 000 元的材料作价 139 200 元（含增值税 16 014 元），调拨给境外 B 项目公司。

　　（1）国内总公司作会计分录。

　　借：内部往来——B 项目公司　　　　　　　　　　　　　　139 200

　　　　贷：应交税费——应交增值税（销项税额）　　　　　　　　　16 014

　　　　　　主营业务收入　　　　　　　　　　　　　　　　　　123 186

　　同时，结转成本。作会计分录如下。

　　借：主营业务成本　　　　　　　　　　　　　　　　　　　100 000

　　　　贷：原材料　　　　　　　　　　　　　　　　　　　　　100 000

　　（2）境外分公司的分录。

　　首先将人民币折算为泰铢，然后入账，仍按上述有关汇率折算：人民币折算为泰铢＝139 200÷0.19＝泰铢 732 632。作会计分录如下。

　　借：原材料　　　　　　　　　　　　　　　　　　　　　　732 632

　　　　贷：内部往来——总公司　　　　　　　　　　　　　　　　732 632

　　3. 职工薪酬的核算与管理

　　一般而言，境外单位派出人员薪酬由国内工资、国外工资、项目绩效工资三部分构成。

　　（1）国内工资按现工作岗位工资标准（包括基础工资、岗位工资、年功工资、职称津贴）发放。

（2）国外工资由基薪、海外补贴两部分组成。

① 基薪标准按级别划分不同的标准档次。

② 海外补贴：为简化计算和发放程序，对项目部工作人员应享受的各项补贴（含流动施工津贴、加班工资等）进行归并，设立海外补贴，一般都有其标准。例如中铁某公司的海外补贴标准为按出勤天数每人每天 100 元计发，同时规定除海外补贴外，项目部不得另立名目发放任何补贴。

（3）绩效工资分配坚持"突出指标、责任明确、利益直接、适当拉开、严格考核"的原则，绩效工资总额的提取与项目形成的净收益（净收益指扣减国内、国外实际成本费用后的收益，包括上缴上级的切割提留）挂钩。

项目部在支付国外工资时可用美元或当地货币（以支付工资时的汇率为准）折算支付；国内工资以人民币支付。国外工资发放与工期进度、安全、质量、员工（含外部员工）管理相挂钩。同时，项目部在国外聘用人员工资、社保及其他费用支付标准要符合所在国政府规定，并在合同中约定具体标准。

境外单位人员工资的发放要遵守所在当地国的个人所得税法，由总公司或项目部代扣代缴个人所得税时，派出境外工作人员在国外已缴纳的个人所得税，会根据已取得的合法完税凭证可以抵扣国内个人所得税。

国内的对外承包企业对派出国外人员薪酬待遇的核算内容包括：按国内制度规定发放出国人员的国内工资，提取福利费，支付差旅费、服装费等；按合同规定向境外分公司收取出国人员费，但不是按国内实际支付的数额收取，而是按合同规定在内部计算收取。

支付境外人员国内工资的实际数额，记入"出国人员费"的账户借方；而境外分公司收取的出国人员费，记入"出国人员费"账户贷方；期末结转时，将"出国人员费"账户贷方收入数额减去借方实际支出数额的余额转入"本年利润"账户。

【例 10-3】 中铁第××局集团公司本月支付国外 B 项目公司职工薪酬：工资人民币 1 800 000，福利费人民币 252 000，支付差旅费人民币 75 000 和服装费人民币 25 000。根据工资单等单证，总公司与项目公司各自的账务处理如下。

国内总公司作会计分录如下。

借：出国人员费 2 152 000
　　贷：应付职工薪酬——工资 1 800 000
　　　　　　　　　　——福利费 252 000
　　　　银行存款 100 000

按规定标准向境外公司开出内部结算单，收取出国人员费 CNY2 800 000。作会计分录如下。

借：内部往来——B 项目公司 2 800 000
　　贷：出国人员费 2 800 000

期末将"出国人员费"账户余额转入"本年利润"账户。作会计分录如下。

借：出国人员费　　　　　　　　　　　　　　　　　548 000
　　贷：本年利润　　　　　　　　　　　　　　　　　　548 000

境外分公司账务处理：

境外分公司接到国内总公司收取出国人员费通知时，应按人民币与记账本位币的汇率，将人民币 2 800 000 元，折算成记账本位币记账，假设仍以例 10 - 1 所示的汇率为即期汇率折算。

人民币折算为泰铢：

人民币 2 800 000÷0.19＝泰铢 14 736 842.11

境外分公司作会计分录如下。

借：合同履约成本、管理费用等成本费用账户　　14 736 842.11
　　贷：内部往来——总公司　　　　　　　　　　14 736 842.11

10.3.5　会计报表折算和汇编互相结合

对外承包企业境外分支机构的记账本位币各不相同，填制会计报表的币别也各不相同。将以不同货币反映的会计报表汇总起来，就成为对外承包企业会计的一个特点。根据现行会计准则的规定，最常见的会计报表汇编是由境外单位会计期末应将本位币报表折算为人民币报表，上报境内投资机构。还有一种会计报表汇编做法是国内公司应对境外分公司上报的会计报表先按美元进行汇编，然后将汇总的美元金额按规定的折合率折成人民币金额，再与国内分公司上报的和总公司本身的会计报表进行汇编。

10.4　对外承包工程项目收入和成本的核算

对外承包工程分为自营承包（Self - Contracting）和分包承包（Sub - Contracting）两大类。自营承包由承包企业自行采购材料、设备，自行派人或雇佣当地工人进行施工生产。分包承包将承包的工程项目依法分包给其他建筑公司。

10.4.1　对外承包工程成本的核算

对外工程承包业务不同于立竿见影的贸易，是一种综合性的需要投入大量并长期占用资金的交易，经过较长时间（甚至长达数年）才能收回资金。承包商的成本核算与管理水平的高低是决定其能否盈利的关键。但是成本核算与管理并不是通常意义上的厉行节约，而是要通过精心的经营策划和灵活的运作，并在项目实施的各个环节采取行之有效的措施，进行全方位的成本控制。

控制对外工程承包项目成本，就是在项目实施过程中，把实际支出控制在项目中标的价格之内，才能获得利润，承包企业才能在积累中得以发展。否则，就会招致盈利减少、或项目亏损，甚至还牵连到承包企业亏损。因此，境外的项目经理部要以成本为中心，去完成承包的合同项目。

境外单位对对外自营对外承包工程应建立成本管理责任制。将整个综合性的成本指标进行分解，分别下达给工程项目内部各个单位（如施工队，班组等），以明确他们的成本管理分工和职责，加强他们的经济责任，促使他们加强经营管理，努力降低成本。明确划分各责任单位的职责范围，使它们在能行使控制权的区域内承担经营责任，对其可控成本负责，对它们不能控制的因素应排除在外。要使每个责任中心的经济责任明确、具体，并对实践的成果考评有具体标准与方法，考评结果与奖惩相结合。近年来，许多对外经济合作企业结合企业内部经营承包责任制的方法来建立对外自营对外承包工程成本责任制，以企业所属的施工单位，如项目组、施工队、班组等，以及非独立核算的辅助生产单位，如加工厂等为基础建立成本中心，以企业非生产性的专业服务部门如人事、财会、总务等来建立费用中心。

1. 成本核算对象的划分

正确确定成本核算对象是正确组织成本核算的前提，因此，必须科学、合理地确定成本核算对象，既不能过粗，也不能过细。过粗则不能提供具体可靠的信息资料，满足不了管理决策需要；过细则增加不必要的工作量，也不符合重要性原则要求。按有关规定，实施对外承包工程的成本核算对象划分有：①以每一个独立对外承包工程合同为成本核算对象；②规模大、工期长或单位工程较多的承包合同，以独立的单位工程或施工区域为成本核算对象；③若干个规模小、工期接近、费用难以划分且在同一地点施工的承包合同，可合并为一个成本核算对象。

成本核算对象确定后，企业各有关部门必须共同遵守，不得任意变更。所有原始记录和核算资料，都必须按照确定的成本核算对象填写清楚，以便归集和分配生产费用，保证成本核算的正确性。

为了集中地反映和计算各个成本核算对象本期应负担的生产费用，会计部门应为每一成本核算对象设置成本明细账，并按成本项目分设专栏，组织各成本核算对象的成本核算。

2. 自营对外承包工程成本项目的确定

在实施和建造对外承包工程过程中，对外承包企业所发生的各项物化劳动和活劳动的耗费与支出称为工程费用，按其经济用途的不同和与实施对外承包工程关系的密切程度分为直接费用、间接费用和期间费用。施工成本则是指施工项目在施工过程中所发生的全部生产费用的总和，包括人工费、材料费、机械使用费、其他直接费、间接费用等。

对于期间费用（Period Cost），境外发生的能直接计入的应直接计入当期损益，境内发生的总公司原则上应按照境内、境外营业额分摊计入当期损益，如管理费用、财务费用等。

为了正确地区分各种费用的性质、用途，加强费用的管理，控制和监督费用支出，正确归集、分配费用和计算承包项目成本，必须对费用进行科学的分类，确立成本核算项目。对外承包工程核算的成本项目（Cost Items）一般包括以下几种。

（1）直接材料费（Direct Material Cost），是在施工过程中，耗用的构成工程实体的原材料、辅助材料、构配件、半成品的费用和周转材料的摊销及租赁费用。

（2）直接人工费（Direct Labor Cost），是施工过程中直接生产工人的薪酬，包括从事对外自营对外承包工程施工人员的工资、奖金、职工福利费、工资性质的津贴、劳动保护费等。从国内派出施工人员计入直接人工费的包括工资、奖金、福利费、国际差旅费、人身保险费等。从当地雇佣的工人的人员费包括工资、奖金、加班费、解雇费等。

（3）机械使用费（Mechanical Using Cost），是在施工过程中使用自有施工机械所发生的机械使用费和租用外单位施工机械的租赁费，以及施工机械安装、拆卸和进、出场费。

（4）其他直接费用（Other Direct cost），是指企业在施工过程中发生的、除人工费、材料费、机械使用费以外的其他可以直接计入合同成本核算对象的各种直接费用，如施工现场使用的风、电、水、汽费用，材料二次搬运费、生产工具用具使用费、临时设施费、检验试验费、场地清理费等。

（5）间接费用（Construction Cost），是指为完成合同所发生的、不能直接计入施工合同成本而应先予以归集，然后分配计入有关合同成本核算对象的各项费用支出，是企业下属的施工单位（比如施工项目部）或生产单位为组织和管理施工生产活动所发生的费用，如管理部门为组织和管理生产而发生的工资、折旧费、劳动保护费、水电费、办公费及其他费用。如果自营对外承包工程项目还承担设计任务时可在成本项目中增加设计费用一项。

3. 对外自营对外承包工程实际成本的核算

1）成本核算的基础资料

实际成本的核算首先要汇集结算期的成本核算资料，主要有：生产统计部门提供本期分部分项工程完成的工程量；材料管理部门提供本期材料、设备和周转材料按核算对象计算的消耗报告表；劳动工资部门提供按核算对象汇集的生产人员工资明细表；施工机械管理部门提供各核算对象本期使用各种施工机械的台班数；由各生产部门和现场管理部门提供本期发生的间接费用；由辅助生产部门提供辅助生产成本明细资料。

此外，由于在境外对外承包工程所派出的管理人员和财会人员比较少，因此工程成本核算力求简化，只要能达到核算的目的就行。譬如，在材料费核算方面可以考虑不进行分次领用分次报耗，而是进场验收后一次直接计入成本核算对象，期末进行盘点后将剩余数量调整工程施工成本。国内人员工资和国内供应的材料物资价格一般低于国外，因此国内单位向国外按国际市场价格转账时，差额留在国内作为内部结算利润。

2）合同成本核算账户的设置

根据有关规定，结合自身管理特点和要求，对外承包企业一般设置“合同履约成本”“间接费用”“机械作业”“辅助生产”总分类账户进行成本核算。

（1）"合同履约成本（Contract Performance Cost）"账户。

该账户核算企业为履行合同所发生的与履行合同直接相关的支出。企业因履行合同而产生的毛利不在本账户核算。本账户的借方登记本期发生的合同履约成本；贷方登记摊销的合同履约成本。期末借方余额反映尚未结转的合同履约成本。

为了反映和监督对外承包工程成本费用的发生情况，承包企业应在"合同履约成本"总账户下设置"对外承包工程施工"明细账户，并在该明细账户下按成本核算对象设置"直接材料费""直接人工费""机械使用费""其他直接费用""间接费用"专栏进行明细核算。

（2）"间接费用（Indirect Cost）"账户。

该账户核算企业各生产部门和现场管理部门为组织和管理生产所发生的各项费用。本账户的借方登记施工单位组织管理生产发生的各项间接费用；贷方登记期末分配计入合同成本中的间接费用。期末一般无余额。本账户应按费用项目进行明细核算。

（3）"机械作业（Machine Work）"账户。

该账户核算建造承包商及其内部独立核算的施工单位、机械站、运输队使用自有施工机械和运输设备进行机械作业所发生的各项费用。本账户借方登记发生的机械作业支出；贷方登记为本单位承包的工程提供机械作业，期末转入"合同履约成本"等账户的机械作业成本。本账户应设置"承包工程""机械出租"等明细账户，进行明细核算。

（4）"辅助生产（Auxiliary Production）"账户。

该账户核算企业所属非独立核算的辅助生产部门为工程施工、机械作业等生产材料和提供劳务所发生的各项费用。本账户的借方登记发生的各项辅助生产费用；贷方登记按受益对象分配结转的辅助生产费用。期末借方余额反映辅助生产部门在产品和未结算劳务的实际成本。本账户应按车间、部门和成本核算对象设置明细账户，进行明细核算。

3）工程成本的具体核算内容

（1）直接人工费的核算。

劳动工资部门根据用工记录，对每个成本核算对象进行计算并向财务部门提供各成本核算对象耗用的各类人员工资明细表，财会部门计提直接人工费成本时，借记"合同履约成本——对外承包工程施工——成本核算对象——直接人工费"账户，贷记"应付职工薪酬"账户。

（2）直接材料费的核算。

财会部门根据材料管理部门提供的各成本核算对象的工程材料消耗报告表，按各项材料的单价计算出各成本核算对象直接费用下的材料费。至于各项材料单价是按先进先出法、加权平均法还是其他计价办法，由各单位根据具体情况选定。根据计算结果，借记"合同履约成本——对外承包工程施工——成本核算对象——直接材料费"账户，贷记"原材料"、"周转材料"等账户。

（3）机械使用费的核算。

施工用的施工机械，有租用的和自有的区别。租用的按租用合同规定的租金，按期结算租赁费，并根据施工机械管理部门提供的各成本核算对象使用的台班次，计算各核算对象应负担的租赁费，并直接计入核算对象，借记"合同履约成本——对外承包工程施工——成本核算对象——机械使用费"账户，贷记"应付职工薪酬""累计折旧"等账户。

独立核算的机械管理站按管理站的各成本核算对象使用各类机械的台班数和台班费以计算各成本对象应负担的施工机械使用费，借记"机械作业"账户，贷记"应付职工薪酬""累计折旧"等账户，期末，分配结转机械作业账户，借记"合同履约成本——对外承包工程施工——成本核算对象——机械使用费"账户，贷记"机械作业"账户。

（4）其他直接费用的核算

对外购的风、水、电、气的支出，或独立核算的辅助生产部门供应的风、水、电、气，财会部门根据支付的凭证和各成本核算对象实际耗用的数量计入各核算对象的成本，借记"合同履约成本——对外承包工程施工——成本核算对象——其他直接费"账户，贷记"应付账款"等账户。

对不独立核算的辅助生产部门供应的风、水、电、汽，财会部门根据各核算对象使用的数量分配各核算对象应负担的成本，借记"合同履约成本——对外承包工程施工——成本核算对象——其他直接费"账户，贷记"银行存款"等有关账户。

可以直接计入成本核算对象的临时设施摊销费，借记"合同履约成本——对外承包工程施工——成本核算对象——其他直接费"账户，贷记"临时设施摊销"账户。

领用可以直接计入成本核算对象的生产工具、用具等低值易耗品摊销，借记"合同履约成本——对外承包工程施工——成本核算对象——其他直接费"账户，按外购工具用具的账款，贷记"应付账款"账户，按领用并一次摊销的材料款，贷记"周转材料"账户。

至于可直接计入核算对象的工程保险费等，在费用发生时，借记"合同履约成本——对外承包工程施工——成本核算对象——其他直接费"账户，贷记"银行存款"等有关账户。

（5）间接费用的核算。

间接费用应按不同的生产部门（如第一施工队、第二施工队）和费用项目（如工资、折旧费）进行明细核算。归集发生的间接费用时，借记"间接费用"账户，贷记"银行存款"等账户。期末根据各核算对象完成工作量或其他指标（如直接人工费、直接材料费、其他直接费用合计等）分配计入各成本核算对象，借记"合同履约成本——对外承包工程施工——成本核算对象——间接费用"账户，贷记"间接费用"账户。

（6）辅助生产的核算。

辅助生产核算企业辅助生产部门（如采石场、机修车间、木工车间、混凝土预制车间等）为工程施工、生产和提供劳务所发生的各项费用（如人工、材料、折旧等）。辅助生产费用可按辅助生产部门和成本核算对象进行明细核算。实际发生辅助生产费用时，借记"辅助生产"账户，贷记"应付职工薪酬""原材料""银行存款"等账户；分配结转辅助生产费用时，借记"合同履约成本——对外承包工程施工——成本核算对象——其他直接费、机械使用费"账户，贷记"辅助生产"账户。

（7）对外分包工程核算

工程项目的分包是指总承包人经过发包人同意，将其承包的某一非主要或专业性较强的部分工程另行发包给具备相应资质的其他承包人，并与其签订分包工程合同。总承包人对业主全面负责。分包人就其完成的工作成果向总承包人负责，并与总承包人承担连带责任。

实行这种分包形式的工程成本管理的关键是与分包商确定分包工程的承包价。总承包商的工程计划成本即是与分包商确定分包价的基础。因此分包工程（Sub - Contract Engineering）的成本管理重点是如何合理计算分包工程的分包价格。确定分包价格首先确定好分包工程的工程量和人工、材料的计算单价。分包价格原则上是在同业主签订的承包总价的范围内调整一些富余的因素，从中取得总承包商的盈利。分包价一经双方确认，只要按合同规定的拨付工程款的办法，进行正常结算，完工后进行最终结算。

在拨付给分包单位预付款时，借记"预付账款"账户，贷记"银行存款"等账户。在结算工程款时，借记"合同履约成本——对外承包工程施工——分包工程支出"账户，贷记"预付账款"等账户。

此外，企业与客户签订合同如果发生相关的增量成本，且预期能够收回的，应当作为合同取得成本，在"合同取得成本"账户核算，企业发生各项合同取得成本支出，记入该账户的借方；摊销时记入该账户的贷方。为简化核算，合同取得成本摊销期限不超过一年的，可以在发生时计入当期损益。

企业设置"合同履约成本减值准备""合同取得成本减值准备"账户，分别核算与合同履约成本、合同取得成本有关的资产的减值准备。计算确认的减值金额，借记"资产减值损失"账户，贷记"合同履约成本减值准备""合同取得成本减值准备"账户。转回已计提的资产减值准备时，作相反分录。

10.4.2　对外承包工程合同收入的核算

对外承包工程属于在某一时段内履行的履约义务。对于在某一时段内履行的履约义务，企业应当选取恰当的方法来确定履约进度。

1. 时段履约的认定

满足下列条件之一的，属于在某一时段内履行履约义务，相关收入应当在该履约义务履行的期间内确认。

（1）客户在企业履约的同时即取得并消耗企业履约所带来的经济利益。

企业在履约过程中是持续地向客户转移企业履约所带来的经济利益的，该履约义务属于在某一时段内履行的履约义务，企业应当在履行履约义务的期间确认收入。

（2）客户能够控制企业履约过程中在建的商品。

企业在履约过程中在建的商品包括在产品、在建工程、尚未完成的研发项目、正在进行的服务等，由于客户控制了在建的商品，客户在企业提供商品的过程中获得其利益，因此，该履约义务属于在某一时段内履行的履约义务，应当在该履约义务履行的期间内确认收入。

【例 10 - 4】　甲企业与客户签订合同，在客户拥有的土地上按照客户的设计要求为其建造厂房。在建造过程中客户有权修改厂房设计，并与甲企业重新协商设计变更后的合同价款。客户每月末按当月工程进度向甲企业支付工程款。如果客户终止合同，已完成建造部分的厂房归客户所有。

本例中，甲企业为客户建造厂房，该厂房位于客户的土地上，客户终止合同时，已建造的厂房归客户所有。这些均表明客户在该厂房建造的过程中就能够控制该在建的厂房。因此，甲企业提供的该建造服务属于在某一时段内履行的履约义务，企业应当在提供该服务的期间内确认收入。

（3）企业履约过程中所产出的商品具有不可替代用途，且该企业在整个合同期间内有权就累计至今已完成的履约部分收取款项。

一是，商品具有不可替代用途。具有不可替代用途，是指因合同限制或实际可行性限制，企业不能轻易地将商品用于其他用途。当企业产出的商品只能提供给某特定客户，而不能被轻易地用于其他用途（例如销售给其他客户）时，该商品就具有不可替代用途。

二是，企业在整个合同期间内有权就累计至今已完成的履约部分收取款项。有权就累计至今已完成的履约部分收取款项，是指在由于客户或其他方原因终止合同的情况下，企业有权就累计至今已完成的履约部分收取能够补偿其已发生成本和合理利润的款项，并且该权利具有法律约束力。

2. 在某一时段内履行的履约义务的收入确认

对于在某一段内履行的履约义务，企业应当在该段时间内按照履约进度确认收入，但是，履约进度不能合理确定的除外。企业应当考虑商品的性质，采用产出法或投入法确定恰当的履约进度，并且在确定履约进度时，应当扣除那些控制权尚未转移给客户的商品和服务。企业按照履约进度确认收入时，通常应当在资产负债表日按照合同的交易价格总额乘以履约进度扣除以前会计期间累计已确认的收入后的金额，确认为当期收入。

1）产出法

产出法是根据已转移给客户的商品对于客户的价值确定履约进度的方法，通常可采用实际测量的完工进度、评估已实现的结果、已达到的里程碑、时间进度、已完工或交付的产品等产出指标确定履约进度。实务中，为便于操作，当企业向客户开具发票的对价金额与向客户转让增量商品价值直接相一致时，如企业按照固定的费率及发生的工时向客户开具账单，企业直接按照发票对价金额确认收入也是一种恰当的产出法。

【例 10 - 5】　甲公司与客户签订合同，为该客户拥有的一条铁路更换 100 根铁轨，合同价格为 10 万元（不合税价）。截至 2×18 年 12 用 31 日，甲公司共更换铁轨 60 根，剩余部分预计在 2×19 年 3 月 31 日之前完成。该合同仅包含一项履约义务，且该履约义务满足在某一时段内履行的条件。假定不考虑其他情况。

本例中，甲公司提供的更换铁轨的服务属于在某一时段内履行的履约义务，甲公司按照已完成的工作量确定履约进度。因此，截至 2×18 年 12 月 31 日，该合同的履约进度为 60%（60÷100），甲公司应确认的收入为 6 万元（10×60%）。

2）投入法

投入法是根据企业履行履约义务的投入确定履约进度的方法，通常可采用投入的材料数量、花费的人工工时或机器工时、发生的成本和时间进度等投入指标确定履约进度。当企业从事的工作或发生的投入是在整个履约期间内平均发生时，企业也可以按照直线法确认收入。

【例 10-6】 某建筑公司承建海外亚洲某国甲工程，工期 3 年，A 工程的预计总成本为 1 000 万美元。第一年，该建筑公司的"合同履约成本——A 工程"账户的实际发生额为 350 万美元。其中：人工费 80 万美元，材料费 160 万美元，机械作业费 90 万美元，其他直接费和工程间接费 30 万美元。经查明，A 工程领用的材料中有一批虽已运到施工现场但尚未使用，尚未使用的材料成本为 50 万美元。根据上述资料计算第一年的完工进度如下：

$$合同履约进度＝（350-50）÷1\ 000×100\%＝30\%$$

对于在某一时段内履行的履约义务，只有当其履约进度能够合理确定时，才应当按照履约进度确认收入。企业如果无法获得确定履约进度所需的可靠信息，则无法合理地确定其履行履约义务的进度。当履约进度不能合理确定时，企业已经发生的成本预计能够得到补偿的，应当按照已经发生的成本金额确认收入，直到履约进度能够合理确定为止。

3. 对外承包工程确认合同收入的具体核算

资产负债表日，确认合同收入的计算公式如下：

$$合同收入＝合同总收入×履约进度-以前期间确认的收入$$

施工项目确认收入时，履约进度能够合理确定的，按照合同对价和履约进度计算当期合同收入，借记"合同资产——收入结转"账户，贷记"主营业务收入"账户。摊销合同履约成本、结转主营业务成本时，借记"主营业务成本"账户，贷记"合同履约成本"账户。

10.4.3 对外承包工程款结算的核算

对外承包工程的财会人员应充分认识合同的重要性，适应国际市场上处理经济事项的方法和程序，认真执行合同，做好工程价款的结算工作和核算工作。

1. 与发包单位结算工程价款的核算

为了反映和监督施工企业与发包单位结算工程价款情况，应设置"应收账款——应收工程款""应收账款——应收工程质保金""合同负债——预收工程款""合同负债——预收备料款"等账户进行核算。

【例 10-7】 某国有大型建筑集团公司（以下简称"承包商"），2001 年与某发展中国家的国有 A 公司（以下简称"A 业主"）签订了一份总额为 3 亿美元的煤矿交钥匙工程承包合同，合同已得到两国政府的批准。合同主要条款如下：承包商负责为业主建造一座年产 150万吨原煤的煤矿。承包商负责煤矿的补充勘探、设计、地下施工、设备采购、安装、人员培训等一系列工作，合同工期为 4 年，并培训业主人员正确使用运行。合同的支付条款规定如下：合同总额 3 亿美元，其中，东道国货币部分 30％，相当于 9 000 万美元的当地货币；美元部分占 70％，计 2.1 亿美元。业主向承包商开立信用证，并由其国家财政部提供主权担保；承包向业主开立履约保函。

当地货币付款方式为即期付款。即：①合同签约并得到两国政府批准生效后支付合同当地货币部分的 10％，计 900 万美元；支付合同美元部分的 10％，计 2 100 万美元；②项目开工后，承包商与业主于每月底就承包商当月所完工程量进行价款结算，根据结算金额扣减10％预付款后当地货币部分全额支付，美元部分付款方式为延期付款，项目开工起 4 年内为宽限期，宽限期内不付款，不计息。③宽限期期满后，合同剩余的 90％的美元部分价款，分 10 次等额偿还，每半年 1 次，还款期按 6％的年利率计息。

为简化计算，本例所有货币计量均按万美元且未折算为记账本位币。

收到业主的 10％预付款时，由于工程刚刚开工，没有已完成的工作量，暂做预收账款处理。作会计分录如下。

美元部分：

借：银行存款——美元现汇	$2 100 万	
贷：合同负债——A 业主（美元部分）		$2 100 万

当地货币部分：

借：银行存款——当地货币	$900 万	
贷：合同负债——A 业主（当地货币部分）		$900 万

在取得业主的当期验工计价单后，即承包商与业主办理了工程结算。根据工程结算账单进行对外工程价款结算并进行账务处理。与业主的工程价款结算通常按月进行。假设当月结算金额为 500 万美元，其中，美元部分为 350 万美元，当地货币 150 万美元。假定当地货币部分按工程价款的 10％扣留工程质保金。作会计分录如下。

当地货币部分：

借：合同负债——A 业主（当地币部分）	$15 万	
应收账款——A 业主（当地币部分即期）	$120 万	
应收账款——A 业主（当地币部分质保金）	$15 万	
贷：合同资产——A 业主——结算款（当地币部分）		$150 万

美元部分：

借：合同负债——A 业主（美元部分）	$35 万	
应收账款——A 业主（美元部分延期收款）	$315 万	
贷：合同资产——A 业主——结算款（美元部分）		$350 万

2. 与分包单位结算工程价款的核算

施工企业将部分工程分包给外单位施工，在结算工程款时，应借记"合同履约成本——对外承包工程施工——某工程（分包成本）"账户。贷记"应付账款——应付工程款""预付账款——预付工程款"等账户。

接上例，假设总承包商将其中一独立工程分包给当地一家公司，当月按工程进度与分包商进行工程价款结算 100 万美元。作会计分录如下。

借：合同履约成本——对外承包工程施工——分包成本　　　　$100 万
　　贷：应付账款——应付工程款——分包商　　　　　　　　$100 万

习　题

一、业务处理题

1. 某总公司在境外驻某国有一独立核算的 A 项目公司。本月 17 日该项目公司与总公司发生的两项内部往来业务及相关会计资料如下：

A 项目公司向总公司汇交对外承包工程款 US＄500 000，该项目公司向总公司上交管理费 US＄9 000。

总公司记账本位币为人民币，该项目公司记账本位币为泰铢。

当日汇率：1 美元＝6.85 元人民币，1 泰铢＝0.19 元人民币，1 美元＝36.05 泰铢。

要求：作出境外 A 项目公司、国内总公司的相关会计分录。

2. 某总公司本月支付国外 B 分公司职工薪酬：工资人民币 18 012 000 元，福利费人民币 250 000 元，支付差旅费人民币 65 000 元和服装费人民币 25 000 元。

要求：根据工资单等单证，编制总公司、分公司相关会计分录。

二、简答题

1. 简述对外承包工程企业会计核算的特点与方法。

2. 简述对外承包工程收入的确认原则与会计核算内容。

附录 A

资产负债表（英文）

Balance Sheet

Prepared by: Month: ____ Day: ____ Year: ____   Monetory unit:

Assets	Beginning balance	Ending balance	Liabilities and owner's equity	Beginning balance	Ending balance
CURRENT ASSETS:			CURRENT LIABILITIES		
Currency funds			Financial liabilities measured at fair value through profit or loss for the current period		
Financial assets measured at fair value through profit or loss for the current period			Notes payable		
Accounts receivable			Accounts payable		
Prepayments			Receipts in advance		
Interest receivable			Employee benefits payable		
Dividends receivable			Interest payable		
Other receivables			Dividends payable		
Inventories			Tax payables		
Assets classified as held for sale			Liabilities classified as held for sale		
Long-term assets maturing-within one year			Other payables Long-term liabilities due within one year		
Other current assets			Other current liabilities		
Total current assets			Total current liabilities		
NON-CURRENT ASSETS:			NON-CURRENT LIABILITIES		
Available-for-sale Financial assets			Long-term borrowings		
Held-to-maturity investments			Bonds payable		
Long-term receivable			Long-term payable		
Long-term equity investments			Special payable		
Investment properties			Estimated liabilities		
Fixed assets			Deferred tax liabilities		
Construction in progress			Other non-current liabilities		
Construction material			Total non-current liabilities		
Disposal of fixed assets			TOTAL LIABILITIES		
Biological assets			OWNERS' EQUITY		
Oil and gas assets			Paid-in capital (or share capital)		
Intangible assets			Capital reserves		
Research and development expenditure			Less: Treasury stock		
Goodwill			Other comprehensive income		
Long-term Prepayments			Surplus reserves		
Deferred tax assets			Unappropriated profit		
Other Noncurrent assets			Total owners' equity		
Total Noncurrent assets					
TOTAL ASSETS			TOTAL LIABILITIES AND OWNERS' EQUITY		

附录 B

利润表（英文）

Income Statement

Prepared by：　　　　　　　　Month：____ Year：____　　　　　　　Monetary unit：

Item	Current amount	Last Term Amount
Ⅰ．Operating income		
Less：Operating costs		
Business tax and surcharge		
Selling and distribution expenses		
Administrative expenses		
Financial expenses		
Impairment losses of assets		
Add：Gains or losses from changes in fair values（"-" for losses）		
Investment income（"-" for losses）		
Including：Investment income of joint-venture and partnership		
Ⅱ．Operatingprofit（"-" for losses）		
Add：Non-operating income		
Including：Gains from disposal of non-current assets		
Less：Non-operating expense		
Including：Losses from disposal of non-current assets		
Ⅲ．Total profit（"-" for total losses）		
Less：Income tax expense		
Ⅳ．Net profit（"-" for net losses）		
Ⅴ．Other comprehensive income，net of income tax effect		
Other comprehensive income items which will not be reclassified subsequently to profit or loss		
Other comprehensive income items which will be reclassified subsequently to profit or loss when specific conditions are met		
Ⅵ．Total comprehensive income		
Ⅶ．Earnings per share		
Basic earnings per share		
Diluted earnings per share		

附录 C
现金流量表（英文）

Cash Flows Statement

Prepared by：　　　　　　　　Month：____ Year：____　　　　　　　　Monetary unit：

Item	Current amount	Amount of previous year
Ⅰ. Cash flows from operating activities		
Cash received from selling commodities and providing labor services		
Tax rebates received		
Other cash received concerning operating activities		
Sub-total of cash inflows from operating activities		
Cash paid for purchasing commodities and receiving labor service		
Cash paid to and for employees		
Cash paid for taxes		
Cash paid for other operating activities		
Sub-total of cash outflows from operating activities		
Net cash flows from operating activities		
Ⅱ. Cash flows from investing activities		
Cash received from return of investments		
Cash received from return on investments income		
Net cash received from the disposal of fixed assets，intangible assets and other long-term assets		
Net cash received from the disposal of subsidiaries and other business units		
Other cash received concerning investing activities		
Sub-total of cash inflows from investing activities		
Cash paid to acquire fixed assets，intangible assets and other long-term assets		
Cash paid to acquire investments		
Net cash paid to acquire subsidiaries and other business units		
Other cash payments concerning investing activities		
Sub-total of cash outflows from investing activities		
Net cash flows from investing activities		
Ⅲ. Cash flows from financing activities		
Cash received from capital contributions		
Cash received from borrowings		
Other cash received concerning financing activities		
Sub-total of cash inflows from financing activities		
Cash repayments of amounts borrowed		
Cash paid for distribution of dividends or profits，or cash payments for interests		
Other cash payments concerning financing activities		

Item	Current amount	Amount of previous year
Sub-total of cash outflow from financing activities		
Net cash flows from financing activities		
Ⅳ. Foreign exchange rate fluctuation consequences on cash and cash equivalents		
Ⅴ. Net increase in cash and cash equivalents		
Add: Cash and cash equivalents at the beginning of the period		
Ⅵ. Cash and cash equivalents at the ending of the period		

Supplementary Information	Current amount	Amount of previous year
Ⅰ. Information about converting net profits into cash for operating activities:		
Net profit		
Add: Provision for impairment of assets		
Depreciation of fixed assets, depletion of oil and gas assets, depreciation of productive biological assets		
Amortization of intangible assets		
Amortization of long prepaid expenses		
Losses on disposal of fixed assets, intangible assets and other long-term assets (or deduct: gains)		
Losses on scrapping of fixed assets (or deduct: gains)		
losses change on fair value (or deduct: gains)		
Financial expenses (or deduct: gains)		
Investment losses (or deduct: gains)		
Decrease in deferred income tax assets (or deduct: increase)		
Increase in deferred income tax liabilities (or deduct: decrease)		
Decrease in inventories (or deduct: increase)		
Decrease in operating receivables (or deduct: increase)		
Increase in operating payables (or deduct: decrease)		
Others		
Net cash flows from operating activities		
Ⅱ. Investing and Financing Activities that do not involve cash Receipts and Payments		
Conversion of debt into capital		
Convertible bonds to be expired within one year		
Fixed assets under finance lease		
Ⅲ. Net Increase in Cash and Cash Equivalents		
Cash at the end of the period		
Less: cash at the beginning of the period		
Plus: cash equivalents at the end of the period		
Less: cash equivalents at the beginning of the period		
Net increase in cash and cash equivalents		

▼ 附录 C

附录 D
所有者权益变动表（英文）

Statement of Changes in Owners' (Stockholders) Equity

Prepared by：   Period：____   Monetory unit：

Items	Current amount							Amount of previous year						
	Paid-in capital (or share capital)	Capital reserves	Less: Treasury stock	Other compre-hensive income	Surplus reserves	Unappr-opriated profit	Total owners' equity	Paid-in capital (or share capital)	Capital reserves	Less: Treasure stock	Other compre-hensive income	Surplus reserves	Unappr-opriated profit	Total owners' equity
Ⅰ. Ending balance of last year														
Add: Cumulative effect of changes in accounting policies														
Cumulative effect of chan-ges in corrections of errors														
Ⅱ. Opening balance of this year														
Ⅲ. Increase or decrease of this year（"–" for decrease）														
（Ⅰ）Total comprehensive income														
（Ⅱ）Capital contributions and reductions by owners														
1. Capital contributions by owners														
2. Amounts of share-based payments recognized in the owners' equity														
3. Others														
（Ⅲ）Profit distributions														
1. Appropriation to surplus reserves														
2. Profit distributions to the owners (or stockholders)														

Items	Current amount							Amount of previous year						
	Paid-in capital (or share capital)	Capital reserves	Less: Treasury stock	Other compre-hensive income	Surplus reserves	Unappr-opriated profit	Total owners' equity	Paid-in capital (or share capital)	Capital reserves	Less: Treasure stock	Other compre-hensive income	Surplus reserves	Unappr-opriated profit	Total owners' equity
3. Others														
（Ⅳ）Internal carryover in the owners' equity														
1. Transferring capital reserves into paid-in capital (or share capital)														
2. Transferring surplus reserves into paid-in capital (or share capital)														
3. Surplus reserves for making up losses														
4. Others														
Ⅴ. Closing balance of this year														

参 考 文 献

[1] 朱丽娟. 外贸会计教程. 北京：科学出版社，2004.

[2] 徐文丽. 外贸企业会计. 上海：立信会计出版社，2006.

[3] 赵宝芳. 涉外会计. 修订本. 北京：清华大学出版社，2007.

[4] 于强. 外商投资企业会计实务. 天津：天津大学出版社，2007.

[5] 丁元霖. 外贸会计. 上海：立信会计出版社，2004.

[6] 王秀丽. 外贸会计实务. 北京：对外经济贸易大学出版社，1999.

[7] 纪洪天. 外贸财务、会计及国际结算. 上海：立信会计出版社，2003.

[8] 沈东山，傅桂林. 企业涉外会计. 北京：中国商业出版社，1995.

[9] 于强，穆延荣. 外经贸会计实务. 天津：天津大学出版社，2008.

[10] 路平，王成勇. 外贸会计实务. 北京：中国商务出版社，2005.

[11] 路平，赖忠孝. 外贸会计实训教程. 北京：中国商务出版社，2007.

[12] 孙佐军. 企业涉外会计. 大连：东北财经大学出版社，2005.

[13] 瞿志明. 外贸会计实务教程. 北京：科学技术文献出版社，2008.

[14] 纪洪天. 外贸会计基本教程. 2版. 上海：立信会计出版社，2009.

[15] 焦建平，徐静. 外贸企业会计实务. 北京：中国市场出版社，2009.

[16] 王红珠. 外贸会计. 北京：科学出版社，2009.

[17] 李向红. 进出口会计解惑. 天津：天津大学出版社，2009.

[18] 财政部. 企业会计准则：应用指南. 北京：中国财政经济出版社，2006.

[19] 财政部会计司编写组. 企业会计准则讲解. 北京：人民出版社，2006.

[20] 符兴新，肖玲凤. 外贸单证实务. 北京：中国财政经济出版社，2002.

[21] 张丽芳，杨立佳. 外贸单证. 北京：机械工业出版社，2006.

[22] 王小兰. 国际贸易实务. 北京：科学出版社，2004.

[23] 罗农. 进出口业务实训. 2版. 北京：中国人民大学出版社，2009.